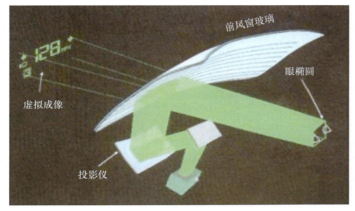

图 5-34 HUD 显示原理

图 5-78 多媒体屏幕反射眩目

铝合金板	镁合金	普钢
铝合金型材	超高强钢	
铸造铝合金	碳纤维增强塑料	

图 7-1 汽车白车身结构

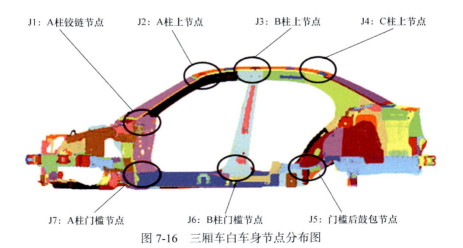

图 7-16 三厢车白车身节点分布图

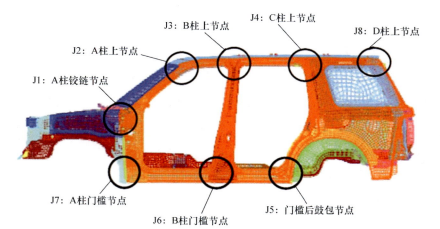

图 7-17 两厢车白车身节点分布图

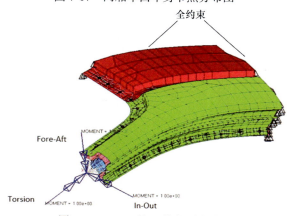

图 7-18 J2-A柱上节点刚度分析

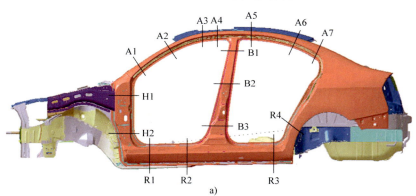

a)

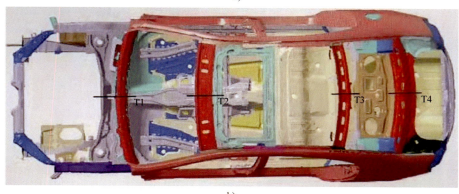

b)

图 7-19 轿车断面刚度分布图
a) 侧视图　b) 俯视图

汽车技术精品著作系列

汽车整车集成技术

主　编　刘永清
副主编　谭　鹏
参　编　吴至霏　张　晓　向　杰　李世海
　　　　罗志刚　周　春　付　成

机械工业出版社

本书为读者提供了在实际工作中较为完整的汽车整车集成流程、方法、成果和思维，讲解了整车企业进行整车集成开发的流程、工作内容、输入输出等基本内容，介绍了整车集成的开发流程、整车布置、人机工程布置、机械布置、结构布置、管线布置、布置图及验证等。内容包括传统燃油车和新能源车的整车集成，以及以整车集成技术为基础的平台化、模块化和平台架构介绍，旨在帮助读者扩展知识面。

本书适合整车集成工程师、汽车系统设计师、开发工程师等阅读。

图书在版编目（CIP）数据

汽车整车集成技术/刘永清主编. —北京：机械工业出版社，2022.6
（汽车技术精品著作系列）
ISBN 978-7-111-71360-9

Ⅰ. ①汽… Ⅱ. ①刘… Ⅲ. ①汽车－整体组装－系统集成技术 Ⅳ. ①U46

中国版本图书馆 CIP 数据核字（2022）第 141774 号

机械工业出版社（北京市百万庄大街22号　邮政编码100037）
策划编辑：孙　鹏　　　　　责任编辑：孙　鹏　刘　煊
责任校对：樊钟英　刘雅娜　　封面设计：马精明
责任印制：刘　媛
北京盛通商印快线网络科技有限公司印刷
2023年1月第1版第1次印刷
184mm×260mm·21印张·2插页·524千字
标准书号：ISBN 978-7-111-71360-9
定价：180.00元

电话服务　　　　　　　　　网络服务
客服电话：010-88361066　　机　工　官　网：www.cmpbook.com
　　　　　010-88379833　　机　工　官　博：weibo.com/cmp1952
　　　　　010-68326294　　金　书　网：www.golden-book.com
封底无防伪标均为盗版　　　机工教育服务网：www.cmpedu.com

前 言

随着我国经济的高速发展，购买汽车的私人用户越来越多。民族品牌汽车企业意识到，它们没有为汽车进入我国百姓家庭做好准备。一些先知先觉的企业如长安、奇瑞、江淮、吉利等尝试进行自主品牌汽车开发，到今天已走过了 20 余年。我国汽车自主开发的力量逐渐爆发，形成了较为完善的自主研发能力。汽车开发相关的书籍也逐渐多了起来，但关于整车集成技术相关的书籍却依然寥寥。

我们应机械工业出版社汽车分社社长赵海青的邀请，编写了《汽车整车集成技术》一书，作为汽车技术精品著作系列之一提供给高校汽车相关专业学生及从事整车集成工作的初、中、高级人员、整车集成培训人员使用。《汽车整车集成技术》是围绕解决整车集成实际工作中应遵循的工作流程、方法、理念、遇到问题等为主题而编撰的实战性书籍，同时，在整车集成的基础上拓展了整车集成知识在平台化、模块化和架构开发的应用及先进方法在整车集成上应用的介绍。本书基于"几何和谐、功能有序、性能平衡"的理念来设计整车集成开发流程、在整车集成具体工作相关章节中充分融入这一理念，来阐述集成的流程和方法，汽车整车集成以整车产品力为目标，工作的成果不是"最佳"，强调的是与现实技术、资源等结合的产品力（商品力）。

本书共分为 11 章，其中第 1 章是相关历史，第 2 章是整车集成基本概念及整车集成开发流程，主要以编者多年的企业工作经验为基础，结合行业通行的做法总结提炼而成。可以看出，整车集成在汽车开发流程中起到融合造型、底盘、车身、内饰、电气、智能化等各技术专业，使汽车成为兼具功能、性能、品质、美观等多重属性浑然一体的商品的作用没有整车集成技术的加持，各专业领域必然是一盘散沙，再好的单项技术也不会形成一部好的汽车。也正因为整车集成技术的统筹兼顾，才让汽车这个由上万个零部件组成的最复杂的工业品，能够安全可靠地运行起来，走进千家万户寻常百姓家。

第 3 章对标和整车产品概念定义和第 4 章整车布置都是讲一部汽车的宏观定义，从比较理想的整车概念构想逐步变成可以"看"到的整车布局，这个阶段决定了整部汽车物理外在表现形式的基础框架，打造了汽车综合产品力或者竞争力的坚实基础。

接下来的第 5 章汽车人机工程布置、第 6 章汽车机械布置、第 7 章汽车结构布置概述和第 8 章汽车管线布置是将第 4 章整车布置工作进一步细化，通常也称为工程可行性分析阶段。工程可行性不仅受到人机需求、性能要求、体验需求、零部件技术要求等因素的影响，还通常受到造型美学的影响。正是因影响因素众多，这些影响因素往往又互相矛盾，要平衡这些矛盾，并获得最优或恰当的解决方案，对整车集成工程师解决问题的综合能力是一个巨大的考验，也是作为整车集成工程师工作的乐趣所在，本书试图给有志成为整车集成工程师的读者赋能！

第 10 章整车集成验证及新技术新方法是为了减少整车集成工作成果的风险，在整车集成工作过程中及时地进行验证，避免存在颠覆性错误而造成的人力、物力、财力、时间等巨大浪费，尤其是时间机会成本的巨大浪费所造成的市场机会的错失，可能会对企业造成不可

挽回的损失！

第 11 章是基于架构与模块的汽车平台开发简介。汽车平台（模块化、架构）开发从汽车本身来说是无法绕开整车集成的，多车型共平台（模块、架构）开发对整车集成工程师来说无疑是一项巨大的挑战性工作，开发出兼容性良好的平台（模块、架构）对于缩短汽车研发周期，减少开发成本，持续改进质量等具有重要的作用，同时也一定会吸引具有挑战性精神的整车集成工程师参与其中。本章的流程和方法具有普遍性，学习和掌握了本章的内容，对现代整车集成工程师来说犹为重要！

本书是基于编者多年的工作经验，"站在众多前辈和同行的肩膀上"对整车集成流程、方法融合的结果，是八位编辑耗时一年有余的辛苦工作成果，在此对团队各位成员表示衷心的感谢。由于编者多是汽车研发在职从业者，仅靠业余时间编写，时间和能力都有限，书中难免有错误或不当之处，恳请读者不吝赐教！

编　者

2022 年 3 月 30 日于重庆

目　　录

前言
第1章　汽车发展历史简要介绍 1
第2章　整车集成基本概念及整车集成开发流程 8
  2.1　整车集成基本概念 8
  2.2　整车集成基础 8
  2.3　整车集成开发流程简介 11
第3章　对标和整车产品概念定义 14
  3.1　整车集成对标的意义及范围 14
  3.2　整车产品定义 17
第4章　整车布置 22
  4.1　整车尺寸和结构比例 22
  4.2　整车姿态和通过性 33
    4.2.1　整车姿态 33
    4.2.2　整车通过性 36
  4.3　整车布局（传统车、新能源车） 37
  4.4　关键零部件的选型 40
  4.5　整车质量和质心位置 40
  4.6　整车行车灯光 42
  4.7　整车环境感知 45
  4.8　整车安全和保险 47
第5章　汽车人机工程布置 50
  5.1　人机工程基本知识 52
  5.2　汽车人机工程主要工作内容 55
    5.2.1　驾驶人SgRP点及座椅调节量确定 55
    5.2.2　进出方便性 57
    5.2.3　可视性及视认性 62
    5.2.4　伸及性 82
    5.2.5　操作性 87
    5.2.6　空间设计 89
    5.2.7　眩目设计 95

5.2.8	舒适性	98
5.2.9	安全性	103
5.2.10	新控制技术	111

第6章 汽车机械布置 …… 114

6.1 机械布置概述 …… 114
- 6.1.1 机械布置的输入和输出 …… 115
- 6.1.2 机械布置的基本原则 …… 117

6.2 基于传统动力的机械布置 …… 118
- 6.2.1 结构组成 …… 118
- 6.2.2 布局设计 …… 120
- 6.2.3 传统动力总成及悬置 …… 123
- 6.2.4 进气系统 …… 130
- 6.2.5 排气系统 …… 135
- 6.2.6 燃油系统 …… 141
- 6.2.7 传动系统 …… 146
- 6.2.8 冷却系统 …… 152
- 6.2.9 空调系统 …… 156

6.3 基于纯电动力的机械布置 …… 159
- 6.3.1 结构组成 …… 159
- 6.3.2 布局设计 …… 161
- 6.3.3 电驱动系统 …… 164
- 6.3.4 电驱动悬置 …… 167
- 6.3.5 电控系统 …… 169
- 6.3.6 电源补给系统 …… 170
- 6.3.7 传动系统 …… 174
- 6.3.8 热管理系统 …… 174
- 6.3.9 低压电源、电气系统 …… 178

6.4 基于混合动力和增程式纯电动汽车的机械布置 …… 179
- 6.4.1 结构组成 …… 180
- 6.4.2 布局设计 …… 180
- 6.4.3 混合动力和增程式动力总成及悬置 …… 183
- 6.4.4 进、排气系统 …… 185
- 6.4.5 燃料供给系统 …… 185
- 6.4.6 电控系统 …… 185

6.4.7　电源补给系统 187
　　　6.4.8　传动系统 190
　　　6.4.9　热管理系统 194
　　　6.4.10　空调系统 200
　　　6.4.11　低压电源、电气系统 200
　6.5　关于性能的机械布置 200
　　　6.5.1　碰撞性能的机械布置 200
　　　6.5.2　NVH的机械布置 208
　　　6.5.3　机械布置中的装配性和维修性设计 217

第7章　汽车结构布置 222
　7.1　汽车结构布置概述 222
　7.2　汽车结构布置外部、内部主断面典型分布 227
　7.3　结构布置设计输出物 234
　7.4　车身关键连接结构 235
　　　7.4.1　车身典型连接结构分布 236
　　　7.4.2　车身结构布置断面分析、评价 238
　7.5　整车主要受力路径设计布置 242

第8章　汽车管线布置 244
　8.1　汽车管线种类 244
　8.2　汽车管线布置 250
　　　8.2.1　低压线束布置 251
　　　8.2.2　高压线束布置 256
　　　8.2.3　拉索布置 260
　　　8.2.4　油管布置 261
　　　8.2.5　气管布置 264
　　　8.2.6　空调管布置 264
　　　8.2.7　线束的电磁兼容 265
　8.3　小结 268

第9章　布置图 270
　9.1　总布置图设计概述 270
　9.2　总布置图设计过程和内容 271

第10章　整车集成验证及新技术新方法 284
　10.1　整车集成验证的定义和工作目标 284
　10.2　虚拟验证手段 285

  10.2.1　DMU 检查 ………………………………………………………… 286
  10.2.2　RAMSIS 软件人机验证 …………………………………………… 292
  10.2.3　CAPIG 软件设计验证 ……………………………………………… 293
  10.2.4　OPTIS 软件光学验证 ……………………………………………… 294
 10.3　实物验证手段 ……………………………………………………………… 297
  10.3.1　人机台架验证方法和内容 …………………………………………… 297
  10.3.2　物理样车检查方法和内容 …………………………………………… 302

第 11 章　基于架构与模块的汽车平台开发简介 …………………………… 305
 11.1　平台、架构、模块与产品的关系 ………………………………………… 305
 11.2　典型汽车架构平台简介 …………………………………………………… 307
 11.3　整车架构平台开发探讨 …………………………………………………… 314
 11.4　纯电动车架构平台技术探讨 ……………………………………………… 322
 11.5　平台化开发的技术路径与挑战 …………………………………………… 329

参考文献 …………………………………………………………………………… 330

第1章

汽车发展历史简要介绍

本书是一本讲汽车整车集成的专门书籍,为了帮助读者理解汽车整车集成技术,下面从整车集成这个角度讲述一下汽车的发展历史。

简单地说,汽车整车集成包括几何集成、性能集成、功能集成和造型设计等几个方面。造型设计是指汽车可见部分的几何形状、颜色、纹理、材质等的集成,以实现人们对汽车静态品质及美感认同的目标;性能集成讲的是某个属性性能参数的量化过程,对一个系统或几个系统之间的性能参数进行匹配,以达到系统性能优化的目的;功能集成是通过整车功能定义、系统功能定义到零部件功能定义的分解,以及反向的功能调试验证过程,以实现功能安全的目标;几何集成,大多称为汽车总布置,顾名思义就是整车几何尺寸、比例、形状,人机空间、操作物理界面,零部件位置、运动空间及运动协调性、零部件的装配维修维护性、零部件的相互影响(高温辐射、冷却区域、电磁兼容、异响、可靠性等),整车满足法律法规、标准和规范、重心位置及整车轴荷、整车安全空间,储物空间,以及空气流场通道等的集成。在某种程度上,几何集成是性能集成、功能集成及造型设计的基础,没有优异的几何集成,性能集成、功能集成、造型设计将大打折扣!正因为如此,通常几何集成也被称为整车集成。本书将主要讲述几何集成。

我们先简要回顾一下与汽车相关的技术发明,帮助我们了解汽车的发展历史、理解汽车,更好地开展整车集成工作。

公认的汽车元年是1886年,在这一年里德国曼海姆专利局批准卡尔·本茨为其在1885年研制成功的三轮汽车申请的专利,1886年1月29日,这一天被称为现代汽车的诞生日。1887年卡尔·本茨把他的第一辆三轮汽车卖给了法国人,并成立了世界上第一家汽车制造公司:奔驰汽车公司。随后,德国人哥德利普.戴姆勒设计了世界上第一辆四轮汽车。

汽车的发明当然不能不提德国工程师奥托在1867年研制成功的世界上第一台往复活塞式四冲程煤气发动机,以及1862年由法国工程师莱诺研制出的二冲程内燃机。这些发明为汽车的发明做出了不可磨灭的贡献。

1888年,英国人邓禄普发明了充气轮胎,这极大地改善了汽车在道路上行驶的平顺性能。1894年,法国人米其林兄弟发明了充气可拆卸式橡胶轮胎,并用在了奔驰公司生产的维多利亚牌汽车上。

1889年,戴姆勒在其车上安装上采用滑动小齿轮的四速齿轮传动装置。同年,法国人标致研制成功齿轮变速器和差速器,1895年法国人莱瓦索尔研制出用手操纵的齿轮变速传动装置,这为汽车动力性和操纵性提供了技术基础。

1891年,美国研制出第一辆电动汽车,在当时及此后相当长一段时间里,由于没有很好的电力储能装置,电动汽车无法发展。同年,法国人潘赫德和瓦索尔设计了一种发动机前置、后轮驱动专用底盘结构,这一结构奠定了汽车传动的基本形式,在此后相当长时间里被

全世界广泛采用。

1892年,美国人杜理埃发明了喉管型喷雾化油器,极大地改善了内燃机的燃烧性能,促进了发动机的发展。1893年德国人狄赛尔首次提出了柴油发动机原理。1894年,狄赛尔制造出第一台商用型柴油发动机。

1896年,英国人用石棉制作出了制动片,此后近百年的时间里,石棉都作为汽车的制动摩擦片在使用。同年,亨利·福特设计出两缸四轮汽车,美国人同时也将油灯作为汽车的照明灯,这是汽车最早的前照灯。德国人首次使用了汽车里程表。

1897年,英国蓝切斯特牌汽车首次使用高压润滑系统,并获得了发明专利。狄赛尔发明了压缩点燃式柴油发动机(1.1kW),并且其燃油热效率达到26%,将当时的燃油热效率提升到了一个新的高度。

1898年,法国人雷诺将万向节首先使用在汽车上,并发明了扇齿轮式减速器传动装置,取代了链式传动;美国人富兰克林研制出顶置式四缸风冷式发动机。

1899年,带有整体水箱的蜂窝式散热器、分档变速器、脚踏式加速器开始在戴姆勒汽车上使用。

1900年,金属车身问世,德国人保时捷研制出带曲面风窗的汽车,奔驰公司以钢材取代木材来制作汽车车架,倾斜式方向盘在德国使用。

1901年,德国博世公司发明高压磁电机点火装置,戴姆勒公司采用低压磁电机点火装置,奥兹莫比尔汽车首先使用转速表,使得驾驶人能够了解发动机运行时的实时转速。

1902年,英国人取得盘式制动器的专利,同时,法国人雷诺则取得了鼓式制动器的专利。同年,驱动两个前轮转向的转向器开始使用。

1903年,美国人固特异发明了无内胎轮胎。

1904年,开始使用气压制动器,同年,英国人西斯发明了液压制动系统。

1905年,封闭式驱动桥开始在法国使用。

1906年,德国开始使用前轮制动器,同时,扭杆式减振器开始使用。同年,别克公司把蓄电池作为轿车的标配。

1908年,福特T型车问世,开创了流水线制造汽车的历史。同年,美国人发明了轮胎刻纹机,并将电喇叭用在汽车上。

1911年,后视镜开始在汽车上使用,法国人标致设计出四轮制动系统,美国人将电灯用于汽车的照明。

1912年,自动起动器在美国卡迪拉克轿车上使用,顶置双凸轮轴发动机在瑞士问世,美国人在别克发动机上使用铝制活塞。同年,在轮胎材料中添加炭黑,从而大大增加了轮胎的耐磨性。

1914年,道奇全钢车身问世。同年,云母质绝缘体材料用在火花塞上。

1916年,手动刮水器在汽车上开始使用。

1918年,美国人迈克姆·罗西德发明四轮液压制动器并取得专利,德国人阿克曼发明平行连杆式转向器,后来法国人琼特将其改为梯形连杆式转向器。

1920年,美国人修建了191km长的高速公路。法国和意大利开始使用盘式冲压车轮。

1921年,林肯汽车将转向信号灯列为汽车标准装置。

1922年,空气滤清器、油量传感器开始应用到汽车上,意大利设计出四轮独立悬架,并在约 10 年后开始应用在汽车上，美国开始使用橡胶悬置。

1923 年，奔驰设计出第一辆柴油货车。菲亚特设计出可调节方向盘。

1924 年，富兰克林研制出离合器减振装置，博世公司开始批量生产电动刮水器。

1925 年，汽车上开始配置千斤顶、行李架、反光镜、烟灰盒、点烟器等。

1927 年，制动真空助力器开始使用，在钢制部件中填充毛织物和射流消声的方法开始采用，大大减小了汽车的噪声。

1928 年，变速器同步器开始应用。

1929 年，汽车尾灯开始使用。

1930 年，戴姆勒公司开始使用液力变矩器。

1931 年，克莱斯勒开发出离心式真空点火提前角自动调节装置。

1933 年，非贯通式汽车通风系统开始采用。

1934 年，雪铁龙开始生产前驱汽车，半自动变速器问世。

1936 年，双管路紧急制动系统问世，提高了汽车的安全性，配备柴油机的奔驰 260D 轿车开始生产。

1938 年，美国人开始使用汽车空调。同年，人们开始研究汽车的升力现象。

1939 年，奥兹莫比尔开始使用液压 - 机械传动装置。

1940 年，封闭式汽车前照灯开始使用，克莱斯勒研制出在轮胎漏气后不脱离轮辋的安全轮辋。

1941 年，克莱斯勒研制成功四速半自动变速器和液压联轴器。

1946 年，后置发动机客车问世，子午线轮胎由米其林公司研制成功。

1948 年，奔驰开始使用电动车窗，无内胎式轮胎研制出来。

1949 年，克莱斯勒开始使用点火钥匙起动汽车。

1950 年，第一台直喷柴油机诞生，英国发明了碟式制动器，并推出第一台装燃气轮机的汽车。

1952 年，美国开始使用汽车座椅安全带和汽车转向助力装置。

1954 年，燃油喷射式发动机和三角转子发动机诞生。

至此，与汽车功能相关的发明告一段落。下面我们来谈一下几何集成设计方法史。

汽车设计方法的发展可粗略地分成三个阶段：综合设计阶段、平台化设计阶段、后平台化设计阶段。

在平台化设计之前的汽车设计都可以统称为综合设计。汽车综合设计方法可以简单理解为设计人员不考虑相邻产品是如何设计的，而只关注自己设计的产品，其目的是为设计出更好的单一产品。因此，这种设计也可以称为单品设计方法。这种设计方法长处是不受很多约束，根据自己的目标可以把产品设计得非常出色，这对于开发少而精的产品还是比较有利的。当然，正是由于综合设计的这一特性，在多品种开发条件下，它就存在许多劣势，如开发成本高、周期长、通用性不好和产品成本高，以及因随着时间的推移零部件品种多给管理和售后带来诸多不利。因此，这种设计方法随着汽车工业的发展，逐渐被别的设计方法取代。

最早的轿车平台可以追溯到 20 世纪 30 年代福特 T 型车所采用的轿车平台。如图 1-1 所示，它的整个传动系统和行驶系统均安装在车架上，底盘与车身分离（车身称为非承载式车身），底盘自成系统，因此在T型车轿车平台上可以安装三厢豪华车，敞篷车和轿跑车车身的乘用车，甚至可以安装面包车或小货车车身成为面包车或小货车。

后来底盘车架（非承载式车身）逐渐被淘汰，轿车车身发展为承载车身，动力总成、行驶系统与车身直接连接。随着轿车数量及品种的不断增多，因品牌差异的影响，在轿车开发中车身结构、动力系统、行驶系统、电气系统等根据品牌定位统一设计，即使是同等级轿车差异程度也越来越大。到了80年代，同等级别轿车的共用部件也越来越少。

图1-1　福特T型车

平台战略起源于20世纪90年代初的汽车界经济危机。当时的欧共体实施统一关税、固定汇率、开放市场的策略，使得汽车市场的价格透明化，欧洲的主要汽车市场价格趋于一致，因此欧洲汽车公司长年以来利用地区差价获利的手段不再管用了。在这种背景下，各大品牌汽车公司都提出了自己的平台化战略，直至今天。近十年来，大众、福特、日产、丰田等企业都陆续公布了新的平台。

平台战略的共性是产品群（或叫产品族）开发模式，完全颠覆了先前单个车型开发为主的产品开发的综合开发模式。平台开发之初就考虑同一平台所有车型的规划，谋求平台通用化与单个车型独特性的平衡。通过平台零部件通用化以削减成本，满足消费者物美价廉的追求，通过非平台零部件专用化实现单个车型个性化，满足消费者多元化需求。

产品开发将形成平台开发、总成（模块）和车型开发的三个层次，开发资源将向前期的平台开发倾斜，单个车型开发周期缩短、效率提高，有利于满足对消费者需求变化的快速响应。单个平台开发应形成企业内部强制性技术规范，明确通用化原则，未来采用同一平台的所有车型开发和生产必须严格执行，这也是保证平台规模效益的前提。

平台化的意义不仅限于车型开发平台，它还是一种新的生产方式，通过建立一个标准化的、可互换的通用化汽车平台，可以在相同生产线上制造不同车型，在降低单位成本的同时，还可以缩短新产品上市周期，发挥协同效益，以便快速应对不同区域市场的需求变化。

早期平台化虽然解决了标准化、可互换的零部件、通用化的汽车平台问题，但也带来了其局限性，这就是在同平台上开发不同的车型受到通用化平台的制约，从而影响车型本身的个性化充分发挥，以及开发周期的进一步缩短。于是，在早期平台化基础上，发展出了模块化设计。

瑞典的斯堪尼亚公司从20世纪50年代开始推进模块化设计。图1-2所示为斯堪尼亚商用汽车模块化设计概念：准备少数的模块部件，通过对它们进行多样地组合，实现即使外观不同，但还是用几乎同样的部件制造产品。斯堪尼亚公司和以生产塑料积木玩具著称的丹麦LEGO公司共同举办了模块化设计的世界宣传活动，斯堪尼亚的理想就是用塑料积木法来生产汽车。

从图1-2中可以看出模块化是用少数零部件，经过适当组合而生产出多种多样的车型，

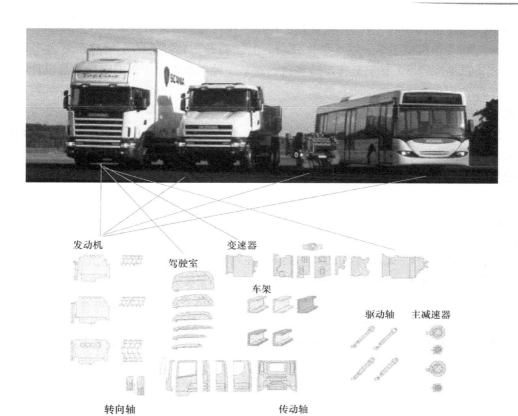

图 1-2 斯堪尼亚商用汽车的模块化

即模块化设计的能力。大众汽车公司后来收购了斯堪尼亚，从而开发出当今流行的 MQB/MLB 模块化平台，图 1-3 所示为 MQB 模块化平台。

随着汽车设计和制造的发展，当下比较流行平台化方法，除了模块化外，还有所谓的平台架构。下面介绍四种不同的平台化方法。

图 1-3 MQB 模块化平台

一是大众 MQB/MLB 和日产 CMF 为代表的所谓"模块化平台"。这种平台化看重跨车型和跨细分产品，即每个平台可应对普通轿车、SUV、MPV 等多种车型，以及满足两个以上细分车型的要求。例如，日产 CMF 平台可满足 C 级车和 D 级车的产品布局；大众 MQB 发动机横置平台则可以满足从 A 级车高尔夫到 B 级车帕萨特，以及衍生的旅行车、MPV（Golf Plus）、SUV 的产品布局。

二是通用和丰田为代表的"产品架构性平台"。例如，丰田从 2013 年开始推行的 TNGA

（Toyota New Global Architecture），就着力于开发三种底盘平台设计：B（小型车）、C（中型车）和 K。2015 年推出了第一款车型普锐斯。上述三种平台打造的车辆总产量占丰田汽车产量的 50% 以上。TNGA 并不是特定的平台，而是一种生产理念，车辆将从车身设计和内饰等外在方面凸显个性与特色，而从外部看不见的零部件将统一设计，提高零部件的通用性与共享程度。最初的零件通用比例为 20%～30%，最终将达到 70%～80%，并与供应商更紧密地合作来降低成本。TNGA 架构下的汽车研发，不是基于现存的任何一种方式，而是围绕驾驶人，以驾驶舱为起点，从无到有重新塑造汽车的基本性能和根本架构，在汽车生产的过程中通过 TNGA 的优化和统筹，将产品的性能提升一个档次。

三是以马自达"SKYACTIVE（创驰蓝天）"技术为代表的"泛平台"。相比于上述几家跨国大型车企动辄数百万辆，甚至上千万辆的产销量，马自达产销规模较小，总产销量在 100 万台左右，因此，相比零部件通用化而言，它更加看重工厂设备等基础设施的共用。

四是吉利 CMA（Compact Modular Architecture）平台。图 1-4 所示是由吉利与沃尔沃共同研发的中级车基础模块架构，于 2016 年 10 月完成。能够为不同平台的车型提供共享解决方案，包含"技术、工具链、标准、工艺流程、供应链体系"等，车型研发可以根据品牌、产品定位，从共享解决方案清单中做选择，然后再做针对性研发。CMA 基础模块架构具有高度灵活性和可扩展性，可以适用于多种车身形式和尺寸，CMA 能够覆盖从 A 级到 B 级的不同车型开发需求；支持传统能源和新能源动力系统，包括 ICE、HEV、PHEV；在安全性方面，能满足中国、欧美地区的碰撞标准的车身结构；该架构成功应用于吉利的领克品牌乘用车，得到了市场的高度认可。

图 1-4　CMA 架构

随着汽车开发方式的不断发展，尤其是随着智能化、电动化和自动驾驶等需要强大电控技术的车型不断发展，平台化开发方式不断泛化，不再局限于下车体 + 底盘 + 动力的平台化，软件定义汽车涉及的电控平台也越来越受到人们的重视。如长安汽车于 2020 年 11 月发布的会进化的智能化"方舟"电子电器架构，将长安汽车的研发推进到 4.0 时代。

长城汽车也在 2020 年 7 月发布了"咖啡智能"电子电器架构。"咖啡智能"首次提出了"双智融合"的研发理念，从用户体验的视角将自动驾驶和智能座舱合二为一，并提出"交互 + AI + 生态"的智能化三大核心变量。

汽车从诞生到现在，还不到 150 年的历史，经过 100 多年的发展，汽车早已经成为人类不可或缺的交通工具。随着智能化的不断发展，汽车不仅是交通工具，还必将成为人类的伙伴，伴随人类走过一段辉煌的历史进程后，发展到更高级的阶段。

第2章
整车集成基本概念及整车集成开发流程

前面我们介绍了什么是整车集成，整车集成做些什么工作？如何正确地进行整车集成？本章主要介绍整车集成基本概念和流程。为初步了解整车集成，建立一种全局视图概念，以便在后续章节的学习中明白当前所学习的内容在整车集成中所处的地位、前后的关系，更好地理解开发流程。

2.1 整车集成基本概念

整车集成是把汽车的各个总成或系统搭配起来构成一台合格、优秀甚至卓越的汽车。集成的目的是优化可利用的结构空间，集成的效果最终影响了车辆的外观（外部及内部），并为产品性能开发和制造提供了结构基础。在复杂的集成过程中，涉及了所有的技术界面。技术需求可能不断修正，但这些技术方案必须是可靠的，要考虑到部件的相互作用（热、噪声、电磁等）、满足法规/标准要求、考虑乘员人机要求（舒适、安全、符合规律性）、零部件装配性、维修性等，如图2-1所示。

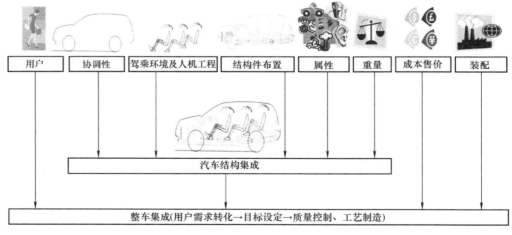

图 2-1　整车集成过程

2.2 整车集成基础

整车集成是"优雅的设计"，是针对整车层级的优化，集成的结果是总体性能大于零部件性能的总和，从而获得最佳的性价比和客户满意度。集成需要考虑产品是如何使用的

（用户场景设计和用户体验设计），需要在时间、重量、成本、性能、质量、品质等之间取得平衡，同时要面向工艺、制造以及售后服务，最终超出客户期望获得市场价值。贯穿整车集成始终的是各种平衡，以及相应的决策。

整车集成需要整合汽车系统、总成、零部件，保证它们的自由空间、功能安全、人机操作等需求。整车集成要控制所有空间需求以达到最优效果，要认识到空间与功能需求的矛盾，要寻求造型技术的支持，设计动力系统的运动（质心、质量、运动学），优化系统零部件的结构空间，以满足功能需求（法规、碰撞、人机、功能、生产、组装、售后、回收），并考虑顾客的利益和人机关系。这些关系，可以采用图2-2来生动地表达。

整车集成的目标来自于用户的需求，通常由市场或产品策划部门输入，但需要开发团队进行解读并转换为工程语言，这个过程如图2-3和图2-4所示。

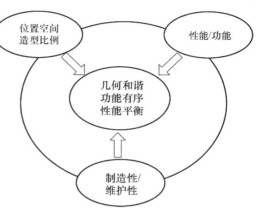

图2-2 整车集成的作用

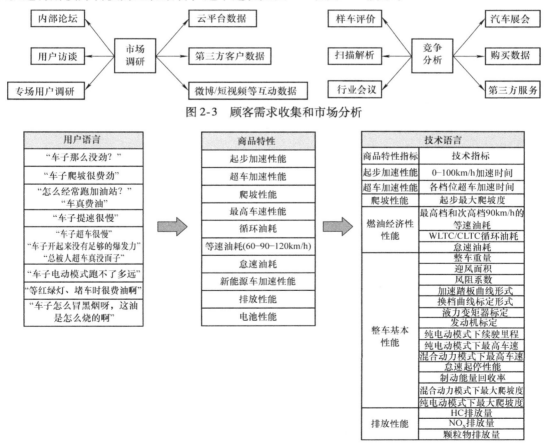

图2-3 顾客需求收集和市场分析

图2-4 从用户语言转换为工程语言

基于产品策划部门输入的竞争圈车型，进行对标评价、测试、解析等，产品部门会利用标准化分析工具，进行专业领域的环境诊断和目标设定，如图 2-5 所示，整车的每个属性都会列入这些分析工具中进行分析比较。

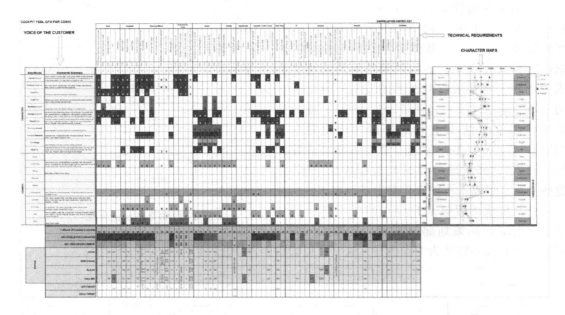

图 2-5　环境诊断和目标设定

在这一过程中，如图 2-6 所示，对于每个属性的客观数据可以采用 LACU 的分析方法，确定目标的竞争水平。具体说明如下，其中 μ 为竞争圈的均值，σ 为竞争圈的标准偏差。

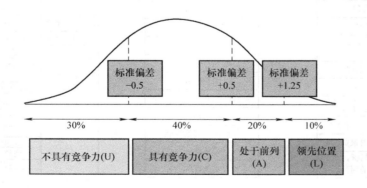

图 2-6　LACU 的量化说明

L：全面超越，最优水平，超越 $\mu + 1.25\sigma$；
A：达到竞争圈的领先水平，即超越 $\mu + 0.5\sigma$；
C：达到竞争圈的平均水平，即达到平均水平 μ；
U：未达到竞争圈的平均水平，差于 $\mu - 0.5\sigma$。

整车集成的一个重要环节是验证与评价。如图 2-7 所示,验证分为虚拟仿真验证、模型验证、台架验证、杂合车(俗称"骡子车")验证、工装车验证等,而评价大体上分为专项主题评价和综合主观评价。

图 2-7　整车集成过程中的验证手段

在整车集成开发过程中,为降低开发风险必须应用多方论证原则,整个过程的参与者(顾客、供应商等)在早期就要集合在一起,就关键性的问题,集思广益、达成共识。在市场解读、用户体验、造型分析、技术方案论证、工艺制造、过程控制等方面,成立多方论证小组,由不同领域的专家参与,从不同角度提出意见和建议,识别存在的潜在风险,采取措施加以预防。

2.3　整车集成开发流程简介

整车开发流程是对整个产品开发过程中涉及的工作事项规定的工作逻辑和顺序、开始和终止时间、工作交付物,对整个产品开发过程根据工作性质,划分成不同的阶段来设立里程碑节点(也称质量阀),并开展产品开发过程节点健康度评价,确保产品开发过程处于可控制状态,保证产品开发顺利实施和成功的一套方法。

一般而言,整车开发流程中与产品开发紧密相关的部分,可分为三个阶段:方案阶段、设计/验证阶段、投产启动阶段,每个阶段的交付重点也有所不同。相应地,整车集成在不同的产品开发阶段,也有不同的工作重点,如图 2-8 所示。

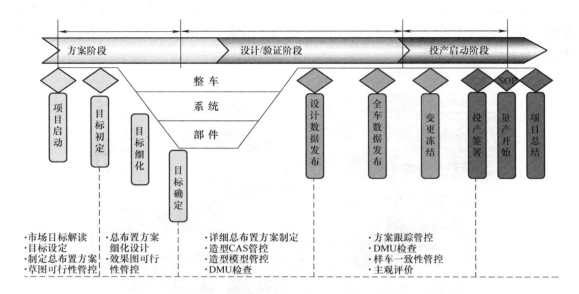

图 2-8　整车集成的开发过程

在产品开发过程中,为保证开发周期的可行、可控,各任务领域的工作开展必须应用同步工程的方法。项目计划中的各项工作均要按关键里程碑时间节点倒排,并根据各项工作的用时估算起止时间,计算前置期,识别关键路径,在此基础上合理分配资源,不断优化计划,缩短开发周期。对关键路径上的各项工作,要加强实施过程的监督和控制,掌握最新动态,对出现的问题及时采取措施予以补救。

整车集成的开发流程如图 2-9 所示,前端对接造型,后端输出工程化数据方案和样车,处于产品结构开发的核心区域。

需要指出,上述流程说明了常规产品开发,从造型到量产阶段的工作逻辑,没有论述平台开发部分(动力、底盘等)的工作逻辑。一般认为平台部分的开发在造型开发时已基本定型。不同的项目级别类型所适用的开发流程有所不同。全新平台项目,开发全新的平台(全新整车造型、系统架构、总体布置),开发周期可能长达 36~42 个月,流程中包含有平台的开发部分。若是平台扩展项目,在已有平台的基础上,采用全新整车造型和总体布置,选用成熟的零部件,更改系统模块的整车项目,开发周期会有所缩短,一般 24~30 个月。若是车型改型项目,不更改现有平台,只是局部改变造型和布置,选用成熟零部件对车型小范围更改,开发周期可进一步缩短,可能只用如 18~24 个月。当然,对于不同的主机厂,整车集成流程可能有些差异。但是万变不离其宗,基本上流程中都要包含质量节点或者里程碑节点评审,对产品开发链中的各部门进行多方论证/验证,将开发可能隐藏的问题降到最低,不断降低开发风险,力争做到"一次设计对"。只要我们学习领会了整车集成流程的精髓,无论主机厂的整车集成流程如何变化,都能很快适应。

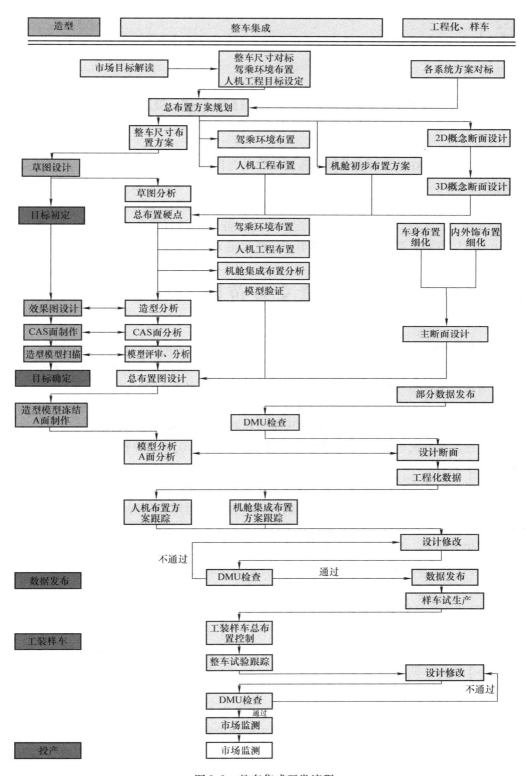

图 2-9 整车集成开发流程

第3章

对标和整车产品概念定义

作为开发部门,在整车开发前期的重要工作是对标和整车产品定义。整车产品定义对整车的商品性来说是至关重要的,用失之毫厘、差之千里来形容该阶段工作的重要性一点都不过分!对标作为了解竞争对手产品的一种方法得到了广泛应用,通过对标了解市场上竞争车型的真实情况,在此基础上进行产品的定义,才可能做出具有竞争力的产品,所谓知己知彼、百战不殆!本章着重介绍对标和整车产品概念定义,这是整车集成工作的起点。

3.1 整车集成对标的意义及范围

对标(Benchmarking)是指对于与开发的产品有竞争关系的产品进行解析分析,了解这些竞争产品的优势和劣势,这些竞争产品的各项情况是比较用的指标和基准,是一种将同类、不同品牌产品进行对比分析的方法。对标方法起源于施乐(Xerox)公司,施乐曾是影印机的代名词,但由于日本公司强有力的竞争,从1976年到1982年之间,施乐的市场占有率从80%降至13%。施乐于1979年在美国率先执行Benchmarking,买进日本的复印机,并通过逆向工程,从外向内分析其零部件,学习日本企业的TQC品控管理,从而在复印机上重新获得竞争优势。

汽车开发是一个庞大的系统工程,高质量的产品不仅依赖于理论分析,还依赖于长期积累的生产经验和专门知识。通过对竞品车的测试、测量、拆解和分析,学习和研究可以获取额外的设计标准和经验,建立对标数据库,在开发自家产品时借鉴参照,可以缩短汽车研发周期、降低研发成本,并且有助于企业对产品开发资料的管理。对标具有以下的意义。

1)了解竞争对手的产品状态,为开发具有竞争性的产品而采取的策略提供参考。

2)了解竞争对手产品优劣部分,为借鉴竞争对手的优势部分提供参考。

3)了解竞争产品的专利具体情况,在产品开发中予以规避。

整车集成方面的对标主要包含以下几个方面的工作内容。

1)测量类:整车静态参数测量、质量载荷及姿态参数测量、关重零部件的周边间隙测量,如图3-1所示。使用的工具有三坐标测量仪、钢直尺、卷尺、间隙尺、称重设备(如磅秤、翻转台)等。

2)评价类:静态评价(乘坐性主观评价、机舱布置评价、外观精致性评价等),如图3-2所示。动态主观评价(驾驶性评价、乘坐性评价等)。

3)逆向扫描类:外饰结构、内饰结构对标与分析,如图3-3和图3-4所示,主要使用扫描设备进行。

4)拆解类:系统级、整车级拆解分析,也包含电子电器控制电路及软件的解析。

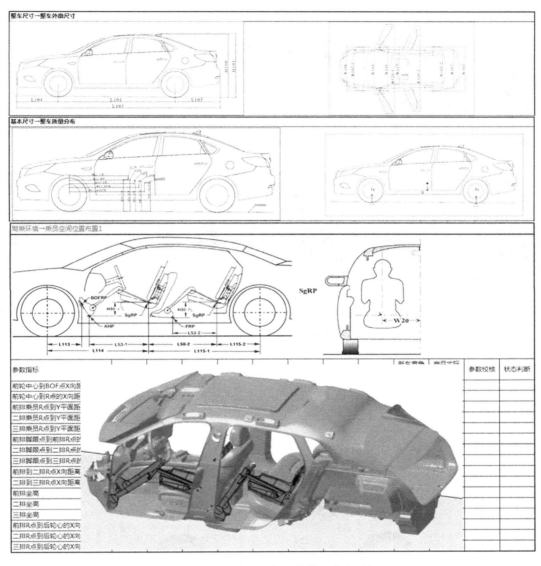

图 3-1　静态参数对标、载荷、姿态对标

关于对标中的实物数据逆向扫描,如图 3-5 所示,根据精细化程度,可分为几个等级。

1）点云级：由测量仪、光学扫描仪等测量设备测得的物体表面空间坐标点的集合。

2）布置级：参考点云制作而成的零件表面 3D 数模,不包含零件（指单件,非总成部件）的内部结构,及对布置尺寸和空间关系没有影响的细节特征。

3）特征级：通过设备测量及处理后,或通过点云进行提取制作得到的零部件的特征数值（如安装平面、孔位、轴、球头中心、车身断面等）,特征级数据不需要制作零件内外完整的型面及结构数据。

4）精细级：即得到零件的外表面和内部结构的 3D 数模。包括外部及内部（指可见部分,非破坏性拆解的内部结构）的结构及细节特征,但没有进行工艺等考虑,不能用于生产。

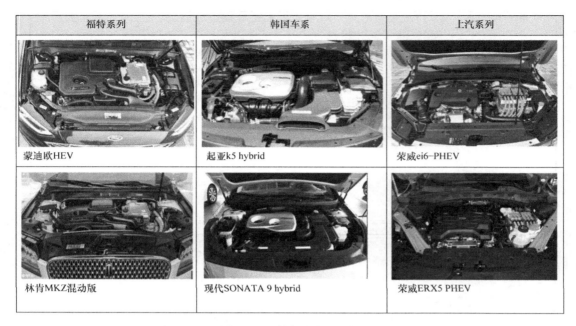

图 3-2 机舱集成布置对标

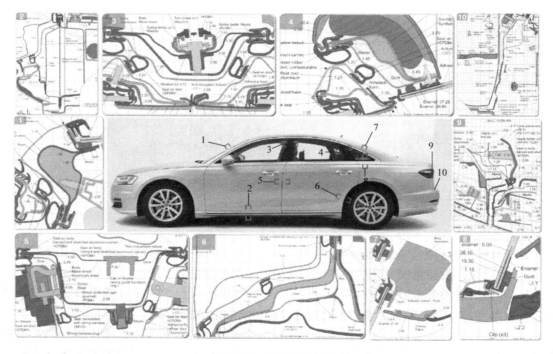

图 3-3 外饰结构对标

5）外观级：专指满足汽车逆向工程设计要求和总布置、制造、装配等要求的汽车内、外表面 3D 数模（如前后保险杠、顶盖、仪表台板、门内饰板等汽车外表及内饰的高可见曲面）。

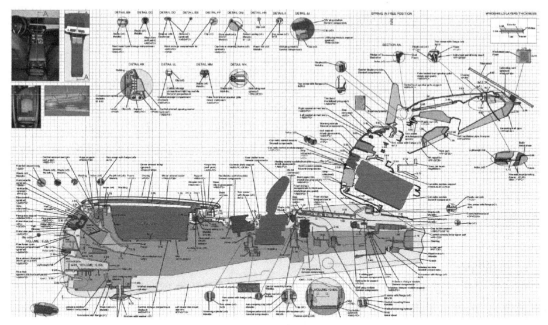

图 3-4 内饰结构对标

点云级

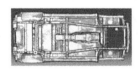
布置级

特征级

精细级

外观级

图 3-5 逆向数据的分级

随着汽车智能化、网联化及电动化的发展,对标的重点会逐步转移到对各类控制器电路及软件的解析,而且会越来越重要。这部分对标主要是对汽车功能逻辑、控制策略的对标,与本书所讲整车集成的内容有一定的关联,主要的影响是对因集成度越来越高的电控零部件及其相应的连接线束等布置的影响,需要整车集成工程师有一定的了解。

产品的对标不一定都要进行全面对标,主机厂也可以根据开发产品的具体情况开展部分对标活动。

3.2 整车产品定义

整车产品定义是一个循序渐进的过程,对于一个全新品牌车型来说,如图 3-6 所示,产品的定义可以按照以下步骤开展。

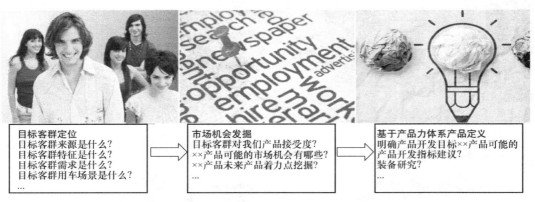

图 3-6　产品定义过程

1. 商品预研

市场部门通过市场洞察找到市场机会，初步明确计划开发车型卖给谁（潜在客户以及客户画像）、用什么手段去吸引潜在客户（亮点和卖点）、市场上有哪些同类竞争车型（市场产品竞争圈），并提出开发车型的商品概念。对于与整车定义密切相关的部分，可以采用从客户使用场景出发的产品力着力点分析方法，来提取产品的亮点和卖点以及商品概念，如图 3-7 所示。商品概念一般包含的主要内容有整车类型及关键尺寸、乘员数量、动力性经济性指标、对整车级属性尤其是关注的属性进行描述等，如整车具有运动型外观、前排乘客座椅采用"女王"座椅，具有加热、通风等功能等。

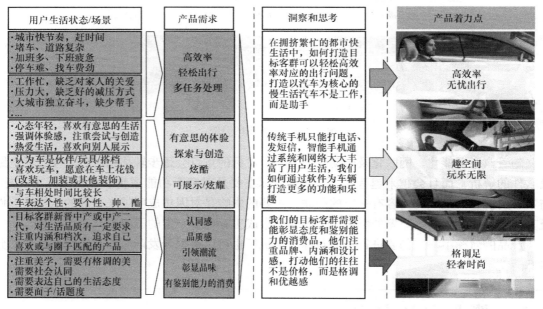

图 3-7　产品着力点分析

用产品着力点这种方法分析出来的整车产品定义是一种宏观的定义，是用描述性的语言进行的产品愿景描述，并不具备可操作性，但它也实实在在地为产品描绘出了一幅蓝图。

2. 商品策划

商品预研阶段定义的产品过于笼统，还停留在商品化属性定义的范畴，还是无法进行工程设计的。为了实现商品概念描述的画卷，需要进一步进行商品策划。整车商品策划阶段需要做好以下工作。

（1）竞争策略制定

竞争策略就是开发出来的车型采用什么办法来比竞争对手车型更加吸引潜在客户。通常情况下，主机厂将开发产品与竞争车型的属性立表对照，做出竞争策略，即L－领先；A－名列前茅；C－处于中流水平；U－不如竞争车。对于商品属性提出的亮点和卖点要做到领先（L），如图3-8所示（主机厂对整车属性的划分有差异，此图只做概念说明用）。

整车属性	开发车型	竞争车1	竞争车2	竞争车3	竞争车4	竞争车5
安全	L					
质量	C					
配置	L					
舒适	A					
操控	C					
动力	C					
外观	L					
价格	A					
用车成本	C					
服务	C					
空间	A					
车联网	C					
内饰	A					
信息娱乐功能	U					
...	...					

图3-8　整车竞争策略

需要说明的是，竞争策略一般处于领先状态的属性最多不超过3个，领先属性过多，开发出来的产品就会缺乏个性。通常情况下，竞争策略要结合主机厂自身的情况（产品战略、制造条件等）制定，以便发挥自身擅长，做到差异化竞争，如蔚来突出的是换电技术、保姆式服务，让客户享受贵宾般的服务，并以拥有蔚来汽车感到骄傲；BYD的DMi动力系统，主打动力强劲电动感还节能，等等。

（2）产品性能目标定义

根据商品概念、产品亮点和卖点以及产品竞争策略，对整车级商品属性进行逐一描述，即定义性能目标值。如整车0—100km/h加速时间≤7s。又如对于安全属性来说，可以这么定义：2021版C－NCAP（中国新车评价规程）达到5星，C－IASI（中国汽车保险安全指数）达到3G1A。图3-9所示为整车性能目标定义样表。

图3-10所示为中国汽车工程研究院公布的，部分2020年进行过测试的中国汽车保险安全指数。

产品目标定义一定要与竞争策略强关联。可以这么说，产品目标定义是竞争策略的进一步细化，将竞争策略从模糊的商品预研描述转化成每一项属性的量化指标，这就为工程设计设定了可操作的目标。

整车一级属性通常包括：

造型及外观品质、操作品质、人机及布置空间、储物空间、维修维护性、座椅及约束系统、气候控制性能、灯光性能和信息娱乐及智能化等静态属性；动力性和经济性、驾驶性

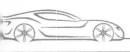

整车性能目标VTS									
项目:			版本：V1						
序号	性能目标管控项目	单位	项目技术要求				对标车		
			增程式	基础版	舒适版	超级版	竞争车1	竞争车2	竞争车3
3	人机布置及空间								
	人机布置主观评价								
	人机布置总分	分数	7.50				/	7.25	7.50
	操作便利性	分数	7.50				/	7.25	7.25
	进出便利性	分数	7.25				/	7.00	7.50
	视野性	分数	7.25				/	7.50	7.25
	维修维护性主观评价								
	维修维护性总分	分数	7.50				/	7.50	7.50
	整体空间主观评价								
	乘坐空间总分	分数	7.25				/	7.25	7.25
	前排空间	分数	7.25				/	7.25	7.25
	后排空间	分数	7.25				/	7.25	7.25
	储物空间主观评价								
	储物空间总分	分数	7.75				/	6.75	7.75
	前排储物空间	分数	7.75				/	7.25	8.00
	后排储物空间	分数	7.75				/	6.00	7.50
	行李舱空间	分数	7.75				/	7.50	7.75

图 3-9　整车性能目标

序号	品牌	生产厂家	测评车型	车辆级别	车辆型号	耐撞性与维修经济性	车内乘员	车外行人	辅助安全
1	启辰	东风汽车有限公司	启辰星	SUV	DFL6470MTN81（2020款 260T手动星悦版）	M	G	G	G *
2	NIO 蔚来	上海蔚来汽车有限公司	EC6	SUV	HFC6483ECSEV6-W（2020款 430KM运动版...	A	G	G	G
3	理想智动	重庆理想汽车有限公司	理想ONE	SUV	LXA6500SHEVM1（2020款 增程6座版）	M	G	G	G
4	JAC 江淮	安徽江淮汽车集团股份有限公司	嘉悦A5	轿车	HFC7152B1S（2021款 1.5T+6MT 智行版精...	P	A	A	G *
5	宝马	华晨宝马汽车有限公司	X3	SUV	BMW6475SX（2020款 xDrive 25iM运动套...	P	G	G	G

图 3-10　汽车保险安全指数

能、转向性能、操控性能、乘坐性能、制动性能和整车 NVH 等动态属性；还有整车安全及可靠性、环保等安全法规属性。

（3）产品功能和配置定义

汽车功能定义是从整车使用功能出发，逐渐分解到系统、零部件的过程。图 3-11 所示为功能定义样表。表中的整车域通常包括动力域、底盘域、车身域、安全域、信息娱乐域等。汽车功能定义也要与产品竞争策略结合，凡是亮点和卖点或领先的指标，都要在功能定义中尽量描述清楚，确定如何才能处于领先地位！

汽车的配置定义需要结合产品目标定义和功能定义进行，配置是功能体现的具体化，一个配置可以包含多个功能，如 ××× 动力总成，其中 ××× 是主机厂的动力总成代号，在配置表上就算一个配置，而动力总成包含了很多的功能。同时，××× 动力总成也确定了整车动力指标。

（4）产品开发技术路线图

在商品属性、竞争策略及产品目标、产品功能和配置确定后，就可以全面开展产品技术路线的制定。产品技术路线图就是各系统根据功能、目标、产品亮点、卖点等制定本系统的初步技术设想，如汽车乘员舱取暖是采用发动机余热还是采用热泵空调？就会在产品路线图上明确提出，并比较不同技术路线对于本项目的适应性，从产品质量稳定、资源易获得、供

图 3-11 汽车功能定义样表

应商配合态度、成本、开发周期等多维度进行比较，选取最适合的技术路线。

需要说明的是，商品策划是一个反复的过程，竞争策略、目标定义、功能和配置定义可以同步进行，它们相互影响，通过技术路线图的多方案比较，可能会反过来进行适当的调整。只有当通过技术路线图的多方案比较，并选取适合的技术路线后，整车商品策划才基本确定下来，为工程设计指明方向。

3. 过程控制与完善

随着工程设计的推进，工程设计是否按照前期的构想顺利展开？随着时间的推移，市场是否发生变化？这些都需要对产品的商品性进行实时调整，甚至停掉整个项目。如在 2008 年的金融危机冲击下，很多主机厂判断市场突然间发生重大变化，停掉了大批的产品开发项目。

第4章

整车布置

整车布置是在整车产品定义完成后开展布置工作的第一步，是整车几何集成工作的起步阶段，也是落实产品概念定义从抽象到具象的开始，为后续的人机布置、机械布置、结构布置等初步划定框架。同时，为了确保几何集成目标的实现，也要对人机布置、机械布置、结构布置等进行有效的协调管控，达到整车有效空间的合理利用。

整车布置涉及主要工作内容如下。

1) 根据要开发车型的大小、车型、造型定位等，确定整车外形各部分的比例和初步尺寸。

2) 根据驱动形式初步确定在不同载荷下的轴荷分配目标。

3) 根据汽车对路面的适应性（越野性）、舒适性/操控性、载荷变化、底盘悬架类型等要求，初步确定整车姿态。

4) 根据动力、能源形式规划主要零部件的初步位置、乘员位置及驾驶人操作件位置、车门玻璃面位置、车门框止口及密封面位置、行李舱大小等。

5) 根据法规及技术要求，初步确定各类车灯、传感器（摄像头、雷达等）、后视镜等的位置。

6) 根据被动安全和保险要求，初步确定吸能空间、碰撞安全策略。

对单个汽车开发项目来说，这是从"0"开始的阶段，万事开头难！好在汽车经过100多年的发展，汽车类型或通常说的车型品种已经相当完善，我们只要站在"巨人的肩膀上"开展工作，就可以变得容易。

在正式开展整车布置工作前，先要建立整车坐标系，作为整车布置及零部件设计的坐标定位基准。

4.1 整车尺寸和结构比例

设计前期需要将整车尺寸进行定义，我们需要做一个什么样的车，是大的还是小的？偏向经济型还是豪华型？是轿车还是SUV？等等。这需要根据市场以及消费者的需求进行产品尺寸定义，也需要用尺寸来进行衡量。

本节主要讲述如何定义整车布置中主要几何尺寸目标和关键硬点方法，为后续总布置工作提供依据。

通常情况下，主机厂都是参照SAE1100（有不同版本）中的尺寸定义及代号，加上自己的一些特殊尺寸定义，作为总布置的尺寸定义手册。作为整车集成人员，务必对尺寸具体定义的含义要非常熟悉！

1. 整车尺寸定义

为了方便学习掌握整车尺寸,本书简要地将整车尺寸代号及定义列成表格,见表 4-1 所列。

表 4-1 整车尺寸及定义

序号	代号	定义(英文)	定义(中文)
1	SgRP1	SgRP – Front	座椅设计 R 点 – 前排
2	SgRP2	SgRP – Second	座椅设计 R 点 – 中排
3	SgRP3	SgRP – Third	座椅设计 R 点 – 后排
4	SWC	Steering Wheel Center	方向盘中心
5	BOFRP	Ball of Foot Reference Point	脚掌踏点 – BOFRP
6	AHP	Accelerator Heel Point – Front	脚跟点(踵点)– 前排
7	FRP2	Floor Reference Point – Second	脚跟点(踵点)– 中排
8	FRP3	Floor Reference Point – Third	脚跟点(踵点)– 后排
9	APP	Accelerator Pedal Point	加速踏板参考点
10	C 点	Cowl Point	前罩板对称平面最后点在前风窗玻璃上的水平投影点
11	D 点	Deck Point	行李舱盖对称平面后点在后风窗玻璃上的水平投影点
12	L3 – 2	Minimum Compartment Room – Second	座椅间最小水平距离 – 中排
13	L3 – 3	Minimum Compartment Room – Third	座椅间最小水平距离 – 后排
14	L6	BOFRP to SWC	BOFRP 与 SWC 水平距离
15	L7	Steering Wheel Torso Clearance	方向盘与躯干线距离
16	L11	AHP to SWC	驾驶人踵点与方向盘中心水平距离
17	L18	Foot Entrance Clearance – Front	脚部步入空间 – 前排
18	L19	Foot Entrance Clearance – Second	脚部步入空间 – 中排
19	L22	Steering Wheel to Seatback	方向盘与座椅靠背距离
20	L26	Steering Wheel to Center of Front Wheel	方向盘与前轮心水平距离
21	L34	Effective Leg Room – Accelerator	腿部有效空间 – 前排
22	L38	Head Clearance to Windshield Garnish – Driver	驾驶人头部包络到前风窗玻璃装饰件最小距离
23	L39 – 1/2/3	Head Clearance to Backlight Garnish – Front/Second/Third	乘员头部包络到后风窗玻璃装饰件最小距离
24	L48 – 2	Minimum Knee Clearance – Second	膝部最小空间 – 中排
25	L48 – 3	Minimum Knee Clearance – Third	膝部最小空间 – 后排
26	L50 – 2	SgRP Couple Distance, Front to Second	R 点水平距离 – 前排与中排
27	L50 – 3	SgRP Couple Distance, Second to Third	R 点水平距离 – 中排与后排
28	L51 – 2	Effective Leg Room – Second	腿部有效空间 – 中排
29	L51 – 3	Effective Leg Room – Third	腿部有效空间 – 后排
30	L53 – 1	SgRP to Heel – Front	R 点与踵点水平距离 – 前排

（续）

序号	代号	定义（英文）	定义（中文）
31	L53－2	SgRP to Heel－Second	R 点与踵点水平距离－中排
32	L53－3	SgRP to Heel－Third	R 点与踵点水平距离－后排
33	L58－2	Leg Clearance－Second	腿部空间－中排
34	L58－3	Leg Clearance－Third	腿部空间－后排
35	L99－1	BOFRP to SgRP－Front	BOFRP 与 R 点水平距离－前排
36	L99－2	BOFRP to SgRP－Second	BOFRP 与 R 点水平距离－中排
37	L99－3	BOFRP to SgRP－Third	BOFRP 与 R 点水平距离－后排
38	L101	Wheelbase	轴距
39	L103	Vehicle Length	整车长度
40	L104	Overhang－Front	前悬
41	L105	Overhang－Rear	后悬
42	L113	Front Wheel Centerline to BOFRP－Front	前轮心与 BOFRP 水平距离
43	L114	Front Wheel Centerline to SgRP－Front	前轮心与前排 R 点水平距离
44	L115－1	SgRP－Front to Rear Wheel Centerline	前排 R 点与后轮心水平距离
45	L115－2	SgRP－Second to Rear Wheel Centerline	二排 R 点与后轮心水平距离
46	L115－3	SgRP－Third to Rear Wheel Centerline	三排 R 点与后轮心水平距离
47	L202－1/2/3	Cargo Length at Floor	行李舱地板长度（1/2/3 代表对应座椅折叠状态）
48	L206	Rear Compartment Opening Length	行李舱开口长度尺寸
49	W3－1	Shoulder Room－Front	肩部空间－前排
50	W3－2	Shoulder Room－Second	肩部空间－中排
51	W3－3	Shoulder Room－Third	肩部空间－后排
52	W5－1	Hip Room－Front	臀部空间－前排
53	W5－2	Hip Room－Second	臀部空间－中排
54	W5－3	Hip Room－Third	臀部空间－后排
55	W7	SWC－Y Coordinate	方向盘中心 Y 坐标值
56	W9	Steering Wheel Diameter	方向盘直径
57	W27－1	Head Clearance Diagonal－Front	头部斜向空间－前排
58	W27－2	Head Clearance Diagonal－Second	头部斜向空间－中排
59	W27－3	Head Clearance Diagonal－Third	头部斜向空间－后排
60	W31－1	Elbow Room－Front	肘部空间－前排
61	W31－2	Elbow Room－Second	肘部空间－中排
62	W31－3	Elbow Room－Third	肘部空间－后排
63	W35－1	Head Clearance Lateral－Front	头部横向空间－前排
64	W35－2	Head Clearance Lateral－Second	头部横向空间－中排
65	W35－3	Head Clearance Lateral－Third	头部横向空间－后排

（续）

序号	代号	定义（英文）	定义（中文）
66	W101-1	Tread Width - Front Tires	前轮距
67	W101-2	Tread Width - Rear Tires	后轮距
68	W103	Vehicle Width, Maximum	整车最大宽度
69	W106	Fender Width - Front	轮眉宽度-前轮
70	W107	Fender Width - Rear	轮眉宽度-后轮
71	W116	Body Width	车身宽度
72	W117	Body Width at SgRP - Front	车身宽度-前排R点X截面
73	W120-1	Vehicle Width, Doors Open - front	整车最大宽度-前门最大开启位置
74	W120-2	Vehicle Width, Doors Open - Second	整车最大宽度-后门最大开启位置
75	W144	Vehicle Width, Mirrors Included	整车最大宽度-外后视镜打开状态
76	W145	Vehicle Width, Mirrors Folded	整车最大宽度-外后视镜折叠状态
77	W205	Rear Opening Width - Upper	后背门门洞开口宽度-上部
78	W206	Rear Opening Width - Maximum	后背门门洞开口最大宽度
79	W207	Rear Opening Width - Lower	后背门门洞开口最小宽度-下部
80	H5-1	SgRP to Ground - Front	R点最小离地距离-前排
81	H5-2	SgRP to Ground - Second	R点最小离地距离-中排
82	H5-3	SgRP to Ground - Third	R点最小离地距离-后排
83	H11-1	Entrance Height - Front	车门入口高度-前排
84	H11-2	Entrance Height - Second	车门入口高度-后排
85	H13	Steering Wheel to Thigh Line	方向盘到大腿中心线最小距离
86	H14	Eyellipse to Bottom of Inside Rearview Mirror	眼椭圆到内后视镜镜框底部垂直距离
87	H17	AHP to SWC	驾驶人踵点到方向盘中心垂直距离
88	H30-1	Seat Height - Front	座垫高度（坐高）-前排
89	H30-2	Seat Height - Second	座垫高度（坐高）-中排
90	H30-3	Seat Height - Third	座垫高度（坐高）-后排
91	H35-1	Head Clearance Vertical - Front	头部垂直空间-前排
92	H35-2	Head Clearance Vertical - Second	头部垂直空间-中排
93	H35-3	Head Clearance Vertical - Third	头部垂直空间-后排
94	H46-1	Head Clearance Vertical 2 - Front	头部垂直空间2-前排
95	H46-2	Head Clearance Vertical 2 - Second	头部垂直空间2-中排
96	H46-3	Head Clearance Vertical 2 - Third	头部垂直空间2-后排
97	H47-1	Minimum SV Head Clearance - Front	头部最小空间-前排
98	H47-2	Minimum SV Head Clearance - Second	头部最小空间-中排
99	H47-3	Minimum SV Head Clearance - Third	头部最小空间-后排
100	H49	Eyellipse to Top of Steering Wheel	眼椭圆到方向盘顶部垂直距离
101	H50-1	Upper - Body Opening to Ground - Front	车门上开口位置到地面距离-前排

（续）

序号	代号	定义（英文）	定义（中文）
102	H50-2	Upper-Body Opening to Ground-Second	车门开口位置到地面距离-后排
103	H61-1	Effective Head Room-Front	头部有效空间-前排
104	H61-2	Effective Head Room-Second	头部有效空间-中排
105	H61-3	Effective Head Room-Third	头部有效空间-后排
106	H74	Steering Wheel to Cushion	方向盘到未压缩座垫最小距离
107	H100	Vehicle Height-Body	整车车身最大高度
108	H101	Vehicle Height-Maximum	整车最大高度
109	H103-1	Bumper to Ground-Front	保险杠离地间隙-前
110	H103-2	Bumper to Ground-Rear	保险杠离地间隙-后
111	H108-1	Static Load Radius-Front Tire	静力半径-前轮
112	H108-2	Static Load Radius-Rear Tire	静力半径-后轮
113	H110	Vehicle Height-Rear Compartment Open	整车最大高度-后背门/行李舱盖开启状态
114	H120-1	Cowl Point to Groud	C点离地高
115	H120-2	Deck Point to Groud	D点离地高
116	H130-1	Step Height-Front	门槛高度-前门
117	H130-2	Step Height-Second	门槛高度-后门
118	H156-EPA	Ground Clearance-EPA	最小离地间隙-空载
119	H156-GVM	Ground Clearance-GVM	最小离地间隙-满载
120	H193	Lift Out Height	后背门/行李舱门槛与未压缩地毯最大高度
121	H196	Lift In Height	后背门/行李舱门槛离地最大高度
122	H201	Cargo Height	行李舱高度
123	H202	Rear Opening Height	背门门洞开口最小垂直高度
124	H251	Open Liftgate Height to Ground	背门开启时离地高度
125		Obstruction Angle of A Pillar	A柱障碍角
126	A18	Steering Wheel Angle-Y Plane	方向盘倾角
127	A19-1	Track Rise Angle-Front	座椅调节滑轨倾角-前排
128	A19-2	Track Rise Angle-Second	座椅调节滑轨倾角-中排
129	A19-3	Track Rise Angle-Third	座椅调节滑轨倾角-后排
130	A27-1	Cushion Angle-Front	座垫倾角-前排
131	A27-2	Cushion Angle-Second	座垫倾角-中排
132	A27-3	Cushion Angle-Third	座垫倾角-后排
133	A40-1	Torso Angle-Front	座椅靠背角-前排
134	A40-2	Torso Angle-Second	座椅靠背角-中排
135	A40-3	Torso Angle-Third	座椅靠背角-后排
136	A42-1	Hip Angle-Front	臀部角-前排
137	A42-2	Hip Angle-Second	臀部角-中排

（续）

序号	代号	定义（英文）	定义（中文）
138	A42–3	Hip Angle – Third	臀部角 – 后排
139	A44–1	Knee Angle – Front	膝部角 – 前排
140	A44–2	Knee Angle – Second	膝部角 – 中排
141	A44–3	Knee Angle – Third	膝部角 – 后排
142	A46–1	Ankle Angle – Front	踝部角 – 前排
143	A46–2	Ankle Angle – Second	踝部角 – 中排
144	A46–3	Ankle Angle – Third	踝部角 – 后排
145	A47	Shoe Plane Angle	鞋平面角
146	A48–2	Floor Plane Angle – Second	地板平面倾角 – 中排
147	A48–3	Floor Plane Angle – Third	地板平面倾角 – 后排
148	A57–1	Thigh Angle – Front	大腿倾角 – 前排
149	A57–2	Thigh Angle – Second	大腿倾角 – 中排
150	A57–3	Thigh Angle – Third	大腿倾角 – 后排
151	A106–1	Angle of Approach	接近角 – 空载
152	A106–2	Angle of Departure	离去角 – 空载
153	A116–1	Approach Angle at Maximum Load	接近角 – 满载
154	A116–2	Departure Angle at Maximum Load	离去角 – 满载
155	A122	Tumblehome	前侧风窗倾角
156	A124–1–L	Vision – Forward Down at C/LO	前下视野 – 驾驶人位置
157	A124–1–U	Vision – Forward Up at C/LO	前上视野 – 驾驶人位置
158	A124–2–L	Vision – Rearward Down at C/LO	后下视野 – 驾驶人位置
159	A124–2–U	Vision – Rearward Up at C/LO	后上视野 – 驾驶人位置
160	A125–1	Door Open Angle – Front	车门开启角度 – 前门
161	A125–2	Door Open Angle – Rear	车门开启角度 – 后门
162	A130–1	Glazing Angle – Windscreen	玻璃倾角 – 前风窗玻璃
163	A130–2	Glazing Angle – Backlight	玻璃倾角 – 后风窗玻璃
164	A147	Ramp Breakover Angle	纵向通过角 – 空载
165	PL1	Accelerator To Brake Liftoff（Step Over）	加速踏板到制动踏板垂直距离
166	PL25	Brake Pedal Knee Clearance	膝部最小间隙 – 制动踏板位置
167	PL52	Brake To Accelerator Offset	制动踏板与加速踏板偏移最小距离
168	PL53	Clutch To Brake Offset	离合器踏板与制动踏板偏移最小距离
169	PW11	Accelerator Pedal Width	加速踏板最大宽度
170	PW13	Brake Space	制动踏板最小侧向间距
171	PW17	Accelerator To Right Side	加速踏板与右边饰件最小距离
172	PW21	Brake To Accelerator Separation	制动踏板与加速踏板最小侧向距离
173	PW22	Brake Pedal Width	制动踏板最大宽度

（续）

序号	代号	定义（英文）	定义（中文）
174	PW23	Brake To Clutch Lateral Offset	制动踏板中心与离合踏板中心横向距离
175	PW27	Accelerator Space	加速踏板最小侧向间距
176	PW32	Clutch To Brake Separation	离合器踏板与制动踏板最小侧向距离
177	PW33	Clutch Pedal Width	离合器踏板最大宽度
178	PW42	Brake To Left Side	离合器踏板最小左侧间距
179	PW43	Clutch To Left Side	离合器踏板与左侧最小距离
180	PW47	Driver Footwell Width	驾驶人脚坑横向宽度
181	PW82	BOFRP To C/L Brake	BOFRP 与制动踏板中心横向距离
182	PW83	BOFRP To C/L Clutch	BOFRP 与离合器踏板中心横向距离
183	PW86	BOFRP To AHP	BOFRP 与 AHP 横向距离
184	PW92	C/L Driver to Right Edge of Brake	驾驶人中心线与制动踏板最右边横向距离
185	PW98	C/L Driver To BOFRP	驾驶人中心线与 BOFRP 横向距离
186	PH11	Accelerator Pedal Height	加速踏板高度
187	PH16	Accelerator Clearance to Floor	加速踏板与未压缩地毯最小垂直距离
188	PH22	Brake Pedal Height	制动踏板高度
189	PH26	Brake Clearance to Floor	制动踏板与未压缩地毯最小垂直距离
190	PH33	Clutch Pedal Height	离合器踏板高度
191	PH36	Clutch Clearance to Floor	离合器踏板与未压缩地毯最小垂直距离
192	PH61	Accelerator Travel, Clearance Height	极限位置加速踏板与未压缩地毯最小垂直距离
193	TL17－1	H－Point Travel Length－Front	H 点轨迹行程水平距离－前排
194	TL17－2	H－Point Travel Length－Second	H 点轨迹行程水平距离－中排
195	TL17－3	H－Point Travel Length－Third	H 点轨迹行程水平距离－后排
196	TL18－1	H－Point Travel Maximum Length－Front	H 点轨迹行程最大水平距离－前排
197	TL18－2	H－Point Travel Maximum Length－Second	H 点轨迹行程最大水平距离－中排
198	TL18－3	H－Point Travel Maximum Length－Third	H 点轨迹行程最大水平距离－后排
199	SL9－1	Cushion Depth－Front	座垫深度－前排
200	SL9－2	Cushion Depth－Second	座垫深度－中排
201	SL9－3	Cushion Depth－Third	座垫深度－后排
202	SL10－1	Effective Cushion Depth－Front	座垫有效深度－前排
203	SL10－2	Effective Cushion Depth－Second	座垫有效深度－中排
204	SL10－3	Effective Cushion Depth－Third	座垫有效深度－后排
205	SL14－1	Seatback Thickness－Front	座椅靠背厚度－前排
206	SW16－1	Cushion Width－Front	座垫宽度－前排
207	SH77－1	Seatback Height－Front	座椅靠背高度－前排
208	SH77－2	Seatback Height－Second	座椅靠背高度－中排
209	SH77－3	Seatback Height－Third	座椅靠背高度－后排

表 4-1 中的一些尺寸对整车大小规格有较大影响，通常称这些尺寸为整车主要尺寸参数，包括外部尺寸和内部尺寸，下面对这些尺寸着重介绍。

整车的外部尺寸，如图 4-1 所示。

图 4-1 整车外部尺寸

L101：轴距（沿 X 方向，前轮中心到后轮中心的距离）。

L103：整车长度（车辆最前点到最后点的水平距离，包括标配的保险杠、缓冲块、保险杠缓冲区，不含牌照板上的附着物）。

L104：前悬长度（沿 X 方向，车辆最前端点到前轮中心的距离，不含牌照板上的附着物）。

L105：后悬长度（沿 X 方向，车辆后轮中心到车辆最后端点的距离，不含牌照板上的附着物）。

H101：整车高度，整车顶端到地面的最大 Z 向距离，包括所有金属附件和内外饰（顶部行李架、转向灯、扰流板等），或天线的固定不可移动的部分。

W101-1：前轮距，地面上两前轮中心线间的横向距离。

W101-2：后轮距，地面上两后轮中心线间的横向距离。

W103：汽车最宽点处的最大 Y 向距离（后视镜除外，其他部件都包括在内）。

整车的外部尺寸主要体现整车的外观大小，通过这些尺寸可以将车进行大小规格（级别）划分。不同的主机厂对汽车的尺寸规格（级别）划分略有不同，目前流行的主要有两种划分方式：

第一种通常将乘用车划分成 A 级、B 级、C 级、CD 级、D 级和 E 级。

第二种通常将乘用车划分成 A00 级、A0 级、A 级、B 级和 C 级。这种划分方法在国内媒体上比较流行。

以上是整车外部几个主要的尺寸参数，对于产品策划以及车型布局有着非常重要的作用。下面我们介绍一下汽车内部几个主要尺寸。

整车内部长度、宽度及高度尺寸，如图 4-2、图 4-3 所示。

L99-1：前排 BOFRP 到 H 点水平距离，反映了前排驾驶员腿部空间。

L50-2：前排到中排 H 点水平距离，反映了后排人体腿部空间。

H30-1/H30-2：前、后排乘员坐高，不同的车型，有不同的范围。

H61-1/H61-2：前、后排有效头部空间，从 R 点向后倾斜 8°。

W3：肩部空间。

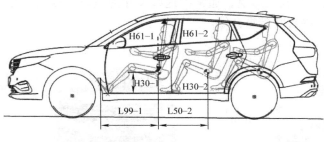

图 4-2 内部长度尺寸

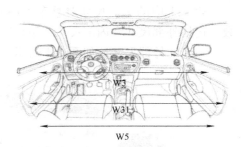

图 4-3 内部宽度尺寸

W31：肘部空间。

W5：臀部空间。

通常情况下，这部分尺寸为评价车辆乘员人机关系优劣的主要参数，车内空间人机尺寸的好坏不是仅凭单一尺寸的好坏，或某几个尺寸的好坏就可以评估的，应该进行综合评价；车内空间人机尺寸也不是越大越好，尤其是人体相关的尺寸，需要进行恰当地设计，如乘员车外侧肘部活动空间（W10），太大意味着离手远，不方便靠手。

反映车内空间尺寸的还有行李舱的尺寸，尺寸越大，承载的空间就大，拉的货物就多。当然，这个也要根据悬架和后悬的长度来综合考虑，并不是越大越好。

行李舱空间尺寸如图 4-4 所示。

L212－1/L212－2/L212－3：分别为中排和后排放倒、座椅不放倒时行李舱装载长度。

H202：行李舱开口高度。

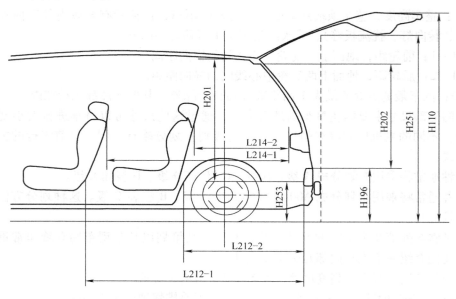

图 4-4 行李舱空间尺寸

整车尺寸对于布置的影响是显而易见的。比如整车长度，假如设计一个紧凑型的车型，那在长度方向尺寸上就不可能象较大级别车型那么宽松，通常会尽量压缩机舱长度以便留出更多的乘员空间，乘员舱空间必要时还会牺牲部分人机舒适性，行李舱的装载空间也不会太长。同样地也会对性能方面有影响，如碰撞性能无法达到高标准等。

2. 整车结构比例

整车结构比例指的是对整车外观造型有影响的尺寸，好比人体的各部位尺寸对身材有决定性的作用一样，这些尺寸对整车的"身材"也起到决定性的作用！请大家记住这句话"整车集成塑身材、造型只是化妆"。一个好的造型，只有整车集成和造型人员通力合作，才能设计出亮眼、养眼的汽车！

如图 4-5 所示，L113 [前轮心到脚踏点（BOFRP）X 向距离]，该尺寸主要是表达"车脖子"的长度，根据机舱动力总成布置情况以及车型有所区别，一般高级轿车相对较大，而紧凑型的轿车较小。可以看出由于该尺寸大小不同，汽车"身材"明显不一样！

图 4-5　L113 对整车比例的影响

德国大众汽车各系列的外造型拥有基本相同的造型比例，不同之处在于外轮廓线条和细节——套娃式设计。初步分析大众汽车之所以全系列各车型均用同一比例造型，其一是对汽车造型比例美观长期推敲后总结而得，其二为德国大众汽车造型风格采用德国现代工业"包豪斯"风格的三点造型核心思想：强调比例、形式服务于功能和少即是多等观念。其中，首要的一条就是车身的比例关系。

如图 4-6 所示，表征整车比例关系的尺寸体现在长度、宽度和三个方向上，这些尺寸需要在进行整车集成布置的初期进行探究，根据车型的不同，收集本项目同类较新且受欢迎车型的相应尺寸，最好进行实物评价，制定本项目的整车比例尺寸目标，为"塑身材"打好良好的基础。注意：图 4-6 中只有一位数代码的尺寸非 SAE 定义的尺寸，主机厂可以根据自己的尺寸命名自己给出代号。

人们对美丽的追求是与时俱进的，并随使用环境的变化而变化，体现在整车尺寸比例关系上可以找到其线索。20 世纪 50 年代前的老爷车都是比较高的，那时公路条件一般，车速也不快。进入六七十年代后，由于高速公路的广泛建造和车速的大幅加快，为了降低风阻、增加行驶稳定性及操控安全性，车身做得比较低，轿车整车高度普遍在 1400mm 左右；进入 21 世纪后，由于受安全法规、驾驶舒适性追求及自驾游等生活方式的影响，整车高度又变高，轿车普遍在 1480mm 左右，甚至有高于 1520mm 的轿车；最近几年随着人们对"运动

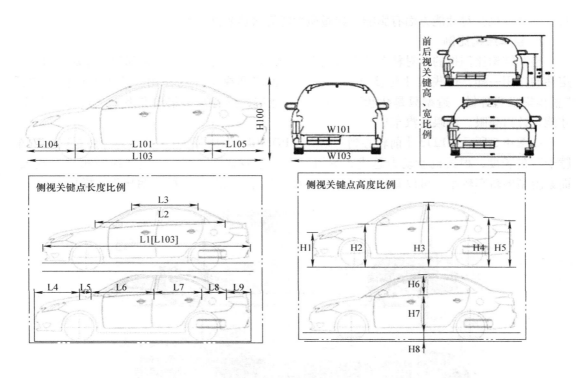

图 4-6　整车比例关系尺寸

感"的追求，整车高度又出现降低的趋势，目前普遍在 1450mm 左右（新能源车除外）。因此，对于整车比例关系尺寸的应用要结合当下的情况进行必要的调整。

在汽车长度方面人们广泛接受了双 M 的观念（即车头和行李舱尽可能小，座舱尽可能大）。宽度方向由于车高的增加和安全的需要，也有加宽的趋势。图 4-7 所示为近 20~30 年来车身比例的变化趋势示意图。

1）前风窗玻璃和过机罩盖后端点水平线的交点 C：为了减小风阻加大流线感，也为了行人保护要求机罩盖加高，C 点前移并且提高，同时也带来了发动机接近性变差，维修不方便、设计成本增加等负面问题。

2）后风窗玻璃和行李舱盖前端水平线交点 D：为了和 C 点对应，D 点后移加高。

3）窗台线加高：增加侧碰安全性，配合 C、D 点加高。

4）轴距逐渐加长，尤其是新能源车由于安装大容量电池的要求，轴距普遍较燃油车大。

图 4-7　车身比例的变化趋势示意图

4.2　整车姿态和通过性

4.2.1　整车姿态

前文中介绍了整车尺寸及比例,它们都对造型有着重要的影响。这里还有一个重要参数不得不提,那就是整车姿态,它同时影响造型和整车通过性。

在定义整车姿态前,需要先了解地面线,地面线是为了便于设计,在设计图上保持车身位置不动,在不同载荷条件下将地面相对车身的位置简化到整车纵向对称平面的线条,如图4-8所示。通常采用整备质量状态(也称空载,curb weight)、设计质量状态(也称半载,design weight)和满载质量状态(也称全载,gross weight)三条地面线,也可根据设计需求添加其他载荷条件下的地面线,如卖车时展示状态(与整备状态相比,油箱加油少或没有油)、碰撞试验载荷下的碰撞状态(需要准确确定受碰撞部位的高度位置),以及不同乘员数量状态等。也可以将对应的载荷状态反映到设计图上,使主机厂可以根据自己的需求进行地面线数量的选择。

表征整车姿态的另外一个直观参数是轮胎轮眉间隙,即在过车轮中心的垂直方向上轮胎和轮眉的间隙尺寸。不恰当的前后轮胎轮眉间隙值可以直接影响到整车造型的协调性,乘用车设计时一般设定整备状态的轮胎轮眉间隙,通常越野车具有较大的轮胎轮眉间隙、跑车具有较小的轮胎轮眉间隙。为保证量产车辆整车姿态满足设定要求,需要在整车设计各阶段对姿态进行实时监控,而后期样车验证阶段和量产阶段,为便于测量,通常在水平路面上测量轮眉离地高度值,来间接控制轮胎轮眉间隙。

整车姿态(也称车身姿态)通常用车身门槛梁下沿与地面在整车纵向对称平面内形成的夹角来定义,在数据上就是车身门槛梁下沿与地面线的夹角 α。整车姿态角与地面线对应,通常有空载姿态、设计状态姿态和满载姿态。

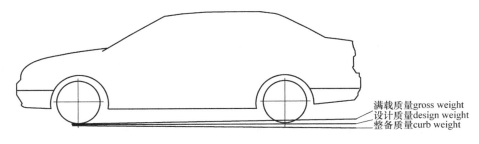

图4-8　整车姿态及地面线

如何确定整车姿态?

从整车姿态的定义中可以看出与整车姿态直接变化相关的因素(忽略整车前后变化的影响)具体包括:

1)前轮在不同载荷下的上下位移量。

2)后轮在不同载荷下的上下位移量。

3) 前后轮在不同载荷下的上下位移量引起的地面线与门槛下沿线夹角的变化。
4) 以上变化造成的轮胎轮眉间隙的变化，以及车身上侧部纵向线条角度的变化。

正是这些变化，给人们造成的感觉是整车的姿态看起来变化了。并且给人留下以下的印象：

1) 该车前低后高，感觉该车负荷不重、具有运动感。
2) 该车前高后低，翘头了，感觉该车负荷重、跑不快、方向不好控制。
3) 该车前后平衡，中规中矩，感觉运动性一般。
4) 这个车是越野车、这个车是跑车等。

正因为不同的整车姿态会给人造成不同的印象，从而影响购买欲，因此，主机厂通常都会对整车姿态给予特别的重视。对不同用途的车型，采取符合人们审美的姿态进行设计，而且必须与时俱进！因此，对于整车集成工程师，要对整车造型的趋势有一定的了解，选择合适的整车姿态！

我们来看看如何进行整车姿态的设计。从整车姿态相关因素可以看出，整车姿态角不仅与底盘悬架在不同载荷下变化有关，也与车身门槛下沿初始位置相关，而底盘悬架在不同载荷下的变化与悬架刚度以及是否有行程主动调节功能相关，而门槛下沿线是可以根据整车姿态来定义的。由于具有行程主动调节功能的悬架通常情况下可以只设计一个姿态，因此，我们这里介绍相对复杂的，没有悬架行程主动调节功能的整车姿态（或地面线）的确定方法。

1. 整车坐标系的确定

如图4-9所示，对全新开发的车型来说，一般非承载式车身汽车取车架上某一平直段上端面（承载式车身汽车取车门槛梁一段平直的下沿）为参考平面，与之平行并通过设计载荷状态下前轮心点的平面作为 XY 平面，过前轮轮心连线且与 XY 平面垂直的面做 YZ 面；整车纵向对称面

图4-9 整车坐标系

为 ZX 面。设计质量状态的前轮轮心点通常设为坐标原点。对基于某平台开发的车型来说，整车坐标系沿用原坐标系。通常 X 坐标正向为车尾方向，Y 坐标正向为车辆右侧，Z 坐标正向为向上。

2. 前后轮心坐标的确定

X 坐标值设定：前轮心 X 坐标可取0，后轮心 X 坐标值根据轴距确定。

Y 坐标值设定：前后轮心 Y 坐标值根据前后轮距，并结合车轮倾角设定。

$$Y = \frac{(B - 2R\sin\theta)}{2}$$

式中　B——轮距；
　　　R——轮胎静力半径；
　　　θ——车轮外倾角。

Z 坐标值的设定：前轮心 Z 坐标值可取0，后轮心 Z 坐标需要根据设计质量状态下的整

车姿态角确定，通常该姿态角为预先确定的目标值。

3. 前后轴荷变化的确定

首先确定整备质量，然后根据乘员及货物加载质量推算其他状态的质量和轴荷，某状态下的前轴荷计算公式为：

$$M_f = M_{f0} + \Delta M_f$$

$$M_r = M_{r0} + \Delta M_r$$

$$\Delta M_f = m_1 + m_2 + m_3 - \Delta M_r$$

$$\Delta M_r = \frac{m_1(L_1 - 100)}{L} + \frac{m_2(L_2 - 50)}{L} + \frac{m_3 L_3}{L}$$

其中　M_f——某质量状态前轴荷（kg）；

M_r——某质量状态后轴荷（kg）；

M_{f0}——整备状态前轴荷（kg）；

M_{r0}——整备状态后轴荷（kg）；

ΔM_r——后轴荷的加载变化量（kg）；

m_1——前排乘员规定体重（kg）；

m_2——后排乘员规定体重（kg）；

m_3——货物质量（kg）；

L——轴距（mm）；

L_1——前排 R 点到前轮心的距离（mm）；

L_2——后排 R 点到前轮心的距离（mm）；

L_3——行李舱中心到前轮心的距离（mm）。

根据 GB/T5910—1998《轿车质量分布》的要求，可调整座椅质量加载点在 R 点前移 100mm，不可调节座椅加载点在 R 点基础上前移 50mm。

4. 不同轴荷下轮心点坐标的计算

在整备状态时的轮心坐标值的基础上，通过下列公式推算出半载、满载状态轮心 Z 坐标值：

$$Z_1 = Z_0 + \frac{(M_1 - M_0)g}{K}$$

式中　Z_1——某状态下（半载/满载）的轮心 Z 坐标值；

Z_0——整备状态下的轮心 Z 坐标值；

M_1——某状态下（半载/满载）的轮荷（kg）；

M_0——整备状态下的轮荷（kg）；

K——悬架刚度（N/mm）；

g——重力加速度（9.8m/s^2）。

5. 轮胎半径的确定

对一般乘用车而言，整备质量状态时前后轮胎半径差异在 5mm 左右，而在不同整车质量状态下，车轮半径变化可达 5mm 以上，不能简单地把轮胎半径视为固定值。轮胎在不同载荷下的变形量最好由轮胎制造商提供，也可以按照 GB/T 2978—2014《轿车轮胎规格、尺寸、气压与负荷》进行计算。

轮胎受载负荷下变形量 h_c(cm) 的经验计算公式：

$$h_c = \frac{C_1 Q^{0.85}}{(B^{0.7} D^{0.43} P^{0.6})K}$$

式中　$K = 15 \times 10^{-3} B + 0.42$；

C_1——轮胎设计参数，取 1.5；

Q——轮胎负荷（10N）；

B——轮胎充气断面宽（cm）；

D——轮胎充气外直径（cm）；

P——轮胎充气压力（100kPa）。

6. 地面线的确定

根据某载荷状态下的轮胎半径和轮心点相对设计质量状态轮心点变化量，计算该轴荷下轮胎接地点 Z_f、Z_r 坐标，连接 Z_f、Z_r 两点，即可得到该载荷状态下的地面线：

$$Z_f = Z_1 - R + h_{cf}$$
$$Z_r = Z_2 - R + h_{cr}$$

式中　Z_f——某载荷状态下前轮胎接地点；

Z_r——某载荷状态下后轮胎接地点；

R——轮胎半径（cm）；

Z_1——前轮轮心坐标；

Z_2——后轮轮心坐标；

h_{cf}——前轮胎某载荷下的压缩量；

h_{cr}——后轮胎某载荷下的压缩量。

7. 整车姿态角的确定

测量地面线与 XY 平面之间的夹角，即为整车姿态角。地面线前高后低为正值，前低后高为负值。

4.2.2　整车通过性

整车通过性是指汽车通过粗糙（坑洼、凸起、起伏和坡道）路面的能力，是汽车总布置设计中必须考虑的重要因素之一，在前期设计中对整车通过性参数要明确定义，确定目标值，设计时要满足通过性要求。

整车通过性参数如图 4-10 所示，包括：

A106-1：接近角，指在静载下，地面线与前车轮轮胎和前保险杠下沿切点连线平面之间的最大夹角

A106-2：离去角，指在静载下，地面线与后车轮轮胎，后保险杠下沿切点连线平面之间的最大夹角

A147：纵向通过角，指在静载下，垂直于车辆纵向中心平面，分别与前、后车轮轮胎、车身底部最下位置相切的圆弧，过车身底部切点分别连接车轮的两个切点形成的最小锐角。这个角度决定了车辆所能通过的最陡坡道

H156：最小离地间隙，离地间隙指地面与下车体（含底盘）到地面线的高度，不同的

地面线有不同的离地间隙,如用得比较多的有空载离地间隙、设计状态离地间隙和满载离地间隙。最小离地间隙是指车辆中间区域内的最低点至车辆支承平面的距离,中间区域为平行于Y平面且与其等距离的两平面之间所包含的部分,两平面之间的距离为同一轴上两端车轮内缘最小距离的80%。另外,不同部位的离地间隙也包括:H103-1(前保险杠离地间隙)、H111-1(门槛梁前端最小离地间隙)、H111-2(门槛梁后端最小离地间隙)和H103-2(后保险杠离地间隙)

A:横向通过角,车轮内侧80%范围内,过轮胎切点,并与下车体最低点相切位置,两条线的夹角

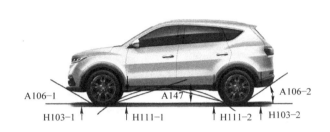 

纵向通过性参数　　　　　　　　横向通过性参数

图4-10　整车通过性参数

整车通过性是整车性能中的一个重要指标,特别是对越野型的SUV等车型,最小离地间隙越大越好。

4.3　整车布局(传统车、新能源车)

整车布局是总布置设计工作中最基础的工作,前期方案阶段就要提前规划,整车布局受驱动形式、整车尺寸、轴荷要求、乘员空间、载货需求、能源形式、安全吸能空间及力传递路径、重心及姿态控制等影响。作为整车集成工程师,首先要明白汽车是为人服务的,人们对汽车的需求是我们必须尊重的!整车布局作为整车集成第一阶段的工作,是实现这些需求的起点,因此显得尤其重要。设计不当,会失之毫厘差之千里。那么在这个阶段需要考虑的重要因素有哪些呢?

1)车型定位、用户需求以及市场竞争策略。

2)车型、尺寸规格、市场上同类型车辆布置方式。

3)主机厂自身的资源情况,如动力总成几何形状、大小、各类接口位置、对布置有影响的性能等。

4)性能(属性)目标,如操控性目标、驾乘人员人机目标、安全性能目标等。

5)法规及技术限制条件等。

对于传统燃油车来说,布局已经相当成熟,我们通常只需要根据车型的需要进行对标选取就可以了。发动机舱布置形式根据发动机和驱动轮在整车中布置位置的不同而不同。典型的汽车驱动形式有:如图4-11所示的前置前驱(FF),如图4-12所示的前置后驱(FR),如图4-13所示的中置后驱(MR),如图4-14所示的后置后驱(RR),如图4-15所示的四

驱（4WD）。不同的驱动形式，机舱及下车体布置就不同。

对于整车布局而言，基本都是围绕动力系统展开的，详细的布置请参见第6章。这里仅进行简单介绍。

图4-11　前置前驱车型

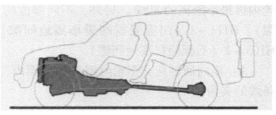

图4-12　前置后驱车型

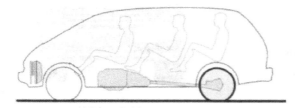

图4-13　中置后驱车型

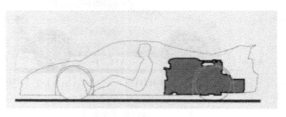

图4-14　后置后驱车型

传统燃油车型经过100多年的发展已经相对成熟，对于普通乘用车来说，通常采用FF驱动形式，追求乘员舱的空间利用率，发动机及其附件一般布置在前机舱，动力总成布置在前轴附近，空气滤清器一般布置在机舱左侧变速器上部，冷却模块布置在动力总成前端，并且与动力总成距离

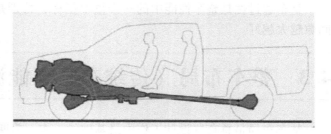

图4-15　四驱车型

要综合考虑碰撞性能等要求；对于追求操控性的高端乘用车来说，通常采用FR或4WD驱动形式；对于进一步追求空间利用率的经济性MPV或面包车来说，通常采用MR驱动形式。

下车体的布置就要考虑燃油系统，排气系统的走向，并且要考虑到热害要求，排气管与油箱的距离必须留足才能保证安全性。前后悬架的布置是根据整车的轴距等要求来综合判断，也不是一味地大就好。

再就是车型对于布局的影响，不同级别的车型，可以采用不同的平台策略。比如在轿车中人机布置，人体坐姿相对比较低，可以在车长的方向上，适当增加些尺寸。如果是坐姿比较高的SUV或者是MPV车型，那先要想到的是头部空间的尺寸是否满足舒适性，这对于乘员舱的布置是一个比较重要的因素。

虽然电动车的发明很早，但近代意义上的新能源车的发展比传统燃油车的发展历史短得多，而且目前处于多能源并举的时代，技术相对来说还没有到很成熟的地步，布置方式会根据能源的不同有所区别。新能源汽车主要分为纯电动汽车（EV）、插电式混合动力汽车（PHEV）、增程式混合动力汽车（REV）和燃料电池汽车（FCV）等车型。

对于纯电动汽车（EV）来说，与动力相关的零部件主要包括驱动电机、动力电池和电机控制器,合称的"大三电",以及车载充电机、DC/DC 变换器、高压配电盒和电动空调等高压附件组成。纯电动汽车的布置,主要是围绕"大三电"展开布置设计。就目前的动力电池发展水平而言,动力电池普遍体积较大,因此主要是围绕动力电池展开。

对于插电式混合动力汽车(PHEV)和增程式混合动力汽车(REV)而言,因构型较多且相对比较复杂,两种车型有许多相似之处。在某种程度上,从整车布置的角度可以将二者视为相同。图 4-16 所示为一种增程式混合动力四驱车型的布置示意图,混合动力车型既包括传统的燃油动力和发电机及控制器(称为增程器),也包括电驱动动力及电控、动力电池及相关高压附件,基本具有传统燃油车和纯电动汽车完整的两套动力系统,这就造成了布置的复杂性。这种构型的增程式混合动力汽车机舱中布置了增程器及其控制器、驱动电机及其控制器,使得机舱布置变得较为困难。同样地,在下车体部分要布置动力电池和燃油箱、排气管等,也使得车体部分布置变得困难。为了简化布置、减小质量,目前各主机厂开发了多种集成度更高的混合动力系统,走出了不同的集成化道路。混合动力汽车作为不可逾越的汽车发展阶段,有相当的生命力。

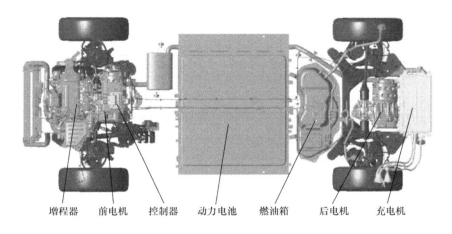

图 4-16 增程式电动汽车布局(平板动力电池包)

对于燃料电池汽车而言,目前基本都是氢燃料电池,也可以简单地说是一种增程式混合动力汽车,只不过将增程器换成燃料电池、将燃油箱换成氢气罐。

纯电动汽车由于没有增程器等相关零部件,与增程式电动汽车相比只是动力电池较大,使得下车体布置比较困难外,其他部分的布置相对简单。图 4-17 所示为纯电动汽车通常的布局方式,包括正在兴起的 CTC。

图 4-17 纯电动汽车布局

4.4 关键零部件的选型

零部件选型是整车集成的关键一步。零部件选型涉及几何布置、系统功能逻辑和性能匹配、产品品质、成本等多方面因素,只有这些方面综合满足要求时,才能称为合适的选型。之所以称之为合适的选型而非最佳选型,是因为受多方面因素的影响,很难在现成的零部件中选到完全都满足要求的零部件,通常需要进行取舍。除非是完全进行全新零部件开发,才有可能追求最佳。

零部件选型受到多种因素的影响,与广泛的整车集成关系巨大。就如本书开篇中讲解的那样,本书着重的是传统意义上的整车集成,即整车几何集成,因此,零部件的选型并非本书的重点。在零部件选型方面,可以考虑采用表4-2的方法。

表4-2 零部件选型

影响因素	权重	符合目标判断(分值)				
		产品1	产品2	产品3	产品4	产品5
几何尺寸						
性能参数						
功能						
可靠性						
成本						
维护维修性						
生产线适应性						
资源易得性						
……						
合计(得分)						
结论						

注:否决项得0分;结论可以在没有否决项条件下,根据得分的高低排序,择优选型。

4.5 整车质量和质心位置

整车质量和质心位置是汽车重要的基本参数,它对汽车的动力性、经济性、制动性、操纵性和稳定性、牵引性、通过性等主要使用性能都有很大的影响。因此在总布置设计时,必须对整车质量进行控制,尤其是对质心位置进行控制。

整车质量属于轻量化的范畴,通常情况下轻量化包括材料、结构和制造技术三方面的内容,也就是从这三方面进行整车轻量化的工作。对于整车集成来说,在轻量化方面能做的比较重要的工作就是结构的轻量化。再进一步说,在实际的整车布置工作中,汽车轻量化的重点工作就是合理布局主要零部件的位置和接口,以减短管线的长度,采用合理的结构来实现整车的轻量化。作为整车集成工程师，应始终牢记这一准则！

整车质心位置包括质心在整车长宽高三个方向的位置。质心位置对汽车行驶稳定性和制动性能有较大的影响。质心高度如果较高，则对汽车起步抬头和制动点头有较大的影响，会让乘员感觉不舒服；质心前后位置不合理，会造成制动过程中的甩尾等问题，严重时还会造成安全事故；还会造成附着力与驱动力匹配不合理，引发爬坡能力不足等问题；汽车质心左右位置偏离较多，对制动跑偏影响较大，严重时还会造成安全事故。因此，质心位置在布置阶段就必须加以控制！

质心的前后位置通常采用轴荷分配来表示。对于两轴汽车来说，人们总是希望在满载时能实现前后轴荷平均分配，以实现较好的操控性能；对于整车来说，还需要考虑驱动力，通过轴荷的合理分配，来使驱动轮获得足够的附着力或驱动轮有足够的附着力，来实现期望的驱动力。大量的实践经验表明，对于前置前驱的车型来说，前轴荷占比在整备质量状态下通常都控制在60%左右。对于后驱的车型，则后轴的轴荷占比在整备质量状态下，通常控制在55%左右。对于四驱车型的轴荷占比，通常控制在近似平均状态。

质量较大的零部件布置位置对质心位置有较大的影响，如对于传统燃油车来说，对轴荷影响最大的就是动力总成的布置。图4-18所示，是几种动力总成布置位置对于整车轴荷分配的影响情况。注意，这不是轴荷而是动力总成本身的影响！

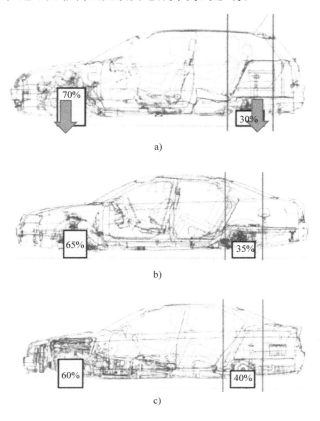

图4-18　动力总成对轴荷分布的影响

a) 动力总成前横置前驱　b) 动力总成前纵置后驱　c) 动力总成前纵置前驱

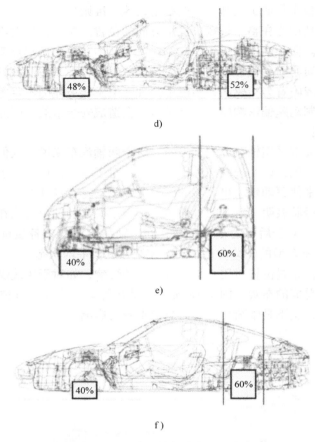

图 4-18 动力总成对轴荷分布的影响（续）

d）动力总成中纵置后驱 e）动力总成后横置后驱 f）动力总成后纵置后驱

对于质心的左右位置，通常要求控制在整车对称平面左右不超过 10mm 的位置。对于整车质心高度位置则与车型密切相关，不管那种车型，作为整车集成工程师来说，都要尽量降低质心高度。

对于整车质心位置的控制，需要在整车布局阶段根据质心控制目标适当对大质量零部件布置位置进行调整，并不断校核质心位置，同时将质心位置提供给底盘工程师，用于对制动系统进行校核，并根据底盘工程师校核后提出的修改意见进行布置调整。

4.6 整车行车灯光

不同的行车灯光有不同的作用，比如前照灯的照明作用，后制动灯的制动警告作用等。由于行车灯光外露可见，形状各异并且与车身颜色不同，因此，被造型人员重视。通常情况下造型人员希望行车灯的位置灵活，以便更好地将它们作为造型元素加以利用。由于与造型相关因素千差万别，本书不具体涉及如何进行行车灯的布置，只需要整车集成工程师记着行车灯的布置需要与造型人员密切互动就可以了。最好是让造型师知道行车灯光布置位置的有关法规、规定。

行车灯光在 GB 4785—2019《汽车及挂车外部照明和光信号装置的安装规定》中有明确的规定。国标 GB 4785—2019 属于汽车法规，所有汽车都必须遵守！本书仅简要介绍了中欧美行车灯光与布置相关法规的要求，若需详细了解可以阅读相关法规。

（1）前照明信号灯光装置高度要求

如表 4-3 所示。

表 4-3 前照明信号灯光装置高度要求

名称	国家标准/欧洲标准要求/mm	美国标准要求/mm
远光灯	无要求	$559 \leqslant h \leqslant 1372$
近光灯	$500 \leqslant h \leqslant 1200$	$559 \leqslant h \leqslant 1372$
前位置灯	$350 \leqslant h \leqslant 1500$	无要求
前转向灯	$350 \leqslant h \leqslant 1500$	$381 \leqslant h \leqslant 2108$
昼间行车灯	$250 \leqslant h \leqslant 1500$	无要求
侧转向灯	$350 \leqslant h \leqslant 1500$	$381 \leqslant h$
前雾灯	$250 \leqslant h \leqslant 800$	无要求

（2）前照明信号装置横向尺寸要求

如表 4-4 所示。

表 4-4 前照明信号装置横向尺寸要求

名称	国家标准/欧洲标准要求/mm 两灯视表面内边缘之间距离	美国标准要求/mm 灯视表面外缘距离车辆外缘端面距离
远光灯	无要求	无要求
近光灯	无要求	$\leqslant 400$
前位置灯	无要求	$\leqslant 400$
前转向灯	$\geqslant 600$	$\leqslant 400$
昼间行车灯	$\geqslant 600$	$\leqslant 400$
前雾灯	无要求	$\leqslant 400$

（3）前照明信号装置纵向尺寸要求

远光灯、近光灯、前位置灯、前雾灯、昼间行驶灯安装在整车的前方；转向信号灯安装在整车的前方和后方，转向信号灯透光面到标志车辆全长前边界的横向平面的距离，应不大于 1800m，转向信号灯向后的可见度死角上限为 5°。

（4）后照明信号装置高度要求

如表 4-5 所示。

表 4-5 后照明信号装置高度要求

名称	国家标准/欧洲标准要求/mm	美国标准要求/mm
制动灯	$350 \leqslant h \leqslant 1500$	$381 \leqslant h \leqslant 1829$
后转向灯	$350 \leqslant h \leqslant 1500$	$381 \leqslant h \leqslant 2108$

(续)

名称	国家标准/欧洲标准要求/mm	美国标准要求/mm
后位置灯	350≤h≤1500	381≤h≤1829
倒车灯	250≤h≤1200	无要求
后雾灯	250≤h≤1000，与制动灯距离>100mm	无要求
回复反射器	250≤h≤900	381≤h≤1524

（5）后照明信号装置横向尺寸要求

如表4-6所示。

表4-6 后照明信号装置横向尺寸要求

名称	国家标准/欧洲标准要求/mm	美国标准要求/mm
	两灯视表面内边缘之间距离	灯视表面外缘距离车辆外缘端面距离
后制动灯	无要求	≤400
后转向灯	无要求	≤400
回复反射器	无要求	≤400
后位灯	无要求	≤400

（6）其他要求

1）后雾灯横向若只配备一只，则应安装在汽车前进方向的左侧，或者基准中心位于车辆的纵向对称面上，与每个制动灯的间距应大于100mm。

2）高位制动灯视表面下边缘相切的水平面，应不低于与后窗玻璃相切的水平面150mm，或其离地高度不低于850mm，同时下边缘相切的水平线高于S1、S2制动灯上缘相切的水平线。

3）倒车灯横向安装尺寸没有要求，非三角后回复反射器面积不小于2500mm²。

4）制动灯、非三角形回复反射器、后雾灯、倒车灯、后位置灯、转向信号灯和牌照灯在纵向位置上均没有具体的尺寸要求。

5）从车前应观察不到红光，从车后应观察不到白光（倒车灯除外），车辆内部灯除外，如图4-19所示，检验方法如下：

① 前视红光不可见度：当观察者在离车辆前部相距25m，区域一的横截面内移动观察时，不应直接看到红色灯具的视表面（车辆尾部红色侧标志灯除外）。

② 后视白光的不可见度：当观察者在离车辆尾部相距25m，区域二的横截面内移动观察时，不应直接看到白色灯具的视表面（倒车灯和车辆侧面的醒目标志除外）。

③ 在上述两个横截面内，观察者进行移动观察的区域一和区域二范围：

高度：由两个离地高度各为1m，和2.2m的水平面限定。

横向：在车前和车后，分别由两个垂直平面限定，该两垂直平面与车辆纵向对称平面成向外15°角，且通过与限定车宽的，平行于车辆纵向对称平面的垂直平面的接触点。若有多个接触点，则车前相交于最前面的接触点，车后的相交于最后面的接触点。

6）转向信号灯的布局可见性要求。对于乘用车转向信号灯的布局如图4-20所示，按照灯具供应商的要求进行布局。侧转向灯的后部几何可见度死角上限为5°，d≤2.5m。

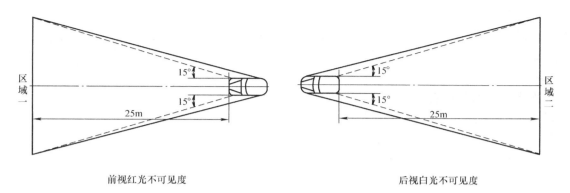

前视红光不可见度　　　　　　　　　　　　后视白光不可见度

图 4-19　前视红光不可见和后视白光的不可见范围

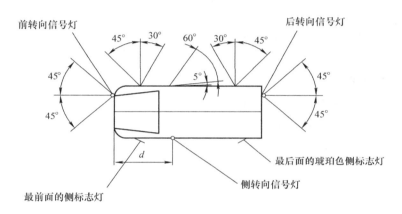

图 4-20　转向信号灯布局

4.7　整车环境感知

随着电子技术、智能化等技术的发展，自动驾驶或叫辅助驾驶技术也在不断更新、进步。比较明显的是我们现在的"眼睛"看的范围更宽了，"耳朵"听得更远了，这都得益于车载雷达及摄像头的应用。

下面以倒车影像为例来说明摄像头的布置。通常倒车摄像头布置在车尾，感知车辆后方环境情况，与车内显示屏共同组合成一套完整的倒车影像系统，可以后视看到车尾后方的全景，帮助驾驶人看到车辆后方的环境情况。摄像头布置形式分三种：

1) 在牌照板以上的牌照灯的中央布置。这种对称布置的方式使摄像头达到最佳的倒车视角，并且位置比较隐蔽，装配容易，是比较流行的布置方式，如图 4-21 所示。

2) 在牌照板以上牌照灯的两侧布置。这种布置方式由于图像对于整车来讲不对称，需要对显示图像进行调整处理，成像效果不佳，如图 4-21 所示。

3) 在保险杠上布置，摄像头安装在保险杠的整车对称平面内，与第一种布置方式相比，由于位置较低，倒车时的后视野稍差。

对于倒车影响的摄像头布置来说，摄像头的朝向（视角）对图像的准确性有较大影响，不同摄像头的供应商对视角的布置都有要求，需要事先与供应商沟通。

对于自动驾驶或者叫辅助驾驶系统采用的摄像头的布置，与倒车影像的摄像头道理是一样的。我们在布置时只要弄清楚摄像头的作用和供应商的布置要求，就能使摄像头正确地"看到"应该看到的环境。

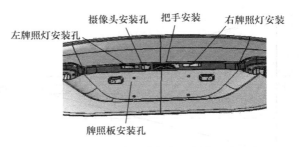

图 4-21　两厢车后背门上的摄像头布置

对于自动驾驶或者辅助驾驶系统来说，光是用摄像头"看到"环境情况还是不够的，还需要一种对障碍物与行驶车辆的距离有感知能力的传感器，汽车上常用的这种传感器就是雷达（超声波雷达、毫米波雷达、激光雷达等）。

倒车雷达采用超声波测距原理，能帮助驾驶人了解泊车车辆与周围障碍物的距离情况，并发出报警（声音或图像显示），提高了驾车安全性。倒车雷达系统由四部分组成，图 4-22 所示为车尾布置 4 个超声波雷达的倒车雷达系统。

1）超声波传感器：用于发射以及接收超声波信号，通过超声波传感器可以测量距离。

2）主机（雷达控制模块）：发射正弦波脉冲给超声波传感器，并处理接收到的反射信号，换算出距离值后，将信号输入给显示器和蜂鸣器。

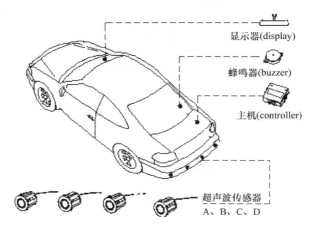

图 4-22　倒车雷达系统组成

3）显示器：接收主机信号，将主机信号成像在显示器上。

4）蜂鸣器：接收主机信号，提供不同级别的距离报警音来提醒驾驶人车辆与障碍物的距离。有些车辆的蜂鸣器和显示器集成在一起。

为了保证信号不衰减，倒车雷达控制模块要求布置在距超声波雷达传感器较近的位置，如行李舱地板或者行李舱轮罩装饰侧的侧围钣金上。

超声波雷达传感器的数量决定了倒车雷达的探测覆盖范围和探测能力，现在市场上的倒车雷达通常在后保险杠上布置有 2~4 个超声波雷达传感器，有些车辆为了探测车辆左、右前角，前保险杠也布置了超声波雷达传感器。超声波雷达传感器通常水平布置在汽车保险杠上，布置高度和宽度分布需要符合供应商的要求。另外，由于超声波雷达传感器外露并且有安装要求，对汽车造型有一定影响，因此，整车集成工程师需要在造型过程中不断与造型师沟通，以免它影响造型效果。

随着智能化和自动驾驶技术的不断发展，汽车对环境或驾乘人员行为感知的传感器会越来越多，比如360°车辆视野、激光雷达、手势控制、语音控制、疲劳监测、车内生命监测等传感器会大量应用于汽车。不管这些传感器如何发展增多，只要我们在布置前充分弄清楚它们的功用和布置要求，并且充分应用整车系统集成的理念，就可以恰当地布置应用好这些传感器，达到灵敏感知，使整车的"智能"化得以充分发挥，提升汽车使用的方便性和安全性。

4.8 整车安全和保险

随着汽车技术的发展，汽车安全越来越被重视，汽车安全直接关系到人们的生命安全。如图4-23所示，汽车安全系统主要分为主动安全系统、被动安全系统和网络安全（再说大点可以说是智能安全）三个方面。

车联网　　　　　　　　　　　　汽车环境感知

图4-23　汽车安全系统

1. 汽车主动安全系统

为预防汽车发生事故，避免人员受到伤害而采取的安全设计，如防抱死制动系统（ABS）、制动力自动分配（EBD）、车辆紧急制动辅助系统（EBA）、危险警告系统（AWS或SAS）、车身稳定程序（ESC或ESP）、变道辅助系统（LCA）、驱动防滑系统（ASR）、牵引循迹系统（TCS）、车辆稳定控制系统（VSA）、电子差速锁（EDL）、疲劳驾驶预警系统（DFM）等。主动安全系统侧重于监测到事故发生或者车辆失控的可能性，从而通过一系列主动介入车辆操控的手段来避免事故发生。无论是直线上的制动和加速，还是左右打方向盘都应该尽量平稳，不至于偏离既定的行驶路线，而且不影响驾驶人的视野与舒适性。主动安全系统都需要传感器来感知可能发生的危险，传感器的布置见上一节所述。

2. 汽车被动安全系统

被动安全系统是指在交通事故发生过程中能尽量减少人身损伤的安全装置，包括对乘客和行人的保护装置。

被动安全系统，在车祸发生，车辆已经失控的状况之下，对于驾乘人员进行被动地保护，希望通过固定的装置，让驾乘人员固定在安全的位置，并利用结构上的引导与溃缩，尽量吸收撞击的能量，确保车辆乘员的安全。被动安全装置不能防止或规避事故的发生，但是它们可以在事故发生时，最大限度地减轻人身伤害程度。例如，车身结构、车身材料、安全气囊、安全带就是经典的被动安全范畴。图4-24所示为车身被动安全区域的划分，这些划分的目的是在整车布置设计时给车身形成一个乘员安全区，确保乘员的安全；设计碰撞缓冲区的目的是为了尽可能吸收安全事故发生时的碰撞能量，避免乘员舱的变形，减小车辆碰撞产生的加速度对乘员造成的二次伤害。

碰撞缓冲区　　乘员安全区　　碰撞缓冲区

图 4-24　汽车被动安全系统

车身结构设计中，要考虑"软"和"硬"相结合。碰撞缓冲区需要做得软一点，这样才能在碰撞发生过程中将冲击的能量尽可能吸收。乘员安全区需要尽量做硬，从而最大限度上确保乘员乘坐空间不被压缩，来保护乘员的安全。图 4-25 所示为车身在受到前部碰撞时的车身碰撞力传递路径图。在整车布局时要充分考虑与碰撞力传递路径相关的设计空间，不能被其他零部件占据而导致产生薄弱区，造成安全隐患。

图 4-25　前部碰撞时车身碰撞力传递路径

在整车布置时，基于被动安全考虑，确定不同被动安全的碰撞受力路径，结合安全法规及相关安全等级评定（如 CN – CAP、EN – CAP 和 NHTSA）的要求，为实现车身"软"和"硬"的区域目标，对车身材料进行规划。图 4-26 所示为某车身的材料规划分布图。

图 4-26　某车身材料规划分布

3. 网络安全（智能安全）

汽车联网在给驾乘人员带来方便的同时也带来了不少风险，汽车网络安全概念也应运而生。网络安全越来越受到各大车企的重视，也是车联网研究的重中之重。随着汽车智能技术的发展，人们希望通过远程对汽车实施控制，如代客泊车、汽车应召以至于自动驾驶，这些都离不开汽车联网。

随着汽车智能化、自动驾驶技术的发展，汽车也面临另外一种安全，即智能安全。所谓智能安全就是因为智能化技术的不完善，不能灵活处理汽车遇到的各种复杂环境和驾驶操作的影响，出现的非预期、不受人们控制的汽车"智能"行为，造成了安全事故。如特斯拉汽车拥有较好的自动驾驶技术，并且积累了大量的数据，但是在用户使用过程中出现了多种不受控造成的碰撞事故，如无法制动和转向致使汽车冲入加油站、厕所等。这类事故光是在美国，截至 2020 年已经出现了近 300 起！这些事故的产生原因可能有传感器偶尔失灵、主机死机、软件控制逻辑不严密和主机算力不足等的单一因素或者组合因素。

当然网络安全和智能安全对于整车集成工程师来说不是直接的工作对象，但需要充分了解和学习，避免因为不恰当的布置造成感知不灵敏、信号传递衰减严重等引起安全问题。包括因布置位置或角度不良，影响传感器对环境的感知灵敏性，或容易受环境影响而感知危害性信号等。

第5章

汽车人机工程布置

人机工程学是从人的生理和心理特点出发，研究人、机、环境的相互关系和相互作用的规律，进而优化人—机—环境系统的一门学科。简单地说，人机工程学就是在机械设计中考虑如何使人操作简便而又准确的一门学科。

汽车人机工程学则以人—车—环境系统为对象，以改善驾驶人的劳动条件和车内乘员的舒适性为核心，以人的安全、舒适、高效、健康为目标，使整个系统总体人机性能达到最优。汽车人机工程布置是汽车整车集成非常重要的工作内容，开发汽车的目的是为人所使用，一辆具有糟糕人机工程的车辆，必定在产品竞争力上大大失分！

我们来看几个人机工程不佳的例子。

图 5-1 所示为车窗开关布置位置不合理，位置相对乘员来说太靠后，肘部被座椅靠背顶住，造成对车窗的开和关不方便。

图 5-2 所示为车身 B 柱相对于乘员来说不合理，一旦发生侧碰车祸，会造成乘员头部与 B 柱或侧门窗框直接碰撞的潜在危害，可能伤及乘员生命。

图 5-1　车窗开关布置位置不合理

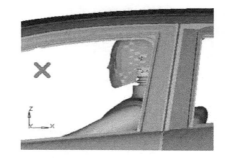
图 5-2　车身 B 柱与乘员头部侧面部分重合

图 5-3 所示为后门洞开口不合理，门洞上沿太矮，乘员上下车的过程中容易碰头。

如图 5-4 所示为两厢车背门开度太低，在取放行礼时容易碰头。

从以上几个人机工程不佳的例子，我们就可以体会出汽车人机工程（人机界面）工作的具体目的，即汽车内部乘员和汽车之间互动时避免错误操作、疲劳，甚至不能操作和引起伤害，以及车辆外部功能的操作不方便、无法操作和与人体尤其是头部磕碰等。具体来说，汽车人机工程的目标是在确定条件下满足绝大多数乘员（用户）的下述诉求：

图 5-3　乘员上下车容易碰头　　　　图 5-4　车背门开启高度容易碰头

1）基本的要求是进行某种操作时最可能容易触及：快速、准确、方便、安全并力度合适。需要操作的零部件，具有易识别、易接触和易操作三性。

2）乘员长时间驾驶和乘坐而不易疲劳。

3）乘员在空间上感觉宽敞、舒适而不压抑。

4）人机界面的科学基础是人体测量学。人体测量学研究的是人体各部位的比例，考虑身体结构和尺寸及姿态的不同，同时考虑人群身高增长趋势：一部车可能用 20 年，而人体平均身高每 10 年增加约 10mm（当然这个数值应该与经济水平的发展和人本身所处历史阶段相关，这个统计数值是近几十年的结果）。

5）人机界面的选择是在身高范围内涵盖大部分产品目标人群的使用（如 95% 的目标人群），而不是适合全部目标人群。这是整车集成工程师需要牢记的一点。因为正常情况下人体有高矮、胖瘦、男女、人种的区分，非正常情况下也有极端高和矮。如果人机界面要适应全部人群，会给汽车设计带来非常大的困难！

人机工程本身涵盖的范围很广，人造产品凡涉及人体感官［眼、耳、鼻、感（空间、触觉、温度、用或操作等）］相关的属性都与人机工程相关。对于整车集成来说，由于其本身主要涉及与空间、尺寸、位置和操作相关的因素。因此，范围有所缩小。为了实现安全、舒适、高效和健康的人机工程目标，汽车人机工程涉及的工作主要范围如下。

1）驾驶人和乘员要有适当的操作和乘坐空间，包括进入空间、室内空间和碰撞时减少乘员伤害的变形吸能空间，以及功能操作空间等。

2）驾驶人和乘员要有良好的乘坐姿势。

3）驾驶人和乘员，尤其是驾驶人对路面环境要有良好的观察视野，包括对汽车前后、左右、上下环境的观察。

4）驾驶人和乘员对汽车的操纵要简便、精准，包括在车辆内外的操作和使用。

5）驾驶人和乘员对车内标示、信息显示等要有准确且安全的视认，不能因为驾驶人视认动作影响对环境的观察而造成安全事故。

6）乘员要能享受清新的空气和舒适的温度。

5.1 人机工程基本知识

既然人机工程是研究人–车–环境的,首先就需要了解"人"的因素,本节介绍人群、人体尺寸和人体舒适状态等基本人机知识,其他人机知识将在相应的人机布置内容中介绍。

1. 人群

世界上目前有几十亿人口,有不同的人种,分布在世界五大洲。具体到人的个体有高矮、胖瘦,组成人体的头、躯干和四肢的比例也是各不相同,如图5-5所示。作为我们的工作对象汽车而言,也不是专门给某个人定制的,而是要适应某个人种、某个地区的某个人群,甚至是适应全球适合驾驶和乘坐人群的车型,这就给我们带来了一个问题,汽车怎么样才能最大限度地适应不同的"人"?

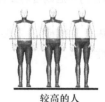
较高的人

较矮的人

较胖的人

图5-5 不同体型的人

为了解决这个问题,汽车设计先驱们研究了人,提出"人体"的概念来替代汽车服务的人群。

1)人体各组成部分尺寸与身高有一定的关系,可以通过测量来进行统计。

2)如图5-6所示,总体来说人体身高的分布符合正态分布。为了便于统计,将人体按照身高分段,并以该段身高的人所占人群的比例的百分比来表示,"百分位"这个名词就是表示某身高段及比这个身高段矮的人体占全身高人群的比例值。同时,由于男女的身高和比例也不相同,男性人体和女性人体的百分位

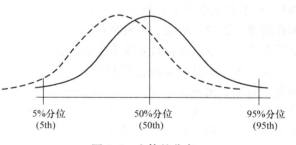

图5-6 人体的分布

也分开表示。通常用下述百分位来表示人体的百分位:5th、10th、20th、30th、40th、50th、60th、70th、80th、90th、95th和99th。

在整车集成布置中的人机是需要尽量适应最大的人群,因此,对于较矮的人体通常采用女人体,较高的人体采用男人体,应用最多的百分位是5th女人体、50th男人体、95th男人体(有些也用到99th男人体)。

2. 人体尺寸

世界上对人体各组成部分头、躯干和四肢的尺寸比例影响比较大的是人种和分布区域。统计表明从热带、温带到寒带的人体是逐渐变大的。另外,不同人种的身高和比例也不一样。因此,如果针对某个区域市场开发车辆时,最好采用该区域的人体,如果针对全球市场

开发的车型，则采用比较通用的 SAE 人体。对于国内汽车厂商而言，目前普遍的作法是采用 SAE 人体进行布置，采用中国人体进行校核。图 5-7 所示为 SAE 人体坐姿尺寸，图 5-8 所示为 SAE 人体站姿尺寸。

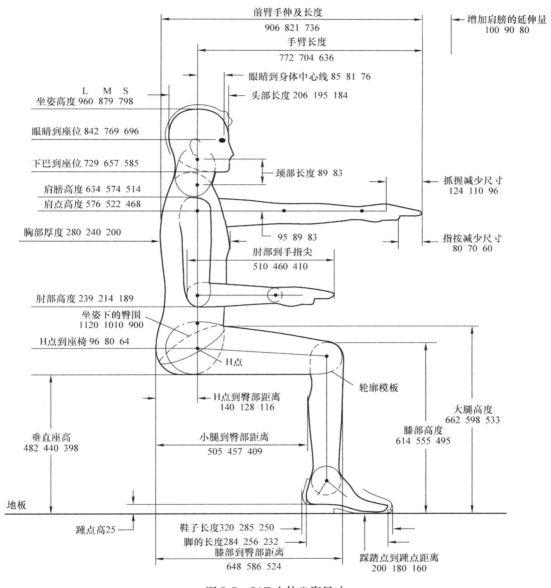

图 5-7 SAE 人体坐姿尺寸

中国人体国家标准在 1988 年发布过一版，但由于时间过了 30 多年，人体的变化已经比较大，汽车人机工程工作中已经基本不采用，普遍采用的是软件自带的人体模型，如 RAMSIS 中的人体对应的 SAE 人体、中国人体。

人体手部尺寸如图 5-9 所示。

人体脚部尺寸如图 5-10 所示。

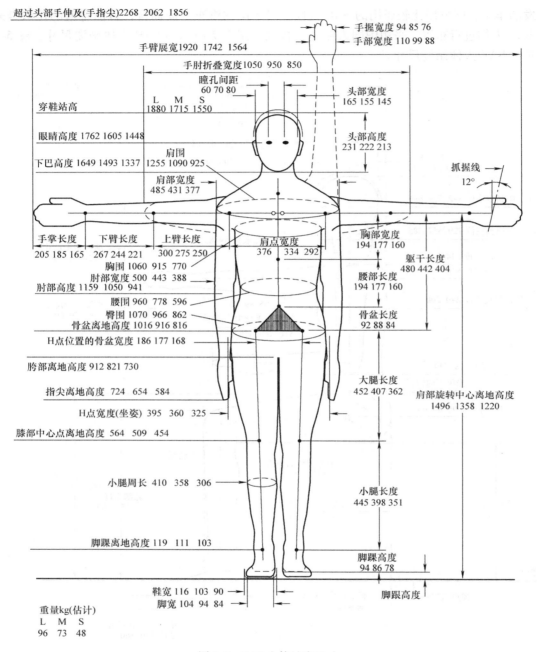

图 5-8　SAE 人体站姿尺寸

3. 人体舒适状态

人做任何事情都会疲劳，开车或乘坐汽车也不例外。研究显示驾驶人（乘员）在不同驾驶姿势（乘坐姿势）下，耐受疲劳的时间是不一样的。好的驾驶姿势（乘坐姿势）可以让驾驶人较长时间内不容易疲劳。因此，不容易疲劳的驾驶姿势（乘坐姿势）或者说舒适的驾驶姿势，就成为汽车人机工程的重点工作。图 5-11 所示为人体各关节处于舒适状态的角度范围。

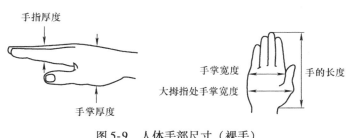

图 5-9　人体手部尺寸（裸手）

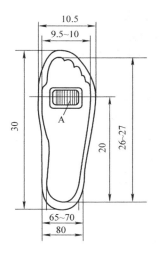

图 5-10　人体脚部尺寸（带鞋）

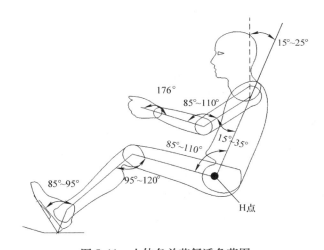

图 5-11　人体各关节舒适角范围

5.2　汽车人机工程主要工作内容

整车集成人机工程工作范围确定了汽车人机工程的主要工作内容，包括进出方便性、可视性、手伸及性、操作方便性、空间舒适性、眩目规避性、人体姿态舒适性等的分析工作，下面分别进行介绍。

5.2.1　驾驶人 SgRP 点及座椅调节量确定

人体布置是整车布置中最开始的一步，整车布置中采用从内而外的正向设计思路，以人为本，先布置好人体，再考虑人体周边环境的布置。

在人机工程学布置设计时，一般采用 SAE 95th 男性人体和 SAE 5th 女性人体模型，作为设计边界。采用 50th 的人体做校核。验证所有的人机视野，操作舒适性。

在进行人体布置时需要具备以下条件，如图 5-12 所示：

1）3 种典型人体（5th，50th，95th）三维布置模板。

2）初步布置的加速踏板踩踏点 BOFRP 坐标。

3）操作加速踏板的地毯面（踵点 AHP）Z 坐标。

4）驾驶人座椅调节行程、坐垫座高 H30 目标值。

5）驾驶人座椅 SgRP 点 Y 坐标。

通常情况下，驾驶人坐垫座高 H30 依据不同车型，按照表 5-1 所示的推荐值来选取，选取的原则是车内乘坐空间较高时，取较大值，车内乘坐空间较低时，取较小值。

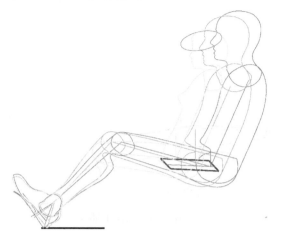

图 5-12 三维人体模板（5th，50th，95th）

表 5-1 H30 区间范围 （单位：mm）

车型	轿跑	轿车	城市 SUV/MPV/跨界车型	SUV	微面/轻型货车
H30	200~230	230~270	270~310	310~350	350~390	390~410

在初步确定驾驶人坐垫座高后，驾驶人座椅 SgRP 点坐标（相对于 BOFRP 点坐标）通常采用 95th 人体相对 BOFPRP 点，如图 5-13 所示，可通过下列公式进行计算，得到 SgRP 坐标值 (X_{95}，Y，Z_{95})：

$$X_{95} = X_{BOFRP} + 913.7 + 0.672316z - 0.00195530z^2$$

$$Y = . SgRP_y$$

$$Z_{95} = Z_{FLOOR} + H30$$

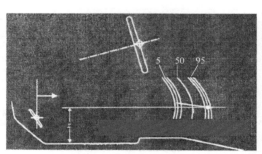

图 5-13 座椅 SgRP 点确定方法示意图

式中 z = H30 （mm）；

X_{BOFRP}——BOFRP 点 X 坐标（mm）；

Z_{FLOOR}——AHP 点地板 Z 坐标（mm）。

在确定了驾驶人 SgRP 坐标后，需要测量有效头部空间（H61）值，来判断选择的 H30 值是否合，如果轿跑车 H61≤930，轿车 H61≤950，则考虑可适当降低 H30 值，并重新计算 H30 值降低后的驾驶人 SgRP 点坐标。

座椅前后及高度调节范围，如图 5-13 所示。可以按照下面公式计算出不同人体在不同座高情况下的曲线：

$$X_{97.5} = X_{BOFRP} + 936.6 + 0.613879z - 0.00186247z^2$$

$$X_{95} = X_{BOFRP} + 913.7 + 0.672316z - 0.00195530z^2$$

$$X_{90} = X_{\text{BOFRP}} + 885.0 + 0.735374z - 0.00201650z^2$$
$$X_{50} = X_{\text{BOFRP}} + 793.7 + 0.903387z - 0.00225518z^2$$
$$X_{10} = X_{\text{BOFRP}} + 715.9 + 0.968793z - 0.00228674z^2$$
$$X_{5} = X_{\text{BOFRP}} + 692.6 + 0.981427z - 0.00226230z^2$$
$$X_{2.5} = X_{\text{BOFRP}} + 687.1 + 0.895336z - 0.00210494z^2$$

式中　z——坐高变量，95th 人体的坐高为 H30（mm）；

　　　X_{BOFRP}——BOFRP 点 X 坐标（mm）；

　　　Z_{FLOOR}——AHP 点地板 Z 坐标（mm）。

通常情况下，座椅滑轨在 Y 平面内有有一定的倾角（如 A19 = 5°），如图 5-14 所示为座椅前后和高度调节范围示意图，这个示意图中 R – PIONT 即 SgRP 点，小女人体即 2.5th 人体，大男人体即 97.5th 人体。根据这个座椅的调节范围来选择座椅的滑轨。

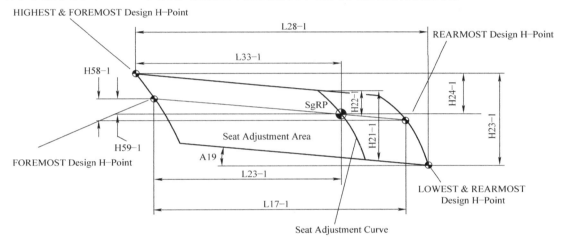

图 5-14　座椅调节范围示意图

在实际工作中，也可以采用以下方法来确定滑轨的布置位置，如图 5-15 所示。

当 H21 – 1 > 40mm 时，取 SgRP 点 Z 坐标降 –20mm 位置为座椅高度调节位置的最低点位置；当 H21 – 1 ≤ 40mm 时，取 SgRP 点 Z 坐标降座椅高度调节行程的一半位置为座椅高度调节位置的最低点位置。滑轨的前后位置可根据调节行程和覆盖需要的调节范围确定。

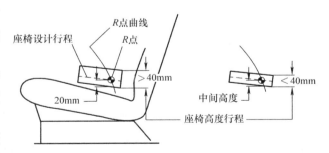

图 5-15　座椅调节行程布置示意图

5.2.2　进出方便性

广泛的汽车进出方便性指的是乘员上下车的整个过程中的方便性，以及装载行李、货物，还有取出行李、货物的方便性。本书讲的进入方便性主要是指乘员的进出方便性。这里以三排座乘用车为例,介绍乘用车日常上下车常用的几种进出方式的方便性分析方法。

1. 前排乘员进出方便性

前排乘员（包括驾驶人）进出方便性的影响因素基本相同,而且驾驶人进出性的影响因素还会受到方向盘、转向管柱等的影响,比前排乘员的进出性更复杂。因此,本书以驾驶人进出性为例进行分析。先来看对驾驶人进出性有影响的尺寸及影响,如图5-16所示（图中代号中带有"-1"的尺寸是与前排相关的尺寸）。

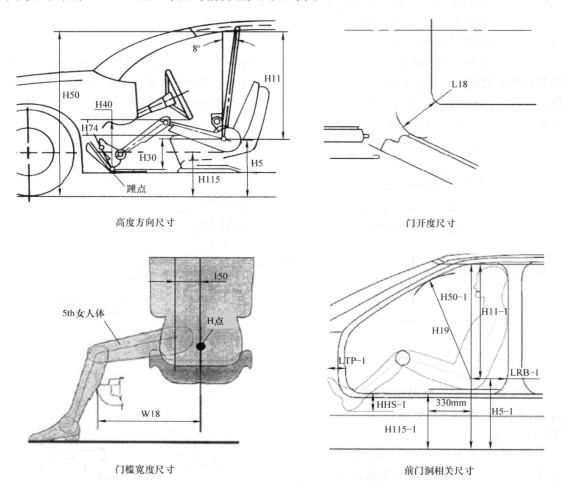

图 5-16 进出方便性人机尺寸

H5-1：SgRP点最小离地距离,前排座椅SgRP点到地面的垂直距离,该尺寸主要是影响到人体入座时,脚踩在地面上,评价臀部坐到坐垫的方便性。

H11-1：前排入口高度,在过前排座椅SgRP点的X平面内,测量从前排座椅SgRP点到车门框上部密封条下表面的垂直距离,该尺寸主要是影响人体上部躯干进入车内的空间。

H30-1：座椅坐垫高度或人体坐姿高度,从前排座椅SgRP点到加速踏板踵点的垂直距离,代表坐垫到地板的高度。影响人体出门时用脚站立时使劲的方便性,这个值太小,乘员出门时不容易用上力抬起臀部,而是必须借助拉手辅助用力起身。

H50-1：上车身开口位置到地面最小距离,在SgRP点X位置处,门框上部密封条下表面到地面距离，该尺寸反映前排人员进入车内的躯干（上身）空间。

H74：方向盘到未压缩座垫最小距离，在方向盘中心 Y 平面内，当前轮直线朝前时，测量方向盘到未被压缩的座椅垫的垂直最小距离，该尺寸影响到驾驶员腿部进出时的空间，评价是否挡腿。

H115-1：门槛高度，从车门框下部密封条上表面到地面的高度尺寸，该尺寸影响人体跨步的高度，简单点说，就是进出车时，脚需要抬起的最大高度，这个尺寸对穿紧身裙的女士来说尤其重要。当然，这个尺寸也会受到侧面碰撞的影响。

L18：前排脚部入口间隙，车门处于最大开度时，在位于门槛最高点到以上 102mm 的高度区间，测量坐垫前端装饰物或其支撑结构与车门或门柱装饰物之间的最小水平距离。

W18：进入深度，在前排座椅 SgRP 点 X 平面内，从前排座椅 SgRP 点到车门门槛最外点的水平距离，乘员在上下车的时候，小腿是否会与侧围饰件等门槛最大位置接触并产生刮腿的可能，一旦容易发生刮腿，乘员裤腿容易被污染的门槛弄脏。

LTP-1 前排脚前伸空间，在过 B0FRP 点的 Y 平面内，测量从 B0FRP 点到车门框前边缘的水平距离，该尺寸影响前排驾乘人员脚部前伸及后收幅度，这个尺寸过大，上下车时，尤其是下车时，驾驶人左脚不容易迈出门槛。

H19 X 平面投影方向上，前排 SgRP 点至前门门洞的最小半径，该尺寸影响前排人体下车起身时，上部躯干空间，是判断乘员进出车门时头部与门框碰撞的可能性的尺寸。

LRB-1 SgRP 点至 B 柱距离，Y 平面投影方向上，前排 SgRP 点高度处 SgRP 点至 B 柱前端的最小距离，该尺寸影响人体臀部与门框的空间，如果太小，会出现刮蹭屁股的不舒适感。

HHS-1 踵点至门槛距离，Y 平面投影方向上，前排乘员踵点至门槛最高点的最大距离，该尺寸影响到下车时，脚部抬起高度。

驾驶人在进入驾驶室通常采用的动作有两种：

1）打开车门，将右脚抬起迈过门槛伸入车内踏上地板，然后将屁股坐到座椅上，移动头部并通过门框上缘坐正，再将左脚迈过门槛挪到车内踏上地板，最后手扶方向盘并调整坐姿；

2）打开车门，将屁股坐到座椅上，移动头部并通过门框上缘，然后依次将右脚和左脚迈过门槛挪到车内踏上地板并转身，最后手扶方向盘调整坐姿。

从以上驾驶员进入车内的一连串动作可以看出驾驶员身体进入车内的移动轨迹确实受到门洞上下前后、座椅坐垫高度和方向盘等位置的影响，作为整车集成工程师不妨仔细体会。

驾驶员下车通常的动作过程如下：

1）打开车门，左脚抬高迈过门槛着地，手扶方向盘挪动屁股外移，左脚用力站立同时头部外移到车门洞外面，逐渐站直身体的同时提右脚并迈过门槛后站在地上；

2）打开车门，左右脚先后抬高的同时转身并迈过门槛，左脚着地（或当地面太低时手扶方向盘挪动屁股左脚着地），然后头部移动到车外逐渐站立。

从以上驾驶人下车的一连串动作中可以看出，驾驶人身体下车时的移动轨迹确实受到门洞前后上下、座椅坐垫高度、门槛到地板高度和宽度、方向盘等位置的影响，作为整车集成工程师必须仔细体会。

对于不同身高的驾驶人、不同车型（座椅坐垫高度、门槛高度和宽度的差异）对上下车的动作轨迹还是有影响的。因此，在布置阶段优化影响驾驶人进入车门相关尺寸对于乘员进出的方便性有重要意义。表 5-2 所示为影响乘用车驾驶人进出性尺寸的推荐值。

表 5-2　影响乘用车驾驶人进出性尺寸推荐值　　　　　　（单位：mm）

尺寸代号	推荐值					
	微/小型	紧凑/中型	中大/大型	MPV	CUV/SUV	轿跑车
H5	530～600	535～575	550～580	650～740	680～740	465～500
H11－1	750～830	740～790	≥770	≥780	≥780	740～790
H74	≥180	≥190	≥200	≥200	≥200	≥180
H115	300－390	300－390	300－400	300－400	300－500	300－380
L18	≥410	≥410	≥450	≥410	≥440	
W18	≤460	≤470	≤490	≤490	≤490	≤470
LTP－1	≤200	≤150	≤250	≤250	≤250	≤150
H19	≥760	≥760	≥760	≥780	≥780	≥760
LRB－1	≥10	≥10	≥50	≥30	≥30	≥10
HHS－1	≤100	≤100	≤110	≤110	≤110	≤100

前门开度必须保证有足够的空间让乘员进出车辆，而同时乘员进出时最好不与其碰撞或擦挂，对于轿车该值可接受≥60°；较好≥65°；优秀≥70°（此要求为四门车辆要求）。同时车门的最大开度还应满足车门开启关闭时的伸及性。统计数据显示一般的推荐范围在 65°到 72°范围内，同时保证门打开后，进出空间 L18 满足设计要求。

2. 后排（轿车）或三排座车中排乘员进出方便性

对于普通乘用车来说，后排（轿车）或三排座车中排乘员进出与前排乘员进出车辆的动作没有多少区别，对后排（轿车）或三排座车中排乘员进出方便性影响因素稍有不同。图 5-17 所示为对后排（轿车）或三排座车中排乘员进出有影响的汽车尺寸，表 5-3 所示为乘用车影响后排乘员进出性尺寸的推荐值（图中代号中带有"-2"的尺寸是与前排相关的尺寸）。

H50－2：上车身开口位置到地面最小距离，在 SgRP 点位置处，门框上部密封条下表面到地面距离，该尺寸反映后排乘员进入车内的躯干（上身）空间。

L19：后排脚部入口步入空间尺寸，车门处于最大开度时，在位于门槛最高点以上 102mm 的高度区间，测量坐垫前端装饰物或其支撑结构与车门或门柱装饰物之间的最小水平距离，该尺寸影响后排脚部进入或迈出空间，如果偏小，会被门内饰板挡住或擦挂。

LRC－2 SgRP 点至 C 柱上端距离，ZX 平面方向上，SgRP 点往上 600mm 高度处 SgRP 点至 C 柱前端的最小距离，该尺寸影响人体头部后部空间。

HHS－2 踵点至门槛距离，ZX 平面方向上，后排乘员踵点至门槛最高点的最大距离，与第一排同样影响下车时的脚部抬起高度。

LRB－2 SgRP 点至 B 柱距离，ZX 平面方向上，后排 SgRP 点高度处 SgRP 点至 B 柱前端的最小距离，该尺寸影响上下车时，脚部前伸及收回幅度。

LRC－2 SgRP 点至 C 柱下端距离，ZX 平面方向上，SgRP 点高度处 SgRP 点至 C 柱前端的最小距离，该尺寸影响后排人体臀部与门框的空间，如果太小，也会出现剐蹭屁股的不舒适感。

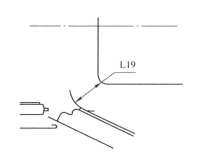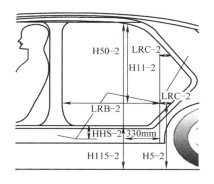

后排脚部空间　　　　　　　　　　车身后门框尺寸

图 5-17　影响后排乘员进出性尺寸

表 5-3　后排进出方便性尺寸推荐值　　　　　　　　　　（单位：mm）

尺寸代号	推荐值					
	微/小型	紧凑/中型	中大/大型	MPV	UV/SUV	轿跑车
L19	≥240	≥260	≥280	≥260	≥260	≥260
H5-2	560~630	530~590	550~580	≥770	≤750	530~590
H115-2	≤400	≤400	≤400	≤400	≤500	≤400
HHS-2	≤100	≤100	≤150	—	≤150	≤100
W19	≤480	≤480	≤490	≤490	≤510	≤480
H11-2	≥730	≥760	≥770	≥770	≥780	≥760
H50-2	1330~1420	1300~1380	1250~1280	≥1650	≥1450	1300~1380
LRB-2	≥500	≥560	≥560	≥760	≥530	≥560
LRC-2	≥10	≥10	≥20	≥20	≥30	≥10

后门开度必须保证有足够的空间让乘员进出车辆，对于轿车该值可接受≥62°；较好≥65°；优秀≥70°（此要求为四门车辆要求）。同时门的最大开度还应满足车门开启关闭时的伸及性。统计数据显示一般的推荐范围在65°~72°。

3. 第三排乘员进出方便性

三排座乘用车的座椅布置方式主要有三种：2+3+2、2+2+3 和 2+2+2，这三种方式对第三排乘员进出性的影响主要是因为中排座椅布置方式不同造成的。因此，这里按照中排座椅布置方式进行第三排乘员进出性分析。

中排座椅如果采用三连体型式布置，通常情况下中排座椅采用4-6分成两部分，左右两个部分都可以单独翻转或仅仅是4分座椅可以翻转，也有的低端车型座椅采用单独增加翻转座椅，后面两种座椅布置方式能翻转的座椅一般布置在右侧，如图5-18所示，第三排乘员进出车辆时，需要将中排座椅翻转留出乘员进出的通道，从座椅、车门及门框形成的乘员进出通道进出，以乘员进出动作轨迹（进入时，先将左右脚先后迈上进出通道的地板并弯腰侧前向站立，再移动身体直至坐上第三排座椅，下车时的动作相反）分析，对乘员进出影响最大的是图5-18中白色箭头标示的部位，为了便于在计算机上分析，通常采用图示的腿部模型来检查乘员进出通道是否满足要求。

中排座椅如果采用独立的两个单人座椅，中间会留有一个中央通道，一般情况下当车辆拥有三排或者更多的时候，采用中央通道的方式保证后排的进出性，如图5-19所示，两座椅之间的最小距离L，该值越大越有利于进入，对于乘用车该值可接受$L \geqslant 198mm$。

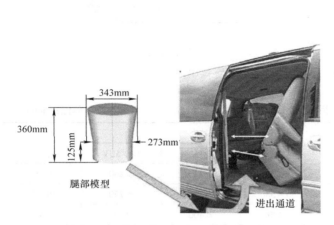

图5-18　第三排上下车通道尺寸要求

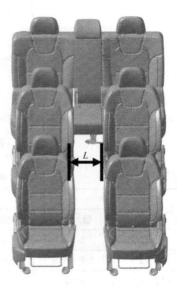

图5-19　中排通道的尺寸

4. 带辅助踏板车型门槛

当SgRP点离地高度大于770mm时，需要设计辅助踏板以帮助乘员进出车辆，辅助踏板的设计尺寸推荐如图5-20所示。尺寸的具体要求：$A \geqslant 90mm$；$B \geqslant 60mm$；$C \geqslant 125mm$；辅助踏板最外侧到SgRP点的Y向值$\leqslant 600mm$。

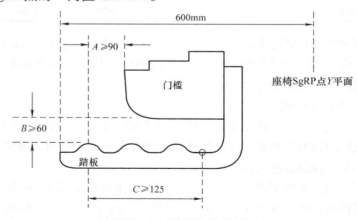

图5-20　辅助踏板设计推荐尺寸

5.2.3　可视性及视认性

在整车设计中，驾乘人员应能对任何在驾驶过程中需要辨认的仪表/仪器/标记显示的信息迅速准确地看到并准确地识别。驾驶过程中在不影响驾驶安全的情况下，需要对车辆状态显示的信息进行了解，如车速、发动机冷却液温度、空调设置的温度等、在驾驶过程中有时需要操作与驾驶（方向盘、加速踏板、制动踏板、换档等）无关的开关等，如车窗开关、空调开关、接挂电话、调节收音电台等，在这些信息了解及部分操作中是需要眼睛短时间离开正前方来看信息或辨认操作开关后操作的。因此，如何让驾驶人迅速准确看到并识别需要的信息和操作对象，就成为整车集成布置的重要工作内容。

视野指头部、眼球固定不动时所能看到的空间范围，可分为动视野、静视野和注视野（注目视野）。动视野是头部固定不动，自由转动眼球时的可见范围；静视野是头部固定不动时在眼球静止向前不动状态下的自然可见范围；而注视野是头部固定不动，转动眼球而只盯视某中心时的可见范围。

先来了解人的视觉特性。图 5-21 所示为人的最佳视野范围，据研究显示人眼的视野中，最佳的视野是上下、左右各 10°（也有的说是 15°）视角范围。凡是处于眼睛前方这个范围的物体，会被眼睛准确地捕捉并识别，成为最佳视角范围。眼睛其次的视野范围为上下、左右各 30° 的视角范围，处于 10°~30° 四个方向视角范围内的物体容易被捕捉和识别，也就是人们常说的不需要扭动脖子而稍微斜视一下就可以准确识别的范围。处于 30° 以外，往上 60°、往下 70°、往左右各 120° 的范围为可看视角范围，辨识度变得较差。在这个范围内的物体，通常人们通过扭动脖子来看。

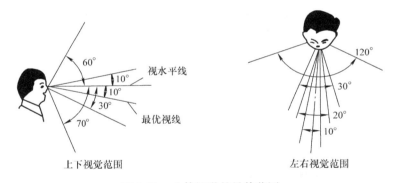

图 5-21　人体视觉的最佳范围

另外，就是处于同一视角范围内的物体，眼睛的识别度也稍有差异。人们视觉的水平运动比垂直运动快，而且眼睛沿垂直方向运动比沿水平方向运动容易引起疲劳。所以，眼睛对水平式的认读效率较高，认读差错较低。人们的视线习惯从左到右或从上往下运动，环形观察时以沿顺时针方向较逆时针方向快。所以，对文字类的识别应遵循这一特点进行设计。在偏离视觉中心相同距离的情况下，人眼对左上角的观察效率优于右上角，其次左下角，最差的为右下角。人对视野最佳范围内的目标，认读迅速而准确；对视野有效范围内的目标，不易引起视觉疲劳。因此，汽车布置时重要的显示信息（如仪表）应布置在最佳视野范围之内，而视野最大范围只布置不经常认读的信息。

对于与视野相关的汽车布置，通常都是针对处于驾驶状态驾驶人来说的，坐姿的视野的范围与上述通常的站姿在垂直方向稍有区别：在垂直方向的视野中，立姿时视线方向在视轴以下 10°，坐姿时视线方向在视轴以下 15°；而当视角为 30°~40° 时，可以迅速而有效地扫视,称其为有效视力范围。

对于乘用车视野布置,分为直接视野和间接视野。直接视野就是眼睛不需要借助反光镜(倒车镜)、摄像头等的帮助,并且基本不扭动脖子就可以看见的视野;间接视野也就是需要借助反光镜、摄像头帮助,并且基本不扭动脖子可以看到的视野。

确定视野之前,需要对上下眼点颈点 P, V1 和 V2 点及眼椭圆进行定位,眼点及眼椭圆是我们进行视野设计的基准。

如图 5-22 所示,驾驶人颈点与驾驶人座椅靠背角和滑轨行程有关系,驾驶人靠背角为 25°时的 P 点坐标如表 5-4 所示。

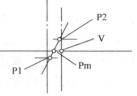

图 5-22　颈点

表 5-4　座椅靠背角为 25°时的 P 点坐标

P 点	X/mm	Y/mm	Z/mm
P1	35	−20	627
P2	63	47	627
Pm	43.36	0	627

注:Pm 点是 P1、P2 的连线与过 SgRP 点的纵向垂直面的交点;坐标的原点为 SgRP 点。

座椅的水平调节范围超过 108mm 时,对 P1、P2 在 X 坐标方向的修正值如表 5-5 所示。

表 5-5　座椅的水平调节范围超过 108mm 时 P1、P2 坐标方向修正值

座椅水平调节范围	ΔX/mm
108～120	−13
121～132	−22
133～145	−32
146～158	−42
158 以上	−48

驾驶人座椅靠背角为非 25°时,各 P 点和 V 点的 X、Z 坐标修正值如表 5-6 所示。

表 5-6　驾驶人不同靠背角时,P、V 点坐标修正值

靠背角/(°)	ΔX/mm	ΔY/mm	靠背角/(°)	ΔX/mm	ΔY/mm
5	−186	28	15	−90	20
6	−177	27	16	−81	18
7	−167	27	17	−72	17
8	−157	27	18	−62	15
9	−147	26	19	−53	13
10	−137	25	20	−44	11
11	−128	24	21	−35	9
12	−118	23	22	−26	7
13	−109	22	23	−18	5
14	−99	21	24	−9	3

(续)

靠背角/(°)	ΔX/mm	ΔY/mm	靠背角/(°)	ΔX/mm	ΔY/mm
25	0	0	33	67	−24
26	9	−3	34	76	−28
27	17	−5	35	81	−32
28	26	−8	36	92	−35
29	34	−11	37	100	−39
30	43	−14	38	108	−43
31	51	−18	39	115	−48
32	59	−21	40	123	−52

左右眼点 E 的位置如图 5-23 所示。E1 和 E2 点距 P1 点各位 104mm，E1 距 E2 为 65mm；E3 和 E4 点距 P2 点各位 104mm，E3 距 E4 为 65mm。

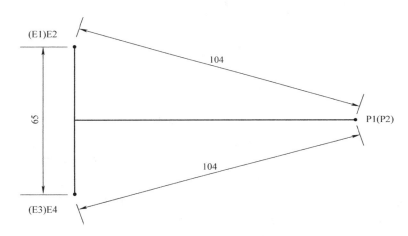

图 5-23 E 点相对 P 点的相对位置

图 5-24 所示为 V1、V2 点定位示意图。图中 V1、V2 点的定位基准为驾驶人 SgRP 点，座椅靠背角为 25°。当座椅靠背角为其他角度时，可按照表 5-7 来进行校正。

表 5-7 V1、V2 点校正值

靠背角/(°)	X/mm	Z/mm
20	−44	11
21	−35	9
22	−26	7
23	−18	5
24	−9	3
25	0	0
26	9	−3
27	17	−5

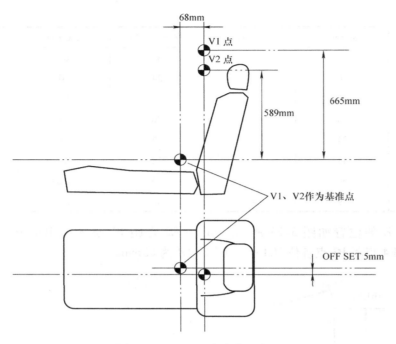

图 5-24　V1、V2 点定位示意图

眼椭圆是指不同身材的驾驶人按照自己的意愿调整座椅，并以正常的驾驶姿势入座，由于驾驶人的身材、坐姿和驾驶习惯等方面的差异，驾驶人的眼睛位置在车身中是不可能固定不变的，而是呈某种形态分布。美国汽车工程师学会车身工程委员会人体模型分会通过对美国各州（包括少数欧、亚洲及其他国籍）的 2300 多名男女驾驶员的试验测定及统计分析，发现驾驶人的眼睛位置在车身中的分布呈椭圆形，称之为眼椭圆（概率统计），其标准及在整车上如何定位由 SAEJ941-2002 来定义。

图 5-25 所示为眼椭圆定义，其尺寸与采用的驾驶人座椅滑轨调节量有关，按滑轨调节量（1－133mm，>133mm）将眼椭圆分成两种基本眼椭圆。另外，由于人种的差异较大，对于个头较小的亚洲人体（如日本人体）和个头较大的荷兰人体，可参照进行修正。

如图 5-26 所示，按照 SAE J 941 眼椭圆样板在整车坐标系统中的定位（眼椭圆中心点坐标）：

$$Xc = L1 + 664 + 0.587(L6) - 0.176(H30) - 12.5t$$
$$Yc = W20 - 32.5（左眼）/W20 + 32.5（右眼）$$
$$Zc = H8 + 638 + H30$$

式中　$L1$——加速踏板中心点 X 坐标；

$L6$——方向盘中心到加速踏板中心的 X 向距离；

$H30$——驾驶人座垫高度；

t——变量（当有离合器踏板时，$t=1$；当没有离合器踏板时，$t=0$）；

$W20$——设计 SgRP 点 Y 坐标；

$H8$——踵点的 Z 坐标。

以上就是眼椭圆的定位方法，目前国内所有主机厂均采用该方案进行人机视野的设计。

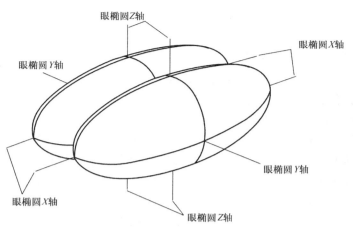

座椅滑轨行程(TL1)	人体	X轴长	Y轴长	Z轴长
>133	95	206.4	60.3	93.4
	99	287.1	85.3	132.1
1~133	95	173.8	60.3	93.4
	99	242.1	85.3	132.1

国家	人体	X轴长	Y轴长	Z轴长
日本	95	195.1	60.3	93.4
	99	271.5	85.3	132.1
荷兰	95	202.0	60.3	93.4
	99	283.1	85.3	132.1

图 5-25 眼椭圆定义

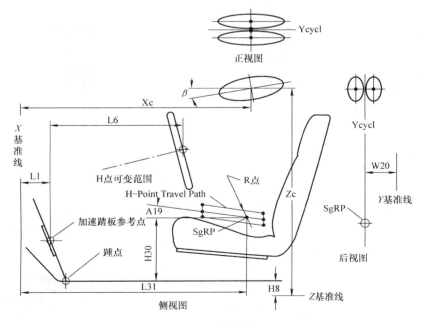

图 5-26 眼椭圆位置

基于眼椭圆的布置，我们可以展开以下的人机布置设计。

1. 直接视野的布置

（1）内部视野区域布置

图 5-27 所示为前排驾乘人员的内部下视野可视区域。仪表板上主要零部件在不同视野区域有合适的布置空间，一般遵循下述布置原则。

在 30°下视野限制面以上区域，布置需要经常看并了解信息的零部件，如组合仪表、信息娱乐 IVI 屏（中控屏）；还可以布置需要经常看并操作的零部件，如中控区域布置调节旋钮（拨）开关、按钮开关等，在方向盘上布置喇叭按钮、调谐开关、音量调节开关、电话接挂开关等。图 5-28 中方框内的布置区域，为在 30°下视野限制面以上的区域，适合布置风口（带风口上下左右调节柄）、娱乐调节旋钮、空调调节旋钮等，这些调节装置在没有语音控制的情况下，在驾驶过程中会经常使用，相对来说使用较为频繁，因此，布置在这个区域较好。当然，以 Tesla 为代表的操作虚拟化派设计思路，是尽量取消实体操作装置，取而代之的是将这些操作移到中控屏（IVI）上。笔者认为，完全取消实体开关并不符合驾驶者的生活习惯，或者说不符合人机工程的理念。只要需要手进行操作的功能/装置，因驾驶安全的需要，最好设计成能进行盲操的装置，如换档装置，这可以做到安全、舒适、高效！按照目前的技术，且不说中控屏会因为其控制器可能出现的死机，从人机工程的角度来说，完全取消实体开关也存在安全隐患！

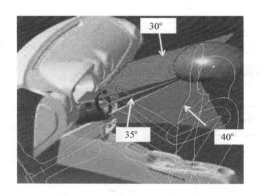

图 5-27 下部视野可视区域

图 5-28 常用开关较好布置

图 5-29 中布置的开关、旋钮、空调相关操作件布置位置过低，延长了驾驶人操作时对功能的判别时间，会影响行车安全，是不好的布置。

在 30°~35°（40°）下视野限制面内区域，可以布置行驶过程中不常用的操作装置，而且尽量布置操作动作要求简单的装置，如点烟器、取电器等。

在 35°（40°）下视野限制面区域，原则上不布置需要看才能操作的装置，可以布置盲操的装置，如换档操纵装置、驻车制动（含 EPB）手柄

图 5-29 不好开关等布置位置

或停车后才使用的操纵装置,如 USB 接口。当然乘坐人员可以使用的除外。

视力范围与目标距离有关。经测试,目标在 560mm 处为最适宜视认的距离,低于 380mm 时会发生目眩,而超过 760mm 时细节看不清。因此,通常人观察显示器的适合视距为 380~760mm。仪表显示设计应以人接受信息的视觉特性来进行布置,以保证操作者迅速、准确地获得需要的信息,显示的精确程度应与人的视觉辨认特性和系统要求相适应,不宜太远,也不宜太近。

仪表显示信息的种类和数目不能过多,同样的参数应尽量采用同一种显示方式。显示的信息数量应限制在人的视觉通道容量所允许的范围内。显示的格式应简单明了,显示的意义明确易懂,以利于操作者迅速接受信息,正确理解和判断信息。仪表的指针、刻度、标记、字符等,与刻度盘之间,在形状、颜色、亮度等方面要保持合适的对比关系,以使目标清晰可辨。一般的目标应有确定的形状、较强的亮度和鲜明的颜色。相对于目标而言,背景的亮度应低些,颜色应暗些。同时,也要考虑到与其他感觉器官的配合。

组合仪表视野是汽车布置设计中的重要工作内容。组合仪表通常布置在 30°下视野限制面以上、方向盘前下的区域,由于受到轮辐得遮挡的可能,因此,需要对组合仪表可视性进行专门的布置。组合仪表可视性验证制作的方法有多种,这里推荐使用一种方法进行制作。先来看如何布置组合仪表的位置,如图 5-30 所示。

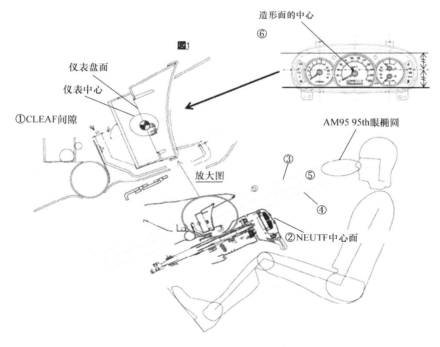

图 5-30 仪表布置位置示意图

按照以下步骤作出组合仪表布置区域(参见图 5-30):
① 作出驾驶人中心(过 SgRP 点)的 Y 平面的断面。
② 标出方向盘中心位置为基准点。
③ 95th 眼椭圆上方与方向盘内边沿相切连线。

④ 95th 眼椭圆与方向盘上喇叭罩上表面相切连线。

⑤ 作出③、④两直线的中间线，把与此中间线垂直的面来布置组合仪表盘面，组合仪表盘面的具体位置，要根据仪表台板结构及它与眼椭圆的距离（满足 380～760mm 距离的要求）来确定。

⑥ 按照图 5-30 所示作出组合仪表的断面。当然，在传统组合仪表普遍被液晶屏取代的今天，这个断面会与图示有些差异。

再来看如何进行组合仪表可视性验证，图 5-31a 到图 5-31f 所示就是组合仪表视野范围制作方法的示意图。

组合仪表可视性验证可按照如下步骤进行：

① 将完整的方向盘、转向锁盒、组合开关放到正确布置位置。

② 以 SgRP 点的 Y 平面为基准，每隔 30mm 在方向盘上做对应断面，如图 5-31a 所示。

③ 在②的断面对应平面上投影眼椭圆，如图 5-31b 所示。

④ 过各断面所在平面投影眼椭圆上端和各断面的方向盘内侧作切线并标记切点，如图 5-31b 所示。

⑤ 过各断面所在平面投影眼椭圆下端和各断面的方向盘喇叭罩、辐条（注意如果转向

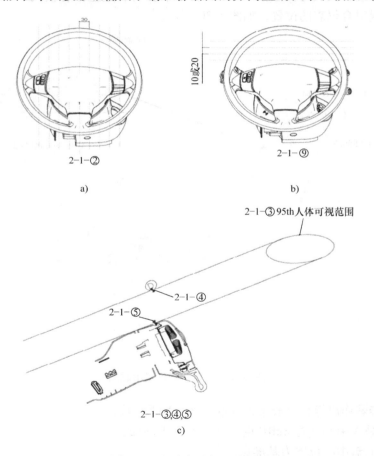

图 5-31 组合仪表视野范围

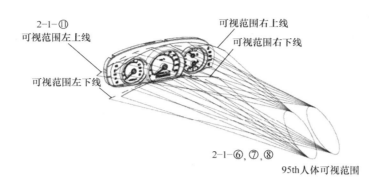

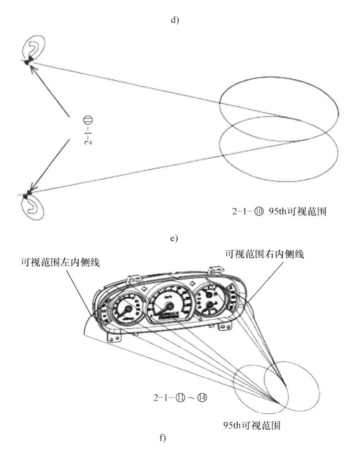

图 5-31 组合仪表视野范围（续）

锁盒较高，则选之）上侧作切线并标记切点，如图 5-31b 所示。

⑥ 把④、⑤中作的切点向左右眼椭圆投影，如图 5-31d 所示。

⑦ 把⑥中所作的点和④、⑤中所作的方向盘上的点，在 3D 状态下连接，并延长至组合仪表盘面，取交点，如图 5-31d 所示。

⑧ 把⑦中得到的组合仪表盘面上的点用光滑曲面连接，如图 5-31d 所示。

⑨ 每隔 10~20mm 在方向盘上作 Z 向断面，如图 5-31b 所示。

⑩ 在⑨中所作的断面所在平面投影眼椭圆（左、右）。

⑪ 过方向盘上左（右）断面内侧和眼椭圆右（左）的左（右）侧作切线并标记切点，如图5-31e所示。

⑫ 在⑪中得到的眼椭圆切点向对应眼椭圆在俯视图上投影，标记投影点，如图5-31f所示。

⑬ 在⑫中得到的眼椭圆上的点与在⑪中得到的方向盘上的对应点连接，并延长到组合仪表盘面，得到相应的交点，如图5-31f所示。

⑭ 把⑬中得到的组合仪表盘面上的点用光滑曲面连接，如图5-31f所示。

通过以上各步骤，就可以得到如图5-32所示的组合仪表可视性范围。

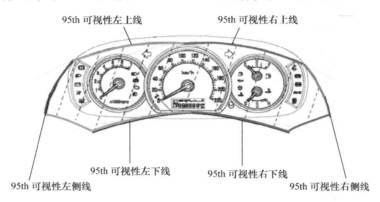

图5-32 组合仪表可视性范围示意图

HUD（抬头显示）是一种近年来出现的用于显示信息的投影显示器，如图5-33所示。采用HUD的目的是为了解决组合仪表由于布置在方向盘后方，并且在驾驶过程中需要稍微斜视才能视认组合仪表显示的信息，在驾驶人视认组合仪表信息时，因视线短暂离开驾驶主视野而存在驾驶安全隐患。HUD是通过投影将驾驶人在驾驶过程中需要常了解的信息，显示在驾驶人主视野内，这样驾驶人就不需要将视线移开主视野来了解有关信息，如汽车车速、导航图等信息。

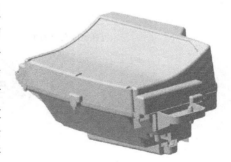

图5-33 风窗式HUD

HUD有两种类型，一种是挡板式，另一种是风窗式。挡板式结构相对简单，对周边环境要求较低，但会破坏仪表台板整体造型效果。风窗式HUD结构相对复杂，需要在前风窗玻璃上投影区域做特殊处理，成本费用较高，但它可以设计为隐藏式。目前，市场上搭载HUD的车型多为风窗式。

不同风窗式HUD供应商的产品有不同的布置方式，在布置前务必了解清楚。图5-34所示是HUD显示原理，在布置时需要根据前方视野确定虚拟成像的位置，也就是驾驶人方便看到的信息位置，根据这个区域来确定HUD的布置。虚拟成像的原则如下：

1）布置在驾驶人主视野的正下方区域，不能影响驾驶人正常驾驶，看清路面。

2）应位于发动机舱盖上方，驾驶人看到的虚拟成像不能与整车的任何零部件重合。

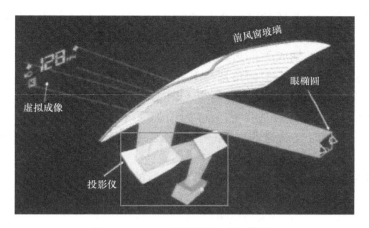

图 5-34　HUD 显示原理（见彩插）

仪表台板和中控区域其他零部件的布置除了要满足视认的要求外，还要满足操作的要求，如中控娱乐屏、方向盘上布置的开关、组合开关等。中控娱乐屏还需要满足防眩目的要求，在后面的章节中会进行讲解。

（2）外部视野区域

传统的汽车外部直接视野包括驾驶人前方视野、360°视野和 A 柱双目障碍角。先来看驾驶人前方视野，驾驶人前方视野包括前风窗玻璃视野区域和驾驶人前方 180°视野。

在 GB 11562—2014《汽车驾驶员前方视野要求及测量方法》中对驾驶人前方视野有明确要求，驾驶人前方视野包括风窗玻璃透明区、驾驶人前方 180°视野、A 柱双目障碍角。在整车集成布置中，驾驶人前方视野可以按照图 5-35 所示，界定驾驶人座椅靠背角为 25°时的驾驶人前方视野风窗玻璃的透明区域——B 区。

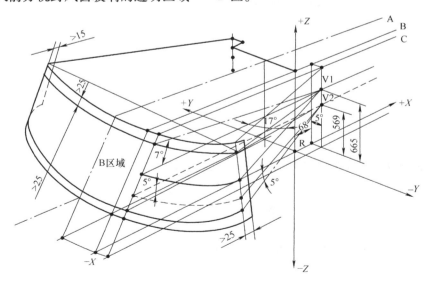

图 5-35　驾驶人前方视野——B 区
A—汽车纵向对称平面的迹线　B—通过 R 点（SgRP）纵向垂直面的迹线　C—通过 V1、V2 点垂直面的迹线

风窗玻璃透明区域——B 区是由以下 4 个平面围成的风窗玻璃外表面区域,且距离风窗玻璃透明部分边界向内至少 25mm,以较小面积为准:
　　——通过 V1 点,与 X 轴成 7°仰角且与 Y 轴平行的平面;
　　——通过 V2 点,与 X 轴成 5°俯角且与 Y 轴平行的平面;
　　——通过 V1 和 V2 点,在 X 轴的左侧与 X 轴成 17°角的垂直平面;
　　——以汽车纵向对称平面为基准面,且与上条所述平面对称的平面。

如图 5-36 所示,风窗玻璃透明区域——A 区是由以下 4 个面围成的风窗玻璃外表面区域:
　　——通过 V1 点,与 X 轴成 3°仰角且与 Y 轴平行的平面;
　　——通过 V2 点,与 X 轴成 1°俯角且与 Y 轴平行的平面;
　　——通过 V1 和 V2 点,在 X 轴的左侧与 X 轴成 13°角的垂直平面;
　　——通过 V1 和 V2 点,在 X 轴的右侧与 X 轴成 20°角的垂直平面。

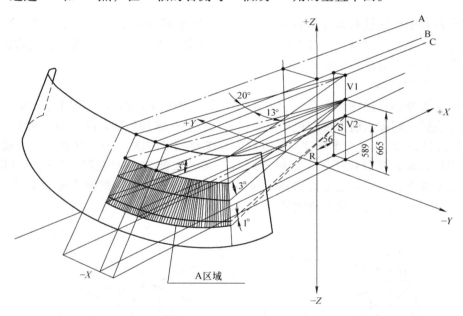

图 5-36　驾驶人前方视野 A 区
A—汽车纵向对称平面的迹线　B—通过 R 点(SgRP)纵向垂直面的迹线　C—通过 V1、V2 点垂直面的迹线

图 5-37 所示为驾驶人前方 180°视野,要求在驾驶人前方视野 180°范围内,在通过 V1 的水平面下方和通过 V2 点的与水平面向下成 4°夹角的三个面上方范围内,除了 A 柱,不应存在固定或活动的排气通风口、三角窗格条、车外无线电天线、后视镜和风窗玻璃刮水器等造成的障碍等。

A 柱双目障碍角是汽车 A 柱对驾驶人前方视野的影响的表示方法,A 柱双目障碍角可以按照如下步骤得到。

① 如图 5-38 所示,通过 Pm 点分别向上下偏转 2°和 5°的面,与 A 柱(包括风窗玻璃黑边)相交的最前面点,分别作水平面与 A 柱相交,而得到截面 S1 和 S2。

② 如图 5-39 所示。在水平投影面内,从 E2 点向 S1 截面的内侧边界作切线 A,从 E1

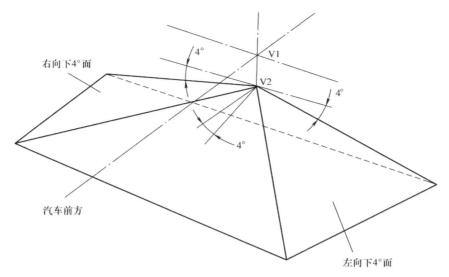

图 5-37 驾驶人前方 180°视野

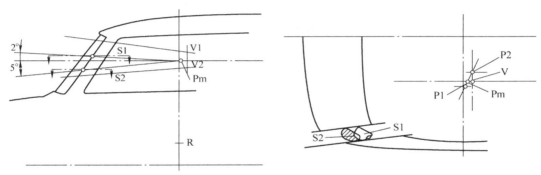

图 5-38 S1、S2 截面

点向 S2 截面的外侧边界作切线 B，在通过 E2 点作一条与 B 线平行的线 C，驾驶人侧 A 柱双目障碍角即为 A 线和 C 线形成的夹角。同样的办法可以得到乘员侧驾驶人 A 柱双目障碍角。

遮阳板是在外界光线（阳光）的照射下造成驾驶人眩目的情况下，用于遮挡驾驶人前方和侧方光线的装置，一般布置在前顶盖横梁上，可以下翻来防止外界光线眩目。驾驶人前方视野对遮阳板的要求，可以用两种方法来布置。

图 5-40 所示为用 V1 点位来界定遮阳板下边沿的方法。

图 5-41 所示为用眼椭圆来界定遮阳板下边沿的方法。

按照上述方法布置确定遮阳板的位置后，还要对遮阳板的操作性进行校核：

① 5th 女性人体能够操作遮阳板。

② 遮阳板在调节过程中不能与周围零部件干涉。

③ 遮阳板翻转过程中不要进入 95th 男性人体头部包络范围。

驾驶人前方视野中还有一个是交通信号灯视野。确定交通信号灯视野的目的是为了检查在图 5-42 所示的汽车与交通信号灯的几何关系中，确保驾驶人能清楚看到交通信号灯而需要对汽车驾驶人前方视野进行校核。交通信号灯视野在 GB 11562—2014 中没有明确规定，国内的交通信号灯设置状态也比较多，图 5-42 中只是给出了一种校核方法作为参考。

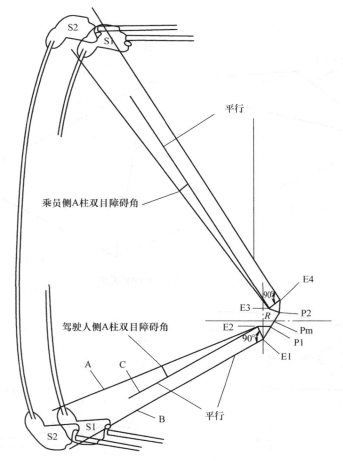

图 5-39　A 柱双目障碍角

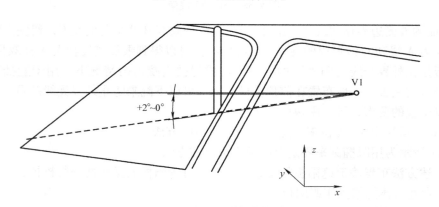

图 5-40　遮阳板布置（V1 法）

2. 间接视野的布置

如果直接视野不能完全观测到驾驶需要的所有可视区域，则需要增加辅助装置，以弥补视野盲区。法规 GB 15084—2013《机动车辆间接视野装置的性能和安装要求》中规定了内外后视镜的可视区域。整车设计中，必须从内、外后视镜中观察到这些区域，并且是强制性

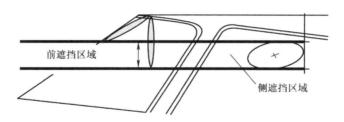

图 5-41　遮阳板布置（眼椭圆法）

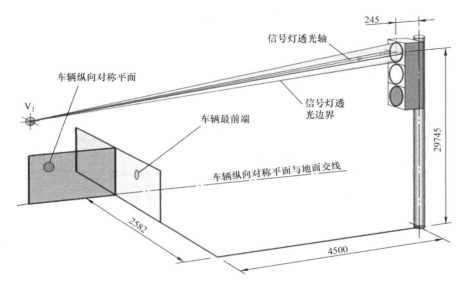

图 5-42　交通信号灯视野校核

的。另外，随着摄像头技术的发展，已经大量使用的倒车影像和360°影像视野对驾驶人间接看到车辆尾部和环绕车辆360°周围环境提供了极大的帮助。

（1）内后视镜

图 5-43 所示为法规 GB 15084—2013 中规定的内后视镜需要看到的地面区域范围。内后视镜的尺寸要求为能在其反射面上绘出一个矩形，这个矩形的高度为 40mm，底边 a 的长度按照如下公式计算：

$$a = 150 \times \frac{1}{1+\frac{1000}{r}}$$

式中　r——反射面球面半径，$r \geq 1200$mm。

内后视镜通常采用平面镜。

在布置上需要对内后视镜的视野进行约束。先来看后视镜高度视野区域。如图 5-44 所示，内后视镜高度方向后视野指的是左右单眼总视角 D。通常情况下，后视镜的安装位置初步确定后高度方向的视野主要是约束后风窗玻璃下沿透光位置（如有其他零部件遮挡总比例超过 15% 情况下，上移透光位置边线至遮挡区域不超过 15% 条件位置），将内后视镜下沿与图 5-43 中可视区域最前的连线，处于视野 D 范围内，并且处于后风窗玻璃透光区域即可；

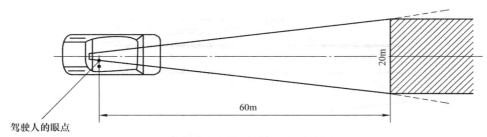

图 5-43 内后视镜法规区域

后风窗玻璃上沿透光位置高于后视镜上沿位置。

对于内后视镜横向视野，可在 3D 环境中分别将内后视镜左、右下角与图 5-43 中可视区域最前边界左、右连线，两线之间处于后风窗玻璃透光区域即可。

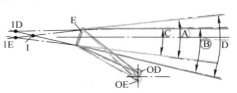

图 5-44 内后视镜视野布置
OD、OE—驾驶人右、左眼点　E—内后视镜
1D、1E—单眼虚拟成像　1—双眼虚拟成像
A—左眼视野角　B—右眼视野角
C—双眼视野角　D—单眼总视野角

(2) 外后视镜

图 5-45 所示为 GB 15084—2013 中规定的对Ⅱ、Ⅲ类主外后视镜需要看到的地面区域范围。Ⅱ、Ⅲ类外后视镜尺寸要求如下：

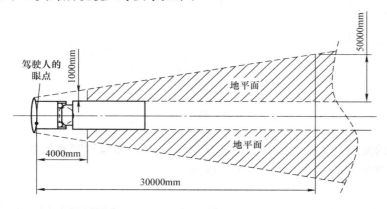

Ⅱ类主外后视镜

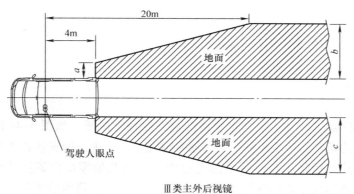

Ⅲ类主外后视镜

视野尺寸	(单位：mm)
尺寸	竖型后视镜
a	≥1000
b	≥4000
c	≥4000

图 5-45 外后视镜法规视野区域

① 能在反射面上绘出 a 为底边，高为 40mm 的矩形。
② 在反射面上还能绘出与矩形平行的线段，其长度为 b。
表 5-8 给出了 a 和 b 的最小值。

表 5-8　a 和 b 的最小值

主外视镜类别	a	b
Ⅱ	$\dfrac{170}{1+\dfrac{1000}{r}}$	200
Ⅲ	$\dfrac{130}{1+\dfrac{1000}{r}}$	70

③ Ⅱ、Ⅲ类主外后视镜反射面曲率半径：$r \geqslant 1200$mm。

法规 GB 7258—2017 要求外后视镜的安装距地面高度低于 1.8m 时，应具有缓和冲击的功能，单边突出整车最宽处不大于 200mm。

图 5-46 所示为乘用车典型的外后视镜，外后视镜在布置时与驾驶人 SgRP 点、V1 和 V2 点及眼椭圆相关，也与前车门相关，乘用车外后视镜通常采用Ⅲ类主外后视镜。

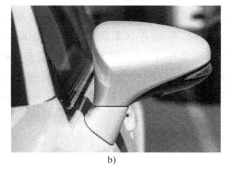

图 5-46　典型外后视镜
a）装在前门三角窗的后视镜　b）装在车门外板上的后视镜

图 5-47 所示为外后视镜驾驶人侧位置及镜面尺寸推荐值示意图。后视镜具体的尺寸大小除满足法规外，还需满足造型的需要。

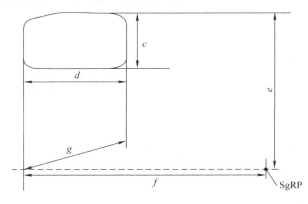

后视镜布置推荐值		（单位:mm）
尺寸	竖型后视镜	横型后视镜
c	200	120
d	100	190
e	600	600
f	550	550
g	$\geqslant 500$	$\geqslant 500$

图 5-47　外后视镜尺寸及位置示意图和推荐值

图 5-48 所示为左右外后视镜的安装角度。如果考虑左舵车和右舵车的后视镜的通用性，可以将左右后视镜的安装角度做成一样，即：$\alpha = \beta$。如果只有左舵车或右舵车，为了实际使用中镜片和镜壳相对位置关系不因镜壳左右不对称造成的不同，引起美观问题，可以将安装角度做成不一样，即：$\beta > \alpha$，具体的差值需要根据视野确定。

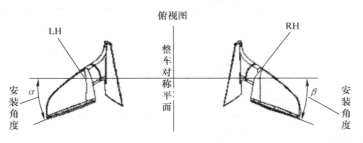

后视镜安装角度

尺寸/(°)	竖型后视镜
α	13~23
β	13~30

图 5-48 左右外后视镜的安装角度

图 5-49 所示，GB 15084—2013 中规定汽车驾驶人一侧外后视镜必须安装在后视镜中心至驾驶人两眼点中心连线的垂直面与纵向基准平面的夹角不大于 55°的范围内。

外后视镜位置及镜面最小尺寸，可以按照以下方法来确定右侧后视镜的参数（左侧后视镜除安装角度外，原则上与右侧对称，或完全对称）：

① 在 SgRP 点前方（X 负值方向）500mm（后视镜离 SgRP 点 X 方向最小距离），在整车右侧建立与 Z 轴平行、并且与 Y 轴成 β（初始角可以取 15°）的夹角的平面 M。

② 镜片靠车内侧位置离车门夹条的 Y 向距离，可以根据外后视镜靠车内侧的距离≥40mm，考虑后视镜结构再外移取为 12~20mm 确定，如图 5-50 所示。

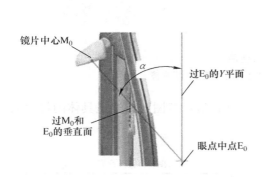

图 5-49 驾驶侧后视镜安装要求

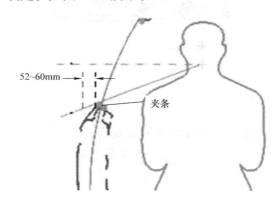

图 5-50 后视镜 Y 向位置

③ 镜片的 Z 向位置，可以根据外后视镜下边沿位置上抬约 12~15mm 确定，后视镜下边沿应处于如图 5-51 所示的夹条上下沿范围内，驾驶人可以看到整个外后视镜。

④ 在平面 M 内按照图 5-47 所示推荐的后视镜镜片尺寸建立矩形：竖型后视镜为 100mm×200mm，横型后视镜为 190mm×120mm；最底边和靠车身内侧边界由②、③确定的边界确定。

⑤ 如图 5-52 所示，以 M 面中心点为始点，向车前方向作 M 面的法线，并在法线上距离 M 面 1400mm 取点 O，以 O 为原点，半径 $R = 1400$mm 作一球形面（目前后视镜常用的反

射面曲率半径），然后将 M 面沿法线投影到该球形面上得到 M1 面。

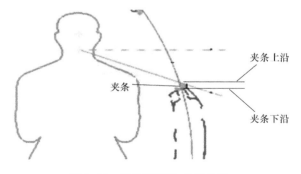

图 5-51 后视镜镜片 Z 向位置

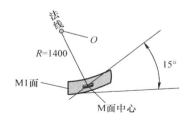

图 5-52 后视镜镜片球面

⑥ 如图 5-53 所示，按照如下方式调整镜片角度：

——过镜片中心向镜片球心作法线，在法线上取离镜片 M1 中心点 7mm 的点，并通过该点作一条水平线 L；

——绕该水平线 L 转动，直到镜片上边沿能看到图 5-53 中的 A 点位置，得到初定镜片位置 M2；

⑦ 根据 GB 15084—2013 中的规定进行视野校核，如果第一次校核不满足法规要求，则按照下述方法对镜片进行调整，直到满足法规要求为止，如图 5-54 所示。

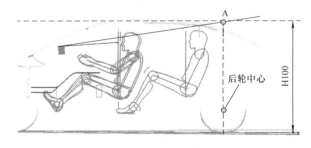

图 5-53 镜片角度调整

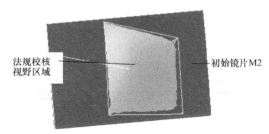

图 5-54 后视镜视野法规校核

——如果是左右不满足要求时，则旋转 M2 镜片的俯视安装角度，调整的范围需要符合如图 5-48 所示的角度范围。如果还不能满足要求，则需要把后视镜外移；

——如果是上下部满足要求，则旋转 M2 镜片的侧视面内的角度，调整的范围建议不超过 3°，如果还不满足要求，则需要适当将后视镜前移，但要注意满足在车门上安装的要求；

——如果经过上述调整都还不能满足要求，则考虑适当加高镜片高度。

（3）倒车影像

如图 5-55 所示，倒车影像是将布置于车尾的一种将摄像头（称为倒车摄像头）获取的车尾环境影像，通过图像解析后显示在中控屏上，让驾驶人通过中控屏在倒车过程中看到车尾环境的影像系统。对整车集成工程师来说倒车影像的布置，就是要正确地布置倒车摄像头到车尾的适当位置。

对于乘用车来说，不管是三厢车（如轿车、轿跑车、跑车），还是两厢车辆（如 SUV、MPV），其倒车摄像头的布置大同小异。不同供应商的倒车摄像头结构稍有不同，在布置前

图 5-55 倒车影像
a）中控屏　b）摄像头

需要进行详细了解，摄像头的布置位置和安装角度要符合对倒车视野的要求。图 5-56 所示为倒车摄像头常用的布置位置（在牌照灯附近），倒车摄像头最好布置在车辆的对称平面上，这样可以确保图像的高保真效果。

（4）360°全景倒车影像

如图 5-57 所示，360°全景倒车影像是一种通过布置在车辆前、后、左、右的摄像头获取的车辆四周环境全景影像，通过图像解析后显示在中控屏上，让驾驶人通过中控屏在倒车或低速前行过程中看到车辆四周环境的影像系统。它可以防止在复杂环境驾驶车辆时被擦挂、磕碰，以及可能出现的各类安全问题，如碰、压到车外的行人、动物、障碍物、坑等，甚至倒车时掉下沟、崖等。

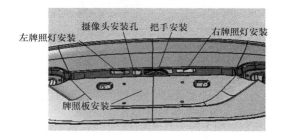

图 5-56 倒车摄像头布置　　　　图 5-57 360°全景倒车影像

倒车影像系统的布置对整车集成工程师来说主要是正确地布置摄像头。在布置前需要对供应商的摄像头布置要求进行充分了解，以便正确地进行布置。360°全景倒车影像通常有四个摄像头，分别布置在车头、车尾和车辆两侧，布置在车尾的摄像头与倒车影像摄像头的布置是一样的。图 5-58 所示为常用的布置于车头和两侧的摄像头位置，布置摄像头时要注意摄像头的安装角度符合供应商的要求。

5.2.4 伸及性

汽车人机工程讲的伸及性是指驾驶人在正常的驾驶位置乘坐时（系安全带、一手握方向盘），用手操作各种功能的可能性。由于不同的功能操作方式不同，有手指按/拉/拨、有两指或三指旋转、有手握推拉等，驾驶人在操作时手能否方便伸及、能否有足够的操作空间

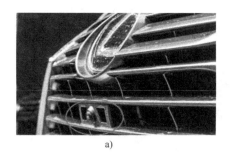
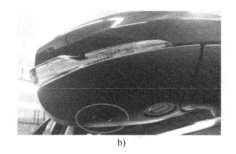

a)　　　　　　　　　　　　　　　　b)

图 5-58　360°全景倒车影像摄像头布置位置

a) 车头摄像头在格栅上　b) 两侧摄像头在后视镜上

等，都是汽车人机工程伸及性要解决的问题。这样，对不同功能操作方式涉及手能操作的最远距离，就成为伸及性的基本判断标准。

一般指点式按钮的伸及范围应比三指抓捏式的往前加长 50mm；手推式按钮的伸及范围要比三指抓捏式的往后缩短 50mm。图 5-59 所示为驾驶人手伸及界面：手推伸及界面 A、三指抓捏伸及界面 B 和指点伸及界面 C。

手推伸及界面内布置的零部件主要是考虑手握把手移动式操纵装置的布置。由于受行程和扳动角度的限制，操纵杆不适宜做大幅度的连续控制，也不适宜做精细调节。传统车中属于这类操作方式的零部件有换档操纵装置和机械驻车制动操纵杆。换档及驻车制动操纵杆在设计时要满足以下几点人机操作及舒适性要求。

图 5-59　驾驶人手伸及界面示意图

1. 换档操纵装置布置

传统车型的换档操纵装置包括手动档和自动档，属于机械式换档装置，典型的布置位置有驾驶人右前，驾驶舱前部中间位置的俗称地板档和中控档，还有就是布置在方向盘右下方位置的俗称怀档。图 5-60 所示为典型换档操纵装置。怀档相对来说用得比较少，最常见的是地板档。

中控地板换档　　　　　中控台板换档　　　　　怀档

图 5-60　典型换档操纵装置

随着电控换档的发展，换档操纵装置逐渐演变成为开关性质的操纵装置，操纵形式也有换档把手、旋钮换档、换档拨片等。由于电控换档与传统机械换档的最大区别就是通过电信号传递给换档执行机构实现换档，因此，不需要匹配换档力，也就不需要进行换档行程的计算。图 5-61 所示为典型电控换档操纵装置，为便于操作，它的布置位置与传统换档操纵装置布置位置基本相同。

变速杆操作　　　　　　旋钮换档操作　　　　　　拨片换档操作

图 5-61　典型电控换档操纵装置

本书以最复杂的地板手动档为例，来讲解换档操纵装置的布置，弄清楚机械手动地板档的布置，其他方式的换档操纵装置布置就迎刃而解。地板手动档换档操纵装置可按照以下步骤进行布置，如图 5-62 所示。

第一步：处于空档位置时，初步变速杆中心定位，布置参数如表 5-9 所示。

第二步：各档位变速杆中心定位、换档行程确定。换档操纵力由性能部门制定目标值，通常换档操纵力在 30~50N 之间，总布置工程师根据变速器换档力和换档操纵力、变速器和换档操纵装置的换档比以及换档拉索阻尼力，计算换档操纵装置的杠杆比和换档需要的行程，进而确定各单位变速杆中心静态位置。换档行程通常在 120~160mm 之间。换位行程通常由产品工程师确定。

实际操作中也可先将换档操纵装置空档和各档位相对位置先做成一个数据文件，布置时合并前两个步骤。

第三步：操作空间检查并调整控档变速杆中心位置，对操作空间的影响主要是仪表台板，二者之间的距离如表 5-9 所示，注意这个距离指的是两个实体之间的距离。

第四步：换档操纵装置安装校核。

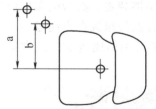 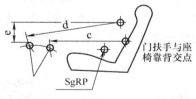 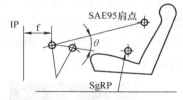

图 5-62　换档操纵装置布置位置

表 5-9　换档布置参数（与图 5-28 对应）

代号	参数/mm	备注
a – MT	250 ~ 415	SUV 为 360 – 415
b – AT	250 ~ 400	SUV 为 320 – 370
c	≥370	
d – MT	≤660	

(续)

代号	参数/mm	备注
d – AT	≤690	
e	150～300	中控箱较高的取小值
f	≥60	
θ – MT	≤40°	
θ – AT	≤42°	

2. 三指抓捏伸及界面（B）内布置的零部件

在驾驶人三指抓捏伸及界面内主要布置旋转开关，如音量调节、风量调节以及旋钮式换档操纵装置等开关。图 5-63 所示为旋钮开关典型的形式。通常用单手操纵，按其使用功能可分为多倍旋转旋钮（转动范围超过 360°的连续调节）、部分旋转旋钮（转动范围不超过 360°的连续调节）、定位指示旋钮（旋钮开关只能在设定的档位调节）。

单纯的旋钮开关布置位置相对灵活，大部分主机厂对这类开关的布置实行家族化的外形和布置位置，如空调开关和收音开关布置在中控下方、旋钮换档操纵装置布置在中控箱、灯光调节开关布置在仪表台板

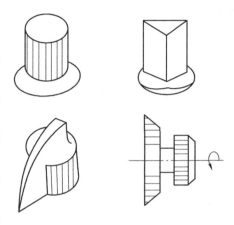

图 5-63 典型旋钮开关

左下方、外后视镜布置在车门扶手前部等，如图 5-64 所示。在布置方式上有竖直布置和水平布置两种基本形式（包括因安装面因素的影响，出现一定的倾斜角度范围）。另外，这类开关在布置时一般要结合内部凸出物法规要求，高出安装平面 10mm 以上，与其他影响操作的零部件周边间隙要≥35mm。

a)   b)   c)

图 5-64 旋钮开关布置

a) 空调和收音机开关布置   b) 旋钮换档   c) 灯光调节开关

旋钮开关本身的尺寸对应的操作力如表 5-10 所示。开关本身的设计由专业工程师和造型师共同完成，布置时需要与他们进行沟通。

表 5-10 旋钮开关尺寸机对应操作力

旋钮直径/mm	10	20	50
操纵力/N	1.5～10	2～20	2.5～25

3. 指点伸及界面（C）内零部件布置

指点伸及界面区域内布置按压/拨拉式开关，按其外形和使用情况，大体上分为两类：按钮和按键。它一般只有两种工作状态，如"接通"与"切断"、"开"与"关"、"起动"与"停机"等，如电动驻车制动 EPB、车窗开关、起停开关等。这类开关与旋钮开关布置位置一样具有灵活性，同样主机厂也通常按照家族化的位置布置，如车窗开关布置在车门扶手上、天窗及顶灯开关布置在顶篷中间前部、电动驻车制动 EPB 开关布置在中控箱，还有就是在方向盘上布置的电话接挂/音量调节/电台收索/语音控制/仪表显示模式调节开关等。对于拨式开关布置，本书以驾驶人侧车窗开关布置为例进行讲解。图 5-65 所示为驾驶人侧车窗开关布置位置示意图。

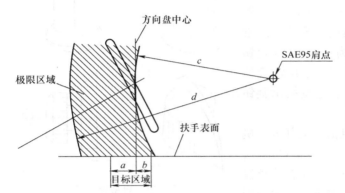

代号	数值/mm
a	78
b	32
c	500
d	800

图 5-65　驾驶人侧车窗开关布置位置

在操作上通过单手指对车窗开关按钮的向下拨动，将车窗玻璃打开，向上拨动将车窗玻璃关上。因此，对开关按钮本身的操作间隙的要求，如图 5-66 所示。

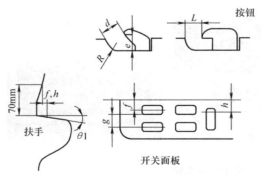

代号	数值/mm
d	≥18
R	≥20
L	≥20
f	≥25
h	≥25
g	≥15
θ1	0°~10°

图 5-66　按钮周边间隙

4. 按键式开关布置

按键式开关在操作上仅进行单指按点就可实现操作，开关按下后自动复位，该类开关的优点是节省空间。类型分为机械式、机电式和光电式，各种形式的按键设计都必须适合人的使用。按键的尺寸应按手指的尺寸和指端的弧形进行设计，以适合人机舒适性的要求。图 5-67 所示为方向盘上按键式开关布置及尺寸的要求。多个开关布置在同一个区域时，开关之间的间隙或开关与安装面板的间隙约为 0.5mm。图 5-68 所示为布置于仪表台上按键开关的布置要求。

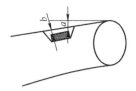

代号	数值/mm
a	满足凸出物和误操作要求
b	
c	50~60

图 5-67 方向盘上按键式开关布置及尺寸

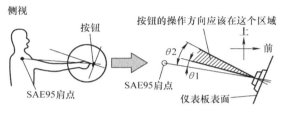
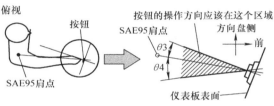

代号	数值
$\theta 1$	5°
$\theta 2$	15°
$\theta 3$	10°
$\theta 4$	15°

图 5-68 仪表台上按键开关布置要求

另外，一种既有旋转，也有推拉和上下拨等多种操作方式的开关称为组合开关，组合开关通常集成了驾驶过程中常用的灯光（远近光、变光、转向灯光、雾灯）、刮水器（刮刷和喷水）等功能的柄式组合开关。图 5-69 所示为柄式组合开关布置要求。

5.2.5 操作性

操作性是人机界面设计最重要的课题，要能使驾驶人（或乘员）操作时最可能容易触及并方便、快速、准确、安全且力度合适。需要有操作的零部件，具有易识别、易接触和易操作三性。在 5.2.4 小节所讲伸及性中已经叙述了不同操作方式对容易触及进行了讲解，在 5.2.2 小节所讲可视性中已经对易识别进行了讲解，在 5.2.7 小节所讲眩目设计中将进一步阐述在较强光线照射下避免或减轻对识别性的破坏。本小节着重讲如何快速、准确、安全以及力度合适地进行操作需要注意的事项或者说是与人们生活中操作习惯符合性、操作感受舒适的符合性。良好的人机界面只有符合生活习惯才能做到方便，让乘员感受到良好的操作舒适性，才能快速、准确和安全！

1. 操作习惯

对于手臂和手，适宜于回转运动，手臂作回转运动的效率较高，应尽量减少往复运动的操作动作。

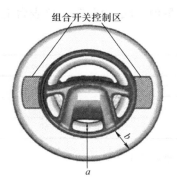
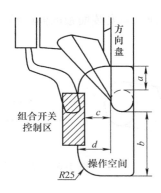

与方向盘面位置关系　　　　　　　　　与方向盘轴向位置关系

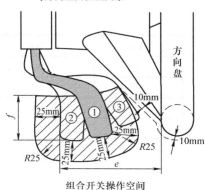

组合开关操作空间

代号	数值/mm
a	40
b	100
c	40
d	50
e	100
f	50

图 5-69　柄式组合开关布置要求

使用两只手动作可以减少工作时间并且节省每个单位工作量的人体能量消耗。

手的上下运动速度比左右运动速度快，准确度也高；从上往下比从下往上快，水平面内的前后运动比左右运动快，旋转运动较直线运动快。另外，对于占人口多数的右利人群，右手动作比左手动作快 10% 时间，失误率低 5%，出力强 5%~10%。右手向右运动较向左运动快，手朝向身体的运动比离开身体的运动快，但后者准确度高。图 5-70 所示为手部操作的最佳方向示意图。

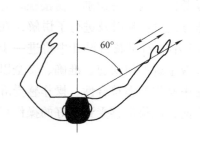
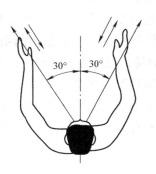

图 5-70　手部操作的最佳方向示意图

人们用脚操作时的最佳操作方向是沿着腿和脚的屈伸方向，图 5-71 所示为脚操作的范围示意图，图中 A 为脚掌踩踏范围。另外，腿的操作可参见关于膝关节的舒适角（95°～120°）的相关内容。

2. 操纵感受

不同的人对同样一个操纵动作过程的感受有所不同，这就是对于同样的东西不同人使用后的评价有所不同的原因，对于汽车整体，进而对汽车的某个操作也是如此。为了避免整车集成工程师受到这种干扰，不同的主机厂对自己的汽车的特定操作一般会制定相应的标准，这就是人们所说的"风格"，或"品牌DNA"在操作方面的体现。

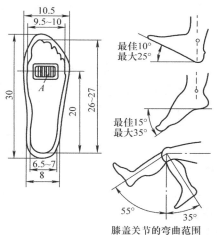

图 5-71　脚操作范围

在汽车设计中，为了满足操作舒适性，操作者身体有关部位（手、脚及躯干等）所施加的一定量的力，称为操纵力。操纵力在一定的范围内，是人机工程研究的重要内容，是设计机械设备的操纵系统所必须的基础数据。人体所能发挥的操纵力的大小，除了取决于人体肌肉的生理特性外，还取决于人的操作姿势、施力部位、施力方向、施力方式以及施力的持续时间等因素。只有在一定的综合条件下的肌肉出力的能力和限度，才是操纵力设计的依据，符合这些设计准则就可让操作更加舒适，相反的话，操作舒适就欠佳，也就是操作的感受性不好。

操作力引起的操作感受与零部件的设计相关。因此，通常这部分人机操作感受方面的工作由零部件工程师承担。作为整车集成工程师来说，需要了解零部件的操作方法，并按照伸及性、操作习惯以及所需要的操作空间布置即可。

3. 操纵布置空间

人在操作机械时所需的操作活动空间，加上机器、设备及工具等所占空间的总和称为作业空间。对于一个大范围的作业场所来说，作业空间设计就是解决如何把机器、设备和工具等操作和使用对象按人的操作要求进行空间布置的问题。但针对人所操作的机械而言，作业空间设计就是解决合理的布置操纵器、显示器以及控制台、工作座椅的设计中人体尺度问题。

同样，在汽车设计中，操作件在考虑到操作方便性，操作舒适性的同时，要考虑操作的布置空间，比如汽车的维修方便性，工具的使用空间，手部的操作空间等。汽车的操作空间主要是考虑手部以及相关的胳膊活动空间、脚部以及相关的腿部活动空间，操作空间的布置要求会在相应零部件布置时加以统筹考虑，如 5.2.4 小节所讲的组合开关和车窗开关。这些零部件的操作空间对于手来说需要考虑戴上手套，对于脚来说需要考虑穿上保暖的厚鞋子等需要。

5.2.6　空间设计

作为供乘员乘坐的汽车，人机工程空间布置是整车集成设计非常重要的工作，没有合适的乘坐空间的汽车想必没有谁会买！汽车发展已经超过 160 年的时间，汽车乘坐空间布置设计方法得到了高度的发展而变得成熟。相关标准有 SAE1052（头部包络）、SAE1100（汽车尺寸）和人体标准等。汽车乘坐空间除了人机空间，还有碰撞安全空间、汽车运行空间。

人机空间从头到脚主要包括头部空间、肩部空间、手部空间（在操作方便性部分会讲）、肘部空间、臀部空间、腿部空间和脚部空间。

1. 头部空间

汽车乘员头部空间受车辆形式（如轿车、SUV）、车辆尺寸、造型及结构的影响。车辆形式的影响主要来源于对造型的限制以及驾乘舒适性要求的不同。比如 SUV 一般在造型上比较高大方正，相应地头部空间就比较充裕而受到 SUV 驾乘者的喜欢，而跑车驾驶者喜欢激烈驾驶的速度感，整车的重心需要低，相应地必须降低整车高度减小迎风面积，所以头部空间必须有所牺牲。汽车头部空间设计需要集合不同的车型进行具体的设计。

车顶配置会对顶篷的厚度进而对头部空间有较大影响，增加天窗等配置必然导致顶盖的厚度增加，在整车高度及下车体限制的情况下，相应地就会减小驾乘者的头部空间。

车顶结构中的顶盖横梁位置对头部空间的影响最常见的体现在三厢轿车的后排，往往由于顶盖横梁位置的不恰当导致头部空间较差，能否改变横梁的位置需要车身结构、造型、后视野等方面的全面分析方可确定。

造型对头部空间也有影响，近年来人们对运动型造型越来越喜爱。要达到运动型的造型，就需要做流线形低矮车身，汽车的窗台部分就需要内收，以及有较大的侧窗玻璃倾角等，这就对乘员空间造成了挤压。这种造型就可能导致"车大、小空间"，尤其是对头部空间的影响更大。

影响头部空间的因素很多，我们在汽车开发阶段就必须加以考虑，避免汽车的造型和结构都出来后出现不必要的返工！下面介绍头部空间布置的方法。

头部包络和头部空间评价。SAE1052 中对头部包络及其应用方法都有详细介绍。头部包络是指乘员在乘坐位置上乘坐，因人体大小不同、乘坐位置不同、乘坐姿势不同，使头部在一定活动范围形成的半球形空间壳体，头部包络有前排头部包络和后排头部包络，如图 5-72 所示。通常前排座椅具有前后上下调节装置，头部包络较长。另外，如果有三排及以上的乘用车，由于中排的头部空间都比前后排头部空间充裕，一般不用头部包络来限制汽车的结构空间设计。还有就是由于主机厂服务对象的不同，SAE 标准中也提供了不同人群使用的两种包络，这就是 95th 百分位人体头部包络和 99th 百分位人体头部包络，主机厂可以根据产品的诉求进行选择。

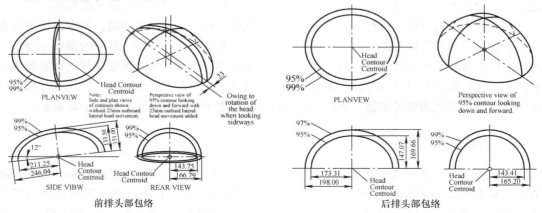

图 5-72　头部包络

头部包络对于在三维环境下对头部空间的约束全面且直观，但不利于头部空间目标的设定和日常的对比，为了工作的方便，如图 5-73 所示（图中代号带"-1"表示前排的相应评价指标，二排可以换成"-2"），SAE 标准也提供表征车高和宽度方向上头部空间的如下评价指标：

W35：在 95th 百分位头部包络顶点的 X 断面处，取包络断面沿 Y 向水平向外移动，直到与车内零部件接触的移动量，代表驾驶员的水平头部空间。

W27：在 95th 百分位头部包络顶点的 X 断面处，取包络断面沿图示 30°直线向外移动直到与车内零部件接触的移动量，代表驾驶人的斜向头部空间。

H35：在 95th 百分位头部包络顶点的 X 断面处，取包络断面沿垂直方向向上移动直到与车内零部件接触的移动量，代表驾驶人的垂向头部空间。

H46：在乘员中心面上取 95th 百分位头部包络及车顶零件 Y 向断面，包络线沿垂直方向向上移动至车顶零件的移动量。

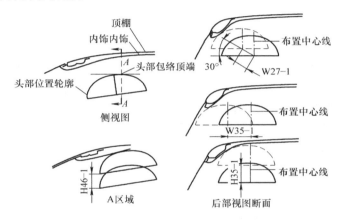

图 5-73　头部空间评价指标

在布置时头部包络通过以下公式进行定位。

前后可调节座椅的头部包络位置：

$$X = L1 + 664 + 0.587 \times L6 - 0.176 \times H30 - 12.5t + Xh$$

$$Y = W20$$

$$Z = H8 + 638 + H30 + Zh$$

固定座椅的头部包络位置：

$$X = L31 + 640\sin\delta + Xh$$

$$Y = W20$$

$$Z = H70 + 640\cos\delta + Zh$$

式中　$\delta = 0.719 \times A40 - 9.6$；

　　　Xh 和 Zh——从表 5-10 所示中选取；

　　　$L1$——踏板踩踏点（PRP）的 x 坐标；

　　　$L6$——方向盘中心到 PRP 点的 x 坐标距离；

　　　$L31$——座椅 SgRP 点坐标；

　　　$H30$——座椅坐高（SgRP 点到 AHP 点 z 坐标距离）；

$H70$——座椅 SgRP 点坐标;

t——常数,带离合器时取 1,不带离合器时取 0;

$W20$——SgRP 点的 y 坐标;

$H8$——AHP 点的 z 坐标;

δ——固定座椅眼椭圆在侧视图上的角度(°);

$A40$——座椅靠背设计角(°)。

头部包络位置根据头部包络样板中心点与眼椭圆中心点相对位置关系确定,如表 5-11 所示。

表 5-11 头部包络与眼椭圆位置关系

座椅滑轨行程(TL23)	Xh	Yh	Zh
>133mm	90.6	0	52.6
≤133mm	89.5	0	45.9
0mm 固定座椅	85.4	0	42.0

2. 横向空间

整车集成的乘员舱横向空间指的是肩部空间、肘部空间以及臀部空间。横向空间主要是受整车宽度、车门(侧围)的厚度,以及整车外部和内部造型的影响。在使用中也受到座椅 SgRP 点 Y 向位置的影响。横向空间不是大就好、小就不好,而应是乘员靠车外侧的空间要恰当。这个空间太大的话,车门扶手等离乘员太远致使肘部无法在正常坐姿情况下靠上扶手,太小的话又会感觉有压迫感。这个空间的大小要结合座椅 SgRP 点的 Y 向布置一起考虑,建议驾驶人座椅 SgRP 点到车门肘部空间测量点的横向距离在约 315mm,评价横向空间的尺寸参数如图 5-74 所示(图中代号中带"-1"表示前排横向空间)。

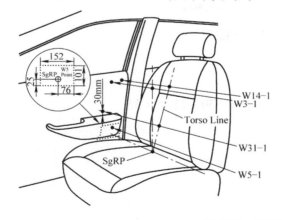

代号	数值/mm
W3/14	≥1280
W31	≥1320
W5	≥1280

图 5-74 横向空间尺寸参数

W3:称为肩部空间。通过座椅 SgRP 点的 X-截面,座椅 SgRP 点向上 254mm 与车门腰线之间的区域和门护板表面相交,交线即测量区域。测量区域内,左右车门护板表面之间的距离即肩部空间。

W14:也是肩部空间。与 W3 不同的是测量位置,W14 的测量位置为与 W3 同一高度平面内,通过躯干线的左右车门护板表面之间的距离。通常情况下整车集成中采用 W3 来表示肩部空间。

W31：称为肘部空间。通过座椅 SgRP 点的 X-截面，从与左右车门扶手平面相交的最高点向上 30mm 处，测量门饰件表面之间的最小距离即肘部空间。如果没有扶手则测量在 SgRP 点上方 180mm 处，左右车门饰板之间的最小距离。

W5：称为臀部空间。在 X-截面内，从座椅 SgRP 点向下 25mm，向上 76mm，前后各 76mm，围成的长 152mm，宽 101mm 的矩形区域即测量区域。测量区域内，左右门饰板表面的最小距离即臀部空间。如果测量区域被座椅部分遮挡，则该遮挡区域被排除，如果测量区域被座椅全部遮挡，则测量与 SgRP 点最接近的未被遮挡的左右门饰板表面区域。

3. 腿部空间

通常情况下，汽车内部结构留给乘员腿部的活动空间在 Y 向不会受到大的影响，腿部前后屈伸活动需要较大的空间，因此，衡量腿部的空间与腿的屈伸相关。图 5-75、图 5-76 所示为腿部空间尺寸参数（图中代号中带"-1"表示前排空间，"-2"表示第二排空间）。腿部空间与整车的大小，尤其是与乘员舱的长度密切相关，腿部空间在布置阶段的目标值制定，需要结合乘员舱长度和坐高来确定，尤其是尺寸小的车很可能做不到较好的人机状态。

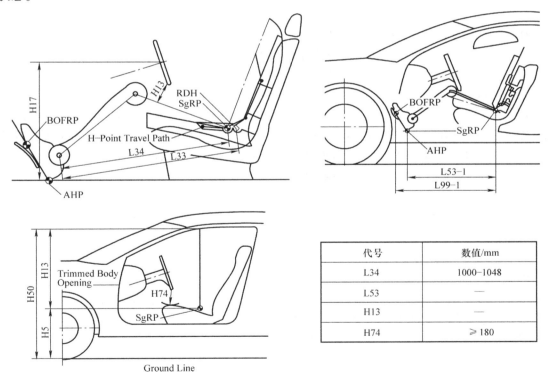

图 5-75 前排驾驶人腿部空间

L34：称为驾驶人有效腿部空间。驾驶人右脚放到加速踏板的起始位置上未踩踏板的时候，在侧视图上测量的 SgRP 点到脚踝点距离加上 254mm 的长度。

L33：称为驾驶人最大有效腿部空间。驾驶人右脚放到加速踏板起始位置上未踩踏板的时候，在侧视图上测量的最后的 H 点（RDH）到脚踝点距离加上 254mm 的长度。

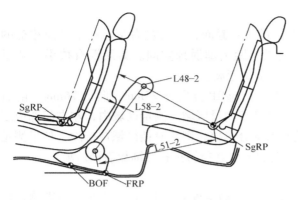

图 5-76 后排驾驶人腿部空间

L53：SgRP 点到踵点（AHP）水平距离。与 L34 同样表示驾驶人有效腿部空间，不同的主机厂有不同的习惯，可以二选一来衡量驾驶人腿部空间。

L99：驾驶人脚掌点（BOF）到 SgRP 点水平距离。与 L33 同样表示驾驶人最大腿部空间，较少采用。

H13：方向盘最下缘到驾驶人大腿中心线之间的最小距离。

H17：方向盘中心到 AHP 点之间距离。

H74：测试图上方向盘下沿到驾驶人座椅上表面最小距离。

L48：乘员膝部空间，当乘员踵点与 FRP 一致，鞋底与 FPA 一致时，膝关节中心与前方座椅靠背之间最小距离减去 51mm，当膝盖与前方座椅靠背干涉时，此膝部空间值为负值。

L51：后排乘员有效腿部空间，乘员踵点放在 BOFRP 点，鞋底与 FPA 一致的时候，在测试图上 SgRP 点到踵点距离加 254mm 的长度。当前后排座椅的距离较小时，为了改善后排乘员有效腿部空间，通常会考虑适当提高坐高。同时，确保前排座垫后下方空间的高度要 ≥90mm，以便乘员的脚能适当伸到前排座椅下面的空间。

L58：乘员腿部空间，乘员踵点与 FRP 点一致，鞋底与 FPA 一致的时候，在其纵向中心面左右 127mm 范围内，侧视图方向上腿或者膝盖前端与前方座椅靠背之间的最小距离或者干涉量。

4. 脚部空间

驾驶人脚部空间的设置，如图 5-77 所示，主要控制三个方向的尺寸：

加速踏板位置处，保持加速踏板与中通道内饰件（地毯）≥40mm 距离，该距离反映出操作加速踏板时，右脚的脚部空间。

对于手动档来说，离合器踏板与左侧轮毂包地毯应保持 ≥60mm 距离，该距离反映出操作离合器踏板时，左脚的脚部空间，因离合器的操作动作较快，需要较大操作空间，避免因踩踏不准情况下干扰对离合器踏板的完全踩下。

仪表板踏板区域的脚部空间，保持仪表板下端与地毯保持 ≥280mm，最好达到 300mm

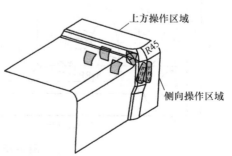

图 5-77 驾驶人脚部空间限制面示意图

代号	数值/mm
L48-2	≥20(太小的车也有为负数的)
L51-2	≥870

的空间距离，以便方便脚部操作时脚和小腿的无障碍移动。

对于轿车后排脚部空间，为了有效利用前排座椅下方的空间，前排座椅座垫后下部与地毯之间的距离≥90mm，以便脚可以伸入该空间，改善坐姿。

5.2.7 眩目设计

什么是眩目？由强烈的光线造成的刺眼和耀眼，引起观察者无法正常看清目标物体的现象，称为眩目。由外来光线直射引起的眩目称为直接眩目，由外来光线通过汽车零部件表面的反射引起的眩目称为反射眩目。

眩目现象是人眼对强烈光线照射的生理反应，强烈光线照射使得瞳孔缩小，在亮度一定的条件下降低了视网膜上的照度；眩目在眼球媒质内散射，减弱了被看对象与背景间的对比度；视觉细胞受强光刺激，引起大脑皮层细胞间产生相互作用，使得对被看对象的观察呈现模糊。图5-78所示为多媒体屏幕反射眩目。

图5-78 多媒体屏幕反射眩目（见彩插）

外部强光的照射下，驾驶人前部的仪表台等因其造型特征比较突出（如有较锐的棱线、凸起等）或表面反射较强（如颜色较浅、表面较光滑等）等因素，还有可能在风窗玻璃或侧门玻璃形成折射影像，干扰驾驶人对周围驾驶环境的清晰识别。

整车集成工作中，尤其是驾驶舱的集成设计过程中，还有一种由于零部件发光形成的影像，使驾驶人无法看清环境视野中的情况。它也是一种眩目，只是这种眩目不是由外部强光造成的，而是在夜间或黑暗环境行驶过程中，因汽车自身零部件发光在风窗玻璃或侧门玻璃（尤其是外后视镜玻璃片区域内）上形成折射影像与环境重叠造成的视野模糊，如图5-79所示。

图5-79 零部件发光折射影像眩目

汽车是行驶的物体，也是人乘坐的交通工具，一旦发生驾驶人眩目而无法看清汽车行驶环境的情况，就有可能无法进行正确操作而发生交通事故。轻则造成汽车损伤，重则造成人员伤害，甚至死亡。因此，汽车整车集成工程师必须严肃对待眩目问题！

1. 外界光线反射眩目规避

外界光线受到车载物体反射的光线进入驾驶人眼睛造成的眩目,在整车集成中最常见的是组合仪表(仪表曲面玻璃)和车载多媒体屏幕表面的反射。图5-80所示为传统仪表防眩的布置示意图,对于外界进入的光线引起的反射只要不进入眼椭圆区域,就可以避免外界光线造成的仪表眩目,在验证上也比较简单。由于仪表曲面玻璃是凹形曲面,只需要通过风窗玻璃上边沿的光线进入仪表后无法进入眼椭圆区域即可。对于当今流行的平面液晶屏或曲面液晶屏来说,布置验证的方法是一样的,所不同的是将传统仪表的曲面玻璃换成仪表屏幕的表面。

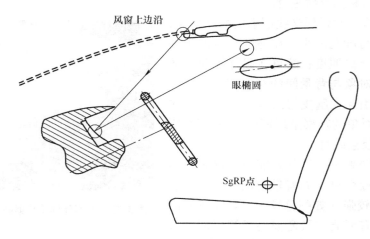

图5-80 仪表防眩目布置示意图

对于其他零部件因外界光线反射造成的眩目,如多媒体屏幕因其左右布置位置与驾驶人(眼椭圆)不在相同的纵向平面内,同时,当前的多媒体屏幕多为平面,对从风窗玻璃或侧窗玻璃入射的光线可以适当调整屏幕的垂直布置角度,来避免光线反射到眼椭圆。所用的方法与图5-80所示的示意图一样,只是入射光线为不同的部位。同时,因屏幕与眼椭圆不在相同的纵向平面,最好是在三维软件环境下模拟入射光线和反射光线。当然也可以从眼椭圆开始反向逆光来做,只要逆光不在汽车的透光区域就可。

对于强光照射下因仪表台反射在风窗玻璃或侧窗玻璃上形成的影像,如图5-81所示,就如其产生的原理一样,用布置的办法无法解决,只有在造型阶段进行规避。对于整车集成工程师来说,需要事先与造型师沟通,减少不利造型特征进行前期规避,并且在仪表台造型表面出来后进行验证。验证的方法可以参见汽车自身零部件发光引起的眩目部分。需要减少的不利造型特征有:

1)变化较为剧烈的型面特征,如较锐的棱线、边界线和明显的凸起等。
2)为提升品质做的缝纫线。
3)与周围主色调差异较大的较浅颜色,或颜色搭配不当。
4)容易反射光线的表面,如高亮且颜色较浅的油漆或镀铬面。

2. 汽车自身零部件发光眩目规避

对于汽车自身零部件发光造成的眩目,如仪表本身发光造成的眩目,只需要保证仪表自身发出的光线被仪表罩遮挡而无法照射到风窗玻璃上即可。图5-82所示为仪表最下面的发

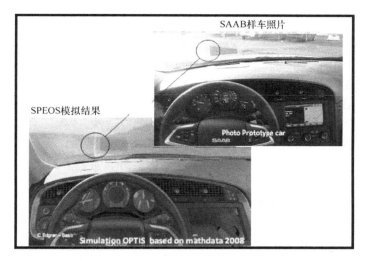

图 5-81　在强光照射下在风窗玻璃上的折射影像

光体发出的光线被仪表罩全部遮挡，仪表自身的发光在夜间或黑暗环境下行驶中，不被风窗玻璃改折射点以前的玻璃折射形成影像，并进入眼椭圆范围。实际工作中由于受到造型的影响，往往很难做到仪表自身的发光一点都不照射到风窗玻璃上，但一定要做到不能照射到 GB 11562—2014 中规定的风窗玻璃前方视野 A 区域，最好不能照射到 B 区域，就是图 5-83 所示的区域。实际验证中可以在眼椭圆纵向平面内找到 A/B 区域边界点和仪表罩边界点，如果二者连线的延长线不与仪表发光面相交，反过来则仪表发出来的光线不会进入眼椭圆。

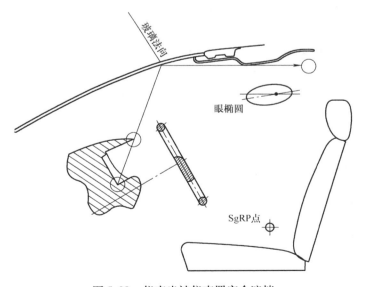

图 5-82　仪表光被仪表罩完全遮挡

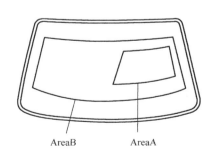

图 5-83　风窗玻璃前视野区域

同样，仪表发出的光线也会照射到车窗玻璃上而折射出仪表影像，尤其是贴了太阳膜的车窗，颜色越深，形成的影像越清晰，造成的眩目也更厉害！

5.2.8 舒适性

汽车舒适性是一个很大的课题，涉及与人的感官相关的所有方面：看、听、嗅、感、触和用。对于汽车而言，也包括静态和动态舒适性。对于整车布置集成来说，无法全面涉及。对于"看"来说，在可视性和眩目等章节中有涉及；对于"感"和"用"来说，在进出性、伸及性、操作性和空间设计等章节中有涉及；其他舒适性，"嗅"和"触"则完全不涉及。要全面了解舒适性，可以看看相关的专门书籍。

汽车人机工程中的舒适性除了本章前面涉及的内容外，重点介绍舒适性布置集成过程、注意事项及围绕驾驶人乘坐和操作方面的人机布置。

驾乘舒适性是评价一款车好坏的重要指标，包括：座椅乘坐包裹性（腿部、臀部、腰部、肩部支撑性）是否合适（软硬合体），乘坐的姿态是否舒适、轻松，座椅各支撑部位是否可调性，踏板（加速、制动和离合器踏板）踩踏过程是否方便、快捷并安全，方向盘操纵是否轻松、方便和快捷，换档是否方便、快捷、准确等。这些都关乎长途驾驶时驾驶人是否容易产生疲劳而造成腰（腿）酸背（脚）疼。因此，围绕驾驶人乘坐和操作的布置务必要仔细设计。对于座椅本身的设计更加涉及座椅包裹性和对人体的支撑等人机关系，属于座椅开发专业的业务，座椅乘坐的姿势、踏板、方向盘和换档布置则是整车集成工程师要重点考虑的内容，可以按照以下步骤来布置。

1. 座椅布置

按照 5.2.1 小节中描述的方法确定驾驶人座椅 SgRP 点和滑轨行程（人体为 SAE95th）。

2. 踏板布置

乘用车最复杂的踏板是手动变速器汽车的踏板，包括加速踏板、制动踏板和离合器踏板，而 AT、DCT、AMT 或电动汽车的踏板不包括离合器踏板，只有加速踏板和制动踏板。不管是三踏板还是两踏板，其布置的基点都是加速踏板踏点 PRP，PRP 点的确定是根据机舱布置、下车体布置确定的，也是 SgRP 点的基点。因此，在进行踏板和 SgRP 点布置之前，要根据周围结构和加速踏板及其行程确定 PRP 点。图 5-84 所示为手动变速器汽车三踏板横向布置尺寸示意图，图 5-85 所示为三踏板纵/垂向布置尺寸示意图。

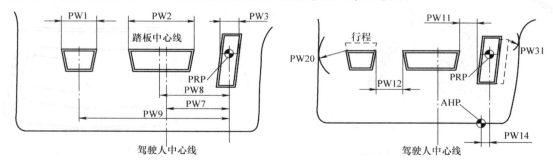

图 5-84 三踏板横向布置尺寸

图 5-86 所示为 AT、DCT、AMT 或电动汽车的两踏板横向布置尺寸示意图，两踏板的纵/垂向布置尺寸示意图与三踏板类同。

三踏板和两踏板的尺寸可按表 5-12 中的推荐值进行布置。

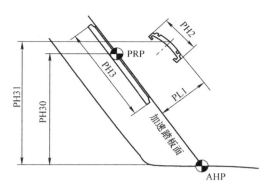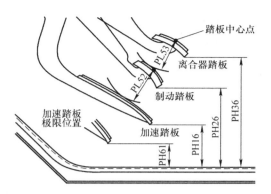

图 5-85 三踏板纵/垂向布置尺寸

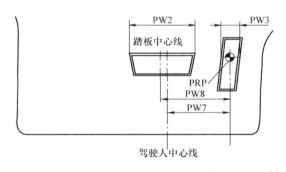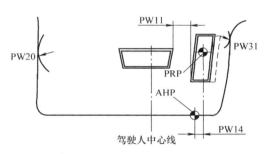

图 5-86 两踏板横向布置尺寸

表 5-12 踏板布置推荐尺寸　　　　　　　　　　（单位：mm）

尺寸代号	三踏板	两踏板
PW1	50~70	—
PW2	50~70	110~130
PW3	45~55	45~55
PW7	170~200	170~200
PW8	100~125	130~150
PW9	240~260	—
PW11	70±5	70±5
PW12	80±5	—
PW14	35	35
PW20	≥60	≥100
PW31	40~50	40~45
PH2	50~75	50~75
PH3	≥100	≥100
PH30	≥150	≥150
PH31	165~180	165~180
PH36	140~180	—
PH26	140~180	—
PH16	100~120	—
PH61	≥35	—
PL1	35±5	40±5

3. 方向盘位置布置

在布置好踏板后，可进行方向盘的布置。图 5-87 所示为方向盘中心位置布置示意图，方向盘中心 S_O（S_X, S_Z, mm）与方向盘与 X 平面的夹角 $A18$（°），可以采用如下公式初步计算：

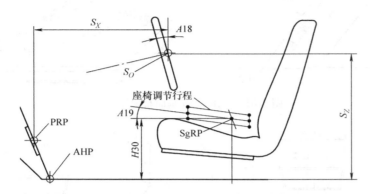

图 5-87 方向盘中心位置布置

$$S_X = 535 + 0.82 \times H30 - 0.00293 \times H30^2$$

$$S_Z = 442 + 0.7357 \times H30$$

$$A18 = 6 + 0.0677 \times H30$$

式中 $H30$——驾驶人座椅坐高（mm）。

方向盘中心的 Y 坐标 S_Y 通常情况下是与驾驶人 SgRP 关联的，$S_Y = \text{SgRPy} - (0 \sim 10)$。也就是方向盘中心相比驾驶员 SgRP 在车辆横向方向上内偏不超过 10mm。大部分车二者具有相同的横向位置。参考图 5-89 所示，转向柱在俯视图上与 X 轴的夹角 $A17$ 用来表示方向盘中心点与 SgRP 点的车辆横向偏离情况。

4. 换档操纵装置位置布置

方向盘布置好后可进行换档操纵装置的布置，以最常见的地板换档操纵装置为例进行讲解。图 5-88 所示为地板换档操纵装置布置位置示意图。

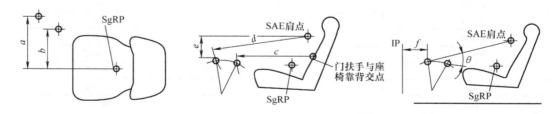

图 5-88 地板换档操纵装置布置位置示意图

地板换档操纵装置的位置参数推荐值如表 5-13 所示。近年来越来越多的汽车采用电子换档，对于地板电子换档操纵装置来说，除了其换档行程与 AT 换档操纵装置不同外，其他的要求相同。另外，地板换档操纵装置受造型影响很大，在某些情况下，表 5-13 中的推荐值是无法都满足的，这就需要整车集成工程师要做好验证工作。

表 5-13 换档操作装置布置参数　　　　　　　　　　　　　　　（单位：mm）

尺寸代号	推荐值	备注
a – MT	250~415	换位最大位置，与车宽有关
b – AT	250~430	换位最大位置，与车宽有关
c	≥370	
d – MT	≤660	
d – AT	≤690	电子档可以参考 AT
e	150~300	
f	≥45	
θ – MT	≤40°	
θ – AT	≤42°	
换档行程（MT/AT）	100~160	电子档除外

5. 方向盘和换档操纵装置布置校核

在得到初步的方向盘和换档操纵装置布置位置后，可按图 5-89 所示对尺寸 L13 和 H74，以及图 5-90 所示的方向盘调节量、图 5-11 所示的人体各关节舒适性角度范围，以及图 5-14 所示的座椅滑轨调节范围进行校核，校核时采用的人体需要与目标市场的人体一致，如国内市场因人体相比 SAE 人体来得稍小而要采用中国 50th 和 5th 人体进行校核。校核时判定是否合适的依据就是如表 5-14~表 5-16 所示的人体各关节舒适性角度范围和图 5-89 所示的 L13 和 H74 尺寸。在进行校核时可以有一定的重点，如较大的车，以适合 50th 人体为主，而对于特别小的车，则可以适合 5th 人体为主。对于驾驶人来说需要进行驾驶操作，人机校核还要考虑动态因素。

表 5-14 驾驶人坐姿推荐值

尺寸代号	尺寸名称	舒适参考范围
H30	SgRP 点到踵点的垂直距离/mm	250~405
A40	靠背角/(°)	20~30
A42	躯干与大腿夹角/(°)	95~110
A44	膝角/(°)	100~145
A46	脚角/(°)	87~110
	手臂与躯干/(°)	15~35
	肘关节/(°)	85~110
	腕关节/(°)	4

表 5-15 前排乘客舒适坐姿推荐值

尺寸代号	尺寸名称	舒适参考范围
H31	SgRP 点到踵点的垂直距离/mm	127~405
A41	靠背角/(°)	20~75
A43	躯干与大腿夹角/(°)	90~115
A45	膝角/(°)	90~145
A47	脚角/(°)	95~120

表 5-16 后排乘客舒适坐姿推荐值

符号	尺寸名称	舒适参考范围
H30-2	SgRP 点到踵点的垂直距离/mm	127~405
L53-2	SgRP 点到踵点的水平距离/mm	—
A40-2	靠背角/(°)	20~75
A42-2	躯干与大腿夹角/(°)	90~115
A57-2	大腿与水平面夹角/(°)	—
A44-2	膝角/(°)	90~145
L46-2	脚角/(°)	95~130

驾驶人舒适性相关零部件（包括踏板、方向盘、换档操作装置、座椅、驻车制动、中控屏、仪表、组合开关、车门开关、遮阳板、顶灯等）布置，关乎整车驾驶舱内布置，是整车集成人机布置的重点工作和基础，需要认真对待。一旦出错，将影响整个布置结果！因此，通常驾驶人相关零部件布置好了以后要进行实物评价，包括：人机台架、造型模型和试制样车。

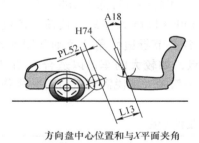

方向盘中心位置和与X平面夹角　　　方向盘与Y平面夹角

图 5-89 方向盘位置布置示意图

（1）人机台架评价

采用人机台架进行驾驶人舒适性评价是在项目开展的早期，在有了初步的人机目标值后就可以进行。由于人机台架本身不能完全模拟驾驶人的驾乘环境，通常只评估几个主要的布置参数：座椅、踏板、方向盘、换档、门板护手、遮阳板等的相对位置关系是否恰当，前方视野是否恰当等，如图 5-91 所示。采用人机台架评价的项目一般是全新项目。

（2）杂合车（骡子车）评价

对于在已有平台上开发的项目，由于踏板、方向盘、座椅、换档等的位置已经存在，驾驶人早期人机评价的主要内容是进行变动部分的评价，评价的主要内容是与造型关系比较密切的仪表、中控屏、遮阳板等的操作性和眩目等的评价。杂合车的评价可以对静态和动态分别进行评价。这里特别要说一下眩目的动态评审，眩目是由外界强光入射引起的反射，或车内自发光零部件在风窗玻璃或车窗玻璃在黑暗的环境下折射引起的虚像，进入驾驶人眼睛造成的。对于外界光线而言，由于入射的角度多变

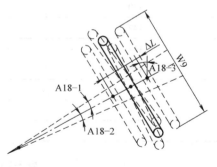

图 5-90 方向盘调节

和晚上街道上明暗交织的光线，需要进行动态评价，评价时需要模拟尽可能多的光线入射角度，并且夜晚到街道上进行评价。对于自发光零部件造成的眩目，要将杂合车置于夜晚或黑暗的空间进行评价，评价时要尽量减少环境光的影响，以免造成误判。

（3）造型模型评价

造型模型由于与最后的产品已经接近，可进行比较全面的人机评价，舒适性、操作性、眩目等。在这个阶段可以进行座椅的舒适性专项评价，作为驾驶人乘坐舒适性重要零部件，设计上除了美观外，很重要的就是舒适性。在这个阶段要造型师、整成集成工程师与座椅工程师一起组织对座椅的舒适性专门评价，不能等到座椅开模后再来评价！

图 5-91　人机台架评价

（4）试制样车评价

试制样车评价的内容要全面，着重点是检查制造与设计的一致性、进一步对乘坐舒适性进行确认，看是否还存在不能够接受的不舒适项，防止不合格或存在设计缺陷的产品流入市场！

以上评价时需要建立专门的团队进行评价，不同的主机厂有不同的方法，不管哪种组织形式，评价团队的组成人员都要根据人群来组织，比如按照 5th – 95th 的人群，每隔 10% 身高差异、各身高矮胖瘦各 2～3 人组成。在评价前需要进行适当培训，评价的出发点要站在用户的立场进行评价，评价人要认真填写评价意见，评价后要进行统计和分析，并对需要改进项进行分类和排队，对那些不可接受项和勉强接受项进行改进。对于全新项目进行的人机台架评价，除了专门团队进行评价外，还需要有资深人机专家进行确认。

人机台架的评价详细情况，可参见第 10 章相关内容。

5.2.9　安全性

汽车安全性人机工程主要包括被动安全和主动安全两方面的内容。对于被动安全来说，主要包含碰撞能量吸收空间和约束系统。前者在机械布置和结构布置中会详细进行讲解，被动安全与人机相关的内容本章将进行讲解。随着电子技术、传感器技术的发展，越来越多的汽车配置了主动安全功能，如 ABS（制动防抱死系统）、ESP（车身电子稳定系统）、ACC（自适应巡航系统）、LWDS（车道偏离警告系统）、TPMS（胎压监测系统）、LNVS（夜视系统）、FCWS（前碰撞预警系统）、HMWS（车距监控系统）等，与人机相关的主动安全系统目前主要有 BSD（盲区监测）、DAC（驾驶人疲劳监测系统）和 LMS（生命监测系统），盲区监测系统的布置与雷达和摄像头布置要求相同，本章着重介绍 DAC。

1. 安全气囊布置

安全气囊是汽车在碰撞过程中快速充气展开，在乘员与汽车环境零部件之间形成气囊，来隔绝汽车零部件可能破损产生的尖锐物或直接对乘员的挤压等伤害。如图 5-92 所示，汽车安全气囊主要分为五种：

1）驾驶人安全气囊 DAB：安装在方向盘内部，防止驾驶人与方向盘、仪表板及前风窗玻璃发生碰撞，减缓撞击造成的伤害。

2）前排乘客安全气囊 PAB：安装在仪表台板内部、杂物箱上部，目的是减缓正面撞击造成的伤害。

3）座椅侧安全气囊 SAB：安装在前排或后排座椅的侧面或车门内部，目的是减缓侧面撞击造成的伤害。

4）头部安全气囊（侧气帘）HAB：头部气囊也叫侧气帘，在碰撞时弹出遮盖车窗，以达到保护乘客的效果。

5）膝部安全气囊 KAB：用来降低乘员在二次碰撞中车内饰对乘员膝部的伤害。

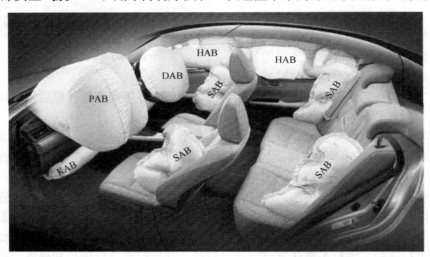

图 5-92　安全气囊（无 KAB）

驾驶人安全气囊 DAB 布置在方向盘中心位置，在整车布置位置上是确定的。前排乘客安全气囊 PAB 布置在仪表台上，受到风窗玻璃位置的限制，需要进行详细布置限制。座椅侧安全气囊 SAB 和侧气帘 HAB 对于整车布置来说，主要是留出气囊爆出时的空间要求。膝部安全气囊 KAB 只有在膝部碰撞空间不足时才采用，目前来说采用的也不多。因此，我们以前排乘客安全气囊为例进行安全气囊布置的讲解。

图 5-93 所示为前排乘客安全气囊 PAB 功能示意图，安全气囊在工作时从气囊模块中爆发，被风窗玻璃挡住后逐渐（1-2-3）向下膨胀，当乘员在碰撞过程中头部向前冲时，起到对乘员的保护作用。在进行 PAB 布置时要充分考虑这一过程和气囊模块以及仪表台的结构。

前排乘客安全气囊 PAB 与风窗玻璃。图 5-94 所示为 PAB 布置在仪表台内时，PAB 门板与风窗玻璃位置关系的要求：

1）PAB 在展开时，PAB 门在翻转过程

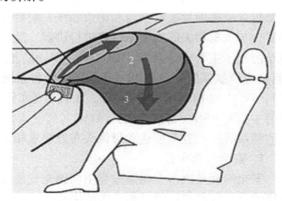

图 5-93　PAB 展开过程

中与风窗玻璃之间的距离 $s \geqslant 10\mathrm{mm}$（包括 PAB 门在翻转时，如果铰链中心与静态中心不一致时）。

2）PAB 在展开时不能对风窗玻璃造成伤害。要确保气囊展开中心线与风窗玻璃的距离 $B \geqslant 150\mathrm{mm}$；展开中心线延长线与风窗玻璃的距离 $A \geqslant 300\mathrm{mm}$。

3）PAB 展开中心线与风窗玻璃内表面交点的切线夹角 $\alpha \leqslant 37°$。

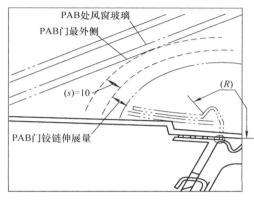
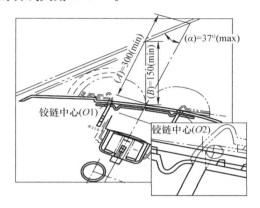

图 5-94　PAB 与风窗玻璃

4）PAB 模块与座椅对称平面的横向距离 $Y \leqslant \pm 20\mathrm{mm}$，如图 5-95 所示。

5）PAB 在仪表台内部的布置如图 5-96 所示，图中参数推荐值见表 5-17 所示。

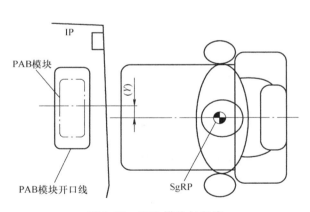
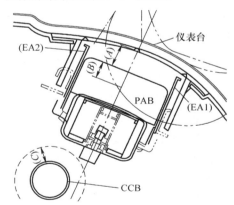

图 5-95　PAB 模块与座椅　　　　图 5-96　PAB 在仪表台内部布置要求

表 5-17　PAB 在仪表台板内布置参数　　　　　　　（单位：mm）

PAB 开口结构	$L=A+B+C=70$，分配推荐值			$C+10$
	A	B	C	（B 不明确时，取 8）
硬质塑料	$A1 \geqslant 32$	18	20	30
表面软化	$A2 \geqslant 10$	18	42	52

6）PAB 展开中心线与仪表台表面的夹角 $\alpha 1$ 及其推荐值，如图 5-97 所示。另外，PAB 模组要布置在 CCB 中心 90mm 以内。

安全气囊的具体布置参数，需要满足具体供应商的要求。因此，在布置之前必须尽量了

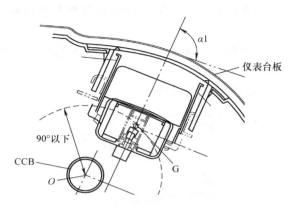

图 5-97　PAB 与仪表台板的布置夹角

$\alpha1$推荐值	
分体式气囊盖	65°~115°
开裂线式	80°~100°

解安全气囊供应商的布置要求。

2. 汽车安全带布置

汽车安全带种类较多，与整车集成相关的主要是汽车安全带固定点位置的布置。汽车安全带固定点需要符合 GB14167—2013《汽车安全带安装固定点》和 GB11552—2009《乘用车内部凸出物》中规定要求。欧盟相关法规为 ECER14（Safety Belt Anchorages）、美国相关法规为 MVSS210（Safety Belt Anchorages）。

汽车安全带固定点既可以设在车辆结构上或座椅结构上，也可设在车辆其他零部件上或分设于以上零部件上。汽车安全带的固定点可供两个相邻安全带的两个端头固定用，但要符合试验要求，如图 5-98 所示。汽车安全带固定点指的是有效固定点，如图 5-99 所示。

图 5-98　汽车安全带固定点

1）若安全带刚性构件与下固定点连接，对在座椅调节范围内的所有位置，不论是固定式还是自由旋转式，安全带有效固定点为织带与构件的连接点。

2）如果在车身构架或座椅构架上设有织带的导向件，则应将织带朝向使用者一侧的导向件中点作为安全带有效固定点。

3）如果安全带经使用者直接通向卷收器而不带导向件，则应以卷轴与通过织带中心线卷收平面的交点，作为安全带有效固定点。

4）对于带扣侧，其下部座椅有效固定点。

对于乘用车来说，单个安全带固定点的最低数量要求如表 5-18 所示。

按照 GB 14167—2013 中的规定，如图 5-100 所示，汽车安全带下固定点按照下述方法确定：

① L_1 和 L_2 点为汽车安全带下有效固定点。

② C 点位于 SgRP 点垂直上方 45mm 处，如果按照④中确定的 S 不小于 280mm，且制造商选用 BR = 260mm + 0.8S，则 C 和 SgRP 之间的垂直距离 H_C 应为 500mm。

③ α_1 和 α_2 为 SgRP 点分别通过 L_1 和 L_2 点，且垂直于车辆纵向中心面的平面与水平面之间的夹角。

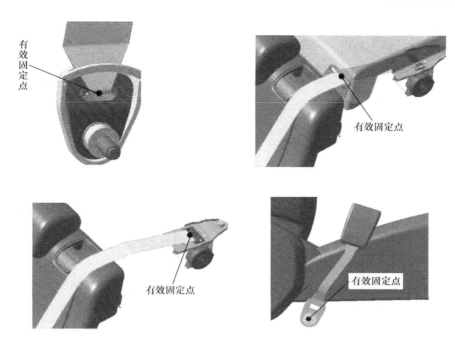

图 5-99 安全带有效固定点

表 5-18 安全带固定点最低数量

车辆种类	前向乘坐位置				后向乘坐位置
	外侧座椅位置		中间座椅位置		
	前排	非前排	前排	非前排	
M1	3	3	3	3	2
M2（GVM≤3.5t）	3	3	3	3	2
M2（GVM>3.5t）、M3	3d	3 或 2c	3 或 2c	3 或 2c	2
N1	3	3 或 2a	3 或 2b	2	2
N2、N3	3	2	3 或 2b	2	2

a 见 GB 14167—2013 中 4.2.1.3（若座椅在通道内侧，允许 2 个固定点）。
b 见 GB 14167—2013 中 4.2.1.4（若风窗玻璃在基准区外，允许 2 个固定点）。
c 见 GB 14167—2013 中 4.2.1.5（基准区若无任何部件，允许 2 个固定点）。
d 见 GB 14167—2013 中 4.2.1.7（对双层客车中上层座椅的特殊要求）。

④ S 为汽车安全带上有效固定点至平行于车辆纵向中心平面的基准平面 P 的距离，P 平面的位置规定如下：

——如果乘坐位置是由座椅形状确定的，P 平面即为座椅的中心平面。

——在不能确定乘坐位置的情况下：对于驾驶人座椅，P 平面为通过方向盘中心且平行于汽车纵向中心平面的垂直平面（可调式方向盘应位于正中位置）；对于前排右侧乘员座椅，P 平面应为与驾驶人座椅的 P 平面对称的平面；对于后排两侧乘员位置的 P 平面，应为与车辆纵向平面的距离为 A 的平面，由制造商按下述条件确定：

A≥200mm（仅供 2 人乘坐的长条座椅）

A≥300mm（仅供 2 人以上乘坐的长条座椅）

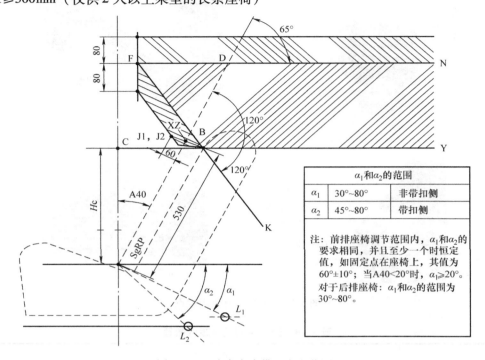

图 5-100　汽车安全带固定点范围

⑤ 两个下固定点 L_1 和 L_2 的距离。分别通过 L_1 和 L_2，且平行于车辆纵向对称中心的两个垂直平面间的距离≥350mm。对于 M1 类乘用车的后排中间乘坐位置，若中间座椅与其他座椅不可交，则二者距离≥240mm，且 L_1 和 L_2 位于车辆对称平面两侧，并分别与对称平面的距离≥120mm。

按照 GB 14167—2013 的规定，如图 5-100 和图 5-101 所示，汽车安全带上固定点按照下述方法确定。

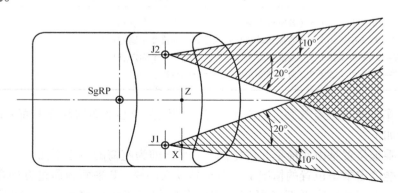

图 5-101　汽车安全带上固定点范围

① 因采用织带导向件或类似装置而影响安全带上固定点位置时，应根据织带中心线通

过 J1 点时固定点的位置的情况来确定有效固定点位置,从 SgRP 点开始,用下述三条线确定 J1 点:

——RZ:从 SgRP 点沿躯干线向上取长 530mm 的线段;

——ZX:从 Z 点沿垂直于纵向对称平面的直线,向固定点方向截取 120mm 的线段;

——XJ:从 X 点沿垂直于 RZ 和 ZX 确定的平面的直线,向前截取长 60mm 的线段。

J2 和 J1 点相对于过躯干线的纵向垂直面对称,该躯干线为安放于座椅上的人体模型的躯干线。当用双开门为前后座椅提供通道,且上固定点在 B 柱上时,固定点不应妨碍乘员上下车。

② 安全带上有效固定点应位于垂直于座椅纵向中心面并与躯干线成 65°角的 FN 平面下方。对于后排座椅,此夹角可减小至 60°。FN 平面与躯干线相交于 D 点,此时须保证 DR = 315mm + 1.8S,但当 S≤200mm 时,DR = 675mm;

安全带上有效固定点应在垂直于座椅纵向中心面并与躯干线成 120°角且相交于 B 点的 FK 平面后方,此时须保证 BR = 260mm + S。但当 S≥280mm 时,制造商可选用 BR = 60mm + 0.8S,其中,S 值不得小于 140mm;

③ C 点位于 R 点铅垂上方 450mm 处,如果 S 不小于 280mm,且制造商选用换算公式 BR = 260mm + 0.8S,则 C 和 R 之间的铅垂距离应为 500mm;

④ 安全带上有效固定点应在图 5-100 所示的由 NFBY 所围成的垂直于 Y 平面的平面范围内。附加固定点应在沿铅垂方向上下各 80mm 所确定的区域内。

3. 驾驶员疲劳监测系统 DAC 布置

疲劳监测是最近几年才新兴的汽车安全技术,我们先来说说疲劳驾驶的危害?驾驶人疲劳时判断能力下降、反应迟钝且操作失误增加。驾驶人疲劳时,会出现视线模糊、腰酸背疼、动作呆板、手脚发胀或有精力不集中、反应迟钝、思考不周全、精神涣散、焦虑、急躁等现象。如果仍勉强驾驶车辆,则可能导致发生交通事故。不同疲劳程度造成的影响存在差异:

——驾驶人处于轻微疲劳时,会出现换档不及时、不准确。

——驾驶人处于中度疲劳时,操作动作呆滞,有时甚至会忘记操作。

——驾驶人处于重度疲劳时,往往会下意识操作或出现短时间睡眠现象,严重时会失去对车辆的控制能力。

在危急情况发生之前,疲劳驾驶的最初迹象是可以被探测出来的,这时响起的警报音往往就是避免事故的最佳时机。对驾驶人疲劳驾驶的监测有多种方式,这里介绍的汽车驾驶人疲劳监测是目前装备较多的系统,称为"疲劳驾驶预警系统(BAWS/DMS)"和"驾驶人安全警告系统(DAC)"。它们共同之处是基于驾驶人生理图像反应,由一个控制单元、摄像头或增加若干传感器组成,利用驾驶人的面部特征、眼部信号、头部运动性等推断驾驶人的疲劳状态,并进行报警提示和采取相应措施装置,通过声音信号向驾驶人发出警示,对驾乘者给予主动智能的安全保障,如图 5-102 所示。

不同供应商的疲劳监测系统由于其尺寸及大小的差异,在布置上会对汽车内饰造型有一定的影响,布置前需要充分了解产品特点并与供应商沟通,搞清楚布置要求。疲劳监测系统在布置上主要是要注意摄像头的布置。它的通常布置位置如图 5-103 所示。在布置时,需要将摄像头对准驾驶人脸部(眼部)。

图 5-102　汽车驾驶人疲劳监测

仪表前转向锁壳上

驾驶人侧A柱上

图 5-103　疲劳监测摄像头常用布置位置

4. 生命监测

生命监测技术是一种新兴的安全监测手段,该技术通过位于车顶上的传感器来检测车内的呼吸特征,即使儿童盖上厚重的毛毯,传感器也能检测得到。然后将车内有儿童的信息通过APP发送给车主,以避免儿童被捂死车内事故的发生。这个系统也可以检测出动物的气息,所以即使是动物被遗忘在车内,车主也能收到提醒。目前配备该系统的车辆不多。

图 5-104 所示为长城 VV6 的生命体征监测系统,该系统通过汽车左侧 B 柱上的毫米波雷达传感器对后排的生命体进行监测。

VV6的生命体征监测系统

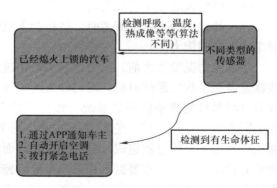

生命体征监测系统原理

图 5-104　生命体征监测系统

这套毫米波雷达系统能在 $-40 \sim +85$℃ 的温度间正常工作。通常情况下,生命体征监测系统可在车辆熄火,以及所有车门、车窗关闭并锁车之后,对后排进行监测,系统会在锁车后的30min内持续监测车内是否有生命体,如果没有监测到生命体,系统将自动关闭。

车辆是否配备幼童滞留车内监测系统(Infant leaving detection system)预计将会在2022年被纳入到 Euro NCAP(欧洲新车评价规程),作为评估车辆安全性的标准之一。

5.2.10 新控制技术

随着汽车电子技术的发展,一些电子技术与人机工程的操作习惯相关联,如某些功能的手势操作控制和语音操作控制技术,尤其是语音操作系统在汽车上,由于其在驾驶过程中出色的安全表现,被汽车主机厂越来越重视并开始被采用。国内科大讯飞的语音控制技术已经相当成熟,处于世界领先地位并被国内各大主机厂广泛采用。手势控制技术也用来替代实体键的操作,但由于它通过摄像来获取操作人员的意图、模拟实体键的操作动作,与语音控制技术相比,没有优势,在几年前的欧洲车上出现,在国内应用较少。

语音控制是通过语音识别技术来实现功能的操作。语音识别技术就是让机器通过识别和理解过程,把语音信号转变为相应的文本或命令的技术,以及翻译口语技术,它也被称为自动语音识别技术(ASR)、计算机语音识别或语音到文本(STT)技术。它融合了语言学、计算机科学和电气工程领域的知识和研究。汽车语音控制是利用语音识别技术来对汽车的功能进行控制,替代开关等某种操作的技术,通过语音控制收音机、空调、接打电话等,如图5-105所示。

图5-105 汽车部分语音控制功能

如图5-106所示,语音控制系统由语音采集模块(也称拾音器),接收用户发出的语音信号,并输出电信号至语音处理模块(语音识别单元),经语音处理模块判断、语音提示模块(通过扬声器)提示用户输入语音执行指令后,语音处理模块输出电信号至执行模块(尾门锁、音乐、导航等),驱动执行模块执行相应指令。

汽车语音控制系统在人机方面的布置,主要是语音控制开关和语音采集模块的布置。

由于语音控制系统容易与乘员讲话混淆,因此,通常要使用语音控制系统时需要唤醒语音控制系统。语音控制系统唤醒方式有两种,一种是通过特定的语言,如"乖乖干活了"、

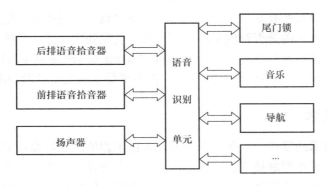

图5-106　语音控制系统

"小安"等。另一种唤醒方式为开关方式（硬开关、软开关），通过操作开关来唤醒语音控制系统。语音控制硬开关通常布置在方向盘上，如图5-107所示，其布置方法可参见伸及性中的方向盘按键布置的内容。

图5-107　语音控制开关

语音采集模块，也称拾音器。在整车上因每个拾音器的响应范围有限，必须布置多个拾音器，图5-106所示的车型在车内不同位置布置了两个拾音器。在整车上拾音器的布置位置、数量的多少要根据设计者意图来制定。目前，汽车语音控制系统一般布置在仪表台板上，驾驶人和前排乘客可以使用语音控制，如图5-108所示。

日产语音控制

蔚来的语音助手

图5-108　拾音器布置位置

手势识别旨在识别人类的物理运动或"手势"。例如，在设备前面以特定模式挥动您的手可能会告诉它启动特定的应用程序。诸如此类的手势识别经常出现在智能手机和平板电脑中。手势识别被分类为一种非接触式用户界面（TUI）。与触摸屏设备不同，TUI设备无须触摸即可控制，利用手势识别来进行某种功能的控制，称为手势控制。图5-109所示为某汽车的手势控制。

手势控制基于手势识别技术，设备识别手势的前提是要建立手势与设备的手势语言，也就是手势要被设备认得到、懂得起。通常手势识别都会建立手势库，每一种手势对应特定的功能，如图5-110所示的各种手势。这些手势的建立可以与其他正常的操作手势动作区分

图 5-109　汽车手势控制

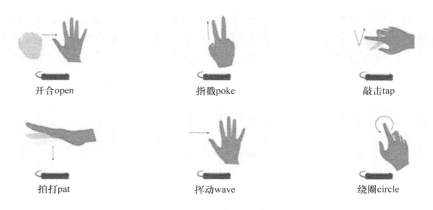

图 5-110　各种手势

开，以避免出现识别错误。

根据硬件实现方式的不同，目前行业内所采用的手势识别大约有三种：

1）结构光（Structure Light），通过激光的折射以及算法计算出物体的位置和深度信息，进而复原整个三维空间。结构光的代表产品有微软的 Kinect 一代。不过由于它以折射光的落点位移来计算位置，这种技术不能计算出精确的深度信息，对识别的距离也有严格的要求。

2）光飞时间（Time of Flight），加载一个发光元件，通过 CMOS 传感器来捕捉计算光子的飞行时间，根据光子飞行时间推算出光子飞行的距离，也就得到了物体的深度信息。代表作品为 Intel 带手势识别功能的三维摄像头。

3）多角成像（Multi – camera），现在手势识别领域的佼佼者 Leap MoTIon 使用的就是这种技术。它使用两个或者两个以上的摄像头同时采集图像，通过比对这些不同摄像头在同一时刻获得的图像的差别，使用算法来计算深度信息，从而完成多角三维成像。

汽车手势控制系统大多采用 3D 手势识别控制器、3D 识别传感器。如拉斯维加斯 Continental AG 的 3D 表面触摸屏，结合了独特的视觉外观与全新的概念。创新的三维触摸表面显示可以非常直观地进行操作，增强用户体验，提高安全性。

手势控制的人机布置主要是 3D 识别传感器的布置时，如 3D 识别传感器与中控屏结合，那么布置与中控屏布置类似，只不过需要增加手势控制的布置要求。

第6章

汽车机械布置

6.1 机械布置概述

广泛的机械布置是指所有汽车上通过运动实现某种功能的机械装置在车上进行的布置。这些机械布置包括悬架、转向系统、换档系统、踏板、动力及其外围件、车门锁、闭合件铰链、刮水器等。机械布置的目的是确保由这些机械零部件组成的机械系统功能可以实现完整性、可靠性、可操作性,或者人机良好操作性,并且不会对周围零部件造成不良影响,或出现非预期动作等。通常情况下,机械布置亦可称之为平台功能件布置,主要包含底盘件、动力件、新能源件、部分电气件等,如图6-1、图6-2所示。

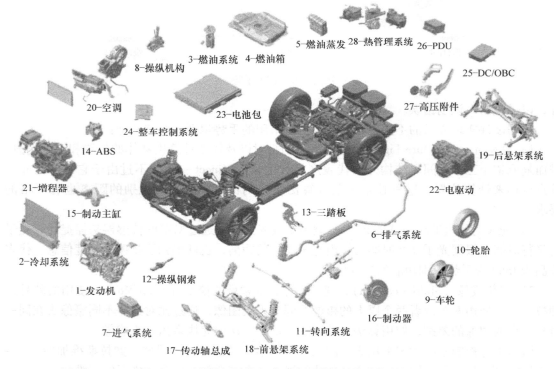

图6-1 下车体机械布置涉及主要零部件(含新能源)

每种车的机械布置均会因为能源因素、车型差异等有所区别。由于底盘机械零部件布置的主要内容是确定底盘各类系统参数,尤其是悬架部分参数,因此比较专业,所以传统上由

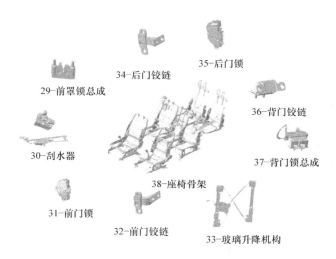

图 6-2 上车体机械布置涉及主要零部件

更专业的底盘部门完成布置,不作为本书所讲内容。通常整车集成涉及的机械布置,按区域划分可分为机舱布置和下车体区域布置两部分,涉及的工作内容通常包括:

1) 明确动力总成类型:燃油、电动(EV)、混动(PHEV、REV、HEV)、FCV 等。
2) 根据项目动力总成类型和车型进行机械布置对标分析,包含机舱和下车体。
3) 与整车布置工程师共同确认整车布置布局,明确机械布置区域要布置的零部件和目标。
4) 按区域进行机械布置,开展机械布置可行性分析:包含但不限于造型与空间、结构、功能、性能等属性是否满足要求。
5) 机械布置过程中的方案验证,尤其是机舱布置方案与最终装车结果的符合性、热管理系统方案的匹配性、碰撞 CAE 分析结果是否满足目标等项目的验证。没有经过验证的方案不能进入工程设计阶段,否则极有可能会造成项目的返工而造成损失。
6) 工程设计过程中的布置管控。对工程设计结果要及时进行检查其是否符合布置方案要求并实施必要的验证。只有满足布置方案并经进一步验证后,才能进行工程设计发布。
7) 实物与设计差异性管控。

6.1.1 机械布置的输入和输出

各主机厂整车开发流程和体系不太一样,涉及机械布置的标准、规范和流程也有所区别。不管这些流程规范如何变化,通常情况下机械布置工作开始前总是需要输入条件,在布置过程中和布置完成后总有输出物产生。

我们先来介绍机械布置的输入要求。项目开展的基础不同,机械布置的输入也不同。对于全新开发的项目,约束少,对项目的输入也就少。而对于在现有平台或车型上进行动力升级的项目,就必然受到原有机舱、悬架、转向等的约束,输入也就较多而且具体。假设是一个全新项目但要求尽可能利用现有资源的情况,则机械布置的输入要求如表 6-1 所示。当然,表格中所列只是一个概括性的内容,在具体的工作中需要细化成明细,详细地列出并得到表单中所列资源。通常情况下,机械布置所需资源、信息等会逐步提供。另外,在项目开

展过程中有很多变化,机械布置所需资源、信息等的输入,也要根据实际情况进行实时调整。

表 6-1 机械布置输入清单

板块/系统	输入信息	备注
企划/性能	开发车型及大小规格、能源种类、驱动形式、竞品车信息、安全及法规、与布置相关的初步性能目标要求	
标准	应遵守的各类标准、法规。如对溃缩空间的布置要求	
动力	候选动力总成及相关零部件(如进排气)3D 数据、布置要求参数(转动方向、倾角、重量、质心及转动惯性轴、各类接口要求等)	借用的零部件需要得到详细布置用数据;新设计零部件可以先得到边界数据
悬置	悬置布置要求	
底盘	悬架、转向、制动、踏板、换档、车轮和副车架等初步数据、包络及传动轴类型及夹角要求等	
燃油	备选燃油箱、燃油蒸发控制装置、滤清器等数据	借用的零部件需要得到详细布置用数据;新设计零部件可以先得到边界数据
制造/维修维护	生产线定位、装配、加注和售后维护工具 3D 数据	
整车布置	整车布局规划及初期整车布置数据,如机舱约束边界或初步数据	
热管理	1. 热管理原理图 2. 压缩机、水泵等数据及布置要求 3. 冷却模块备选方案数据 4. PTC、热交换器、阀体等数据及要求	借用的零部件需要得到详细布置用数据;新设计零部件可以先得到边界数据
新能源	1. 高压系统原理图 2. 电驱总成数据及布置要求 3. 电池包数据及布置要求 4. D/DC、OBC、PDU、低速报警器等方案数据及布置要求	借用的零部件需要得到详细布置用数据;新设计零部件可以先得到边界数据

机械布置工作随着开发进展逐项、逐步完成,在机械布置的过程中需要提供过程方案供其他板块工程师进行分析和验证,以及根据分析验证结果进行优化,只有通过验证可行的方案才能作为正式的结果输出。表 6-2 所示为机械布置输出物清单。

表 6-2 机械布置输出物清单

开发阶段	工作内容	工作要求	输出物
预研	对标	机械布置相关对标、收集信息(如布局、装配、空间位置等)	机械布置对标报告
方案设计	动力总成适应性分析	动力总成初步布置,并评估布置可行性	动力总成适应性分析报告
	平台布置分析	1. 开发车型对现有平台的布置可行性分析 2. 平台布置延展性分析	平台布置分析报告

(续)

开发阶段	工作内容	工作要求	输出物
方案设计	机舱及下车体布置方案	1. 机舱布局初步确定 2. 动力总成定位布置分析 3. 悬置布置可行性分析 4. 进排气布置、ESC等布置可行性分析 5. 管线布置可行性分析 6. 电池包等高压零部件、燃油箱等布置分析	1. 机械布置技术方案报告（含选型） 2. 初步布置3D/2D数据
设计验证	机舱及下车体方案细化	1. 动力总成布置方案确定 2. 悬置布置方案确定 3. 机舱及下车体布置方案确定（包括各零部件固定方式可行性分析） 4. 管线布置方案 5. 机舱验证模型制作及验证（包括热管理、管线美观、加注及维护等）	1. 发布零部件设计数据 2. 总布置冻结3D/2D数据 3. DMU检查报告 4. 验证报告
投产启动	机械布置制造符合性管控	机械布置在制造中的符合性检查和整改	1. 问题管控清单 2. 问题关闭报告

6.1.2 机械布置的基本原则

作为汽车整车集成重要组成部分的机械布置，除了要满足整车布局要求和为人服务的人机工程要求外，还需要匹配整车性能对布置的要求，具有良好制造工艺性和售后维修、维护，美观养眼性，以及良好的成本可控性等。具体来说要满足以下原则：

1）动力总成布置应最大限度地与选定底盘平台结构相匹配，避免底盘平台硬点布局发生颠覆性修改，或对底盘性能有较大影响的修改。

2）尽可能保证左右轮荷的平衡，也就是质心尽量保持在纵向对称平面内。

3）以优先满足各系统性能为原则，确定主要功能部件的基本定位位置。

4）确保在限定条件下重心最低，零部件尤其是较重的零部件的位置能低则低。

5）对于同一机舱，多个动力配置的机舱布局应尽可能一致。如果无法做到，应至少对于同一发动机不同变速器配置的情况下，其机舱布局一致。

6）最大限度实现电、液、油、热分区布置，确保安全。

7）布局美观：

① 整个机舱布置平整性。

② 大型部件排列应按棋盘型排列，高低差尽量小。

③ 应尽可能使管线布置在隐蔽处、外露管线的布置应尽可能避免斜向排列、多排管线布局时应确保管线间间距均匀。

8）管线布置应尽量短，以控制成本和降低重量。

9）管线布置要满足NVH的要求，尤其是车身到运动件（动力、悬架等）间的管线不能或少传递运动件的振动给车身。

10）机舱布置必须满足总装工艺对各零部件的装配性、液体加注和下线调整及检测的操作方便性要求。

11）下车体布置设计需要考虑下车体的平整性，以降低风阻。

12）下车体布置满足整车通过性目标。

13）下车体布置需考虑油箱、排气管、电池包、备胎等的隐蔽性。

14）下车体布置要方便备胎取放。

15）机舱布置必须满足基础保养和常规维修项目的维保便性要求。

16）机械布置要满足生产线雪橇、抱具定位要求、装配工艺要求和加注要求。

6.2 基于传统动力的机械布置

汽车发展 150 多年来，基本都是围绕传统动力来发展的。为了满足人们对汽车多种多样的需求，工程师们也开发出了各种不同形式的汽车。对于普通乘用车而言，围绕乘坐空间、操控性、安全性、燃油经济性和动力性等方面，也发展出各式各样的机械布置形式。本书主要介绍几种通常的机械布置形式。

6.2.1 结构组成

传统动力布置形式根据发动机和驱动轮在整车中布置位置的不同而不同，汽车驱动形式包括：前置前驱（FF）、前置后驱（FR）、中置后驱（MR）、后置后驱（RR）、四驱（4WD）等。

1. 前置前驱（FF）

是指发动机布置在前轮之前，前轮驱动的驱动形式。这是 20 世纪 70 年代后才真正兴起，并且在技术上得以完善的驱动形式，目前大多数中、小型内燃机动力乘用车都采用了这种驱动形式。其将变速器和驱动桥制成了一体，固定在发动机旁，将动力直接输送到前轮驱动车辆行驶，用形象的话来说，是"拉"着车辆前进。图 6-3 所示为前置前驱轿车的构造。

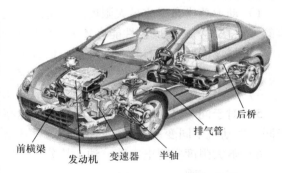

图 6-3 前置前驱轿车构造

2. 前置后驱（FR）

所谓前置后驱，是指发动机布置在前轮之前，后轮驱动的驱动形式，这是一种传统的驱动形式。采用这种驱动形式的汽车，其前车轮负责转向任务，后轮承担驱动工作，发动机输出的动力通过离合器、变速器、传动轴输送到后驱动桥上，驱动后轮使汽车行驶，用形象的话来说，是"推"着车辆前进，图 6-4 所示为前置后驱车型的构造。前置后驱的车辆转弯时易出现转向过度的情况。

3. 中置后驱（MR）

中置后驱即发动机布置在前后轮之间、后轮驱动，是大多数运动型轿车和方程式赛车所采用的形式。图 6-5 所示为中置后驱车型的构造。此外，某些大、中型客车也多采用此种构造。

4. 后置后驱（RR）

后置后驱即发动机布置在后轮之后，后轮驱动。图 6-6 所示为后置后驱车型的构造。早期广泛应用在微型车上，现在多应用在大客车上，轿车上已很少用，但保时捷 911 的"甩尾"则是因 RR 出名的。RR 的优点是：结构紧凑，没有沉重的传动轴，也没有复杂的前轮转向兼驱动结构。缺点是：后轴荷较大，在操控性方面会产生与 FF 相反的转向过度倾向和甩尾危险。

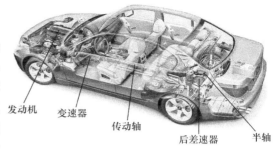

图 6-4 前置后驱车型构造

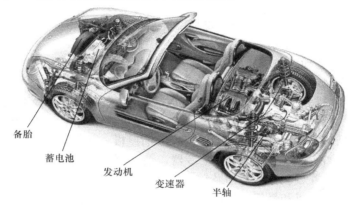

图 6-5 中置后驱车型构造

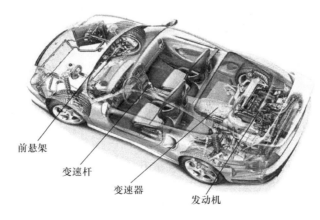

图 6-6 后置后驱车型构造

从上面介绍的几种典型机械布置形式来看，机械布置与整车布局相关，不过不管哪种整车布局形式，对于机械布置本身来说，方法大同小异。本书重点阐述了前横置前驱动形式（FF）的动力总成布置。传统动力的机械布置核心是围绕动力总成选型及布置开展的，前横置前驱机械布置主要包含动力总成及悬置系统、进气系统、排气系统、燃料供给系统、传动系统、冷却系统、空调系统，以及相关电源和电器系统等布置工作，如图 6-7 所示。

先简要介绍下前横置前驱动形式机舱布置的步骤：

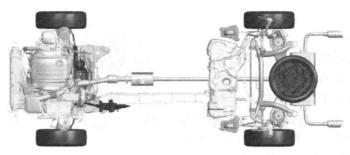

图 6-7　前置前驱传统动力机械布置

1）根据动力总成结构特点、底盘尤其是转向系统结构特点，以及需要在机舱布置的零部件情况，首先进行机舱布局设计。

2）动力总成输出轴位置定位。根据轮心位置与传动轴夹角设计要求，以及传动轴与动力总成本体的关系，初定输出轴的位置。

3）悬置布置。根据动力总成质心位置和扭矩轴位置，以及动力总成布置倾角要求，根据悬置结构形式初步确定悬置位置，初步确定或校验汽车大梁、轮毂包等位置及尺寸。

4）纵向布置尺寸排列。纵向尺寸包括纵向空间（安全间隙、碰撞溃缩空间、热害及进气空间等）和零部件（防撞梁、冷却模块、动力总成、制动主缸、转向器及副车架等）占据尺寸核算，根据纵向布置尺寸，初步确定或校验前壁板、前保险杠最前位置等。

5）冷却模块（含冷凝器、散热器、中冷器、油冷器及风扇等）、防撞梁、副车架和转向系统等布置。这个布置过程中可能涉及动力总成布置的调整，分析发动机托架和发动机悬置的匹配性；分析动力总成和悬架、转向/轮胎包络等匹配情况。

6）驱动系统布置。

7）外形规则零件布置。包含机舱布置零部件，如空滤器、蓄电池、电子真空泵、主配电盒、ECU、TCU、ESC 等，以及前照灯，下车体布置零部件，如油箱、炭罐、前后消声器、备胎等。

8）外形可异化零件布置。包含膨胀水箱、洗涤液罐、制动油罐、谐振器、转向油罐（HPS）等。

9）管线布置。机舱管线布置应重点考虑冷却管路、进气及中冷管路、空调管路、选换档/离合器拉索、发动机线束、机舱线束等布置，下车体管线应包含排气管路、燃油管路、制动管路、燃油加注管路、空调后蒸发器管路等。

10）装配性及维修性评估。包括动力总成举升、加注方便性（冷却液、机油、制冷剂、制动液等）、拆装方便性（空气滤清器滤芯、燃油滤芯、机油滤芯、蓄电池拆装 & 搭线、机油尺拔插、熔丝盒盖、前照灯调节、燃油蒸发装置）。

需要强调的是以上布置步骤通常不是一次性能完成的，后面布置时常常需要对前面做的工作进行适当调整，这就需要不断地进行兼容性分析调整，最后获得一个在布置上综合优秀的方案。另外，布置方案没有最优，只有适合！这是因为进行机械布置时往往受到资源条件、企业成本、开发周期、技术水平等因素制约！

6.2.2　布局设计

在第 4 章中我们对整车布局进行了介绍，本章的布局设计讲的是机械布置的布局，机械布局需要符合整车布局的整体要求。另外，整车布局中除了机械布局中的机舱布局外，其他主要零部件的布局由于相对简单而基本已经确定，而机舱布置涉及的零部件多、复杂，需要在机械布置中进一步进行方案规划，也就是布局。

传统动力乘用车整车布局多种多样，本章以采用最多的前横置前驱动汽车（FF）的机舱为例讲解如何进行机舱布局。前横置前驱动汽车传统动力驱动总成对于布局影响比较大的因素，目前主要有发动机的进排气的位置，主要是分为后进气前排气和前进气后排气两种发动机。

1. 后进气前排气发动机

排气噪声影响较小，热源远离前围板，有利于乘员舱温度场前壁板管路布置；但排气需避让副车架，排气背压增大，因排气从发动机下方经过，会影响机油量和动力离地间隙；

2. 前进气后排气发动机

更有利于机舱温度场，动力总成布置重心更低，可缩短排气和三元催化转化器距离，改善冷机排放，发动机进气温度更低，利于提升燃烧效率；但因排气离前壁板近且排热不畅，容易造成局部热害和传导到驾驶舱，通常需增加隔热装置，布置成本有增加的可能，同时后排气发动机右舵布置无优势。

如图6-8所示为典型的传动动力左舵汽车机舱的布局形式示意图。在这张图中包含了后进气前排气发动机和后进气前排气发动机两种状态。同样地，右舵车的典型机舱布局形式示意图如图6-9所示。二者之间最大的差异在于因驾驶人的位置变化引起的方向盘和踏板位置变化，相应的转向器和制动主缸需要进行位置调整。

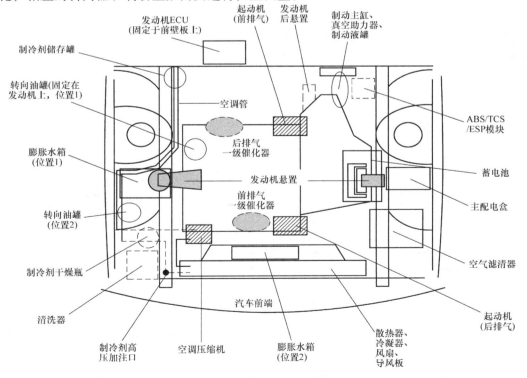

图6-8　左舵车发动机舱典型布局形式

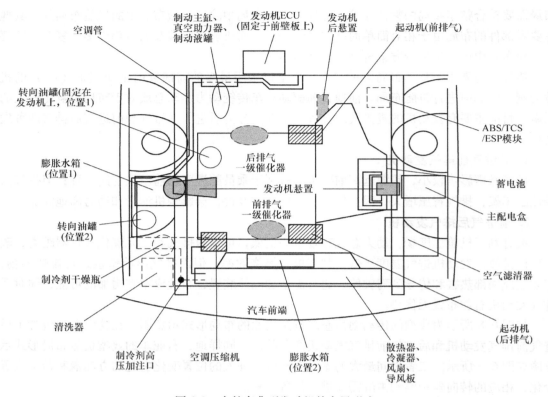

图 6-9　右舵车典型发动机舱布局形式

因车体结构、动力总成及灯具等不同也可能造成图 6-8 和图 6-9 所示的布置形式不能完全实现，这样就出现了如图 6-10 所示的布局形式。

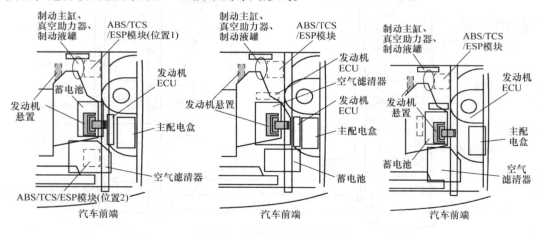

图 6-10　左舵机舱备选布置图

在进行机舱布局设计时，除了要遵守机械布置原则外，以下原则需要在布局时就予以重点考虑：

1）避免刚性部件在横向和高度的分布上"重叠"（长度方向位置不同），留出尽量大的碰撞溃缩空间。如蓄电池与制动主缸、ESP 模块与动力总成等。

2)尽量保证机舱内空气的流动形成稳流并且容易将热空气排出机舱,避免流场死角和出现热害。

3)管线的隐蔽性、最短化、与活动件的连接柔性和安全(防过热和热害)。

4)燃油管路禁止布置在高温部件上方。

图6-11所示为长安CS75机舱布局,图6-12所示为大众途观机舱布局。这两种机舱布局都体现了美观整洁的特点。

图6-11 长安CS75机舱布局

图6-12 大众途观机舱布局

6.2.3 传统动力总成及悬置

动力总成是机舱内布置零部件中最大的部件,这里说的动力总成包含发动机、变速器、压缩机以及进排气歧管等。需要强调的是机舱布置,要与动力总成开发,或者至少与动力总成进排气的开发同步进行,机舱布置团队要与动力总成开发团队紧密协作,开发出符合整车机舱布局需要的动力总成!

本节以前横置前驱动汽车(FF)为例讲述动力总成的正确布置方法,如图6-13所示。

布置方法必须确保动力总成传动平稳、运转平稳。

第一步：输出轴位置初步确定（轮心点处于1人载位置）

1）根据动力总成的转矩的大小，与底盘部门确定传动轴节型，并将万向节的传动中心分别在动力总成和前轮毂3D数据上作出来（分别标为A、B）。

2）以轮毂上的万向节传动中心点B（左和右）为顶点，在Y向向车内方向分别作一个5°的圆锥体；

3）按照与机舱大梁左右间隙相等、左右输出轴与Y轴平行且水平以及动力总成满足后倾角α要求的原则，将动力总成放在机舱内，并在XZ平面内移动，确保动力输出轴如图6-14所示，处于图内第四象限、相应的万向节传动中心B在"2)"所作的圆锥体内。同时，动力总成检查离地间隙以及与周边零部件的间隙是否满足，不满足要求则进行调整，直到满足为止。在现存的环境条件下不能全部满足要求时，需要与相关工程师一起讨论并完善。动力总成与周边件的间隙推荐如表6-3所示。

图6-13　前横置动力布置

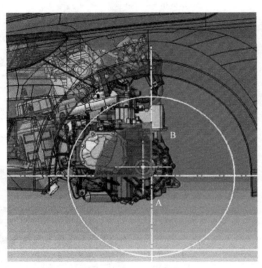
图6-14　动力输出位置

表6-3　动力总成周边间隙推荐

间隙名称	推荐值/mm	备注
动力总成包络与周边件	≥5	
油底壳底面比副车架底面高	≥10	保护油底壳不易受到刮擦
排气管路与传动轴万向节	≥70	主要考虑和传动轴护套、油封的间隙，避免热害
排气歧管及管路与前壁板	≥80	后排气发动机时，最好能达到120，不满足时要考虑隔热措施
排气歧管及三元催化转化器与散热器风扇	≥60	前进气发动机时，发动机与散热器间距≥50
动力总成举升空间（与左右大梁间隙）	≥20	不满足时需要与工艺部门沟通
动力总成与发动机罩盖外板	≥90	行人保护。如不满足则需要和碰撞安全工程师讨论解决措施

当动力总成在传动轴传动角、周边间隙等不满足要求时,动力总成姿态也可适当进行调整。调整时需要注意控制动力总成姿态如图 6-15 所示的 3 个夹角(α、β、γ),通常情况下动力总成姿态角与设计值相比应满足其自身的布置推荐范围,如:$\delta_\alpha \leq 2°$,$\delta_\beta \leq 3°$,$\delta_\gamma \leq 3°$。必要时与动力总成工程师协商确定,以免影响动力总成的润滑效果。

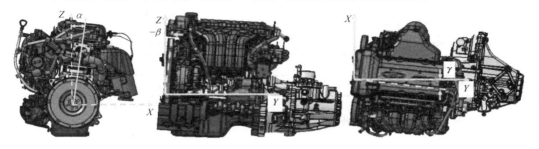

图 6-15 动力总成姿态夹角示意

4)机舱相关尺寸的估算。动力总成位置确定后,需对前舱需求尺寸推导估算,包含前悬尺寸、纵梁宽度、轮距、前轮眉处宽度等。机舱纵向相关尺寸包含图 6-16 所示的尺寸,其具体数值如表 6-4 所示。

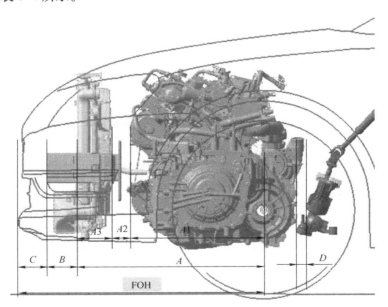

图 6-16 纵向尺寸估算示意图

表 6-4 机舱纵向尺寸估算表

尺寸代号	描述	推荐值/mm	备注
A	前轮心到冷却模块前端距离	—	与动力总成大小相关
A1	前轮心到动力总成前端面 X 向距离	—	与动力总成大小相关
A2	动力总成与冷却模块 X 向距离	≥60	
A3	冷却模块前端 X 向尺寸	—	尽量小

(续)

尺寸代号	描述	推荐值/mm	备注
B	冷却模块前端面与防撞梁前部 X 向距离	—	与碰撞星级有关
B1	冷却模块到防撞梁间隙（Y0 面内）	≥60	与碰撞星级有关
B2	防撞梁厚度	—	与碰撞星级有关
C	防撞梁前端到保险杠前端距离	90	与碰撞星级有关
FOH	前悬（L104）	—	与碰撞星级和动力总成有关
D	变速器与转向器间隙	≥30	
H	防撞梁弦高	—	

机舱横向相关尺寸如图6-17所示，对应的尺寸如表6-5所示。

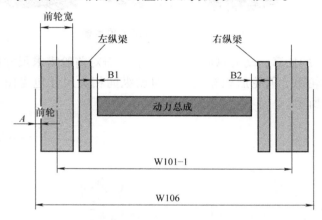

图6-17 机舱横向尺寸估算示意图

表6-5 机舱横向尺寸估算表

尺寸代号	项目	数值/mm	备注
A	轮胎轮眉 Y 向间隙	≤15	整车姿态相关
B1	动力总成与左侧大梁 Y 向间隙	≥20	动力总成装配举升空间
B2	动力总成与右侧大梁 Y 向间隙	≥20	动力总成装配举升空间

第二步：悬置布置

动力总成悬置有多种形式，比较典型的有三点式（左右悬置和后悬置）和四点式（左右悬置和前后悬置），为了增加对动力总成的约束，也可以额外增加些辅助悬置，这需要通过分析计算、甚至试验来确定。不管是三点式或四点式悬置，左右悬置起到的主要作用是承担动力总成重量及相应振动的衰减，来防止动力总成的振动传递到车身，后悬置（三点悬置）或前后悬置（四点悬置）起到的主要作用是约束动力总成的转动，及抵抗动力总成的扭振，并起到整车受到前后加速度影响时对前后移动的约束。下面简要介绍下悬置布置选型及布置相关要求。

1. 三点式

如图6-18所示为常见的三点悬置布置形式，三点式悬置与车架的适应性好，因为三点决定一个平面，不受车架变形的影响，而且固有频率低，抗扭转振动的效果好，在四缸机上得到广泛应用。

2. 四点式

如图 6-19 所示为常见的四点悬置布置形式，前、后、左、右各一点，左、右悬置承受动力总成的绝大部分重量，并且布置在动力总成的扭矩轴（TRA 轴）附近，前、后悬置点布置在动力总成弯曲振形的节点上，可以起到限制动力总成的扭转，并使悬置软垫变形量最小。四点悬置的稳定性好、能克服较大的转矩反作用力，但抗扭转刚度过大，不利于衰减低频振动。

图 6-18　三点悬置布置示意图

图 6-19　四点悬置布置示意图

3. 辅助悬置

图 6-20 所示为 VOLVO S80 的辅助悬置，辅助悬置与主悬置的布置相关，当因主悬置的布置位置不能很好地约束动力总成的振动时，需要增加辅助悬置来约束动力总成的振动。

4. 悬置的结构形式

悬置形式很多，按照不同的标准，可以有不同的划分方式，如按照外形结构来划分，可以分成：

1）人字形式：静态下悬置承受拉力，如图 6-21所示，四点悬置中的前悬置常采用这种设计方式。

2）塔式：静态下悬置承受压力，如图 6-21

图 6-20　辅助悬置

所示，通常塔式悬置为液压悬置，可以承受较大的载荷并且具有较好的振动衰减性能，四缸机的右悬置常采用这种布置方式。

3）拉杆式：静态情况下受力较小，如图 6-21 所示，通常三点式悬置的后悬置采用拉杆式。

如果按照其材料和结构来划分，可以划分成：

1）橡胶悬置：悬置结构为橡胶＋金属支架，在低频、大振幅的动刚度和滞后角变化小。在高频、小振幅激励下的动刚度和滞后角变化不大，容易产生动态硬化现象，常用于发

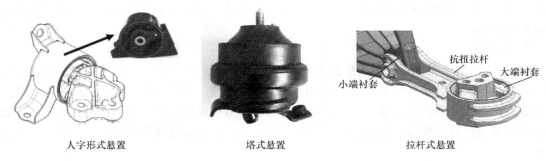

图 6-21 悬置结构形式

动机前后悬置，阻止发动机过度扭转，如图 6-22 所示。

2）液压悬置：悬置结构为橡胶形腔 + 液体（乙二醇）+ 金属支架，在低频、大振幅的激励下具有大阻尼；在高频、小振幅的激励下具有小刚度。可根据实际和成本情况决定采用一个液压悬置还是采用多个液压悬置。常用于发动机左右悬置，如图 6-22 所示。

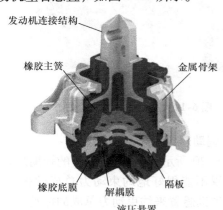

图 6-22 悬置材料和结构形式

如果按照是否有调节能力来划分，可以划分为：

1）被动式悬置：被动式悬置不能根据路面的反馈产生不同的阻尼力来衰减振动。橡胶悬置和普通液压悬置都是被动式悬置。

2）主动式悬置：主动式悬置可根据路面的反馈信号（如外力）产生不同阻尼控制力，以适应不同路况和车况变化。主动式悬置又可分为全主动悬置和半主动悬置两类，区别是控制力产生的方式不同和适应性的强弱。全主动悬置能在不同路面保障汽车行驶过程中动力总成的平稳性，而半主动悬置只能适应较少的路面情况，不适合复杂路面。主动式悬置都是液压悬置，如图 6-23 所示。

5. 悬置的布置要求

1）左右悬置静态中心连接与发动机扭矩轴（TRA 轴）夹角应尽可能小（<3°）。

2）左右悬置静态中心须经 NVH 验算认可后确定准确的位置。

3）对于三点悬置，动力总成质心尽量落在三个悬置区域内，如图 6-24 所示。

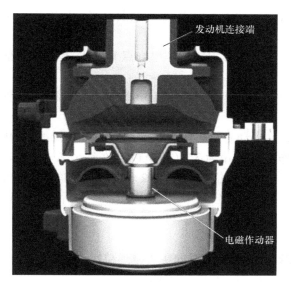

图 6-23 主动式悬置

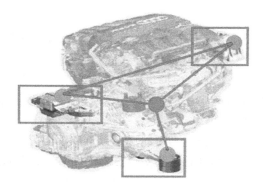

图 6-24 三点悬置弹性中心点示意图

4）若用液压悬置，则优先布置在发动机侧（受垂向力较大一侧）。

5）悬置布置应使动力总成垂直方向的振动和绕曲轴方向（俯仰）的振动解耦；通常要求悬置系统六自由度解耦分布如表 6-6 所示。

表 6-6 动力总成解耦分布要求

方向	解耦率分布要求
Fore/Atf（纵向）	>80%
Lateral（侧向）	>80%
Vertical（垂向）	>90%
Roll（侧倾）	>80%
Pitch（纵倾）	>90%
Yaw（横摆）	>80%

6）悬置系统布置与周边间隙要求，推荐值如表 6-7 所示。

表 6-7 悬置周边环境间隙推荐值

动力总成悬置周边环境间隙	推荐值/mm
悬置支架与车身或副车架最小间隙	≥20
悬置与周边零件（有相对运动）间隙	≥20
悬置与周边零件（无相对运动）间隙	≥5
悬置软垫与排气管路最小间隙	≥60

7）悬置布置方法（以三点悬置布置为例，并假设左右悬置布置在大梁上），如图 6-25 所示。

① 在动力总成上将动力总成重心和与曲轴轴线方向的扭矩轴（TRA 轴）作出来。

② 在动力总成约顶部和过动力总成质心 O 点的垂直平面内作与扭矩轴平行的直线 L。

③ 根据悬置专业部门提供的右悬置要求（悬置种类和尺寸）、大梁及直线 L 位置初步找到右悬置中心点 A，并将直线 L 移动到通过点 A。

④ 根据直线 L、左大梁和变速器的位置，按照左悬置的静态中心点 B 在 L 线上进行左悬置的布置。

a. 如果布置可行，则将左右悬置静态连线中心往车头方向平移 3~5mm，作为确定的初步悬置中心 A1 和 B1。

b. 如果左悬置布置空间和安装位置不够，则以动力总成质心在 L 线上的垂直投影点 O1（过 A 点）为顶点向左、向右（或仅向左）作一个顶角为 3°（也可以允许到 5°）的锥体，在这个锥体内根据机舱周边情况重新布置右、左悬置点位置 A2 和 B2（或 B2）。连线 A2 和 B2（或 A 和 B2），检查重心 O 点在俯视图上位置位与连线 A2B2（或 AB2）的后悬置一侧 3~5mm 即可。

⑤ 后悬置布置时满足以下原则即可：

a. 满足后悬置支架安装条件下，离左右悬置连线 L1 的垂向距离越远越好。

b. 后悬置的前后转动中心点位于同一纵向平面内，长度≥140mm。

c. 后悬置的左右位置离通过动力总成质心 O 点的纵向垂面越近越好。

d. 后悬置前后转动中心线成 90°角，安装在副车架上的中心线为垂向。

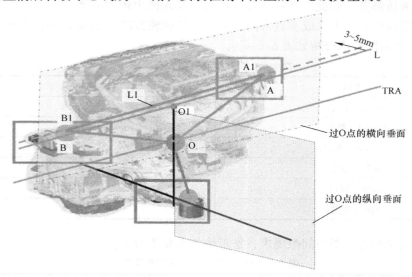

图 6-25　三点悬置布置方法

6.2.4　进气系统

进气系统的作用是为发动机提供洁净的空气供其燃料燃烧，为整车提供动力。通常整车进气系统由发动机的类型决定，根据发动机的类型划分为自然吸气型进气系统与增压型进气系统，其组成如图 6-26 所示。从图 6-26 中可以看出，整车进气系统不包含发动机进气歧管和节气门。

1. 进气系统布置原则

1）进气管路顺畅和足够的空气过滤面积，减少进气阻力。

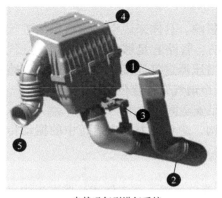

自然吸气型进气系统　　　　　　　　　增压型进气系统

图 6-26　进气系统

1—引气管　2—谐振腔或编制管　3—空滤支架　4—空滤器　5—进气管（软管）　6—增压器
7—中冷器进气管　8—中冷器　9—中冷器出气管　10—空气流量计

2）确保发动机吸入温度较低的清洁空气。

3）确保整车有一定的涉水能力，即发动机在行驶过程中不易吸入雨水、积水而损坏发动机。

4）避免发动机产生吸气噪声、因管路布置不合理引起的振动和异响以及造成管路脱落等。

5）便利的滤芯维护性。

2. 空滤器布置分析

空气滤清器是整车进气系统中最重要的部件，也是体积最大的部件（通常空滤器的容积为发动机排量的 5~7 倍），由于滤芯制作工艺的限制，它要求具有较为规则的形状。因此，进气系统的布置首先是要为空气滤清器找个合适的布置位置，空滤器可选位置如图 6-27 所示。到底选择哪个位置进行布置，需要根据进气系统的布置原则，结合具体的发动机实际情况和整车的要求来选择，主要考虑以下因素。

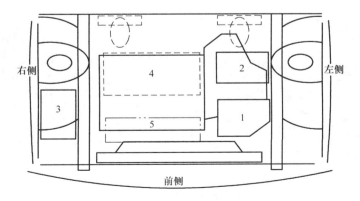

图 6-27　空气滤清器常见布置位置

1~5—可选位置

1) 适合的空间。

2) 进气管路和出气管路连接开口对进气顺畅性的影响。具体来说空气滤清器的进气管开口位置与引气口可能位置对进气管的影响（进气顺畅、管路有足够的柔性长度、进气谐振腔布置空间等）；空气滤清器出气管开口与发动机或增压器进气连接口位置对连接管路的影响（进气顺畅性、管路有足够的柔性长度、增压喘振声消气管连接位置等）。

3) 空气滤清器上表面满足行人保护要求，周边满足安全间距要求。

4) 空气滤清器安装在车身上时，安装应有柔性结构，避免动力总成运行中的振动传递给车身。

3. 引气管布置原则

引气管路布置取决于进气口位置和空气滤清器进气管口位置，在空气滤清器布置中已经提及，下面说说引气管进气口位置选择的考虑因素。

1) 进气口应放置在较高的位置，远离车轮位置，防止水、雪、灰尘的吸入。通常引气口离地面高度≥600mm，表6-8所示为部分车型进气口的离地高度。

表6-8 引气口高度对标

车型	轮胎型号	引气口离地开度/mm	引气口布置方式
铃木天语SX4	205/60/R16	680	左前照灯后方
大众高尔夫	205/55/R16	700	前保险杠格栅正上方
现代悦动	185/65/R15	765	前保险杠格栅正上方
MG6	215/55/R16	710	正对格栅
标志408	215/50/R17	860	散热器上横梁上/开口向下
江淮和悦	205/55/R16	700	左前照灯后方/开孔朝里
卡罗拉	195/65/R15	730	左前照灯后方/开孔隐蔽

2) 进气口前应有防涉水结构，防止汽车涉水时容易把积水吸入。

3) 进气口尽量布置在车头朝向前方，减轻进气噪声对乘员的影响。

4) 进气口应放置在机舱外温度较低的位置，保证充足的冷空气进入气缸内，提高发动机燃烧效率。

图6-28所示为典型的进气口布置位置。

保险杠上，舱盖下

保险杠内上部

图6-28 典型的进气口布置位置

4. 进气消声器的布置

进气消声器也称谐振腔/谐振管，其作用是降低因吸气带来的噪声，改善前舱NVH。谐振腔不是每个进气系统都需要布置，只有在进气管路布置引起的进气噪声较大时才采用，需要与NVH工程师进行讨论是否需要，采用的种类、数量及位置等。谐振腔和谐振管如图6-29所示。在布置上可以预留1~2L容积的谐振腔布置空间（周边间隙25mm考虑）。

图6-29 谐振腔和谐振管

5. 进气管路布置

进气系统管路包含空滤器进气管和出气管，在空气滤清器布置中已经说明管口的选择，这里对管路布置本身作进一步的说明：

1）气管路转角应大于90°，且转角数量不宜超过3处。

2）气管连接位置应布置防退防错结构，各连接位置应保证密封同时为降低动力系统、进气系统、车身系统等关联系统间的振动传递，气管路需要布置解耦结构，即应在气管上留出可设计波纹管的长度，通常波纹管压缩和伸长量为：-20mm至+40mm，如图6-30所示。

图6-30 气管波纹管结构

6. 增压器的布置

增压就是将空气在供入气缸之前预先压缩，以提高空气密度、增加进气量的一项技术，目的在于增加充气量、提高功率、改善经济性、改善排放。汽车普遍采用的增压器为废气涡轮增压器，在压缩进气空气时会伴随进气温度的急剧升高，所以需要用中冷器来冷却进气温度。通常情况下增压器与发动机性能关系密切，在设计发动机时就应通盘考虑。在发动机开发阶段，机舱布置工程师可根据机舱布局规划和管路走向规划，向发动机工程师提出增压器布置要求，控制增压器在整车进气系统中进接口位置及边界。

7. 中冷器的布置

中冷器布置于涡轮增压器和发动机节气门之间，其作用在于降低增压后的高温进气温度、以降低发动机的热负荷，提高进气量，进而增加发动机的功率、减少燃料消耗，减轻发动机废气中的NO_x的含量以及造成的其他空气污染，提高对海拔的适应性。常见的中冷器可以分为风冷式和水冷式两种，如表6-9所示。

表6-9 中冷器

类型	图片	布置特点
风冷中冷器	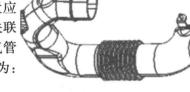	成本低，管路走向相对简单，性能表现低于水冷式

(续)

类型	图片	布置特点
水冷中冷器	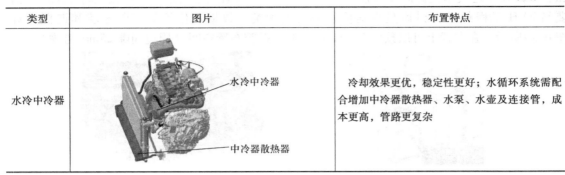	冷却效果更优,稳定性更好;水循环系统需配合增加中冷器散热器、水泵、水壶及连接管,成本更高,管路更复杂

水冷式中冷器通常集成在发动机总成上,在发动机开发过程中,需要整车布置工程师给发动机总布置工程师讨论确定进气管路,尤其是冷却水路接口的位置,并且在整车上布置水冷中冷器散热器。

风冷式中冷器与水冷式中冷器散热器类似,所不同的是冷却介质。前者直接使用发动机舱的进气来冷却,后者为冷却液冷却。风冷式中冷器与水冷式中冷器散热器的布置方式主要有横向布置和纵向布置,如图6-31所示。

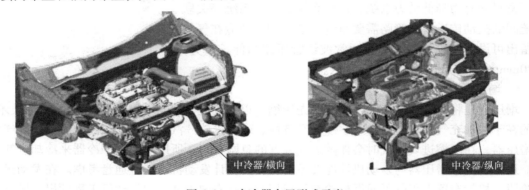

图6-31 中冷器布置形式示意

对中冷器布置的影响因素有:

1) 中冷器迎风面积对中冷器散热性能影响很大,通常中冷器布置在前格栅后面、发动机散热器前面,前后进出风要顺畅。

2) 中冷器进出口位置要确保中冷管道连接顺畅,进出气管的截面变化不能太大。

3) 与其周围零部件的距离达到10mm以上,在动态时不发生磕碰。

8. 中冷管路的布置

中冷管主要是连接增压器和中冷器、中冷器和发动机节气门;将增压后的空气传输到中冷器冷却,将冷却后的空气传输到发动机节气门内。

由于中冷管内空气被增压器强制增大进气量后,会导致空气分子间的相互摩擦,所以此时空气温度通常可达160℃或更高,中冷进气管近似为一个热源,所以在不耐热的周边件布置时要尽量避让,保持一定距离,如无法避让则需要将零部件材料换成耐温材料或增加隔热保护。中冷管路在布置时,还需要考虑因发动机运行过程中的振动通过中冷管传递的解耦,通常将管路布置成C形或S形,并设计波纹结构来衰减发动机运行中带来的振动,结构类似普通气管，如图 6-32 所示。

6.2.5 排气系统

排气系统包括排气歧管、排气净化装置（三元催化器、颗粒捕捉器 DPF）、排气管（硬管、波纹管）、消声器（前消声器、后消声器）、吊耳、隔热罩等。排气歧管通常归属发动机总成（也有把排气净化装置归属发动机的），如图 6-33 所示。

图 6-32 中冷管路

1. 排气系统的主要作用

1) 引导发动机排气，使各缸废气顺畅排出，消除或减小对乘员和附近人员及周围零部件的影响，如废气对附近人员的灼伤、废气进入车内对乘员的伤害等。

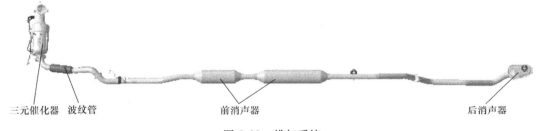

图 6-33 排气系统

2) 消减发动机排气噪声。
3) 降低排气污染物 CO、HC、NO_x 及排气中的颗粒物等的含量，达到排气净化的作用。

2. 排气系统布置要求

1) 根据搭载的动力总成及整车对噪声、排放等要求，确定排气管直径、消声器容积、催化器直径和容积及合理的位置等。
2) 满足整车最小离地间隙、离去角等通过性要求。
3) 满足整车遮蔽性目标。

汽车排气系统的布置要根据机舱布置、底盘布置情况来确定，图 6-34 所示为乘用车排气系统的不同布置形式。

3. 排气净化装置布置

排气净化装置的作用就是降低发动机排气污染物 CO、HC、NO_x 及排气中的颗粒物等的含量，工作原理是当发动机高温排气通过催化器时，CO、HC、NO_x 在催化剂和高温的作用下和氧气发生化学反应成为无毒的水和二氧化碳、排气中的颗粒物被 DPF 吸附并临时储存而不直接排到大气中，等积累到一定程度后在高温作用下进一步燃烧转化成二氧化碳排放掉。汽油、LPG 和 CNG 发动机使用三元催化器来去除 HC、CO 和 NO_x；柴油发动机采用氧化催化器（DOC），直通式免维护柴油机尾气微粒过滤器（FTF）和壁流式柴油机尾气微粒过滤器（DPF）来去除 HC、CO 和颗粒物，也采用 SCR 系统来去除 NO_x。直通式免维护柴油机尾气微粒过滤器（FTF）能去除 60%～80% 的黑烟，95% 的柴油机尾气臭味，99%

横置后消声器　　　　　　　　　　　　　　　分置后消声器

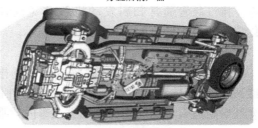

纵置后消声器　　　　　　　　　　　　　　　中置后消声器

图 6-34　排气系统布置

的 CO。

对于乘用车而言，国内主要采用汽油机，在国六排放标准下通常采用三元催化器或者三元催化器 + DPF 作为排气净化装置，如图 6-35 所示。催化剂起作用需要高温，发动机排出的气体为高温气体，但通过排气系统管道排出时温度逐渐降低。因此，要使催化剂起作用，则催化器就不能离发动机排气口太远！

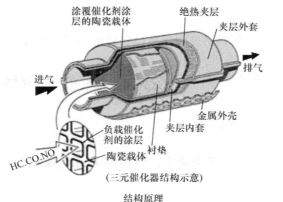

结构原理　　　　　　　　　　　　　　　　　实物外形

图 6-35　三元催化器

（1）催化器总成的布置原则

1）在保证有足够体积和周边间隙的情况下，尽量让三元催化器靠近排气歧管出口。

2）确定下车体允许的最大布置空间和三元催化器装配后的最小离地间隙。三元催化器总成安装后不得使排气系统最低点低于该位置。

3）同排气系统其他零部件连接要考虑批量装车和维修的方便性。

下面介绍几种典型的汽油乘用车排气净化装置的布置形式。

1）紧耦合式催化器，即催化器与发动机排气歧管直接连接。这种形式的催化器是目前主流的结构形式，如图 6-36 所示。

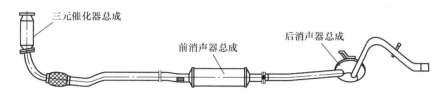

图 6-36　紧耦合式催化器布置

优点：距离发动机排气歧管出口较近，起燃快，三元催化器在很短的时间里能达到很高的转化效率。

缺点：要求三元催化器总成与发动机排气歧管出口之间距离较小，不利于一些车型特别是紧凑型车型发动机舱布置。

2）底盘下置式催化器，即催化器通过一段排气管连接到排气系统。这种结构形式一般在布置空间确实不够的情况下才采用，如图 6-37 所示。

图 6-37　底盘下置式催化器布置

优点：布置空间较大；

缺点：因为离发动机排气口距离相对较远，催化器的起燃时间较长，所以发动机在起动时的排放值相对较高。

3）紧耦合 + 底盘下置式，即把催化器分成两部分，一部分直接与发动机排气口连接，另外一部分通过一段排气管连接到排气系统。这种结构形式只有在布置空间不足的情况下才采用，如图 6-38 所示。

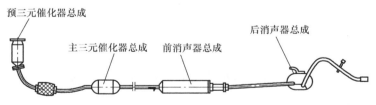

图 6-38　紧耦合 + 底盘下置式催化器布置

优点：预三元催化器总成体积小且离发动机排气歧管较近，便于布置，且比底盘下置式三元催化器总成有更好的起燃性。

缺点：成本相对较高。

不管哪种排气净化装置，在布置时，如果是前排后进发动机，则与冷却模块的间隙≥60mm；如果是前进后排发动机，与前壁板的间隙最好≥120mm。

4. 消声器布置

消声器作为排气系统重要的部件，由于需要的容积较大，对现代乘用车来讲，找到一个只有一级消声器就满足要求有困难。同时，由于不同容积的消声器对不同频率噪声衰减不同，通常对消声器进行分级，有一级、二级、三级。二级消声器应用最多，对于二级消声器通常分为副消声器（也称前消声器的）和主消声器（也称后消声器的）。追求动力性的车辆一般才采用一级消声器。这里以二级消声器布置为例进行讲解。

(1) 消声器布置位置

根据声学原理，消声器摆放在不同位置将产生不同的消声效果，一般推荐如下的消声器布置位置，如图 6-39 所示。在布置消声器时，需要根据下车体、底盘、燃油箱和备胎布局情况事先确定较大容积的主消声器位置，通常放在车的尾部，然后初步规划出排气系统的走向确定总的长度后，再确定副消声器的位置。

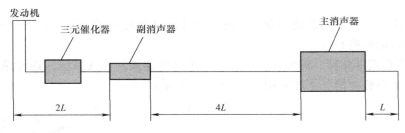

图 6-39　消声器布置位置

(2) 消声器的截面形状

消声器的截面形状尽量避免扁平状，并尽可能采用圆形，如图 6-40 所示。

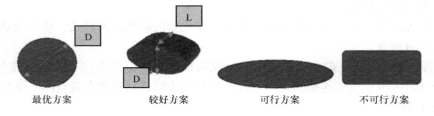

图 6-40　消声器的截面形状

(3) 消声器容积的确定

消声器容积指排气系统所有消声器容积之和。消声器的容积决定了其消声衰减量，因此容积确定得恰当与否，将直接影响到整车的噪声水平。由于消声器的容积主要根据发动机的最大功率和转矩决定，通常采用以下公式计算：

$$V_m = k \times P$$

式中　V_m——消声器容积（L）；

$k = 0.1 \sim 0.2$；

P——输出功率（kW）。

根据不同车型对噪声的要求水平，k 可在 0.1~0.2 之间选值。图 6-41 所示为消声器容积与发动机功率之间的关系，消声器容积应控制在红线附近，不能超出蓝线范围。

噪声水平与排气背压关系如图 6-42 所示，消声器容积要根据布置空间条件和对噪声的要求来综合考虑，主副消声器的容积分配同时进行。

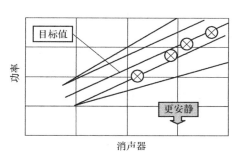
图 6-41 消声器容积与发动机功率的关系

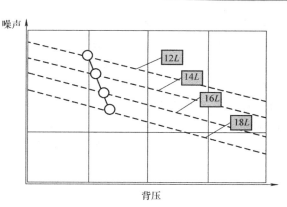
图 6-42 排气背压与噪声的关系

排气背压指发动机装上整套排气系统后，按 QC/T 524—1999 设定测点测得的压强。排气背压越高，排气系统阻力越大，发动机进气效率就越低，发动机功率、转矩损失就越大。通常考虑到发动机的功率和转矩的要求，会对排气系统提出一个具体的排气背压要求。

5. 排气管布置

排气管路布置时需要遵守一定的规范要求，主要有两方面的要求。首先排气管路最小曲率半径不能小于外管径的 1.5 倍，非端头部位最小直线段不能小于管径的 1.6 倍，如图 6-43 所示。

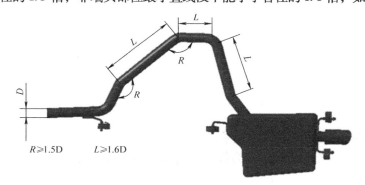

图 6-43 排气管尺寸要求

其次是排气系统间隙要求。与耐温在 150℃ 以下的相邻部件间隙越大越好，会产生相对运动的部件需保证与排气系统的间隙至少大于 30mm。与一些重要部件的间隙推荐值如表 6-10 所示。

表 6-10 排气系统间隙推荐值

序号	名称	内容	间隙值/mm
1	排气管前段	与发动机油底壳的最小间隙	≥30
2		与副车架最小间隙	≥30
3		与转向机的最小间隙	≥60（不足时要增加隔热罩）
4		氧传感器与周围固定零部件的最小间隙	≥25
5	排气管后段及消声器	与油箱的隔热板最小间隙	≥45
6		与备胎最小间隙	≥60
7		与后保险杠最小间隙	≥35

6. 吊钩及隔热罩布置

排气系统前端与动力总成连接，虽然有波纹管来消减二者之间的振动，但由于排气系统由多段细长零部件连接而成，其振动比较复杂，为了消除排气系统可能引起与车身的共振，需要在二者之间采用吊钩来消减振动的传递，吊钩布置位置对排气系统的自身造成的NVH影响较大，通常吊钩布置需要成对布置于车身侧和排气侧，其间用橡胶吊耳连接，如图6-44所示。具体的位置选取必须借助CAE分析来完成。首先，对排气系统进行各阶模态分析，来确定吊钩布置的恰当位置，结合周边零部件及车身结构完成吊钩结构设计。

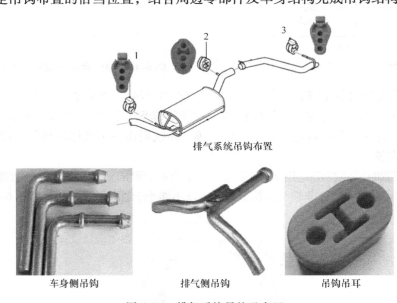

排气系统吊钩布置

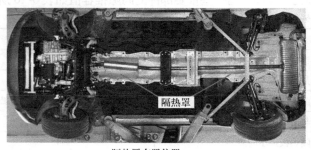

车身侧吊钩　　　排气侧吊钩　　　吊钩吊耳

图 6-44　排气系统吊钩及布置

隔热罩不是必须布置的部件，只有在布置排气系统时因间隙不足会造成热害情况下，才采用隔热罩隔离排气系统的热源，如为保护转向机、燃油箱、动力电池、备胎等增加的隔热罩。如图6-45所示的隔热罩，是具有防热辐射作用的隔热罩。这种隔热罩采用表面铝材和隔热材料复合而成。有些隔热罩由于安装等原因，将隔热罩直接焊接在排气系统零部件上，如图6-46所示。这种隔热罩由于与排气系统直接连接，通常采用金属板材成形，并焊接在排气系统零部件上。

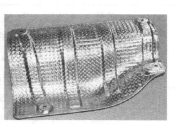

隔热罩布置位置　　　　　　隔热罩

图 6-45　排气系统车身安装隔热罩

图 6-46　排气系统直接焊接隔热罩

6.2.6　燃油系统

乘用车常用的汽油燃油系统包括燃油箱总成、加油颈管总成、燃油管路总成、燃油蒸发排放控制系统（EVP 系统），典型的燃油系统如图 6-47 所示，燃油系统原理如图 6-48 所示。

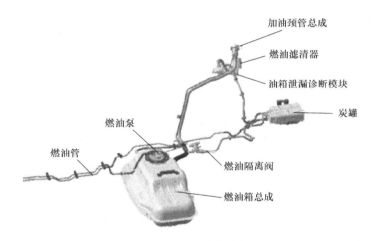

图 6-47　燃油系统

燃油系统主要作用如下。

1）燃油系统达到规定最低油量以上情况下，为发动机提供燃油，保证汽车在任何行驶工况（加减速、转向、颠簸、上下坡等）下的燃油供应。

2）控制由汽车供油系统中油箱产生的燃油蒸气对环境的污染。

3）确保快速加油，能储存一定容量的燃油。

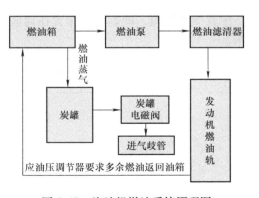

图 6-48　汽油机燃油系统原理图

要布置好汽油车燃油系统，先要对汽油有一定的了解。汽油在常温下为无色至淡黄色的易流动液体，很难溶解于水，易燃，馏程为 30～205℃，空气中体积分数为 74～123g/m³ 时遇火爆炸。汽油车燃油系统正是根据汽油的特点进行设计的，在布置燃油系统时也要充分针对汽油的特点进行布置，通常情况下燃油系统需要遵守以下原则：

1)远离高温区域,在无法避免时需要采取隔热措施。
2)油路不能布置在高温排气系统的上方,避免交叉,防止一旦燃油泄漏造成火灾。
3)远离电器线束,防止漏电产生的火花引燃汽油。
4)在碰撞过程中避免发生燃油管路、油箱因挤压发生破裂造成的燃油泄漏,甚至因挤压造成的火灾。
5)行车过程中不能发生因地面擦刮引起燃油系统泄漏,甚至火灾。

燃油管路在第8章中有专门介绍,本章主要介绍燃油系统中的燃油箱和燃油蒸发排放控制系统的布置。

布置燃油箱前需要首先明确燃油箱容积,燃油箱容积没有统一的标准来确定,通常情况下要求燃油箱容积能保证汽车实际行驶的里程不小于500km。燃油箱的容积通常说的是有效容积,燃油箱有效容积通常按照燃油箱容积的90%计算。燃油箱布置时需要满足以下要求。

1)燃油箱与周边零部件,特别是和排气系统的最小间隙要满足布置要求,具体详见后面燃油系统周边间隙推荐值。
2)布置时应考虑整车维修时能方便地拆装燃油箱、燃油滤清器及油管等,必须有足够的工具空间,满足拆装方便性要求。
3)推荐燃油箱要高于最小离地间隙20mm以上,而且要位于整车最低离地间隙之后,防止地面凸起可能对燃油箱的刮擦。
4)燃油泵的检修口位置和大小要满足燃油泵布置需要和检修需要。
5)燃油箱上表面和车身地板的间隙一般在5mm以上,关键点(如阀体、燃油泵等)与底板的间隙应该在15mm以上。
6)燃油泵在燃油加注大于10%燃油箱容积时,汽车在行驶过程中燃油泵始终能吸到燃油。这就要求燃油箱在设计时,燃油泵的吸入口在较低位置或布置多个吸入口,确保汽车行驶过程中不能因为颠簸、上下陡坡、急转弯等情况造成的燃油晃荡不能吸油后果。

对于普通乘用车来说燃油箱主要的布置形式有中置横置油箱、中置纵置油箱和后置横置油箱等几种典型布置方式。

中置横置油箱,即燃油箱布置在驾驶员座椅和第二排乘客放脚的地板下方,如表6-11所示。

表6-11 中置横置油箱

图示	适用条件	优点	缺点
	一般用于微型车	燃油箱相对比较安全,一般碰撞不会导致燃油箱破裂	要求燃油箱和燃油泵必须做得非常薄,成本比较高,且燃油箱容积有限

中置纵置油箱，燃油箱布置在地板下方一侧，如表 6-12 所示。

表 6-12 中置纵置油箱

图示	适用条件	优点	缺点
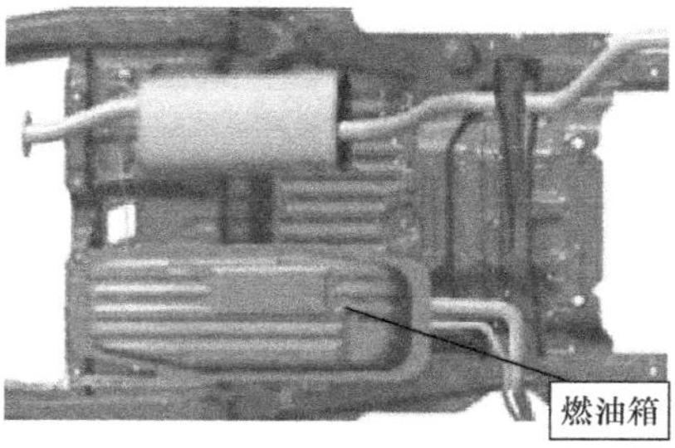	发动机前置的四驱或后驱车型，SUV 车型	距离排气系统较远	燃油箱单侧布置可能导致布置燃油箱一侧偏重，而且油箱容积会受到限制

后置横置油箱，即燃油箱横向布置在第二排座椅下方，后悬架之前，是乘用车中常见的布置方式。此种布置燃油箱共有两中形式：常规或马鞍形布置，如表 6-13 所示。

表 6-13 后置横置油箱

图示	适用条件	优点	缺点
常规布置 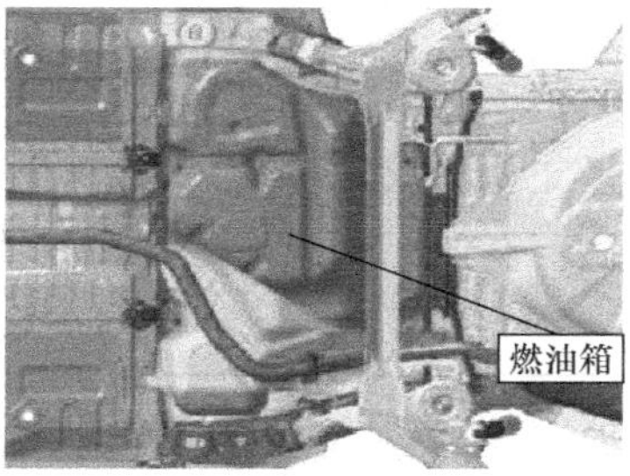	动力总成前置前驱车型	燃油箱容积的有效利用率较高	由于燃油箱附近要布置排气管、副车架、备胎等，燃油箱需要做成不规则形状，且燃油箱容积容易受到限制
马鞍形布置 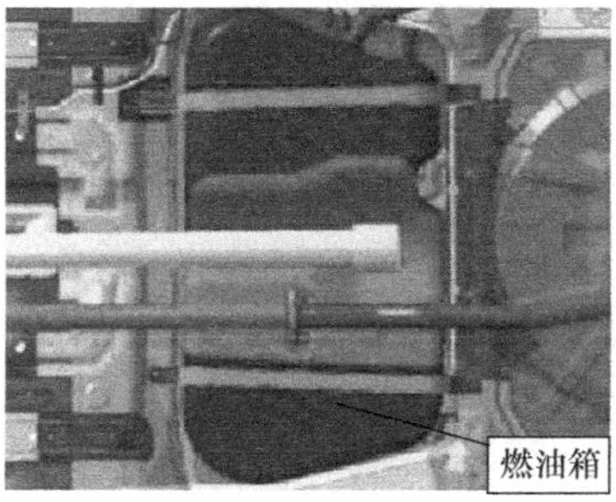	发动机前置的四驱或后驱车型	方便传动轴和排气管布置	燃油箱需要增加一个燃油泵，有时为了节约成本（减少一个油泵）会将油箱设计的一边高一边低，对油箱容积和残余油量都有影响。燃油箱拆卸比较困难，需先拆卸传动轴和排气管

燃油箱固定方式主要分为螺栓固定与吊带固定，如表 6-14 所示。

表 6-14 燃油箱固定方式

固定方式	说明	图示
螺栓固定	采用螺栓固定在车身地板上，一般用于金属油箱	
吊带固定	采用吊带固定在车身地板上，一般用于塑料油箱	
吊带 + 螺栓固定	如果塑料油箱采用螺栓固定，一般会增加吊带来辅助固定	

通常燃油泵内置于燃油箱内，由于燃油泵需要检修，因此，燃油泵需要布置检修口。燃油箱燃油泵检修口布置，如图 6-49 所示，几种燃油泵的检修口在燃油箱上也是燃油泵的安装口，为了检修方便，通常需要在对应的车身地板部分开口。

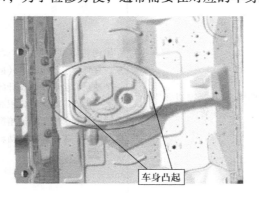
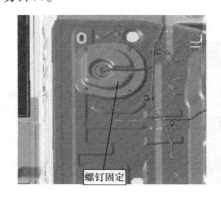

图 6-49 燃油泵检修口

燃油泵检修口布置时需要考虑以下因素：

1)燃油泵检修口要布置在方便检修的位置,如燃油箱布置在座椅下方,则座椅翻转后或坐垫拆卸后能露出检修口。

2)当检修口盖采用卡接时,检修口盖前后的车身钣金要增加凸起,确保卡接稳当和密封。

3)当检修口盖采用螺钉固定时,检修口盖和车身钣金之间要增加橡胶垫防止噪声传到车内。

燃油蒸发排放控制系统(EVAP)布置。如图6-50所示,燃油蒸发排放控制系统包括的零部件及其作用如下:

1)油箱:存储燃油。
2)油汽分离器:位于油箱内,将燃油蒸气与油滴分离,确保进入炭罐均为蒸气。
3)炭罐:回收燃油蒸气。
4)炭罐控制阀:用于控制在合适的时候将燃油蒸气引入到发动机参与燃烧。
5)截止阀:增强型EVAP系统泄漏测试时,起到密闭整个燃油蒸发排放控制系统。
6)压力传感器:用于检测是否存在泄漏。
7)连接管路:起到传递蒸气和维持油箱压力均衡作用。
8)文氏管:增压型发动机用。
9)双止回阀:增压型发动机用。

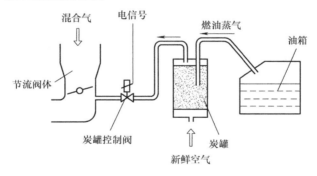

图6-50 燃油蒸发排放控制系统(EVAP)示意图

燃油蒸发排放控制系统工作过程。当环境温度升高时,燃油箱的压力阀被燃油蒸气的压力顶开,燃油蒸气通过管路进入炭罐,炭罐中的活性炭将燃油蒸气中燃油吸附到活性炭颗粒上,当发动机在适当的工况工作时,炭罐脱附阀(炭罐控制阀)打开,在发动机进气管真空度的作用下,新鲜空气从炭罐的通大气孔进入炭罐,将吸附在活性炭颗粒上的燃油冲刷掉,并以蒸气的状态被吸到气缸中燃烧,从而,避免燃油蒸气流到大气中污染环境,同时也起到了节油的作用。

基于燃油蒸发排放控制系统(EVAP)的工作过程,燃油蒸发排放控制系统在布置时需要考虑以下因素:

1)炭罐布置要高于燃油箱,以防液态汽油进入炭罐影响炭罐的性能。
2)管路与车身等零部件之间最小间隙满足布置要求。
3)炭罐通气口能充分吸入清洁的空气,尽量避免灰尘和雨水的吸入。
4)拆装要方便。

5) 表面最高温度要求不高于60℃，尽量远离排气管。

6) 炭罐尽量布置在燃油箱和加油管附近，缩短它们之间的连接管路，对减少整车HC（碳氢化合物）排放有很大的帮助。

炭罐布置主要有以下几种方式，如表6-15所示。

表6-15 炭罐布置

布置位置	图示	优点	缺点
布置在机舱		炭罐高度高于燃油箱，不会被地上溅起的水腐蚀或石块碰撞	机舱空间温度较高，对炭罐性能影响较大
布置在翼子板和轮罩中间	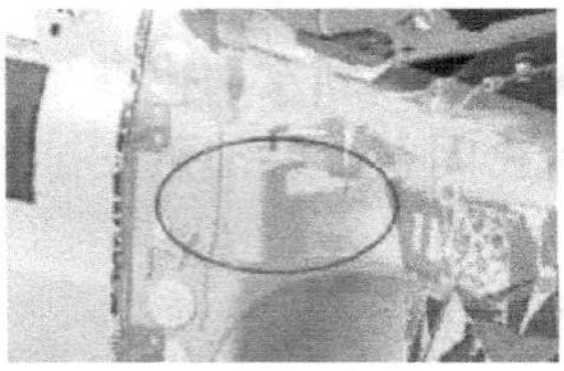	炭罐高度高于燃油箱，机舱温度对炭罐无影响	需外接一根管路用于气密性检测，且拆装不方便
布置在地板下方	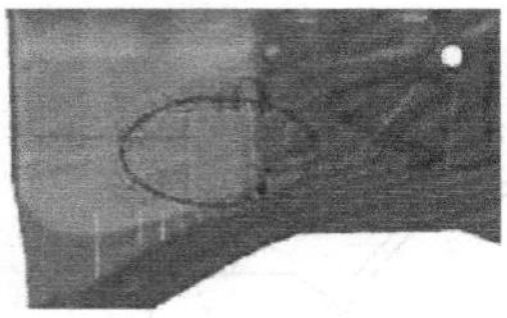	炭罐布置相对比较容易，周边温度对炭罐性能无影响	炭罐高度不太容易满足布置要求，且容易被地上溅起的水腐蚀或石块划破
布置在燃油箱内部	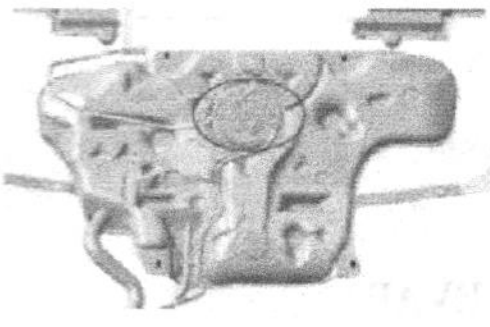	安全、环保	成本较高

燃油蒸发排放控制系统（EVAP）中炭罐是比较大的零部件，其他零部件的布置可以根据炭罐的位置进行布置，相对容易。

6.2.7 传动系统

传动系统的作用是将发动机或者驱动电机的动力，通过变速器或者减速器（以下统称变速器）、分动器（燃油车四驱时）、传动轴将动力传递给车轮。通常情况下，变速器由专业部门开发，对于整车布置集成来说，变速器通常是与发动机一起组成为动力总成，共同布置。对于两驱车只需要进行传动轴的布置（如果变速器与整车同步开发，则整车布置集成需要向变速器开发工程师提出整车集成要求，以满足整车集成的要求），对于四驱车需要进行分动器、中间轴、差速器和传动轴的布置。

传动轴采用万向传力结构，可以在不同轴线的两轴间，甚至在工作过程中相对位置不断变化的两轴间传递动力,由于传动轴两端轴线不同轴会带来转速的差异和效率的损失,因此,传动轴布置要考虑平顺、有效地传递动力。另外,由于传动轴两端轴在驾驶过程中相对位置不断变化,这就要求传动轴在两端轴之间具有一定的伸缩性来变化长度,确保在各种极限工作状态下,传动轴不至于脱出动力输出端而失去动力,也不至于卡死而传动不良和发出严重的噪声,甚至损坏相关零部件。

对于前置前驱车型来说整车布置的传动系统由左、右两根传动轴组成,如图 6-51 所示。这两根传动轴在结构上为基本对称的结构。

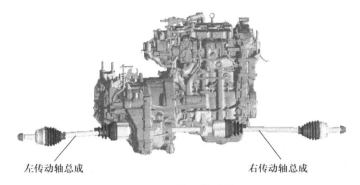

图 6-51 前驱传动轴

传动轴两端分别采用等速万向节型分别与变速器和轮毂(轮胎侧)连接,如图 6-52 所示。与变速器连接的等速万向节相对变速器有 Y 向运动,称为移动节,与轮毂连接的等速万向节相对轮心没有 Y 向运动,称为固定节。

图 6-52 传动轴节型示意

万向节传动夹角即为万向节输入轴和输出轴的旋转轴线相交所构成的空间夹角,通常情况下,万向节传动角有一个有效的工作范围,传动轴许用工作角度是指等速万向节能传递动力的最大工作角度,当超过万向节许用工作角度时,等速万向节的零件将发生干涉而失去传动功能。因此,在布置传动轴时要确保汽车在所有工况下,传动轴万向节传动角小于万向节许用工作角度。传动轴的许用工作角度需要由专业工程师提供。

通常情况下,传动轴布置时要考虑以下因素。

1)在考虑到传动轴的所有使用工况(其中包括车轮上下最大跳动、左右最大转角等极限工况)下,传动轴固定节传动角 $\beta \leqslant 43°$。

2)在整车处于 1 人载情况下,移动节传动角 $\alpha < 5°$(最好 $<3°$),当 $5° \leqslant \alpha < 7°$ 时,要使用较高成本的高效万向节(大许用工作角度万向节);当 $\alpha \geqslant 7°$ 时,不可行。

3)移动节夹角与移动节滑移量对应的坐标应在滑移曲线与行程轴所形成的图形内,如图 6-53 所示。

4）移动节型与固定节型的相对关系可以参照 6.2.3 小节中输出轴的定位有关内容。对于前横置前驱（FF）布置方式，变速器端万向节中心应位于与车轮端万向节中心的前上区域，如图 6-54 所示。

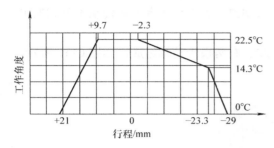

图 6-53　传动轴滑移曲线图示意

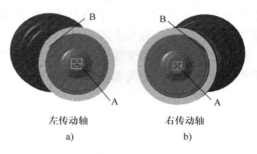

图 6-54　移动节型和固定节型相对
　　　　　关系图（俯视图上看）
a) 车轮端万向节中心　b) 变速器端万向节中心

5）传动轴与周边部件的间隙要求如下：

控制项目	间隙要求/mm
传动轴橡胶护套与排气管	≥60（加隔热罩40）
传动轴包络与车身纵梁	≥20
传动轴包络与副车架最小间隙	≥20
传动轴包络与发动机总成（及附件）	≥15

燃油车四驱系统采用最多的是前横置四驱车型，该四驱系统是在前驱车型基础上增加一套后轮驱动的系统实现四轮驱动。整套系统较前驱更加复杂，相对前驱车型新增后传动轴、分动器（也采用取力器，也称 PTU）、差速器、差动限制装置、中间传动轴、黏性耦合联轴器（也称黏液耦合器）、万向联轴器等零部件。图 6-55 所示的四驱系统采用的是取力器形式的四驱结构，这种结构适应于前横置四驱车型，结构相对简单，只需要将前横置前驱车加上取力器将动力分配一部分到后轴即可。

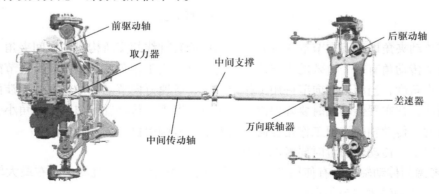

图 6-55　带取力器的四驱系统

图 6-56 所示的四驱系统采用的是分动器结构形式的四驱系统。这种结构的四驱系统也称为真正的四驱系统，其前后桥的驱动力可以根据需要进行分配，并且可以很好地实现轴间差速及差速锁止。该四驱系统通常采用发动机纵置布置。图 6-57 所示为 BMW 的四驱系统。

另外，还有将分动器与变速器集成的四驱系统。这种四驱系统集合了以上两种系统的优点，结构相对简单，布置起来更容易，如图 6-58 所示的奥迪四驱系统。

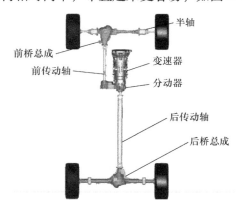

图 6-56　带分动器的四驱系统

图 6-57　宝马 xdrive 四驱系统

四驱系统各组成部分及其功能简要介绍如下：

1）分动器：把变速器传递来的动力分配给前后驱动轮。取力器：从传统变速器一端输出轴位置将驱动力分配一部分给另外一轴。

2）差速器：当左右车轮转速相同时小齿轮不转动，差速器的齿轮托架和两个侧齿轮以相同的转速旋转；当左右车轮发生转速差时，小齿轮被迫做旋转运动吸收左右车轮的转速差。差动限制装置：当有一侧车轮空转而不产生驱动力时，差动限制装置限制其差动，避免汽车打滑。

图 6-58　奥迪 quattro 四驱系统

3）黏性耦合联轴器：黏性耦合联轴器壳体内充满高黏性的液体，多数使用硅油。当黏性耦合联轴器的壳体和内轴发生相对旋转时，外板和内板也发生相对的旋转运动使高黏度的硅油内部产生剪切力，该剪切阻力将限制壳体和内轴的相对旋转运动，从而达到传递转矩的目的。黏性耦合联轴器的优点在于，如果适当的变更内外板形状、两板之间的间隔，适当的选择硅油的特性，可以使黏性耦合联轴器的转矩分配特性非常柔和而且连续，很适合于前差速器的差动限制。

4）万向联轴器：连接四轮驱动汽车上的轴类零件，提高汽车性能。

5）前传动轴：将分动器传过来的动力传递给前轮，使路面对前轮产生牵引力推动汽车行驶。

6）中间传动轴：将分动器传过来的动力传递给后轴。

7）后传动轴：将中间传动轴传过来的动力传递给车轮，使路面对后轮产生牵引力推动汽车行驶。

下面我们以前横置四驱系统为例来讲解四驱系统的布置，该系统的布局如图 6-55 所示。

图 6-59 所示为某车型的取力器，以及取力器与变速器的装配情况。在进行取力器的布置时需要与中间轴的布置同时考虑，重点是要保证中间轴的传动角度要满足要求，如

图 6-53 所示。在布置时可以将其视为动力总成的一部分来考虑间隙，即与发动机和变速器本体等相对无运动的零部件除了安装固定外的间隙保持 10mm 以上，与周边其它有相对运动的零部件保持 30mm 以上间隙。通常情况下，取力器在动力总成上的固定点的选择会在整个传动系统布置完成后才确定。

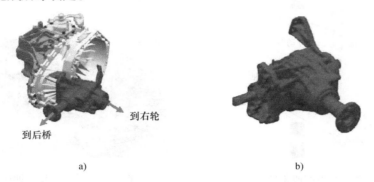

图 6-59 取力器及其布置
a）取力器与变速器连接　b）取力器（PTU）

由于这种结构的四驱系统中间传动轴较长，为了传动的平顺性，通常将中间轴分成两段，前后两中间传动轴尽可能直，中间传动轴线与取力器输出轴线在各方向夹角最大不能超过 3°（单轴），多段轴则各轴的夹角之和不能超过 3°，俯视角度尽量不要有角度。如图 6-60 所示，L_1 与 L_2 尺寸相差不能太大，$L_1 \leq 1200mm$，$L_2 \leq 1200mm$，中间轴直径一般 $60mm \leq \phi \leq 70mm$，中间轴直径 ϕ 越大，传动轴刚性越好，传动中跳动越小，通常情况下中间轴 L 越长，其直径 ϕ 采用得越大。另外，不同的车中间传动轴与排气管的布置关系因空间不同而不同，如表 6-16 所示。

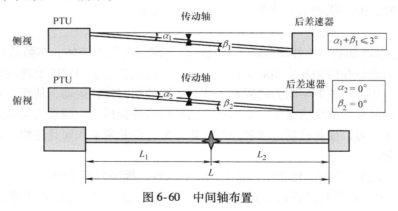

图 6-60 中间轴布置

表 6-16 中间传动轴与排气管布置关系

布置方式	图示	优点	缺点
地板下左右平行布置		排气管布置局限性较小，可以与传动轴保持足够间隙，中通道可以做得平坦点	乘员侧地板可能会比较高

(续)

布置方式	图示	优点	缺点
地板下上下平行布置		整体占用空间较小	中通道可能会做得很高,中间轴离排气管近,工作环境恶劣,离地间隙可能会比较小

布置中间轴时,需要考虑以下因素:

1)根据取力器和后差速桥的结构特点,确定中间传动轴前后两端的分别与分动器和后桥的连接方式。

2)确定中间轴的尺寸大小和形式,根据整车动力传动需求计算及厂家现有规格确定中间轴直径。

3)确定中间轴的长度,测出整车坐标下的取力器及后差速器法兰面端面中心点坐标,两点之间的距离即为中间轴的长度。

4)确定中间传动轴的夹角,中间轴轴线与 X 轴线一般不能超过 3°,此时需把中间轴布置成两段的形式,中间布置有三个等速万向节,来消除这个结构缺陷,如图 6-61 所示。前后中间轴长度,可以根据地板具体的情况在中间视具体情况而定,同时在其附近中间传动轴前段布置一个安装支架,以固定中间轴。如中间轴传动夹角不满足图 6-60 所示的布置要求,可通过移动动力总成位置及后桥差速器位置来调整。

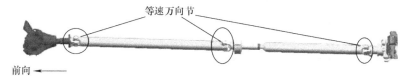

图 6-61 中间传动轴布置

变力矩分配中间轴就是在中间轴基础上增加一个 ETM(扭矩管理器)或者黏性耦合联轴器,一般在中间传动轴与后桥之间,对降低传动系统振动噪声有一定的改善作用,如图 6-62 所示。

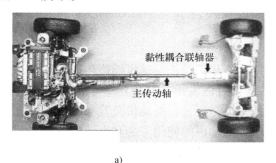 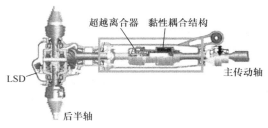

a)   b)

图 6-62 沃尔沃 S70 四驱结构
a)扭矩管理器位置 b)扭矩管理器结构(方框内)

变力矩分配中间轴布置考虑以下因素：

1）黏性耦合联轴器或ETM的壳体法兰面通过螺栓与后桥法兰面连接。

2）依据黏性耦合联轴器与中间轴的连接法兰，确定中间传动轴的后端面法兰连接方式。

3）布置黏性耦合联轴器或ETM固定支架，因黏性耦合联轴器或ETM重量较大，同时它与后桥差速器壳体通过法兰连成一体，重量进一步增大，悬空布置有风险。因此需增加固定支架将其固定于车身上，采用三点固定，与车身固定的点均需采用软连接，达到减振降噪的效果。

4）检查黏性耦合联轴器或ETM与周边零部件的间隙，间距保持在25mm之上，与排气管隔热罩保证35mm以上。

5）ETM有一个ETM控制模块，及相应的线束，来控制ETM里的执行机构动作，需布置于适当的位置，这些部件布置没有具体的要求，方便安装拆卸及与其他部件没有干涉即可，接插件要求防水。

四驱系统布置要求推荐值如表6-17所示。

表6-17 四驱系统布置要求

序号	间隙名称	间隙值
1	PTU与动力总成的间隙	≥10mm
2	PTU与周边零件的运动间隙	≥30mm
3	PTU与排气管隔热罩的间隙	≥35mm
4	中间传动轴空间夹角（α+β）	≤3°
5	中间传动轴与车身间隙	≥25mm
6	中间传动轴与排气管隔热罩的间隙	≥35mm
7	ETM与油箱隔热罩间隙	≥25mm
8	ETM与排气管隔热罩间隙	≥35mm
9	四驱零件离地间隙与最小离地间隙差值	≥0
10	后传动轴布置角度	≤4.5°

注：中间轴及支架拆装方便检查，润滑脂加注操作方便性校核。

前后传动轴的布置校核方法与前横置前传动轴的布置校核类似，如其中任何一项不满足布置要求，可通过移动动力总成位置及后桥差速器位置来调整。

6.2.8 冷却系统

冷却系统对于传统车来说是指发动机冷却系统，冷却系统把发动机燃烧传递给气缸、缸盖、增压器、EGR阀等受热零部件吸收的部分热量及时散发出去，使这些零部件得到适度的冷却，并保持在最适宜的工作温度范围内。冷却系统需要根据发动机及其布置情况，进行参数匹配，冷却系统参数是否匹配恰当将直接影响到发动机的使用寿命和燃油经济性，所以在冷却系统的设计及计算中，散热器的选型以及风扇的匹配对冷却系统起着至关重要的作用。

对于传统燃油车来说，冷却系统主要由发动机水套、节温器（冷却液温度管理器）、水泵、散热器、风扇、膨胀水箱、水管、油冷器（包括发动机油冷器和变速箱油冷器）等组成，如图6-63所示。通常情况下，空调的冷凝器与散热器、风扇和中冷器等组成冷却模块代替图中的散热器，乘员舱采暖的暖风热交换器也并入冷却系统中，前保险杠的散热格栅对冷却系统需要的风量有巨大影响，也作为冷却系统的一部分统筹考虑。

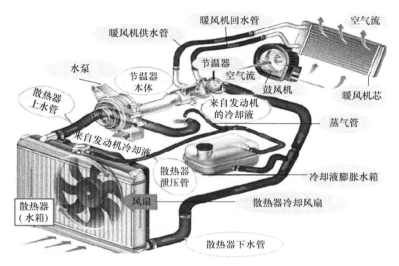

图6-63　冷却系统示意图

通常情况下，冷却系统中的发动机水套、节温器（冷却液温度管理器）和水泵归属发动机自身，在进行整车布置时不需要单独地进行布置，但连接冷却系统零部件的水管是否顺畅和美观，就需要发动机提供适当的接口位置，这是整车集成需要关注的。因此，通常在发动机开发的时候就需要整车布置工程师结合机舱布置一起考虑，并且检查发动机本身布置方案是否符合整车布置的要求。另外，冷却水管布置放在管线一章讲解。

冷却系统各组成部分作用简要介绍如下：

冷却模块：包含发动机中冷器、散热器和空调冷凝器。其作用是将空气、发动机冷却液和空调制冷剂携带的热量通过中冷器、散热器和冷凝器散到空气中。

膨胀水箱：冷却系统加注冷却液；当冷却系统冷却管道中冷却液减少时为冷却系统补偿冷却液；当冷却系统冷却管道中因冷却液热膨胀时临时储存这些冷却液；当冷却系统压力过高时，起到泄压作用。

水泵：驱动冷却系统冷却液在系统中循环。

节温器（温度管理器）：根据冷却液温度的高低自动调节进入散热器的冷却液量，改变冷却液的循环范围，以调节冷却系的散热能力，保证发动机在合适的温度范围内工作。

水管（中冷管、空调管）：连接冷却系统各功能键，确保冷却液（空气、制冷剂）在冷却系统中正常循环。

在讲解冷却系统布置前，先来看看冷却系统的原理，如图6-64所示为某车型冷却系统原理图。当冷却液温度低于82℃时，节温器阀门关闭，此时发动机水套内的冷却液流入暖通，再进入水泵，又被水泵压入发动机水套，此时冷却液并不流经散热器，只在水套、暖通与水泵之间进行小循环，从而防止发动机过冷；当发动机在正常热状态下工作时，即水温高于82℃,节温器阀门打开了通往散热器的通道,水套内温度超过82℃的冷却液流经散热器进行散热,再进入水泵回到发动机水套,形成大循环。

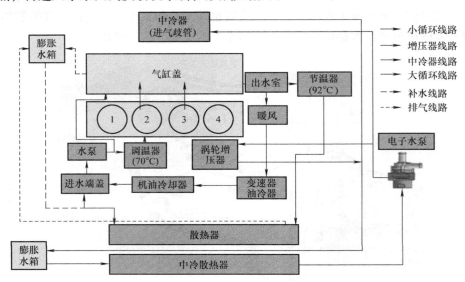

图6-64 某车型冷却系统原理图

冷却系统根据膨胀水箱是否参与冷却液循环,分为全封闭压力循环系统和半封闭压力循环系统,这两个不同的系统在布置上略有差异。

1. 冷却模块布置

1)冷却模块在布置上要结合前脸造型,即和通风格栅口的设计相对应,要保证通风口的面积在散热器芯体的正面积上的投影占散热器正面积的25%~30%之间,如图6-65所示。

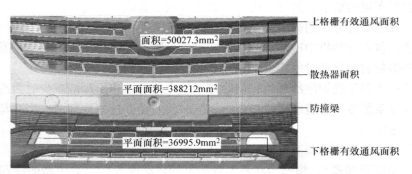

图6-65 冷却模块通风面积示意图

2)冷却模块到保险杠的最小距离≥100mm,以保证有足够的空气流通距离用于机舱散热。

3)考虑前舱温度场及通风散热要求,风扇与发动机最小间隙保证≥35mm,如三元催化器在发动机前端,风扇距三元催化器隔热罩最小间隙应≥60mm。

4)冷却模块内部散热器,冷凝器与中冷器等芯体间距一般在8~15mm,四周使用密封条密封，防止漏风，保证风量全部通过冷却模块，提高风扇效率。

5）冷却模块各零部件在布置时，应避免遮挡冷凝器过冷端，以免影响空调制冷效果。

6）为保证发动机增压的中冷管路有足够的空间安装以及振动空间，电子风扇与发动机前端附件的最小间隙应保证≥30mm。

7）冷却模块与机舱车身四周需要设计挡风结构，防止热风从冷却模块四周回流至进风口，造成进风温度升高，影响散热能力。

8）电子风扇直径大小应和散热器形状相协调，风扇中心对应散热器的中心位置设计，保证风扇扫过最大散热器芯体面积，使通过芯体的风尽量均匀。尽可能的增大风扇的直径，降低风扇转速，以达到减小功率消耗和降低噪声的目的，如图 6-66 所示。在某些散热器长、宽比例相差较大时，如轿车散热器风扇无论如何放置都会在散热器上形成通风的死区，宜采用两个直径较小的风扇并列布置，如图 6-67 所示的双风扇，双风扇含有两个电机，成本较单电机高，且噪声比同功率下的单风扇大，在设计时优先选用单风扇。

图 6-66　风扇尽量靠芯体中心布置

图 6-67　双风扇

2. 膨胀水箱布置

半封闭式的压力循环系统的压力盖在散热器水室上，如图 6-68 所示，冷却系统的压力进行调节通过膨胀水箱冷却液的流进和流出来调节，当冷却系统温度和压力升高时冷却液外

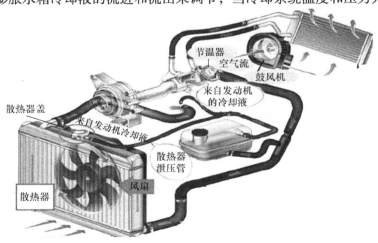

图 6-68　半封闭式的压力循环系统

溢溢流到膨胀水箱，当冷却系统温度和压力变低时冷却液从膨胀水箱回流补充。半封闭式的压力循环系统的膨胀水箱的高度不受限制，一般用于散热器上压力盖下的冷却水位高于发动机水套最高点时。系统内的空气可以通过散热器上的压力盖（散热器盖）排出。

全封闭式的压力循环系统的压力盖设计膨胀水箱上，如图6-69所示（散热器上无压力盖），系统的压力调节及释放是通过膨胀水箱实现的，膨胀水箱的高度需保证冷却系统的气体顺利排出，同时保证液体能顺利流入水泵前端，因此膨胀水箱的下平面高度不能低于发动机水套的最高点。

当散热器低于发动机的水套最高点时，最好使用该类型循环，并在发动机至膨胀水箱之间设有连续强制除气循环的管路。

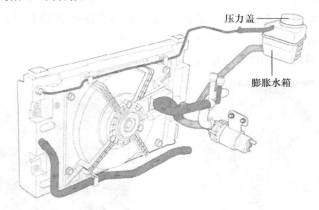

图6-69 全封闭式的压力循环系统

3. 节温器（温度管理器）布置

通常节温器归属于发动机总成，由发动机部门开发。整车布置时关注其与水管的接口部位。节温器的布置按照大循环所处位置可以分别布置在发动机进水口和出水口处，这两种布置方式具备以下特点：

1）节温器布置在发动机出水口处，节温器对冷却液温度感应敏感，调节迅速，具有较好地防止发动机"开锅"功能。在加注冷却液时，节温器上排气孔是朝向出水方向的，更有利于发动机的排气。但是如果车辆发动机在低温地带运行，会导致冷却液温度波动较大，调节周期较长，温度的波动造成一定的能量损耗。

2）节温器布置在进水口处，可以减小发动机内冷却液的温度波动，有利于对发动机内冷却液的精确控制，降低发动机机体内冷热冲击的程度。同时，节温器的排气阀开口方向与进水方向一致，降低进水波动，使冷却液的流入更加顺畅，节温器压降较小。

6.2.9 空调系统

汽车空调的作用是通过制冷或制热为乘员舱提供舒适的温度环境；为新能源电池系统冷却或加热，确保电池工作在有效温度范围内；消除风窗玻璃和侧窗玻璃上的霜雾，确保驾驶安全。传统燃油车空调系统组成如图6-70所示。

空调系统需要布置的零部件主要是冷凝器、压缩机和空调管路。空调管路的布置会在第8章中专门介绍，本章主要介绍压缩机和冷凝器布置。

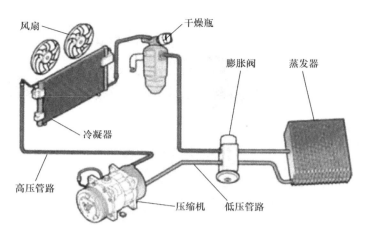

图 6-70　空调系统组成

1. 压缩机布置

空调压缩机的作用是将空调系统中循环流动的制冷剂利用发动机提供的能量从低压低温压缩成高压高温制冷剂，在压缩机两端形成一个压力差，促使制冷剂在系统中循环起来，以便制冷剂流经冷凝器时得到冷却。因为压缩机的这个工作特性，其在工作过程中会因压缩制冷剂造成机体的抖动。

空调压缩机布置位置：传统燃油车的空调压缩机是由发动机带动，故空调压缩机一般都是布置在发动机上，以便利用发动机提供动力，同时，压缩机产生的抖动也可以通过发动机悬置衰减。压缩机应满足以下两点布置要求。

1）压缩机的布置的位置不能过低。

① 当采用增压发动机时，压缩机与中冷器之间的要求间隙很不容易保证，导致中冷管无法走出。

② 压缩机布置过低，在汽车行驶过程中，压缩机电磁离合器和带动压缩机的传动带容易被地面泥水、砂石侵蚀损坏，建议在没有下护板的情况下，需要增加一个单独的压缩机护罩。

2）压缩机吸排气口端面避免与起动机在发动机同一侧上，如果无法避免，两者之间的距离应满足大于 80mm，确保起动机和空调管的装配和维护空间，如图 6-71；吸排气口通常布置在压缩机后端面上和机身上，如图 6-71 和图 6-72 所示。

3）压缩机的带轮要与发动机带轮对齐。

4）压缩机吸排气口的位置要有利于空调管路布置。空调管路布置可参见第 8 章相关部分。

当采用吸排气口在机身上的压缩机时，从整车布置的角度考虑，通常吸排气口不能正对冷却模块，最好为吸如图 6-73 所示，高压管弯向车头接冷凝器，低压管向上接由蒸发器过来的软管。

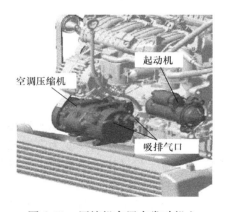

图 6-71　压缩机布置在发动机上

机身上吸排气口　　　　　端盖径向吸排气口　　　　　端盖轴向吸排气口

图 6-72　吸排气口位置

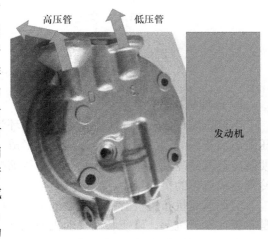

吸排气口在后端面上轴向出口的压缩机可根据发动机与冷却模块之间的距离来选择，当发动机与冷却模块之间的距离较大（大于 70mm）时，建议选用吸排气口在 Z 方向上排列，可适当减短空调管子的长度和减少管子的拐弯。当发动机与冷却模块之间的距离较小时（小于 70mm），空调管路不能直接走压缩机正前方的空间，需要利用斜下方空间时，建议选用吸排气口在 X 方向上排列，如图 6-74 所示。箭头表示空调管走向，然后向上折弯，铺灰区域表示可利用空间。这种出口型式的压缩机很少，基本上都是端盖径向出口，如图 6-72 所示的"端盖径向吸排气口"，这种压缩机的布置与机身上吸排气口类似。

图 6-73　空调管布置方向

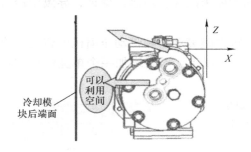

图 6-74　吸排气口排列示意图

2. 冷凝器布置

冷凝器的作用是使由压缩机排出的高温、高压制冷剂与冷凝器外部的空气进行热交换，将高温高压气态制冷剂转变为高温高压的液态制冷剂，并把热量散发到车外环境中。一般将冷凝器布置于发动机散热器前方，前保险杠横梁后方，如图 6-75a 所示。

1）目前轿车的冷凝器作为冷却模块的一部分，是在分装线上组装成一个整体的冷却模块，然后再整体装配到汽车上。通常冷却模块由多个系统的散热器共同组成并集中装配在一起，为了达到理想的冷却效果，各个散热器应该避免重叠，如果由于布置空间的限制，冷却模块的布置可按以下原则，沿气流方向依次布置。图 6-75b 所示为目前轿车普遍采用的冷凝器布置形式：

① 温度低到温度高的散热器。

② 进出口温差大到温差小的散热。

2) 冷凝器与散热器重叠布置时，要求芯体间距 8~15mm，并且周边用海绵或橡胶材料密封，以避免穿过冷凝器的气流从四周的缝隙泄漏。

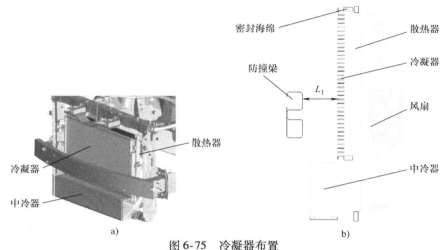

图 6-75　冷凝器布置

a) 冷凝器布置位置　b) 冷凝器布置形式

3) 冷凝器有效迎风面积≥25%芯体面积。

4) 为保证冷却模块进风量，冷凝器和前防撞梁间隙 L_1（Y_0）≥60mm。

5) 为节省布置空间，多数乘用车通常将干燥罐和冷凝器集成在一起，如图 6-76 所示；干燥罐的作用是过滤、除湿、气液分离及临时性地储存一些制冷剂，根据制冷负荷的大小需要，随时向蒸发器提供制冷剂，同时还可以补充制冷系统因微量泄漏而损失的制冷剂量。

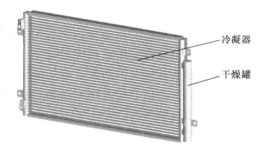

图 6-76　冷凝器（集成干燥罐）

6.3　基于纯电动力的机械布置

自1891年诞生第一辆纯电动汽车以来，特别是近十几年以来，因为动力电池的发展，给纯电动汽车带来了新的生命活力。我国将包括纯电动汽车在内的新能源汽车写入国家产业发展战略，并在政策层面进行积极的鼓励，为我国新能源汽车的发展起到了良好的引导作用。

本节我们主要介绍纯电动汽车相对于传统燃油车有差异的机械系统布置。

6.3.1　结构组成

作为纯电动车，与燃油车最大的区别在于动力驱动系统和能源储存系统存在较大的差异。纯电动力驱动系统主要包含以下3个系统：电驱动系统、电控系统、电源（动力电池）系统，新能源纯电动汽车行业通常称为三电系统，如图6-77所示。

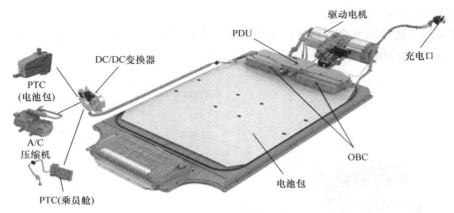

图6-77 纯电动汽车三电系统

电驱动系统主要由驱动电机、机械传动系统等部分组成。

电控系统主要由整车控制器VCU、驱动电机控制器MCU及显示辅助系统等组成。

电源系统主要由储能系统[动力电池和能量管理系统（BMS）]、电源补给系统（充电机OBC和充电口）组成。能量管理系统（BMS）是实现动力电池使用状态监控、协调充放电控制等功能的关键部分，是动力电池和电动汽车的重要纽带。

除了电驱动系统外，纯电动汽车动力部分还包括高压附件，包括电动空调压缩机、电加热PTC、电源分配器PDU、低压电源DC/DC、高压电线及接头等。

随着动力电池技术向着高能量密度、安全可靠、高充放电电流及高寿命的不断发展，为纯电动汽车带来了光明的前景。为了降低成本和重量，纯电驱动系统向着集成小型化、永磁高效化和数字智能化方向发展。对整车集成布置影响比较大的是集成小型化，各个主机厂根据自身资源和诉求情况，走出了不同的集成化道路，尽管具体方案有所区别，但主要有以下两种典型的方向：

1）向电驱系统集成：驱动电机+传动系统+控制系统（VCU/MCU）+OBC+DC/DC+PDU+电压缩机等。

2）向电源系统集成：电池包+电池加热PTC+空调冷却交换器（Chiller）+OBC+DC/DC+PDU等。

不管纯电驱动系统如何集成，都是简化布置，为整车布置带来便利。

纯电动汽车的机械布置，主要围绕三电系统及其高压附件的布置展开，主要布置思路如下：

① 根据车型规划或平台规划设计要求，确定整车尺寸、驱动形式、三电系统参数、轮胎型号等基础信息。

② 根据整车尺寸及轮胎型号，参照标杆车初定姿态角与设计车初版前后轴荷，完成初版轮心和地面线设计。

③ 根据轮心位置与驱动轴夹角设计范围，对驱动电机总成完成预布置。电机总成布置过程中，主要考虑电机布置倾角（轮系润滑要求），周

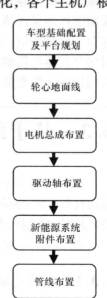

边运动间隙，管线布置走向，前后端保护及离地间隙等要求。

④ 然后完成其他高压器件布置，主要包含动力电池、高压配电盒、充电机、充电插座等。这些高压器件首先根据自身的布置要求、车体的允许布置空间等完成预布置，然后在结构细化过程中，完成最终位置确认。

⑤ 在零部件布置过程中需预留管线路布置空间，待位置确认后，完成管线路设计。在管线路布置过程中除要满足基本功能，同时还要考虑美观性、防水、防磨、热害、NVH、安装维修及电磁兼容等。

6.3.2 布局设计

纯电动汽车相比燃油车，驱动电机取代了发动机，尺寸和重量更小、更轻，且针对四驱车型而言，纯电动四驱车型采用前、后电机或轮毂电机形式，省去了轴间传动轴，布置更加灵活，如图6-78所示。

图6-78 纯电动汽车四驱布置

作为纯电动车唯一的储能系统动力电池而言，为了追求更多的行驶里程，整车需要尽可能多地搭载动力电池，因此动力电池需要的布置空间就很大，重量也很重。纯电动汽车动力电池一般布置在前后排座椅的地板下方，结合地板型式及乘员空间，布置也是多种多样的，如图6-79所示。

图6-79 纯电动汽车动力电池布置

由于纯电动汽车动力电池重量占比比较大，且布置在地板下方，前后轴之间靠后轴位置，导致整车质心相对传统燃油车辆偏后、偏下，前、后轴荷比例会变得更平均，对汽车的操纵稳定性提升有利，如图6-80所示。

特斯拉作为全球销量排名第一的纯电动汽车公司，通过十几年的产品技术积累，在三电

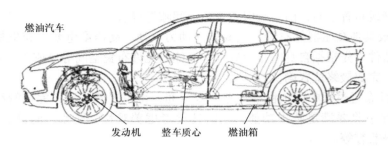

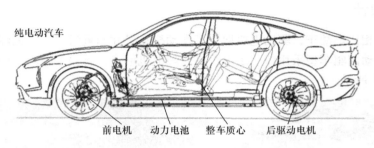

图 6-80　纯电动汽车与燃油汽车整车质心对比

系统方面已拥有了自己的产品优势。从近几年发布的 Model S、Model X、Model 3、Model Y 等车型结构看,基本已完全实现了平台化、集成化。钢、铝混合车身不仅结构简洁,轻量化好,且配合动力电池、驱动电机布置设计开发,空间非常紧凑。Model X 动力三电系统布置如图 6-81 所示。

图 6-81　Model X 动力三电系统布置

奥迪公司也在 2019 年推出了纯电动高性能四驱 SUV 奥迪 e–tron,三电系统布置结构形式与特斯拉基本保持一致,主要竞争优势在于电控系统、整车性能、内外造型风格方面的对比差异。奥迪 e–tron 布置如图 6-82 所示。

通用汽车公司在 2017 年也推出了一款实用型、紧凑型纯电动 SUV 雪佛兰 Bolt,该款车型采用了前驱方式,驱动电机及控制器系统几乎全布置在前舱,动力电池布置在地板下方后悬架前方,后悬架采用了结构简单的扭力梁结构。全车布置如图 6-83 所示。

作为传统跑车制造商保时捷公司,在 2018 年日内瓦车展上推出了保时捷 Mission E 纯电动概念跑车。该车型前后桥搭载各一个驱动电机,总功率超过 440kW,0—100km/h 加速时

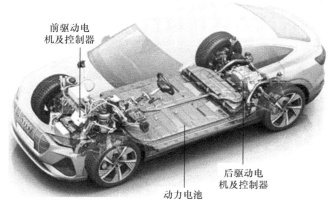

图 6-82 奥迪 e-tron 布置

图 6-83 雪佛兰 Bolt 全车布置

间低于 3.5s，续驶里程（NEDC）500km 以上。加上电动车炫酷的内外造型，宽敞的座舱空间（无中通道结构），能够给用户带来一种全新的、更明亮、更宽敞的感觉。Mission E 的下车体布置如图 6-84 所示。

图 6-84 保时捷 Mission E 下车体布置

作为国内纯电动车新势力的代表，蔚来汽车的底盘三电布置与主流纯电动车布局类似，其下车体布置如图 6-85 所示，蔚来 ES6 的底盘平台，采用前后电机四驱、电池布置在地板下面，车身采用铝制车身实现轻量化。

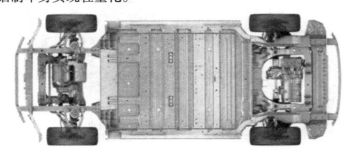

图 6-85　蔚来汽车下车体布置

6.3.3　电驱动系统

电驱动系统作为纯电动汽车的动力系统，逐渐由"二合一"（电机集成减速器）向"三合一"（电控＋电机＋减速器）集成化转变。电机发明至今已经有 100 多年历史，在各行各业应用已经非常广泛，控制原理也比较简单，功能、性能上不存在太大的技术难点，主要难点在于如何让外形结构小型化、集成化、轻量化。

从长远来看，主机厂为了简化工艺，减轻重量，向电驱系统集成是以后集成化道路为主要发展方向。将电机、减速器、电机控制器、高压分线盒、DC/DC 变换器、DC/AC 变换器、充电机等零部件集成为一个大的动力总成，即"多合一"。代表车型是宝马 i3 电驱系统、长安"七合一"一体化电驱动系统总成（包含整车控制器、高压分线盒、电机控制器、直流变换器、充电机、电机、减速器），不同集成度的电驱系统如图 6-86、图 6-87 和图 6-88 所示。

图 6-86　长安"七合一"一体化电驱动系统总成

图 6-87　特斯拉"三合一（电机＋减速器＋电机控制器）"电驱系统

驱动电机是应用电磁感应原理将电能转换为机械能，与发动机相比，它具有起动转矩大、恒功率区宽、调速范围大、效率高、可靠性好、成本低等诸多优点。

驱动电机按结构和工作原理又可分为异步电机与同步电机。同步电机相对于异步电机，主要优点在于运行效率高、稳定性好、转速恒定，但结构复杂，成本较高，比功率性能不如异步电机。目前，国内大多数纯电动乘用车采用永磁同步电机。例如，比亚迪、北汽新能源、吉利帝豪、小鹏 G3、威马 EX5、理想 ONE 等。而异步电机一般较多用于纯电商用车、纯电客车或追求性能的乘用车，如特斯拉 Model S 和 Model X、金康赛力斯 SF5、蔚来 ES8 等。

图 6-88　雪佛兰 Bolt　"二合一（电机＋减速器）"电驱系统

驱动系统的高效化、小型化及轻量化是市场竞争的主要方面，想要取得优势，驱动电机、逆变器或减速器等必须相互协调匹配，优化设计。驱动电机小型化的实现路径包括：提高永磁驱动电机功率密度、增加线圈的占积率、缩短线圈末端等。永磁驱动电机内部结构如图 6-89 所示。

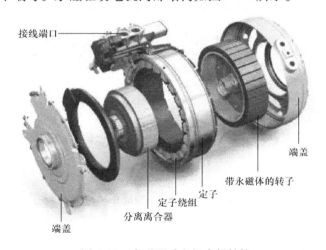

图 6-89　永磁驱动电机内部结构

由于驱动电机总成外形尺寸比普通燃油动力总成小，且少了很多发动机附件系统，布置形式更加灵活，增加了许多用户能用的储物空间，突出了纯电动汽车的独特感、舒适感。如特斯拉 Mdoel 3、金康赛力斯 SF5（EV）、上汽荣威 Marvel X 等车型，如图 6-90 所示。

纯电动车型电驱系统一般布置方法流程如下：

1）根据整车配置驱动型式及性能要求，匹配计算电机性能参数，电池参数，并初步确定电机布置数量及布置位置等。

2）确认布置边界，包含车身边界，如左右纵梁、机盖（含隔音垫）、前壁板、前防撞梁等；底盘边界如副车架、转向系统、悬架、轮心地面；电器边界如电子风扇、前照灯、洗涤系统、蓄电池等；内外饰边界如下护板、前壁板隔音垫、电机隔音垫等；整车通过性要

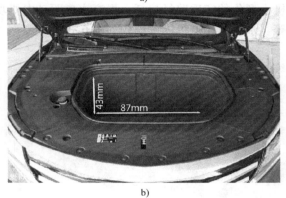

图 6-90 增加的储物空间
a) 特斯拉 Mdoel 3 前行李舱 b) 荣威 Marvel X 前行李舱

求,如最小离地间隙,接近角及离去角等。

3)电机布置:根据轮心及传动轴夹角要求(一般要求滑移节端夹角≤5°),确定电机输出端布置范围。电机布置倾角满足齿轮箱润滑要求,周边最小运动间隙预留 20mm 以上,最小离地间隙高于整车最小离地约 20mm,且悬置布置预留足够空间。电机布置周边空间还应预留包裹隔音垫厚度,一般厚度在 20~30mm,局部地方可以减薄。

4)电机悬置空间预留,若布置电机为选型件,则在电机布置过程中根据电机悬置安装点位置附近预留悬置设计空间;若悬置安装点允许调整,则可根据周边布置边界更好的选择悬置布置位置。悬置具体设计过程,下一节详述。

5)电机高压线与冷却管路布置,电机接线口与冷却管口位置周边应无遮挡,电机接线端一般不能调整,且电机高压线直径较大,弯曲曲率半径需求较大,因此一般需预留 120~150mm 的出线空间。考虑高压线在运动过程中的耐久性,电机侧运动端与线束固定端都应增加固定点,且保证牢固、可靠,一般用带橡胶的金属卡子加螺栓固定。电机冷却水口位置一般也不能调整,但是管口朝向可以根据需要更改。同燃油车水管布置要求类似,主要考虑远离热源,弯曲半径等布置要求。

对于机车同步设计电机（如新平台开发时），可以根据整车布置需要，对冷却水管接口、高压出线位置提出具体要求，这些要求通常满足以下原则：

1）管线走向流畅，减小水流阻力。
2）管线最短，减轻重量、节约成本。
3）管线具有足够的柔性，防止将运动件振动传给车身。
4）装配维护方便、连接可靠。
5）满足运动、抗电磁干扰、不擦挂等安全要求。
6）易于水管内空气的排出。

在驱动电机及其管线布置过程中，还需考虑总装工艺操作方便、工装设备空间要求，后续相关附件维修、维护方便性，电机齿轮油等辅料加注及更换方便性等要求。高压线束和冷却管路的具体布置参见第 8 章相关内容。

金康赛力斯 SF5 纯电四驱车型前驱动电机及机舱结构布置基本采用上述思路，且前机舱保留行李舱空间。整个机舱简洁、大方，装配及拆卸维修方便，如图 6-91 所示。

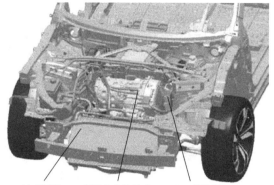

图 6-91　金康赛力斯 SF5 机舱布置

6.3.4　电驱动悬置

悬置是动力总成与车身（或车架）之间力传递的连接纽带，主要起支撑和隔振作用。

相比于发动机，驱动电机具有起动转矩大、响应快，且滑行时还有很强的能量回收能力等特点。因此，对整车的瞬态冲击更大，对悬置系统抵抗转矩的要求更高。考虑驱动电机相对于发动机内部运动结构及方式不同，驱动电机的悬置系统布置不能参考发动机悬置转矩轴布置方式，而应采用三点或四点质心均布的方式，且悬置各弹性中心点尽可能远离电机转矩输出轴，从而使悬置受力最小和动力总成姿态变化最小，悬置刚度相应较小，有利于提供悬置系统隔振率。图 6-92 所示为蔚来和广汽电动车的驱动电机悬置，其布置就体现了这一特点。

蔚来ES8悬置

广汽电动车悬置

图 6-92　悬置布置

电机与发动机外特性曲线对比如图 6-93 所示，可以看出驱动电机的转矩初期时比较稳定，而发动机的扭矩则随转速不断变化。

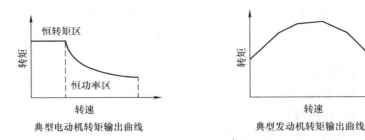

图 6-93　电机与发动机外特性曲线对比

虽然驱动电机扭矩大，但是波动很小，且其激励主要来源于电磁力和齿轮啮合导致的高频振动，远高于电驱动总成刚体模态。因此，在悬置隔振性方面要求不是很高，通常采用橡胶悬置，就能满足要求。悬置结构如图 6-94 所示。

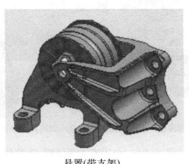
悬置(带支架)

"人"字形悬置胶套

图 6-94　悬置结构

传统油车悬置布置在 6.2.3 小节已经详细介绍，现再我们再来看一下纯电动汽车驱动电机悬置的布置，布置方法流程如下。

1）根据悬置预布置空间及周边布置情况，完成悬置方案数据设计。悬置结构设计形式众多，一般可分为三点或四点布置形式，主要考虑从 X、Y、Z 方向六个自由度对电机行限位。常用的悬置形式为三点式，三点式悬置布置可分为左 2 右 1、左 1 右 2、前 2 后 1、前 1 后 2，前 1 后 1 右（或左）1，悬置布置形式如图 6-95 所示。布置三点悬置时需要注意：

① 电驱总成的质心要位于三个悬置中心连线形成的三角形区域范围内。

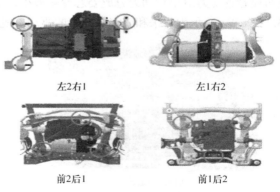

图 6-95　电机悬置布置形式

② 悬置结构在设计过程中，要考虑装配时工装支撑定位空间与工具操作空间。

③ 尽量加大悬置点与 TRA 轴的距离，即各悬置弹性中心点尽可能远离 TRA 轴。

通常情况下只要空间允许，推荐采用悬置前1后2布置的形式，即一个悬置位于输出轴侧，另外两个悬置位于另外一侧，这种布置形式可以满足①和③的要求。

2) 对悬置方案数据进行细化，包含连接方式，橡胶衬套固定点及标件型号等。

3) 根据电机的质量、质心位置及转动惯量等参数，展开悬置的匹配计算，如电机的窜动、扭转、驱动轴夹角的变化，悬置的解耦特性等。根据计算结果对悬置进行调整。若电机开发与整车设计同步，在整车设计之初可根据驱动电机布置需要，给驱动电机开发工程师提出整车布置要求。

4) 电机悬置布置完成后，需结合电机总成完成装配工艺、力矩检测等分析，并根据分析结果对布置进行调整。值得注意的是，电机悬置须考虑后续维护更换便利性与零部件成本。由于橡胶悬置生命周期一般小于整车生命周期，因此在设计过程中尽量将橡胶块布置在悬置支架上，降低换件成本，且方便拆卸，节约维修工时。图 6-96 所示为蔚来驱动电机的悬置布置情况，可以看出布置的工艺性良好。

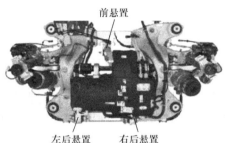

图 6-96 蔚来 ES8 电机悬置

5) 悬置系统布置与周边间隙要求，推荐值如表 6-18 所示。

表 6-18 电机悬置周边环境间隙一般要求

电机悬置周边环境间隙	推荐要求/mm
悬置支架与车身或副车架最小间隙	≥20
悬置与电子风扇最小间隙	≥25
悬置与各系统硬管最小间隙	≥20
悬置与各系统软管最小间隙	≥25

6.3.5 电控系统

由于纯电动汽车在传统燃油车基础上增加了三电系统及其他智能系统，因此新能源车电控系统比传统燃油车复杂。纯电动汽车电控系统主要包括整车控制器（VCU）、电机控制器（MCU）、电池管理系统（BMS）、辅助系统等。

整车控制器，即 VCU，如图 6-97 所示。它的外形类似于燃油汽车的 ECU，它是电机控制器、电池管理系统、辅助系统等所有控制系统的中心。它能根据驾驶人加速踏板信号和制动踏板信号，对电机的起动、加减速等进行控制；也能根据整车

图 6-97 整车控制器（VCU）

的需求，对电池系统充放电进行控制；还能对 12V 蓄电池充放电进行控制等，其控制系统示意图如图 6-98 所示。布置要求与燃油汽车 ECU 基本一致。

电机控制器，即 MCU，主要作用是通过控制驱动电机的电压和电流，控制驱动电机转矩、转速和转动方向等。目前，主流车型电机控制器一般与驱动电机集成在一起，布置要求与驱动电机一样。图 6-99 所示为驱动电机、电机控制器和加速器集成一体的三合一驱动电机系统。

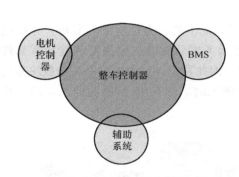

图 6-98　控制系统示意图

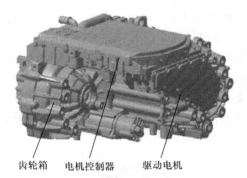

图 6-99　集成的电机控制器（MCU）

电池管理系统，即 BMS，主要通过监测动力电池系统及单个电芯的电压、电流、温度，对动力电池进行评价、管理和保护，使动力电池可以满足整车使用环境要求，如图 6-100 所示。电池管理系统一般集成到动力电池包内部，不需单独布置。

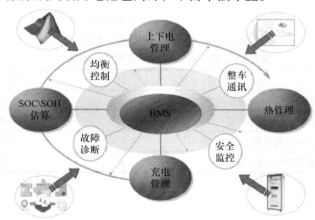

图 6-100　电池管理系统（BMS）

辅助系统包括车载娱乐系统、动力转向系统、空调及照明控制等，驾驶人借助辅助设备提高汽车的操纵性和成员舒适性等。电动汽车辅助系统只是在功能控制上与燃油汽车有些差别，布置上与燃油汽车相同。

6.3.6　电源补给系统

动力电池作为新能源汽车的动力来源，主要作用是为电机驱动、整车热管理相关部件（PTC、CCU）提供直接电源，为低压电器提供间接电源。目前市场上常见的动力电池主要分为三种，铅酸电池、镍氢电池、锂离子电池，它们各自的优缺点如图 6-101 所示。市场主流电动车一般采用锂离子电池。

动力电池种类	铅酸电池	镍氢电池	锂离子电池
外形			
优点	便宜、可靠	安全可靠	容量密度大
缺点	能量密度低	能量密度低	成本高
应用车型	早期电动车	混动车型为主	主流电动车

图 6-101 动力电池分类

锂动力电池包是由多个电池模块（通常称为电池模组）及相应附件（电池管理系统、高压电路、低压电路、热管理系统、高压电器盒以及其他机械零部件等）组成的能量存储装置。锂电池包内部结构如图 6-102 所示。

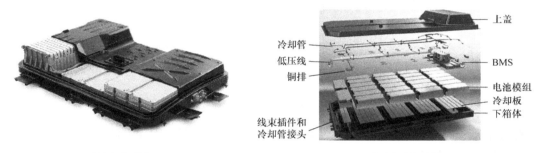

电池包截面图　　　　　　　　　电池包内部结构

图 6-102 锂电池包内部结构

评价动力电池包两个重要的性能指标分别是比能量和比功率密度。比能量是指电池单位质量所能输出的电能或储存的电能，单位是 W·h/kg；比功率密度是描述电池在瞬间能放出能量的能力，单位是 W/kg，但是通常一种电池不能同时具备高比能量和高比功率。高比能量电池通常应用在纯电动车型上，高比功率电池通常应用在混合动力（包括 PHEV 和 REEV）车型等。

纯电动汽车考虑更长的续驶里程，一般要求在地板下面布置更多的电池，造成电池外廓尺寸大，重量较重，底盘重心较低，整车拥有更好的高速稳定性。但由于动力电池布置在地板下方，对整车离地间隙、纵向通过角、地板高度和整车高度影响较大。因此，纯电动汽车动力电池布置与车身地板结构，乃至于整车尺寸前期规划都有很大影响。特斯拉 model S 动力电池布置位置如图 6-103 所示，可以看出电池包把乘员舱地板下面空间都占据了。

纯电动汽车动力电池布置的流程如下：

1)整车性能参数确认,如动力性、经济性等在很大程度上决定电池的电量、重量及可允许的布置位置。

2)电池系统参数,根据整车性能参数及整车电压平台要求,确定电池串并联方式、电池类型、数量等参数。

3)纯电动汽车动力电池一般布置在车身地板下方,两侧通常以门槛纵梁为最大边界,前后通常以前后副车架为最大边界,上方通常与地板保持 5~10mm 间隙,下方离地间隙最好高于整车离地间隙 10~20mm。

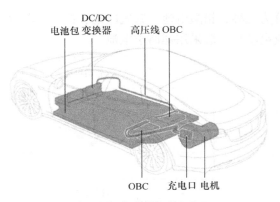

图 6-103 特斯拉 model S 动力电池布置位置

由于动力电池内部模组为长方体,因此动力电池边界尽量规则,利用率才越高。动力电池周边间隙要求如图 6-104 所示。

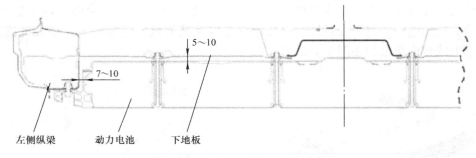

图 6-104 动力电池周边间隙要求

在整车尺寸确定过程中,动力电池布置对整车高度尺寸影响很大,纯电动汽车高度方向尺寸链推导方法如图 6-105 所示。

4)纯电动汽车动力电池初步边界确认后须进行 CAE 碰撞分析验证,对车身结构薄弱的地方须进行加强设计或结构改进。由于动力电池重量较重,布置位置对整车前后轴荷影响较大,所以动力电池在布置过程中,前后轴荷应控制在常规范围内,且整车质心不能偏离对称平面过多,一般控制在 10mm 以内。

5)动力电池结构设计包含内部模组布置、冷却管路布置、内部线束布置、连接端布置、固定点布置等。动力电池内部器件布置要求如下:

① 动力电池内部模组规格尽量统一,减少开发成本。

② BMS 应集成在电池包内(不包括上位机),且易产生电磁干扰的器件应分开布置。

③ 手动断路开关布置:整车在维修过程中,需要断电,考虑到操作方便性,需要合理布置手动断路开关,如布置在电池前端或后排座椅下方,并增加检修口。近年来,手动断路开发方案应用较多。

④ 动力电池高低压接插口布置要求如下:

a. 电池包出线端与用电器件在同一端,以缩短高压线束长度,减少布置风险。

b. 连接件应便于拆卸,有一定的插拔空间。

c. 连接件位置布置在较安全的位置,如有必要,需要有特殊结构(护板)予以保护。

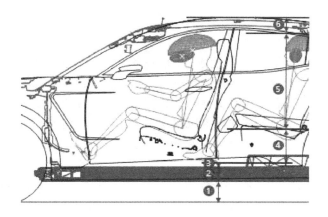

序号	参数	推荐值/mm
1	动力电池最小离地间隙	整车最小离地间隙+(10~20)
2	电池包厚度	135~145
3	电池包距离钣金间隙	5~10
4	后排座高H30-2	根据车型而定
5	头部空间[(H61-2)-102]×cos8°	根据车型而定
6	顶篷厚(至整车最高点)	根据车型而定

图 6-105　车型高度尺寸推导

⑤ 动力电池外部箱体固定点布置尽量均匀，避免应力集中，如图 6-106 所示。

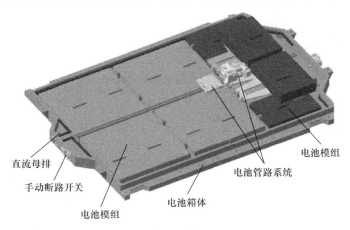

图 6-106　电池模组在电池包内的布置

6）动力电池外部高压线布置与冷却管路布置要求参见第 8 章相关部分。

总装工艺与维修方便性校核，动力电池包在布置过程中应考虑装配可行性要求，例如动力电池工装设备通用性、紧固设备操作空间、工人操作方便性等。尽量考虑在现有生产线上完成装配。动力电池包的装配举升空间类同于动力总成，在没有定位销情况下，举升空间最好≥20mm，有定位销情况下，举升空间≥10mm。动力电池包在后续维护过程中，应保证连接件有一定的插拔空间，电池包内部易损件可以由售后人员通过常规工具维修或拆装。

6.3.7 传动系统

变速传动系统是汽车驱动子系统的一个重要部件，对于电动汽车来说，由于驱动电机的转矩和转速是由电机控制器进行全范围控制的，因此变速传动系统的设计就可以有多种不同的选择。既可用传统的变速齿轮箱变速，一般用单级减速器或二级减速器；还可以用电机控制器控制驱动电机直接变速，如轮毂电机驱动系统。若使用传统的齿轮箱变速装置，驱动轴布置方法与燃油汽车基本一致，驱动轴夹角一般控制在5°以内，可参见6.2.3小节的相关内容。

若使用轮毂电机驱动系统，则不需要驱动轴，满足轮毂电机的布置要求即可，如图6-107所示。轮毂电机由于其自身结构特点，具有省略大量传动部件，让车辆结构更简单、可实现多种复杂的驱动方式和便于采用多种新能源车技术等，受到汽车行业的关注。但它同时也存在增大簧下质量和轮毂的转动惯量，对车辆的操控有所影响和电制动性能有限，维持制动系统运行需要消耗不少电能的缺陷。轮毂电机驱动系统虽然已经发展多年，但还未正式走到应用市场，有关研究轮毂电机驱动系统的很多，可密切关注。

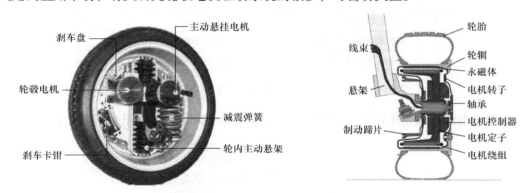

图6-107 轮毂电机驱动系统

6.3.8 热管理系统

纯电动汽车热管理系统共有3个主循环回路，分别为电驱动系统冷却回路、电池系统冷却回路、空调系统回路。这些主循环回路为电驱动系统、电池系统、乘员舱提供必要的冷却或制热。其中电池冷却系统根据电池冷却或加热方式不同，原理图也有所差异，如自然冷却、风冷和液冷、PTC电阻丝加热或PTC液体加热等，这里主要介绍液冷系统。空调系统根据供热形式不同原理图也不一致，如热泵空调系统或者PTC电阻加热等。

这里需要强调的是，由于目前动力电池的工作温度范围普遍比较窄，通常在 −30° ~ 50°之间，温度越低，电池的化学活性越不高，其放电能力也就越低，这就是目前市场上的电动车在冬天的续驶里程大幅缩水的原因；温度越高，热失稳的可能性也越大，安全性也越低。因此，电池的热管理尤为重要！动力电池较好的工作温度为20 ~ 30℃。

纯电动汽车热管理系统包含零部件较多，主要零部件包含冷板换（chiller）、电池加热PTC、散热器、电子风扇、水泵、AC系统零部件等，机械布置的一般方法流程如下：

1) 整车技术方案输入,各专业完成系统方案设计,确定热管理系统的关键零部件数量及布置位置等。

2) 热管理系统关键零部件参数输入,主要包括电机、电池、电控和OBC等三电器件进水口温度、水泵扬程、散热器或chiller流阻、风阻及换热性能,电子风扇最高转速等关键参数。

3) 根据热管理系统关键零部件特性,初步拟定初版热管理原理图。

4) 根据整车工况要求,如高速、爬坡、城市驾驶等工况,结合不同的车速与坡度,采用一维及三维技术方法在整车环境条件下进行热管理系统分析、参数匹配和优化,对原理图进行验证、优化和确定。

5) 总布置根据整车技术方案及各专业技术方案完成对热管理零部件与管线布置,各产品专业完成对数据审查及装车验证。

6) 热管理样车装配完成后,须进行热平衡环境舱验证试验、热适应性道路试验等。在试验过程中,如实准确地记录试验过程中的异常,尤其是冷却系统、空调系统的异常,并将问题记录在试验问题清单上,如车辆运行过程中,出现"开锅";或因冷却液温度过高导致车辆限功率,或空调系统出现影响乘员主观感受的情况等。

7) 对实车试验问题进行整改,并经过实车验证关闭后,再组织各专业对热管理系统进行验收。

图6-108所示为某纯电车型热管理系统原理图,包含液体冷却与加热动力电池、液体冷却电驱系统、电加热PTC空调系统等零部件及布置示意。

纯电动汽车热管理系统零部件布置,散热器的布置可以参见燃油汽车相应部分的冷却模块布置,其他热管理系统零部件主要是冷/热板换、控制阀、PTC和空调系统等。冷/热板换、控制阀和PTC自身来说没有运转,基本不产生振动,因此他们的布置相对灵活,只要遵守以下原则即可:

1) 冷/热板换应尽量布置在电池包附近,以减小环境对冷却/加热效率的影响。如果冷板换能布置在电池包内,效果会更好。

2) 如果电池PTC和乘员舱PTC是分开的两个PTC,则可将电池PTC布置在电池包附近,能布置在电池包内更好,乘员舱PTC则建议采用风暖式,以提高暖风速度和效率;如果乘员舱和电池包同为一个PTC,则兼顾二者的位置关系,尽量离两者都近的位置。

3) 冷板换不要布置在高温区;PTC和热板换不要布置在低温区。

4) 符合管路顺畅和最短原则。

1. 水泵布置

纯电动汽车热管理系统的水泵,如图6-109所示因在运行过程中存在振动,因此,在布置时需要将其布置在车身梁类零部件上,或直接布置(集成)在电驱动总成上。

2. 空调系统布置

纯电动汽车空调系统由于没有发动机的参与,相比传统燃油车存在较大差异。首先纯电动汽车空调系统组成,主要包含电动压缩机、冷凝器、HVAC、PTC等,如图6-110所示。

在制冷循环中,与传统燃油车相比主要是空调压缩机的差别。纯电动汽车压缩机采用电

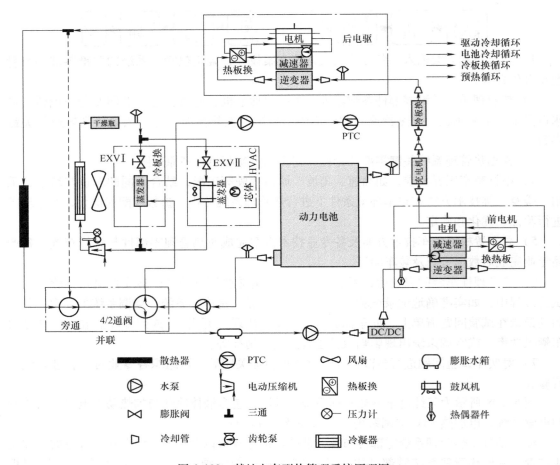

图 6-108 某纯电车型热管理系统原理图

图 6-109 电动水泵布置位置示意图

动压缩机,工作电压通常与整车高压平台和相同。为了减少振动对整车 NVH 的影响,压缩机一般布置在纵梁前端或副车架上,也有布置在驱动电机上的,并在安装支架上增加二级减振,如图 6-111 所示。

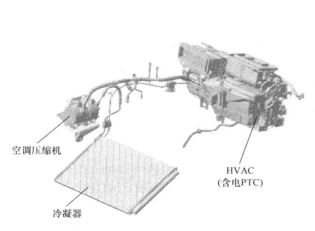

图 6-110　纯电动空调系统组成

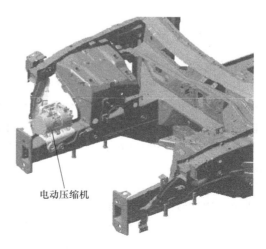

图 6-111　电动压缩机布置位置

独立的电动压缩机由于在压缩制冷剂的过程中产生的脉动，使得它相当于一个不参与驱动的发动机（如处于怠速状态时），需要有良好的隔振安装结构，成本贵。随着纯电动汽车的发展，开发人员已经意识到电动压缩机给整车带来的 NVH 危害，相信随着多合一电驱动的发展，电动压缩机会集成到电驱动上成为电驱动的一部分，这样除了可以利用电驱动总成的悬置衰减其振动的传递外，还可大大减少高压线及其连接件，使得成本和重量双降低！同时大大简化布置，提高空间利用率。

纯电动汽车要安全高效发挥功能，务必使热管理系统在各种复杂环境下都能很好地起作用，因此，要确保万无一失！布置方案需要进行实物测试，才能最终确定。图 6-112 所示为某 PHEV 车的热管理系统温度测试布点情况。当然，纯电动汽车主要测试点位为电池包内部，主要看在各种恶劣环境和工况下各电芯的温度是否处于设计目标范围内，同时需要看各电芯的温差是否满足要求。

图 6-112　热管理系统温度检测（PHEV 车）

6.3.9 低压电源、电气系统

纯电动汽车电气系统主要包括高压直流电气系统、交流电气系统、低压电气系统和整车 CAN 通信网络控制系统。高压直流系统主要包含动力电池系统、驱动电机和电机控制系统等；交流电气系统主要指车载充电机将 220V 交流电整流滤波变成高压直流电为电池补充电能；低压电气系统采用直流 12V 电源为灯光和娱乐系统等常规车载用电器供电，同时也为整车控制器、三电控制系统等辅助零部件供电。CAN 通信网络控制系统主要为整车控制器和其他控制单元进行信息通讯提供通道。

纯电动汽车低压 12V 电源接线方式及结构与燃油汽车相同，但两者充电方式不同，传统油车依靠发动机带动发电机给 12V 电源充电，而纯电动汽车则依靠 DC/DC 将动力电池高压直流变为低压直流电给 12V 电源充电。

纯电动汽车低压 12V 电源布置要求与传统燃油汽车一致，根据布置需求一般布置在前机舱。图 6-113 所示为广汽纯电动汽车低压蓄电池布置位置，与传统燃油车的布置相同。

图 6-113　广汽纯电动汽车低压蓄电池布置位置

作为纯电动汽车电气系统的重要组成部件车载充电机与 DC/DC 变换器，在汽车电压、电流转换过程中起着至关重要的作用。车载充电机是指安装在车上为动力电池充电的装置，以交流电源作为输入，输出为直流，布置应靠近充电口，远离热源，一般布置在前机舱或行李舱内部。DC/DC 变换器主要功能是在车辆起动后将动力电池输入的高压转变为低压 12V 向低压蓄电池充电，以保证行车时低压用电设备正常工作，一般与充电机或电机控制器集成到一起，形成"二合一"或"多合一"总成。图 6-114、图 6-115 所示为车载充电机常规布置位置。

充电机在运行过程中基本没有振动，而且其形状多半比较规则，布置的位置比较灵活。充电机在充电过程中会产生热，通常情况下在炎热的夏天需要对其进行冷却。因此，在充电机布置时需要考虑冷却水管和线束是否走向顺畅。

图 6-114　大众纯电车充电机及充电座布置位置

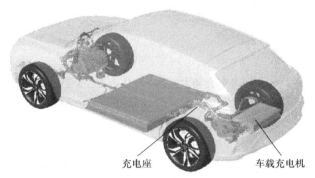

图 6-115　金康赛力斯纯电车充电机及充电座布置位置

6.4　基于混合动力和增程式纯电动汽车的机械布置

混合动力汽车（Hybrid Vehicle）一般是指汽车驱动系统由两个或多个能同时或单独运转的驱动系统联合组成，汽车的行驶功率依据实际的车辆行驶状态，由单个驱动系统单独提供或多个驱动系统共同提供。通常所说的混合动力汽车，一般是指油电混合动力汽车（Hybrid Electric Vehicle，HEV），即采用传统的发动机（柴油机或汽油机）和电机作为动力源，也有发动机经过改造使用其他替代燃料，例如压缩天然气、丙烷和乙醇燃料等，这种混合动力汽车的动力电池容量通常比较小。为了与这种较小的动力电池混合动力汽车区分，通常将具有较大容量动力电池的混合动力汽车叫插电式混合动力汽车（Plug in Hybrid Electric Vehicle，PHEV），这种 PHEV 汽车与 HEV 汽车不同的地方是可以外接充电。

广泛地说增程式纯电动汽车（REEV）也是属于混合动力汽车的一种特殊形式。与侠义的混合动力汽车不同的是，增程式纯电驱动汽车具有两个动力系统，其中驱动动力系统为电驱系统，增程系统用于发电，为电驱系统提供电能，不参与驱动，与 PHEV 一样也可以外接充电。因此，REEV 电池包容量也比较大。某些结构形式的增程纯电动汽车与混合动力 PHEV 汽车在布置上基本没有区别。

本节我们主要介绍混合动力汽车相对于传统燃油汽车与纯电动汽车有差异的机械系统布

置方式。

6.4.1 结构组成

混合动力汽车机械零部件包含两部分：传统燃油汽车部分与新能源汽车部分。传统燃油汽车部分包含进、排气系统，燃油系统，传动系统、低压线束等。新能源汽车部分包含增程器或混合动力箱、电机、动力电池及控制系统等。图 6-116 和图 6-117 所示为插电式（PHEV）混合动力汽车下车体布置情况。

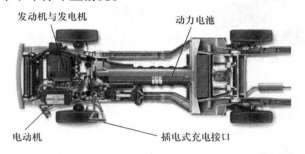

图 6-116　PHEV 混合动力汽车下车体布置（T 字形电池包）

图 6-117　PHEV 混合动力汽车下车体布置（矩形电池包）

6.4.2 布局设计

根据混合动力驱动联结方式，一般把混合动力汽车分为三类，各类的布局形式和优缺点如下。

1）串联式混合动力汽车（即增程式纯电动 REEV）依靠发动机带动发电机发电（故称增程器）。驱动电机的电源即可以来自于动力电池包，也可以来自增程器，或一部分来自增程器、另一部分来自动力电池包。其中发动机、发电机、驱动电机等三大动力总成采用串联方式组成。机械布局如图 6-118 所示。

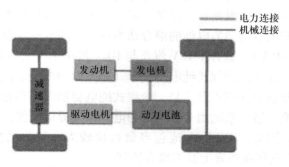

图 6-118　串联式混合动力汽车机械布局

优点：

① 具有电动车的安静、起步转矩大等优点。

② 相比其他混合动力模式，增程式混合动力可以不用变速器，驱动连续不顿挫，布置简单灵活。

③ 中低速运行或者城市工况节油效果优于传统油车。

缺点：

在高速运行工况，增程器油耗比传统油车高。当然，随着发动机技术的不断进步，增程专用发动机或许会弥补这个不足。

2）并联式混合动力汽车　一般是在传统燃油车的基础上增加驱动电机、电池、电控系统。发动机和驱动电机都是动力总成，两大动力总成的功率可以互相叠加输出，也可以单独输出。机械布局如图6-119所示。

优点：

① 同时兼备电动车和汽油车的优点。

② 发动机可以和驱动电机共同驱动车辆，也可以单独驱动车辆，高速能耗等同于普通燃油车。

缺点：

① 由于只有一台驱动电机，不能同时发电和驱动车辆。

② 电量为零后，驱动电机无法继续驱动车辆，只能作为发电机。

3）混联式混合动力汽车，也称串并联式混合动力汽车，综合了串联式和并联式的结构，主要由发动机、发电机和驱动电机三大动力总成组成。整车最大可能功率是发动机、两个电机的功率之和。机械布局如图6-120所示。

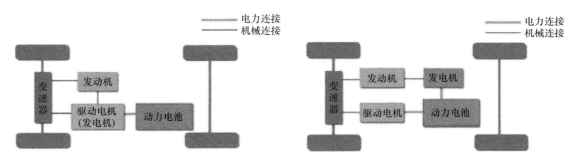

图6-119　并联式混合动力汽车机械布局　　　图6-120　混联式混合动力汽车机械布局

优点：

① 同时具有增程式和并联式混合动力汽车的优点。

② 发电机和驱动电机共同驱动时，发电机能持续为电池充电，里程无忧。

缺点：

零部件较多，结构复杂，重量较重，成本较高。

混合动力汽车同时包含传统燃油车与纯电动汽车的动力系统主要系统零部件，布置要求基本是综合了传统燃油车与纯电动汽车的布置要求。混合动力汽车机械布置的一般方法流程如下。

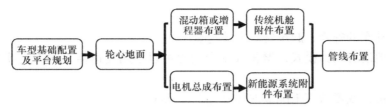

理想汽车与金康赛力斯新能源汽车分别在2019年4月、2019年9月推出了理想ONE与金康赛力斯SF5增程版混合动力车型，此类车型完全由驱动电机驱动，发动机及发电机辅助完成发电与充电功能。该车型开辟了新的驾乘体验模式，既拥有纯电动车型的电动感、舒适豪华，也无里程忧虑，受到了市场的广泛青睐。此类增程汽车下车体布局如图6-121、图6-122所示。

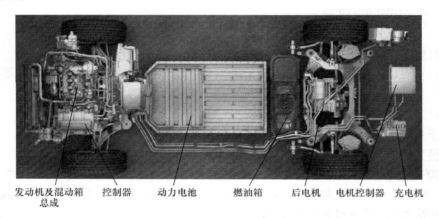

图 6-121　理想 ONE 下车体布置（四驱）

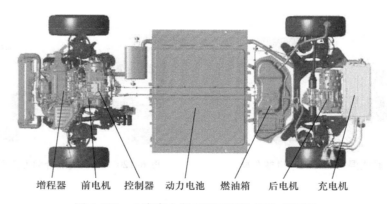

图 6-122　金康赛力斯 SF5 下车体布置（四驱）

其他形式的混合动力汽车 HEV 和 PHEV 与增程式混合动力汽车，根据其增程器是否集成的情况，与动力相关的布局与增程式混合动力汽车可能不同。图 6-123 所示为大众插电混合动力汽车 PHEV 布局图。

HEV 车型由于以发动机驱动为主，因其动力电池包较小，其布局更倾向于燃油车，图 6-124 所示为本田 HEV（4WD）车型的布局。可以看出，本田 HEV 车型除了布置于前排座椅下面的高压器件（图 6-125）外，其他的布置与燃油车布局基本相同。

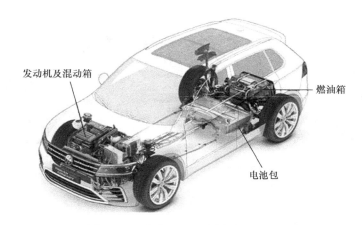

图 6-123 大众 PHEV 布局（2WD）

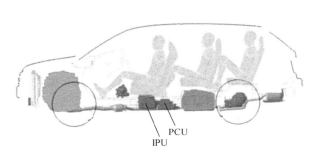

图 6-124 本田 HEV（4WD）布局

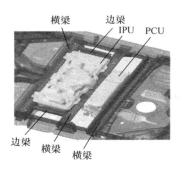

图 6-125 本田 HEV 的高压器件

6.4.3 混合动力和增程式动力总成及悬置

混合动力汽车和增程式纯电动汽车动力总成（即增程器总成）由于有发动机的存在，不管发动机与混合动力箱还是与发电机组成的动力总成结构如何，发动机是否参与驱动，该动力总成与发动机本身的布置要求基本相同。

对于增程式纯电动汽车而言，若是采用独立的增程器总成（不参与驱动），则布置上不需要考虑驱动轴，布置灵活性较大。只要在满足机舱边界及机舱附件布置空间情况下，可以纵向或横向布置，布置灵活、简单，方式较多。此类车型中代表车型有金康赛力斯 SF5，如图 6-126 所示。

若在增程器总成上集成驱动电机及齿轮箱结构，电机参与驱动，其结构外形类似于混合动力箱总成，但发动机不参与驱动。布置上需要考虑驱动轴，布置方式及方法与燃油车类似，在此不做详细阐述。代表车型有理想 one，如图 6-127 所示。

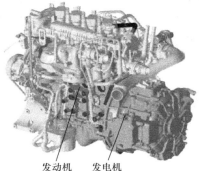

图 6-126 金康赛力斯 SF5 增程器总成

图 6-127　理想 one 混合动力箱总成

对于并联式或混联式混合动力汽车动力总成主要由发动机、发电机、驱动电机、齿轮箱、MCU、GCU 等组成，一般统称为混合动力箱总成。根据整车控制策略要求，发动机可以发电，也可以直接参与驱动。此类混合动力车型，目前市场上拥有车型较多。例如，插电式混合动力汽车有：比亚迪唐、沃尔沃 S60L（插电式混合动力版）、吉利博瑞 GE（插电式混合动力版）、宝马 530Le（插电式混合动力版）、别克 VELITE 6 等；非插电式混合动力汽车有：丰田凯美瑞 2019 款双擎 2.5HG 豪华版、日产楼兰 2019 款 2.5S/C HEV、本田 CR – V 2019 款锐·混合动力、雷克萨斯 NX 2018 款 300h 等。从机械布置上来看，此类车型动力总成布置要求更接近于传统燃油车。

增程器总成或混合动力箱总成在机舱布置过程中，尺寸推导及布置考虑因素与燃油车布置方法基本一致，详见 6.2.3 小节所述。

增程器或混合动力箱总成在能量转换过程中，都由发动机参与起主要作用，因此它们的悬置系统布置与传统燃油车一致，悬置的布置必须适应发动机结构及质心位置选择合适的布置位置。悬置的布置形式主要分为三点悬置或四点悬置，常见的悬置结构形式有橡胶悬置、液压悬置、主动悬置及半主动悬置等。悬置机械布置方法详见 6.2.3 小节所述。横置发动机悬置布置形式如图 6-128 所示，纵置发动机悬置布置形式如图 6-129 所示。

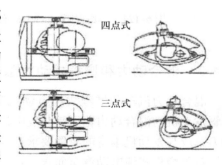

图 6-128　横置发动机悬置布置

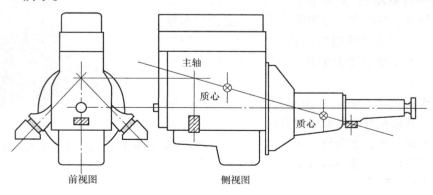

图 6-129　纵置发动机悬置布置

对于独立驱动的电驱总成的布置与传电动车电驱布置相同。

6.4.4 进、排气系统

混合动力汽车进、排气系统零部件结构与燃油车相同，进气系统包括进气管、空滤器、发动机进气管、谐振腔（部分车型有）等，排气系统包括排气歧管、三元催化器、排气管、排气净化装置、隔热罩等。这些零部件布置要求、安装结构要求、容积计算方法、试验验证等与传统燃油车一致，机械布置具体详见 6.2.4、6.2.5 小节所述。

6.4.5 燃料供给系统

混合动力汽车由于动力形式包含发动机与电机两部分，因此燃料供给系统也相应包含油车部分与新能源部分，即燃油系统与动力电池及附件系统。

混合动力汽车燃油系统与传统燃油车基本一致，包括燃油箱总成、加油颈管总成、燃油管路总成、EVP 系统（燃油蒸发排放控制系统）等零部件。但由于混合动力汽车发动机不是全时段工作，炭罐脱附工况少，为了不让汽油蒸气通过炭罐大气口排出污染环境，需要油箱与炭罐大气口之间加 FTIV 阀（油箱隔离阀），在发动机不脱附炭罐时切断油箱内汽油蒸气到炭罐的路径，把油箱内的汽油蒸气锁在油箱内，因此油箱需要承受一定压力，需要采用高压油箱。燃油系统零部件设计布置方法与油车一致，机械布置详见 6.2.6 小节所述。混合动力汽车燃油系统零部件布置结构如图 6-130 所示。

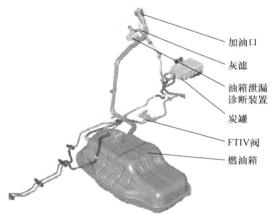

图 6-130 金康赛力斯 SF5 燃油箱系统

6.4.6 电控系统

混合动力及增程式纯电动汽车拥有传统发动机系统和电动机系统两套动力系统内，利用它们各自的优势互补，使汽车排放量减小，驱动力最优，更符合环保要求，同时也能降低使用成本。因此，在整车电控系统方面稍显复杂，其中控制系统零部件既包含传统燃油车部分，如发动机 ECU，也包含纯电动汽车部分，如整车控制器、电机控制器、电池管理系统等。

混合动力及增程式纯电动汽车所包含的控制器原理，同纯电动汽车或传统燃油车基本一致，其重点在于利用这两种控制系统互补的优势，实现低排放、低油耗的控制策略，使能量在发动机与电机之间合理有效的分配。应用于混合动力汽车的控制策略有很多种，仿真流程如图 6-131 所示。

由于混合动力汽车驱动联结方式可分为串联、并联及混联三大类，因此，控制系统也相应分为三个方向。

以混联式控制系统为例，对丰田普锐斯各个工况动力传输过程进行说明，让大家更直观地了解整个控制系统。当汽车起动、倒车或低速行驶时，油电混合系统仅由动力电池提供能量给电动机起动，发动机并不运转，如图6-132所示。

当汽车在正常行驶过程中，由发动机产生动力直接驱动车轮，依照行驶状况，把部分动力分配给发电机，由发电机发电为驱动电机提供电力，向动力电池充电。发动机产生的动力以最小燃油消耗被传向地面，一般行驶时剩余能量用于充电，如图6-133所示。

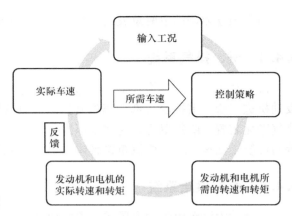

图6-131　混合动力汽车控制策略仿真流程

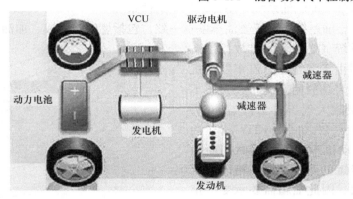

图6-132　汽车起动、倒车或低速工况

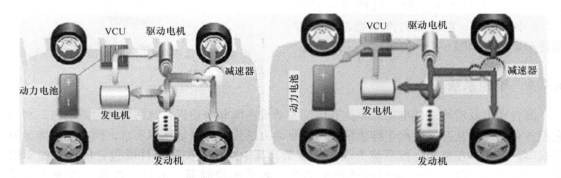

图6-133　汽车正常行驶工况

当汽车需要强劲加速力（如爬陡坡或超车）时，动力电池也提供电力，来加大电动机的驱动力。通过发动机和电动机双动力结合使用，混合系统得以实现强劲而流畅的加速性能，如图6-134所示。

在踩制动踏板或松加速踏板时，混合动力系统使车轮的旋转力带动发电机运转，将减速时损失掉的能量转换成电能，回收到动力电池中，如图6-135所示。

在停车时，发电机、驱动电机、发电机全部自动停止运转，不会因怠速而浪费能量。如图6-136所示。

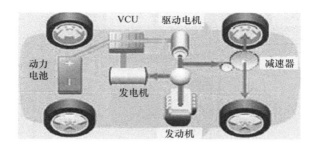

图 6-134　汽车全速行驶工况

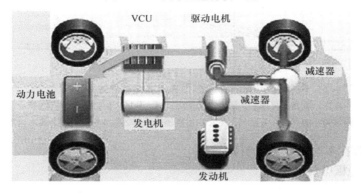

图 6-135　汽车减速或制动工况

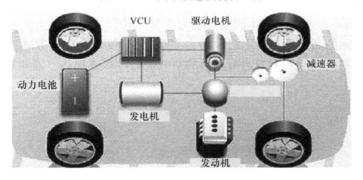

图 6-136　汽车停车工况

混合动力的电控系统布置需要根据其集成情况来确定，对于越来越多地与混合动力箱集成的混合动力控制系统来说，该控制系统与发动机组装后成为整个动力总成的一部分，因此，其布置与动力总成布置要求一致。对于分体式的混合动力控制系统来说，发动机 ECU 的布置同传统燃油车的 ECU 布置，对于高压驱动部分的动力控制系统，则同纯电驱动汽车动力控制系统。

6.4.7　电源补给系统

混合动力汽车动力电池及附件系统与纯电动汽车一致，包含动力电池、充电机、加热及冷却系统等，布置要求及方法与纯电动汽车相同。只是考虑混合动力汽车动力电池电量一般比纯电动汽车少很多，外形尺寸及重量都较小，因此布置位置可供选择的地方较多。常见的布置位置如图 6-137 所示。

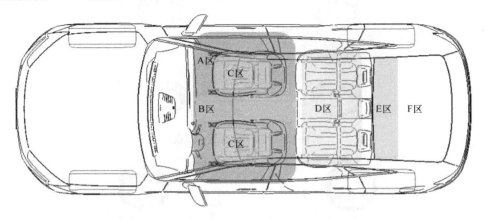

图 6-137　混合动力汽车动力电池常规布置区域
A 区—前地板区域　B 区—中央通道区域　C 区—前排座椅下方区域
D 区—后排座椅下方区域　E 区—行李舱内后排座椅后部区域　F 区—行李舱地板下方区域

动力电池布置在不同区域的说明如下。

1. A 区：前地板区域

由于整车乘坐空间和离地间隙的限制，A 区域内在 Z 方向上可用的空间非常有限，不适合尺寸较大的动力电池单元（图 6-138）的布置，通常布置在该位置的电池包的电量不超过 2kWh 的电量。如图 6-124 所示的本田混合动力汽车（HEV）的布置方式。这种布置方式基本不影响乘员舱空间的利用，是家用混合动力 HEV 汽车较好的布置方式。当然，这种布置方式由于其热管理系统可能采用的是乘员舱的空气进行冷却或加热，需要处理好由鼓风机及风道带来的风噪。

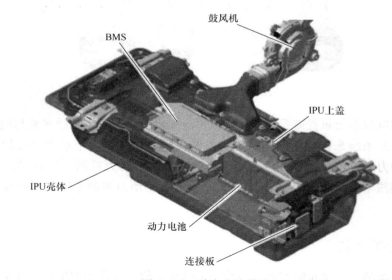

图 6-138　动力电池单元

2. B区：中央通道区域

B区域属于中央通道轮廓，其布置环境相对固定，可以充分利用中央通道区域来布置电池包；同时，需要在中央通道尺寸、座椅布置及后排通过性之间找到技术平衡点。另外，电池包的高压系统需要与整车前舱的电器零部件进行连接以实现电力的传输。中央通道是比较好的连接通路，并且可以为高压线缆提供较好的保护，因此可将电池包的高压输出端板布置在此区域，如图6-139所示的VOLVO S60插电式混合动力汽车。由于这种布置方式会在乘员舱中通道形成凸起，影响后排乘员中间的乘坐空间，因此，这种布置方式不适合普通家用乘用车，只适合四座四门轿跑车或跑车。

图6-139 沃尔沃S60插电式混合动力汽车

3. C区：前排座椅下方区域

C区域整车布置上受到人机工程、座椅运动和装配、离地间隙及碰撞安全等方面的因素的影响。由于电池包尺寸较大，除了靠制造精度保证配合关系外，电池包和整车车身地板应保证有5~10mm间隙，以保证装配间隙。

4. D区：后排座椅下方区域

D区域在传统燃油车辆上用于布置燃油箱，如果动力电池要布置在该区域，则需要将燃油箱移到别的地方布置，如图6-123所示的大众插电式混合动力PHEV汽车，燃油箱被移动到后桥上方的区域。这种布置方式的燃油箱容积受到限制，当需要较大的动力电池和较小的燃油箱容积时，可以考虑这种布置方式。这种方式布置的好处是容易得到较好的轴荷分配和较低的质心位置，同时，也不需要因将动力电池布置在地板下方造成的后排乘员空间的牺牲，适合家用PHEV轿车的布置，同时，可能因燃油箱容积较小，会带来续航能力不足的可能，需要在布置时尽量挖潜燃油箱的布置空间。与C区域一样，电池包和整车车身地板应保证有5~10mm以上间隙。

5. E区：行李舱内后排座椅后部区域（牺牲行李箱空间）

E区域是直接以牺牲行李舱空间为前提的布置区域，通常不优先考虑在此布置电池。由于E区很难和其他几个区域连接起来，若只在这个区域布置电池，电量很难满足续驶需求，如果穿透行李舱地板和F区域连成整体，意味着车身结构会和传统车辆有很大区别。相对而言，此区域的改造幅度和难度均较大。这种布置方式适合动力电池较小的HEV混合动力汽车，该区域的布置方式有两种，如图6-140所示为动力电池布置在行李舱前部的地板上，采用该种布置方式的有长城WEY P8和蒙迪欧如图6-141所示，其特点是会在行李舱内形成台阶；另一种布置方式是如图6-142所示的卡罗拉布置在后排座椅靠背后面。

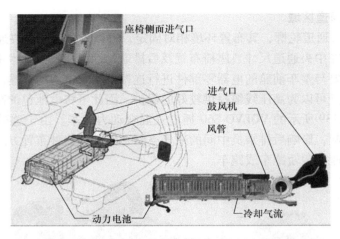

图 6-140　行李舱地板布置动力电池

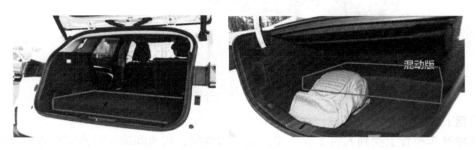

图 6-141　长城 WEY P8 和蒙迪欧的布置

动力电池位置

布置后的行李舱

图 6-142　卡罗拉双擎

6. F 区：行李舱地板下方区域

F 区域属于传统燃油车备胎槽的位置，此区域布置电池包会导致无法布置备胎或只能布置小尺寸备胎，相应的随车工具可能会有变化。这种布置方式与布置在 E 区情况类似，所不同的是受到后桥的影响，电池包布置位置更靠车尾，这就需要处理好可能因追尾带来安全影响。不推荐采用这种布置方式。

6.4.8　传动系统

混合动力汽车根据动力源的数量及动力传递方式的不同，分为串联型、并联型和混联型。串联式动力传动系统路径如图 6-143 所示，发动机与汽车驱动轮之间无机械连接，发动机仅用于带动发电机发电，动力电池起到蓄水池作用。驱动轮直接由电机驱动，结构类似于纯电动汽车传动系。

并联式动力传动系统结构如图 6-144 所示，发动机与驱动电机可以分别独立地向汽车驱动轮提供驱动力，发动机的机械能可直接输出到汽车驱动桥，中间没有能量的转换，系统效率较高，燃油消耗也较少。驱动电机同时又可作为发电机使用，在发动机提供的转矩下为动力电池充电。

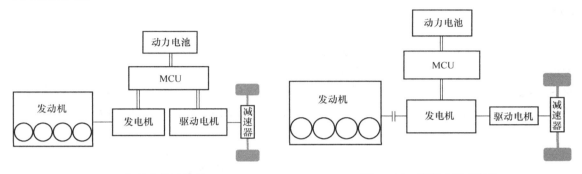

图 6-143 串联式传动路径　　　　　　　　图 6-144 并联式传动结构

混联式动力传动系统结构既装有电机又装有发动机，具有了串、并联结构各自的特点，具有最佳的综合性能，但系统组成庞大，传动系布置困难，同时串、并联分支之间合理的切换对控制系统和相关控制策略设计也提出了更高的要求。下面列举了两种并联式传动系统结构，如图 6-145 所示。

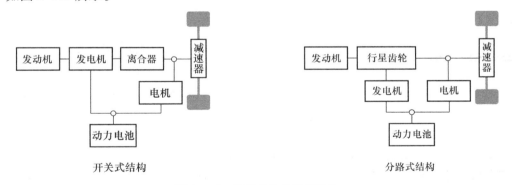

图 6-145 并联式传动系统结构

图 6-145 所示的开关式结构通过离合器的结合与脱离，来实现串联分支与并联分支之间的相互切换，离合器分离，切断了发动机与驱动轮的机械连接，系统以串联模式运行，离合器结合，发动机与驱动轮有了机械连接，系统以并联模式运行。

图 6-145 所示的分路式结构中串联分支与并联分支都始终处于工作状态，而由行星齿轮传动在串联分支和并联分支之间进行发动机输出能力的合理分配。此结构可通过发电机对串联分支实时各种各样的控制，同时又可通过并联分支来维持发动机与驱动轮间的机械连接，最终实现对发动机的转速控制。

最有名的专用混合动力变速器是丰田从 1997 年推出的普锐斯车上所用的混合动力系统

THS（Toyota Hybrid System），图 6-146 所示为 2009 年推出的第三代 THS 系统。THS 的变速器结构相对简单，但是通过与电机的集成形成很好的混合动力系统，NEDC 工况下油耗可以降到 3.4L/100km 以下；虽然其控制系统比较复杂，但随着电子控制系统的发展，整车可以在保证油耗性下也能实现很好的驾驶性能。丰田第三代 THS 系统结果说明如下。

1）电动机 M2 纯电行驶时，发动机通过电机 MG1 给电池充电，实现串联混合动力模式；发动机也可以与电机 MG2（或者 MG1）同时驱动汽车，形成并联混合动力驱动模式。所以，普锐斯 THS 可以称为串并联混合动力系统，或者功率分流混合动力（Power Split Hybrid）。

2）功率分流装置（Power Split Device，PSD）为一个行星齿轮组，实现功率、转矩和转速的分配。根据驾驶工况的不同可以实现纯电驱动和混合驱动等模式。由于行星齿轮副的双速度控制特点，不同于一般行星齿轮副锁止某个零件（静止或固定速度）获得特定传动比，普锐斯混合动力可以不锁止零件，而是通过电机或发动机控制其转矩比例，从而无级调节传动比，所以通常也被称为 eCVT（电动无级变速器）。PSD 结构如图 6-147 所示。

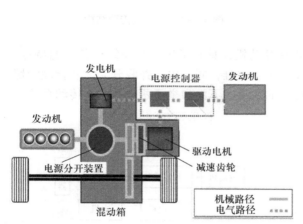

图 6-146　丰田 THS 混合动力系统

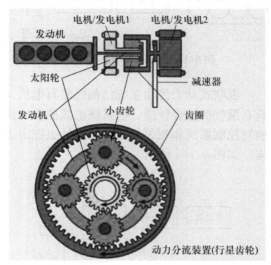

图 6-147　PSD 结构图

双电机结构的专用混合动力变速器（DHT）的国内代表产品，是上汽搭载在插电强混的量产车型荣威 e550 和 e950 上的电驱变速器 EDU（Electric Drive Unit）。如图 6-148 所示，上汽电驱动变速器 NEDC 综合能耗据资料可以达到 1.7L/100km，纯电工况下可行驶 60km。

根据驱动系统集成化的发展方向，市场主流混合动力车型并联式或混联式传动系统结构主要由发动机、电机（或发电机）、驱动电机、齿轮箱、MCU、GCU 等组成，一般称为混合动力箱总成。但由于混合动力箱总成集成零部件较多，控制系统复杂，因此外形尺寸相对传统动力总成体积较大，且根据传动系统排布方式不同，外廓形状也有较大差异。

例如，丰田第三代 THS 系统，电机与发动机串联布置，混合动力箱 Y 向占用空间大，不利于机舱平台化布置，如图 6-149 所示。第四代 THS 系统将电机与发动机变成平行轴结构，混合动力箱 Y 向尺寸变短。同时，将行星齿轮减速结构改为传统的减速齿轮，零部件更少，摩擦阻力更低，整体能效提升，而且依然能够保持对 MG1 的减速效果，如图 6-150 所示。

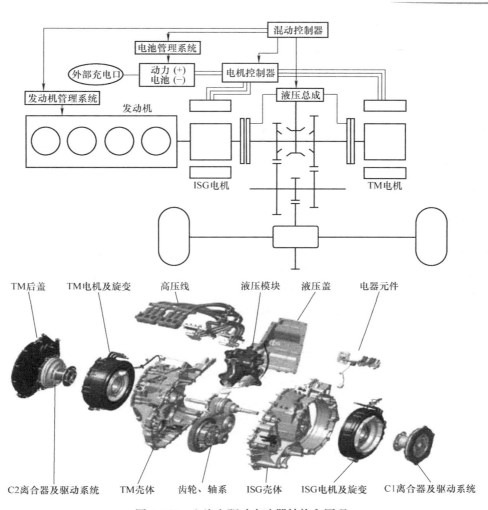

图 6-148　上汽电驱动变速器结构和原理

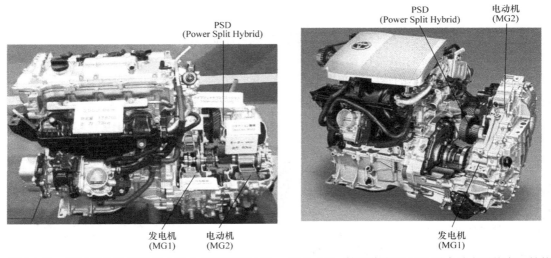

图 6-149　第三代丰田 THS 混合动力系统布置结构　　图 6-150　第四代丰田 THS 混合动力系统布置结构

若混合动力箱总成根据车型平台架构布置开发，外形尺寸应尽量紧凑，尤其是 Y 向尺寸对机舱左右纵梁间距要求较高。在混合动力箱设计过程中，电机、发电机、减速箱、控制箱等布置，都可以根据实际需要进行布置调整，接线端与进出水口也可以根据空间及布置需要，重新设定位置。混合动力箱设计过程零部件结构如图 6-151、图 6-152 所示，机舱布置如图 6-153 所示。

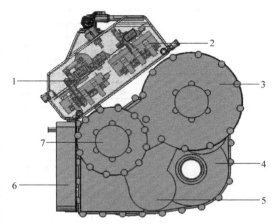

图 6-151 混合动力箱外形设计
1—GCU 2—MCU 3—驱动电机 4—减速箱
5—离合器 6—油冷器 7—发电机

混合动力汽车作为纯电驱动汽车的过渡产品会长期存在，国内主机厂商今年来纷纷开发混合动力混合动力箱，且大多采用混联模式以实现多种动力组合，配合高效发动机，实现低至 3~5L/100km 的超低燃油消耗水平，如比亚迪混合动力 DMi 系统，青山 DHT 混合动力系统等。它们共同的特点都是采用平行轴式双电机多合一混合动力箱。

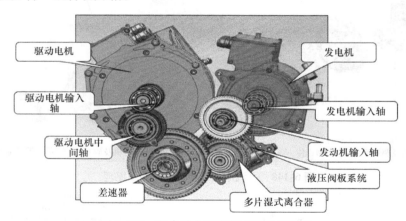

图 6-152 混合动力汽车箱内部布局设计

不管哪种形式的混合动力传动系统，其传动轴的布置与燃油车的传动轴布置基本相同，请参照 6.2.3 小节的内容。

6.4.9 热管理系统

混合动力汽车热管理系统比纯电动汽车复杂，除开纯电动汽车的 3 个主循环回路（电驱动系统冷却回路、电池系统冷却回路、空调系统回路），还包含发动机冷却回路。混合动力汽车热管理原理的设计思路与纯电动汽车一致，都是通过选定的

图 6-153 混合动力箱机舱布置

整车技术方案，经过热害和热平衡计算优化后，再通过实车验证，锁定最终热管理方案。

对于采用风冷电池为主的混联混合动力汽车 HEV 来说，由于动力电池通常采用比较独立的风冷/热，相对其它混合动力汽车来说，其热管理系统式最简单的。对于动力电池采用水冷/热的插电混合动力和增程式混合动力汽车来说，由于各循环的相互影响，使得热管理系统不仅复杂，对系统的参数匹配和热管理策略也要求更高。

图 6-154 所示是某车型不带发动机余热利用的混合动力汽车热管理原理图，4 个冷却回路通过不同的颜色区分。不同冷却回路之间相对比较独立，但涉及零部件较多，管线路布置复杂。

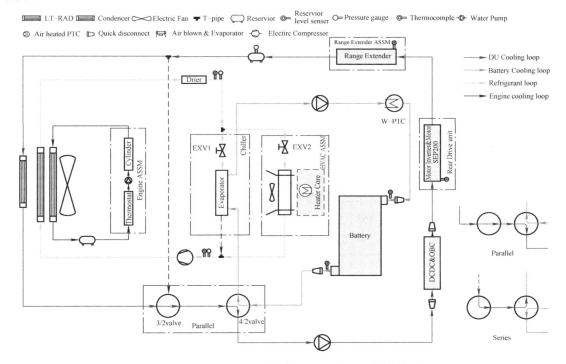

图 6-154 混合动力汽车热管理原理图（无余热利用）

有些混合动力汽车考虑利用发动机和驱动电机余热，在发动机起动后利用发动机余热对电池及乘员舱加热，代替或部分代替 PTC 加热来提高能量利用率，且发动机起动后乘员舱采暖/除霜效果较好。这部分热管理原理图就更加复杂，零部件成本也相对较高，管线路布置也更加困难。以金康赛力斯 SF5 混合动力后驱为例，增加发动机余热利用后，热管理原理图如图 6-155 所示。其中，黑色回路为发动机冷却回路及发动机余热利用回路。

在低温冷起动工况下，发动机不起动，不会参与循环，乘员舱通过 PTC 采暖，电池通过换热器加热，如图 6-156 中红色回路所示。

在低温纯电模式行驶工况下，发动机不起动，不会参与循环，乘员舱通过 PTC 采暖，电池通过电驱回路加热，如图 6-157 中红色回路所示。

在低温增程模式行驶工况下，发动机起动，参与循环，给乘员舱和电池加热，如图 6-158 中红色回路所示。

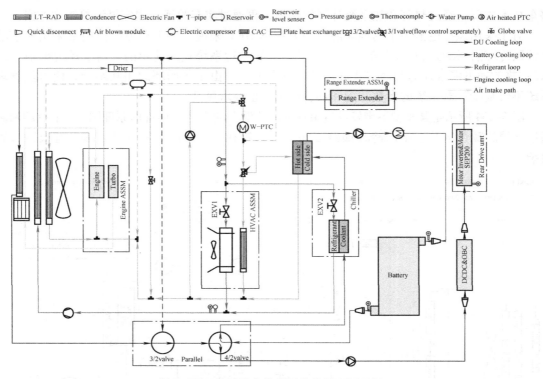

图 6-155　发动机余热利用的热管理原理图

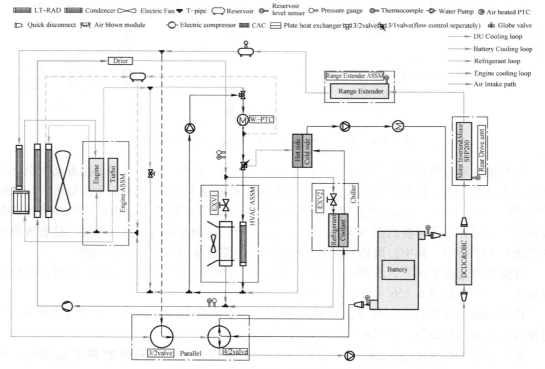

图 6-156　低温冷起动－电池及乘员舱加热

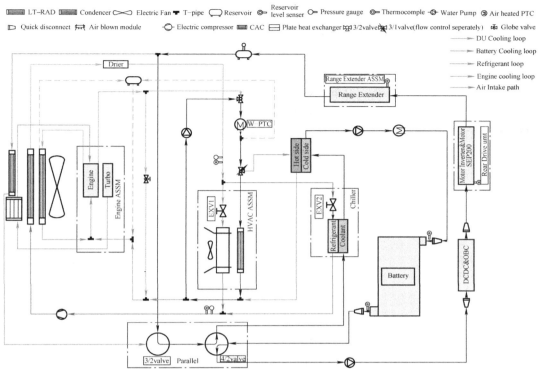

图 6-157 低温纯电模式行驶 – 电池及乘员舱加热

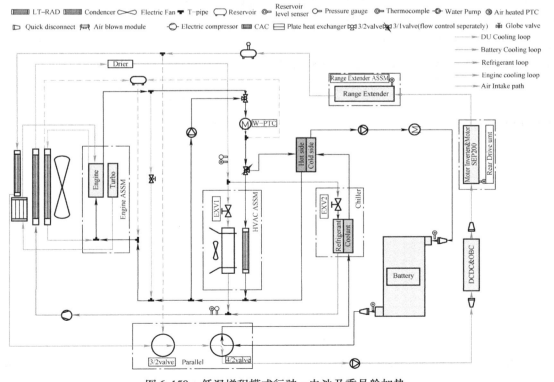

图 6-158 低温增程模式行驶 – 电池及乘员舱加热

由于余热利用的混合动力系统管路过于复杂,到目前为止真正采用全余热利用的混合动力车型并不多。不过随着对高效率能量利用率的不断追求,相信它会逐渐被大多数主机厂采用。需要说明的是,热管理系统管路布置不管其管路有多复杂,其考虑最多的都是装配的工艺性。管路的布置可以参见第 8 章的相关内容。

混合动力汽车热管理另外一个布置难点是冷却模块,尤其是发动机采用增压发动机的情况下,冷却模块由于有发动机(高温)散热器和中冷器、高压系统(电机及控制器等)低温散热器和空调冷凝器四个散热器需要排列在前端进风区域,不同的排列方式对各个冷却回路有较大影响。图 6-159 所示为常用的冷却模块排列方式。包括:层叠式(1)、层叠式(2)和层叠并排式。

层叠式(1)

层叠式(2)

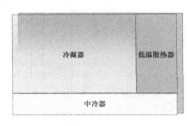
层叠并排式

图 6-159　冷却模块排列方式

层叠式(1)排列方式可以使低温散热回路获得较低的冷却温度,但需要较大的冷却模块迎风面积才能使冷凝器满足空调系统的要求;层叠式(2)可以获得较高的空调冷凝效果,但往往会使低温冷却回路达不到需要的冷却液温度(≤65°),需要较大的低温散热器。如果冷却模块的迎风面积较大,也可以采用层叠并排式冷却模块,这样空调冷却和低温回路都可以得到较好的效果。另外,如果冷却模块的迎风面积有限,也可以将中冷器单独布置在其他地方,如图 6-161 所示。而冷凝器和低温散热器可以采用上下或左右并排方式,如图 6-160所示。

上下排列

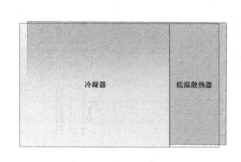
左右排列

图 6-160　冷却模块排列方式(无中冷器)

如果电机采用油冷,油冷器也加在前端模块,则会增大前端模块的排列难度。在冷却模块由于集成太多散热器出现排列困难情况下,也有把某个散热器单独拿出来布置在其他地方。图 6-161 所示为油冷电机散热器的布置情况。

单独布置的油冷器

油冷器布置在前轮与前保险杠之间

图 6-161　油冷电机的散热器布置

增压发动机的中冷器也是经常被单独布置的一个散热器，如图 6-162 所示

利用机舱盖上的进气口布置在机舱内

布置在前照灯下前保险杠后

车头两侧布置两个中冷器对应双增压器

图 6-162　单独布置的中冷器

不管是油冷器还是中冷器，只要独立于冷却模块布置，通常都不带强制冷却风扇，这与它们起作用时的工况是相关的。对于油冷器来说，不管是机油冷却器还是变速器齿轮油冷却

器，在没有行驶的工况下需要冷却的发动机或变速器负荷都不大，此时的机油或变速器齿轮油通常不需要冷却。对于中冷器来说类似，增压器起作用时发动机的转速通常会 ≥1500r/min，而发动机怠速时的转速通常 ≤800r/min，此时增压器没有起作用，中冷器也不需要冷却。当汽车行驶时，这些散热器利用行驶速度产生的气流流过散热器来完成冷却功能。

6.4.10 空调系统

混合动力汽车空调系统与不同形式的混合动力汽车相关联，通常情况下动力电池较小的 HEV 型混合动力汽车的空调系统大多采用与燃油动力车一样的空调系统，压缩机的动力来源于发动机。动力电池较大的 PHEV 型混合动力汽车或 REEV 型混合动力汽车，由于纯电工况较多，基本都采用与纯电动汽车一样的电动压缩机。对应的空调系统布置请参见相关章节的内容。图 6-163 所示为某增程式混合动力汽车的空调系统，其电动压缩机布置在燃油动力汽车常规压缩机的位置。

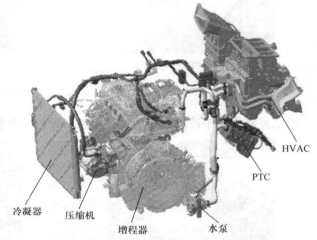

图 6-163 某增程式混合动力汽车空调系统

6.4.11 低压电源、电气系统

混合动力汽车电器系统与纯电动汽车一致，主要包括高压直流电气系统、交流电气系统、低压电气系统和整车 CAN 通信网络控制系统。各系统零部件组成及布置要求，详见 6.3.10 小节所述。

6.5 关于性能的机械布置

通常所说的汽车性能已经被大家所熟知了，主要包含动力性、燃油经济性、制动性、操纵稳定性、行驶平顺性、排放污染及噪声。本节我们主要从机械布置层面来阐述一下设计过程中机械布置对性能的影响。

6.5.1 碰撞性能的机械布置

汽车碰撞性能相关的机械布置，主要包含前机舱、乘员舱、下车体三大区域板块。汽车设计前期应通过预留碰撞相关吸能空间的方法，减少后期因碰撞性能不达标引发布置颠覆的可能性。

如图 6-164 所示，在碰撞过程中随着碰撞力的传导，车身前部结构逐步变形溃缩从而能量被吸收，具体如下：

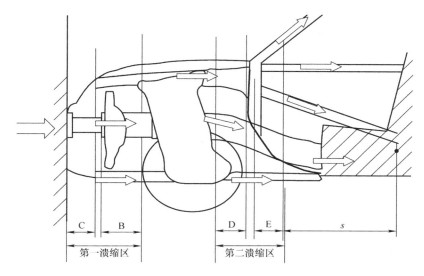

图 6-164　汽车正面碰撞力的传导

C 区域结构相对较软，在发生轻微碰撞中可以有效控制车体的侵入性，同时也是高速碰撞中的主要吸能结构之一。

B 区域结构刚性相对 C 区域结构较大，是压溃区域，也是高速碰撞中的主要吸能区域，在碰撞过程中与 C 区域的压溃表现形式一样是渐进的折叠压溃式，这种压溃形式具有很好的能量吸收效果。

D 和 E 区域是第二压溃区域，在碰撞过程中要求具有良好的刚度，为渐进折叠压溃区域提供一个稳定的支撑平台，确保乘员舱的安全性。且在 C 到 B 区域车辆加速度逐渐增加，在 B 区域到达第一个峰值；在 B 到 D 区域车身结构刚度较大，并布置有发动机及变速器等刚性部件，车辆加速度又急剧增大，达到第二个峰值，最后车辆慢慢停止。

在明白整车前碰撞的基本概念后，下面介绍具体的布置要求。

1. 前舱吸能空间

前舱的吸能空间是前碰中最为关键的一项，是决定碰撞性能好坏的先决条件。因此，在布置动力总成时，必须注意预留相关吸能空间，如图 6-165 所示，对应的建议参数如表 6-19 所示。当然这些参数推荐值是与相关法规关联的，布置时最好与碰撞安全工程师一同确定。

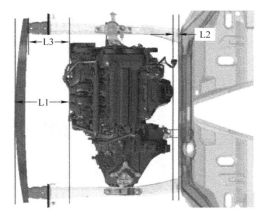

图 6-165　前舱吸能空间

根据机舱在碰撞过程中溃缩变形要求，机舱零部件布置在有限的空间条件下，要尽量确保安全的溃缩空间，通常应遵守以下的布置原则。

1）冷却模块尽量垂直布置，减少 X 向占用空间。

2）刚性模块（ABS、发动机控制模块、制动助力器、制动主缸和蓄电池、电机控制器等）尽量布置在统一纵向宽度，且不可发生碰撞变形的区域，并尽可能保持在发动机纵向区域内。

3）制动助力器和制动主缸安装在发动机舱前壁板上的外侧，确保同高度的前后方向没有别的刚性模块。

4）蓄电池有些考虑布置在如驾驶侧前减振器座的后面，若必须在驾驶人侧，需布置在不可发生变形区域，尽可能向上布置，错开制动助力器。

表 6-19 前舱吸能空间参数

代号	描述	要求值		备注
		中国市场	美国市场	
L1	动力总成（含悬置）硬物最前端到前保最前端距离	≥300	≥435	此区域应避免布置碰撞不变形的硬物（不可溃缩，无法变形）
L1 + L2	动力总成最后端到防火墙最前端距离	≥425	≥560	
L3	动力总成（含悬置）硬物最前端到吸能盒前端距离	≥200	≥335	

2. 前纵梁相关安全尺寸

前纵梁相关碰撞安全尺寸主要考虑到 ODB 壁障尺寸情况，通常机械布置需参考如图 6-166、图 6-167 所示。虽然 2021 版 C – NCAP 将 ODB 壁障改为 MPDB 壁障，但我们在机械布置过程中，如表 6-20 所示的经验值仍然可以作为布置参考依据。

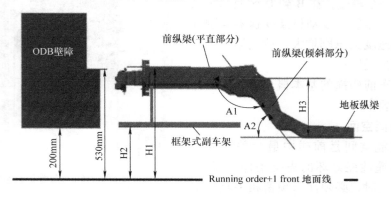

图 6-166 纵梁侧视图

图 6-167 纵梁俯视图

表 6-20 纵梁及吸能盒布置参数推荐值

代号	描述	要求值	备注
H1	前纵梁顶部距地面线的距离	≤530mm	吸能盒与前纵梁尽量保持同一高度
H2	框式副车架前端底部距地面线的距离	≥200mm	
H3	前纵梁与地板纵梁在 Z 向的落差	—	没有特别的要求,仅建议在设计时尽可能小,前纵梁与地板纵梁尽量平滑过渡
W1	前纵梁与地板纵梁在 Y 向的偏差	—	没有特别的要求,仅建议在设计时尽可能小,前纵梁与地板纵梁尽量平滑过渡
A1	前纵梁(平直部分)与前纵梁(倾斜部分)在 Z 向所呈的角度	≥135°	
A2	前纵梁(倾斜部分)地板纵梁在 Z 向所呈的角度	≤45°	
A3	前纵梁(倾斜部分)与地板纵梁在 Y 向所呈的角度	≤10°	

3. 前防撞梁相关安全尺寸

如图 6-168 所示,前防撞横梁相关安全尺寸主要考虑到低速碰与维修成本要求,吸能盒尽量加长,昂贵零部件尽量靠后布置,离前保险杠横梁远一些。前后车灯、前后雾灯等外部昂贵零部件必须避开碰撞器凸出部分。吸能盒上开孔或槽,以诱导折叠变形,优先考虑用螺栓与纵梁连接。布置参数推荐值如表 6-21 所示。

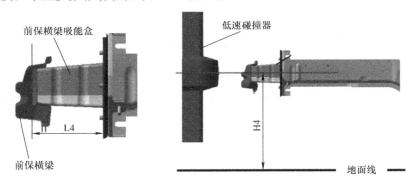

图 6-168 前防撞梁布置

表 6-21 前防撞梁布置参数推荐值

代号	描述	要求值/mm	备注
L4	吸能盒 X 向长度	≥100	
H4	吸能盒中心线与地面线距离	≈445	对于地面线,国标与欧标相同,与美标不同;一般指空载/半载

4. 前后保险杠相关安全要求

考虑低速碰撞、行人碰撞保护要求,如图 6-169 所示,前保险杠内部空间布置参数如表 6-22 所示。

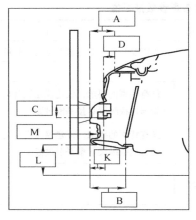 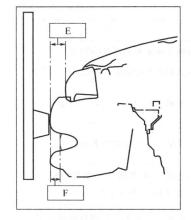

车辆Y0处断面　　　　　　　前照灯部位断面

图 6-169　行人碰撞保护相关尺寸

表 6-22　前保险杠内部空间布置参数推荐值

代号	描述	要求值/mm
A	发罩前端分缝至前保险杠最前端距离	≥70
B	散热器前端至前保险杠前端距离	≥170
C	前防撞梁与碰撞器Z向重合距离	≥40
D	发罩前端分缝至防撞梁前端距离	≥20
E	前照灯位置前保险杠最外点至前照灯外表面最外点距离	≥50
F	前照灯位置前保险杠最外点至雾灯外表面最外点距离	≥20

后保险杠布置参数如图 6-170 所示，布置参数如表 6-23 所示。

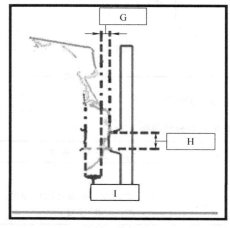 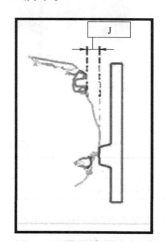

车辆Y0处断面　　　　　　　车角方向断面

图 6-170　低速碰撞后保险杠布置参数

表 6-23　后保险杠内部空间参数推荐值

代号	描　述	要求值/mm
G	行李舱分缝后端至后保险杠最后端距离	≥70
H	后防撞梁与碰撞器 Z 向重合距离	≥40
I	行李舱分缝后端至后防撞梁后端	≥20
J	尾灯位置尾灯表面外端与保险杠外端	≥50

5. 车内乘员安全空间

车内乘员相关安全尺寸如图 6-171、图 6-172 所示，布置参数如表 6-24、表 6-25 所示。

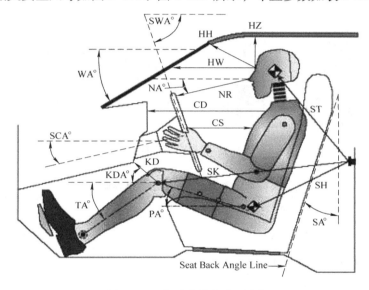

图 6-171　驾驶人前方布置空间

表 6-24　驾驶人前方布置空间参数推荐值

测量项	美标要求/mm	C-IASI 要求/mm
CS（驾驶人胸部到方向盘中心距离）	≥330	≥310
CD（乘员胸部到仪表板距离）	≥550	—
RS（驾驶人腹部到方向盘下轮缘）	≥210	≥210
NR（鼻尖到转向盘上边缘）	≥390	≥390
KDL（左腿膝盖到仪表板距离）	≥215（驾驶人）	≥185（驾驶人）
KDR（右腿膝盖到仪表板距离）	≥135（乘员）	
SCA（转向管柱角度）	20°~30°	20°~30°

当然，这些尺寸有时或大多数情况下是不能完全满足的，如 KDL/R（左/右腿膝盖到仪表板距离），因为造型或转向柱相关零部件布置的需要，大多数情况下无法达到推荐值，于是就有人发明了膝部安全气囊，来达到较高的安全标准。

在前碰撞安全布置中需要注意的是不能让动力总成在碰撞过程中被挤进驾驶舱，或者说不能让前壁板因此受到变形而致使三踏板（加速、制动和离合器踏板）安装面变形进而使三踏板往上翘，避免乘员脚和腿受到伤害，更不能让方向盘严重后退而伤害乘员的胸部！也不能使仪表台板破碎形成的尖锐物刺伤乘员。作为整车集成工程师需要懂得为碰撞安全留出足够变形空间的原因，并想方设法地满足的重要性——关乎人命！

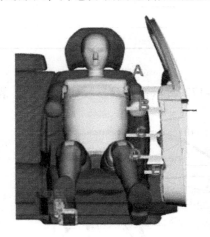

图 6-172　乘员侧面布置空间

表 6-25　乘员侧面布置空间推荐值

乘员侧面空间	要求/mm
A（肩部到车门内饰）	≥100
B（胸部到车门内饰）	≥195
C（腹部到车门内饰）	≥180
D（腹部到车门内饰扶手）	≥130
E（座椅侧翼到车门内饰）	≥60

6. 侧围相关安全尺寸

侧围相关安全尺寸如图 6-173～图 6-175 所示，布置参数如表 6-26 所示。

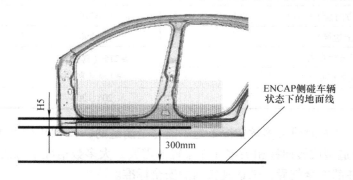

图 6-173　门槛高度

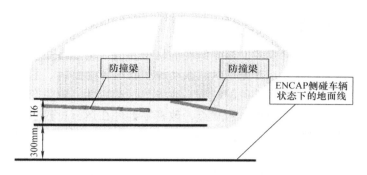

图 6-174 车门防撞梁中心

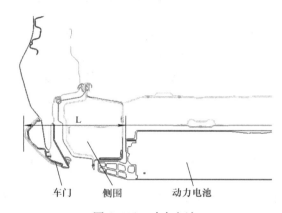

图 6-175 动力电池

表 6-26 侧围相关安全尺寸

代号	乘员侧面空间	要求/mm
H5	MDB 与门槛重叠区域高度 H	$\geq \frac{1}{3}$门槛高度
H6	车门防撞梁中心与 MDB 下部的重叠高度	≥250
L	动力电池距离侧围外侧	≥250

对于侧碰安全布置来说，整车集成工程师还要明白满足这些空间还是不够的，必须明白在侧碰发生时，乘员受到冲击力最好能从上到下比较均匀分布，并且人体姿态保持不变，使人体在碰撞过程中少受伤害。凡是能做到使人体在碰撞过程中少受伤害的措施都应采取，或反过来说凡是使人体易受伤害的结构都应避免，如碰撞过程中坚硬物体刺穿车门内饰板或车门内饰板破碎形成尖锐物伤害人体的情况。

需要注意的是，对于所有碰撞布置尺寸的推荐值通常情况下若满足则是比较经济的设计方式，并可以达到较高的安全标准。但由于受到造型、空间等的限制，往往不能都满足，这就要根据设定的安全标准目标与安全工程师一起讨论决定采用什么措施（如牺牲造型，或采取增加安全配置）来实现目标，并通过整车碰撞安全分析来进行验证。另外，随着经济的发展和技术的进步，安全标准也是在不断变化，整车集成工程师要不断学习了解最新安全标准或即将发布的安全标准，与时俱进才能做好整车集成工作！

6.5.2 NVH 的机械布置

影响汽车 NVH 性能的因素很多，如零部件的机械布置、外造型的风噪、钣金件的模态等等。要改善汽车的 NVH 特性，首先是对其振动源和噪声源的控制。主要有以下几点措施。

1) 改善产生振动和噪声的零部件的结构，改善其振动特性，避免产生共振。
2) 合理布置零部件安装固定点、悬置点，改善零部件在运行过程中自身振动。
3) 改进旋转元件的平衡；提高零部件的加工精度和装配质量，减小相对运动元件之间的冲击与摩擦。
4) 改善气体或液体在管道中的流动状况，避免形成涡流或湍流。
5) 改善车身结构，提高刚度；施加与噪声源振幅相当而相位相反的声音等。
6) 改善汽车外部气动结构特性，减轻风噪。

其次要控制振动和噪声传递的途径。这就需要对结构的振动和噪声传递特性进行分析并改进，使之对振动和噪声具有明显的衰减作用而不是放大。主要有以下几点措施：

1) 优化对发动机悬置的设计，阻断或降低发动机向车身传递的振动。
2) 对悬架系统进行改进，阻断或降低地面冲击振动的传递。
3) 采用适合于平面振动的阻尼材料、适合于旋转轴类的扭振减振器，以及针对其他线振动的质量减振器，改变振动频率，避免产生共振。
4) 分析和改进结构，特别是车身的密封状况，提高密封性能，减轻各类噪声通过空气传递到车内。
5) 采用各种吸音材料、隔音材料和隔音结构，提高汽车内部的吸音和隔音性能等。

本小节主要介绍提高机械布置方面的 NVH 性能。NVH 的机械布置主要涉及悬置布置、消声器布置、机舱密封和隔热、下车体密封、吸振块和驱动轴吸振套等板块布置内容。在前面相关系统机械布置介绍过程中，也都有所涉及，这里再归纳强调。

动力总成悬置系统是动力总成与车身之间的弹性连接系统，作用是隔离发动机（动力总成）振动传递到车体，悬置根据其隔振的效果可分为橡胶悬置，液压悬置，半主动/主动悬置。发动机总成悬置系统机械布置详见 6.2.3 小节所述，电机悬置系统布置详见 6.3.4 小节所述。这两个小节都对悬置系统布置方法及验证流程做了详细说明。通过前期的机械布置优化与 CAE 分析验证，结构上能够有效保证悬置的隔振性能。图 6-176 所示为悬置几何中心与动力总成质心最理

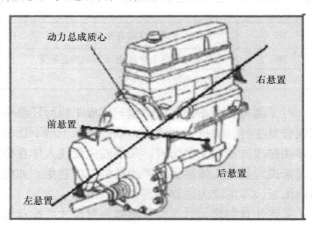

图 6-176 悬置几何中心与动力总成质心

想的布置关系，满足这种布置关系的动力总成自身的振动，在悬置上的表现是最小的，但这种布置方式由于发动机自然振动幅度在远离左右悬置连线的地方振幅会较大。同时，防翻转

的前后悬置的力臂较短,会在动力总成大转矩驱动时受到较大的力,综合各方面因素来看,这种布置并非动力总成悬置的最佳布置方式,较好的悬置布置方式应即可满足动力总成自身的振动尽量小的影响悬置,同时,又可有效地减少悬置的翻转受力。

近年来新能源汽车可以说是突飞猛进,各种构型的动力总成不断涌现,尤其是以混联系统的构型最多,不仅有双模、还有三模、这些系统集成度很高(发动机、驱动电机、发电机及动力控制器、离合器、变速器等),动力驱动模式多而且复杂,发动机、驱动电机和发电机都可能同时或单独或两两组合参与驱动,在多模驱动下的转矩很大,并且动力总成重量很大,这对悬置的布置设计也提出较大的挑战。

对于对动力总成振动损害衰减要求较高的车辆,其左右悬置会采用液压甚至半主动/主动悬置,由于这些悬置的体积较大,需要较大的布置空间,对于高集成度多模混合动力总成来说,机舱布置上需要仔细考虑、精心布置。具体选用什么形式的悬置,需要由悬置工程师、性能工程师和集成工程师共同确定。

另外,不管是什么动力总成,在悬置布置完成后,需要进行多工况悬置刚强度校核、悬置解耦性能校核,用得比较多的是动力总成28载荷工况,如表6-27所示。

表6-27 动力总成28载荷工况

序号	动力总成悬置系统分析工况		动力总成的重力加速度/g			动力总成转矩	工况类型
			X	Y	Z		
1	静态设计位置(动力总成自重下)				−1		典型
2	发动机最大前进转矩				−1	工况2	典型
3	发动机最大后退转矩				−1	工况2	典型
4	发动机最大前进转矩 & 前进加速度	前驱	0.5		−1	工况2	典型
		后驱	0.6		−1	工况2	典型
		四驱	0.7		−1	工况2	典型
5	发动机最大前进转矩 & 左转			1	−1	工况2	典型
6	发动机最大前进转矩 & 右转			−1		工况2	典型
7	发动机最大前进转矩 & 垂直向下冲击				−1	工况2	典型
8	发动机最大前进转矩 & 垂直回弹				1	工况2	典型
9	发动机最大前进转矩 & 后退加速度	前驱	0.6		−1	工况3	典型
		后驱	−0.5		−1	工况3	典型
		四驱	−0.6		−1	工况3	典型
10	8KPH 前碰(−11g)		−11		−1	无	极端
11	8KPH 后碰(+11g)		11		−1	无	极端
12	垂直向上加载(深坑)				4	无	极端
13	垂直向下加载(深坑)				−6	无	极端
14	横向向左加载			−3	−1	无	极端
15	横向向右加载			3	−1	无	极端
16	垂直向上 & 横向向左加载			−3	4	无	极端
17	垂直向上 & 横向向右加载			3	4	无	极端

(续)

序号	动力总成悬置系统分析工况	动力总成的重力加速度/g			动力总成转矩	工况类型
		X	Y	Z		
18	垂直向下 & 横向向左加载		-3	-6	无	极端
19	垂直向下 & 横向向右加载		3	6	无	极端
20	坏路向上			2.5	无	典型
21	坏路向下			-4.5	无	典型
22	前进纵向加载（节气门全开加速）	-3		-1	无	典型
23	后退纵向加载（节气门全开加速）	3		-1	无	典型
24	节气门全开，N 到 D 档/离合器低档节气门全开结合			-1	工况 3	极端
25	节气门全开，N 到 R 档/离合器倒档节气门全开结合			-1	工况 3	极端
26	1 倍重力加速度载荷			-1	无	典型
27	部分前进转矩（5/8 节气门开度）			-1	按规定	典型
28	部分倒档转矩（5/8 节气门开度）			-1	按规定	典型

汽车 NVH 在布置阶段就需要考虑就是汽车消声器，汽车消声器存在于发动机进、排气系统中，作用是降低因吸气或排气带来的噪声，改善 NVH 性能。进气消声器也称谐振腔/谐振管，如图 6-177 所示，主要布置在进气管上，机械布置方法在 6.2.4 章节已做详细阐述。这里对消声器机理和如何应用作进一步的讲解，以便更有效地布置服务。

汽车进气消声器，通常称为进气谐振腔，其主要功能是降低进气噪声。奥拓循环的活塞发动机的进气过程不是连续稳态的，而是随着每个气缸气门的打开间隙性的进气。因此，进气管路的内的压力是变化的，这种压力的变化是以压力波的形式在管路内传递，而且是有规律的，这种压力波动的频率与管路长度、直径等因素有关。这样，设计上可以通过调整进气管的直径、长度，以保证在某个转速下，进气阀门打开的刚好是进气压力波峰，这样相当于增压，进入气缸混合气增加，发动机输出扭矩增加。这是一种提高充气效率的方法，也有人把它称为进气谐振增压。这种方法的效果比较有限，因为谐振的频率是基本固定的，因此只能对应很窄的转速范围，并且受影响的因素比较多，比如空气湿度、密度等等。进气谐振腔起作用的过程如下：

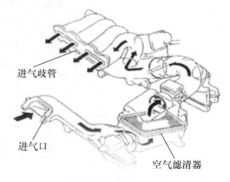

发动机进气气流

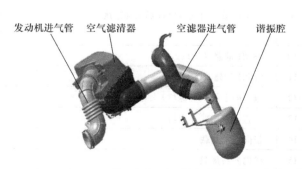

带谐振腔的某车进气管路

图 6-177　进气系统谐振腔布置

发动机进气气流在进气门关闭时，进气瞬间发生逆反回流，紧接着的下一个进气行程吸入的新的气流，二者在进气管道内发生冲撞，不仅影响发动机气缸内的充气效果，还会造成气流噪声。进气谐振腔的作用就是让上一个循环逆反回流的气体暂时储存，与下一个进气循环同时进入气缸，可以消除发动机进气管道内紊乱气流并且可以延长管路的长度，从而增加发动机进气系统的长度，在发动机某转速段起到提升进气效率的作用，在降低发动机进气噪声的同时，又提升发动机的动力性和经济性。谐振腔对形状要求不高，主要是有一定的容积，另外，由于不同车型的发动机不同、进气管路布置不同、长度也不同，因此，谐振腔也并非必须品，通常情况下，NVH 部门会在布置阶段提出布置预留要求，是否实施需要根据实物评价结果施行。

由于固定容积的谐振腔只对发动机某转速段起到较好的作用，通常固定容积的谐振腔适配发动机低转速段，也有将谐振腔容积制成可调节来适应更宽发动机转速范围的进气消声，不过由于存在调节结构而使得谐振腔变得复杂，成本贵且效果有限。

排气系统中的消声器是排气系统的重要部件，通过控制消声器的布置位置、截面形状、容积等来达到消除排气噪声的目的。机械布置方法在 6.2.5 小节已做详细阐述。这里进行深一步的阐述。

汽车消声器按消声原理与结构可分为抗性消声器、阻性消声器和阻抗复合型消声器三类。

1）抗性消声器是在内部通过管道、隔板等部件组成扩张室、共振室等各种消声单元时，声波在传播时发生反射和干涉，降低声能量达到消声目的。抗性消声器消声频带有限，通常对低、中频带消声效果好，高频消声效果差，货车多采用抗性消声器，如图 6-178 所示。

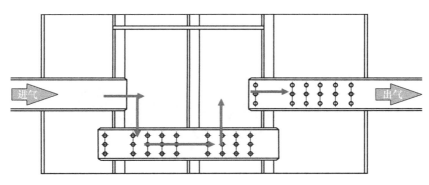

图 6-178　抗性消声器

2）阻性消声器是在内部排气通过的管道周围填充吸声材料来吸收声能量达到消声目的的消声器。对中、高频消声效果好，单纯用作汽车排气消声器较少，通常与抗性消声器组合起来使用，如图 6-179 所示。

3）阻抗复合型消声器是分别用抗性消声单元和吸声材料组合构成的消声器，它具有抗性、阻性消声器的共同特点。对低、中、高频噪声都有很好的消声效果。图 6-180 所示为在抗性消声器的基础上增加消音棉组成的复合型消声器。

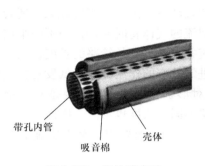

图 6-179 阻性消声器

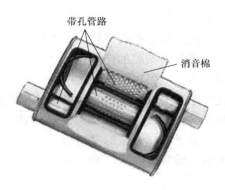

图 6-180 阻抗复合型消声器

排气系统的消声器通常会有 2~3 个消声器组成完整的排气消声系统，其中用得比较多的是二级消声系统，布置在靠近发动机的消声器叫前置消声器（前消、副消声器），另一个叫后置消声器（后消、主消声器）。具体采用消声器的数量受到布置空间及对 NVH 目标的不同而不同，整车集成工程师要与 NVH 工程师一起确定合适的方案。

改善汽车 NVH 在布置上考虑的另外一项重要内容是进行声学包装，即声学包，Sound package，是指为达到整车 NVH 性能而设计的声学材料包装，例如发动机舱前壁板隔音垫，内饰件吸声材料，车身各泄漏孔堵塞，钣金件膨胀胶位置等，是个泛指。如果狭义一点，就是指整车声学材料的应用。通常乘用车声学包在整车的分布，如图 6-181 所示。部分车型因对 NVH 的要求不同，声学包的分布可能会有所增减，如对 NVH 要求更高的话，在发动机舱的左右纵梁处还会增加吸声材料等等。

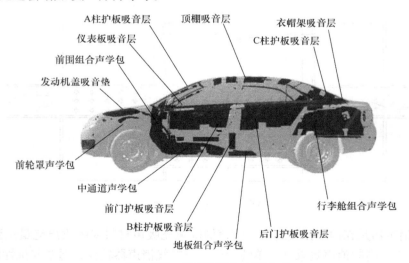

图 6-181 汽车声学包布置分布

汽车声学包总的布置原则是：尽可能最大面积覆盖所属部位，尽可能减小孔的数量和面积。如需设计其他零部件的固定，尽量采用焊接螺柱代替开孔。对于一些小孔（如孔直径小于 10mm）可用开十字槽代替，对于一些仅在安装时使用的过孔可考虑开缺口不去除材料的方式来代替，如图 6-182 所示。

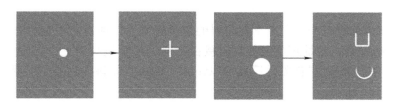

图 6-182　开孔结构

以下对汽车几处重要声学包布置结构进行举例说明。

1. 机舱前壁板声学包布置

对于发动机前置车辆，为了降低发动机舱传到车内的噪声，前壁板部位对声学包的要求极为严格，前壁板部位的声学包材料也是一辆车中最复杂、功能最全面的材料，一般均采用复合材料以起到吸音、隔音和隔热的综合效果。结构上一般采用类似三明治的结构（吸音+隔音+吸音），即前壁板外采用吸音板料，前壁板为隔音材料，前壁板内采用吸音板料（更好的采用吸音+隔音材料）。前壁板部位为了取得好的隔声量，必须要用多层结构的材料，同时还需要考虑外观，结构如图 6-183 所示。前壁板声学包的厚度一般建议不小于 20mm，和其他声学包的搭接量建议不小于

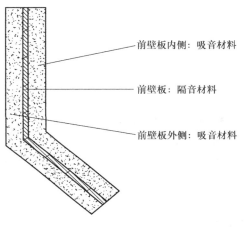

图 6-183　前壁板声学包结构

30mm。作为整车集成工程师，需要充分了解并在进行相关区域布置时加以考虑。

2. 地板声学包布置

地板的声学包材料一般分成地毯部分和中通道部分，对于这两部分声学上要求也不一样。

1）中通道位置，因中通道为排气管（还有动力总成纵置的变速箱、后驱及四驱的传动轴等）通过的路径，此处的噪声比地板其它部位的声音都要大很多，对于中通道的降噪要求就更高。

2）地毯部分的声学包材料有的是附在地毯上，有的是和地毯分开单独安装，也有和地毯整体成型的。声学包材料附在地毯上：声学包材料可灵活设计，后续设计更改声学包材料较方便，生产时安装方便。声学包材料和地毯分开单独安装，声学包材料可灵活设计，后续设计更改声学包材料较方便，因声学包零部件增多，生产时安装起来较麻烦，较耗费工时。降噪效果对比：声学包材料和地毯整体成型＞声学包材料附近在地毯上＞声学包材料和地毯分开单独安装。

地板声学包材料厚度尽可能大于 20mm，对于局部空间较小的部位至少保证大于 10mm。对于地板凹陷不平处最好用声学包材料进行填充，填充时可以用多层材料粘接，以达到所填充厚度。在布置上需考虑和其它声学包的搭接量及安装位置。

1）与前壁板内侧声学包材料的布置关系：前壁板内侧声学包材料尽量往地板延伸和地板贴合，地板声学包材料搭接在前壁板内侧声学包材料上，尽量与之完全贴合，搭接量至少

保证有30mm，搭接处的厚度可以递减。

2）中通道声学包材料与地毯声学包材料的布置关系：中通道声学包材料尽量往地毯地板延伸和地毯地板贴合，地毯声学包材料搭接在中通道声学包材料上，尽量与之完全贴合，搭接量至少保证有30mm，搭接处的厚度可以递减，地毯的面料一般要完全覆盖中通道声学包材料，如图6-184所示。

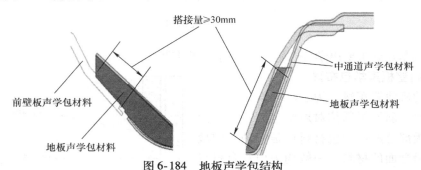

图6-184　地板声学包结构

3. 四门声学包布置

四门部位的声学包材料主要是为了吸收动力总成及外界通过空气传来的噪声，一般均使用吸音性能较好的吸音材料，对隔音一般不做考虑。此处常选用的声学包材料有双组份吸音棉、低熔点毛毡、PET毡等。

四门部位声学包材料应尽可能最大面积覆盖门护板，尽量少开孔。此部位对声学包材料的外观要求不高，零部件周边可以不包边、不压边。声学包材料的厚度建议不小于20mm。声学包材料在布置上不能遮蔽车门上的喇叭，如图6-185所示。

立柱、顶篷、行李舱、仪表板、发动机、轮罩、翼子板等部位声学包布置与四门部位基本一致，在此不做详细说明。

汽车密封零部件主要在整车上主要起密封作用，密封件按类型可以分为以下3类。

1）堵件：用于密封孔洞的密封件，如漏液孔堵件，线束过孔堵件，结构如图6-186所示。

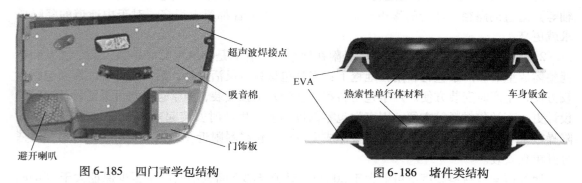

图6-185　四门声学包结构　　　图6-186　堵件类结构

2）密封条：用于密封细长部位的密封件，如门洞密封条、车门密封条；

3）密封块：用于块状部位的密封件，如后视镜处密封块、后尾灯密封块。结构如图6-187所示。

汽车密封件对整车NVH的影响，以密封条系统为例进行说明。

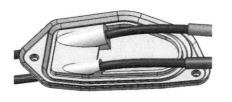
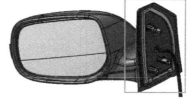

拉索过孔密封件　　　　　　　　　后视镜座密封件

图 6-187　密封块结构

汽车密封条是汽车的重要密封零部件，广泛用于车门、车窗、天窗、发动机罩盖和行李舱等部位，具有防水、密封、隔音、防尘、减振、保暖及节能的重要作用。汽车密封条按密封条安装部位分类包括：发动机盖密封条、门框密封条、门洞密封条、车门密封条、侧窗密封条、天窗密封条、窗导槽密封条、行李舱密封条等，布置位置如图 6-188 所示。按密封条断面形状分类可分为实心制品（圆形、方形、扁平形断面形状）、中空制品及金属橡胶复合制品等类型。

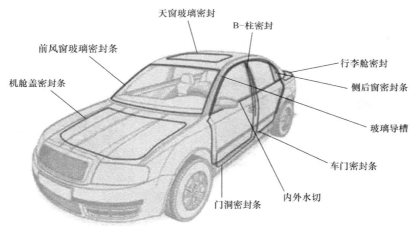

图 6-188　密封条布置位置

对于橡胶密封条来说断面设计至关重要。如玻璃导槽，首先是密封唇边形状、尺寸设计，两侧密封唇边应以相同的、大小适当的力从车窗玻璃的两侧接触玻璃，唇边长度、薄厚应适当，过厚、过长会使玻璃升降阻力偏大，过薄、过短又会导致玻璃得不到良好的引导和密封，产生振动、噪声、漏雨现象；其次是断面底部形状、尺寸设计，车窗导槽断面上有凸起，其作用是为了装配导槽，因此，导槽断面底部应设计出相应结构，既易于装入，又能利用密封条自身的弹性附着在钢导槽内，防止其脱出；最后是外搭边的形状、尺寸，为了改善外观，导槽外饰面应与车身紧密贴合。密封条断面结构如图 6-189 所示，该图示意了密封条的安装结构、密封结构与密封面的相对关系。

密封是一项非常专业的课题，密封性能是否做好不仅取决于密封结构设计，也与制造精度息息相关，在进行车门、天窗等密封结构设计时，一定要了解本企业的制造水平和擅长的结构，并进行相应的密封结构设计，切不可照搬其他主机厂的结构，尽量采用本企业擅长的结构！

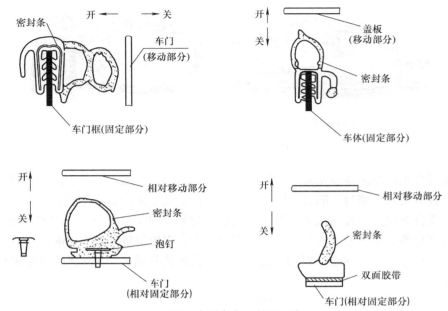

图 6-189　密封条断面结构示意图

通常情况下，行李舱、机舱罩盖等的密封采用一道密封，密封条断面如图 6-190 所示。

行李舱密封条(带饰件卡边)　　　　　　　机舱罩盖密封条(无饰件卡边)

图 6-190　罩盖密封条

对于整车集成工程师来说，汽车密封条的布置要结合汽车结构布置，采用本企业擅长的结构来确定密封的形式（如车门采用密封条的道数：单道、一道半、两道、两道半或三道密封）、恰当的密封间隙和密封条结构。通常情况下，车门密封的道数与车门密封性能密切相关，图 6-191 所示为车门密封条。

　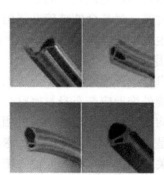

门洞密封条　　　　　　　　　　　　　　车门密封条

图 6-191　车门密封条

汽车底护板封装使得汽车底部变得平整、美观，气流顺畅，能够有效降低整车风阻、风噪，提高NVH性能，降低油耗。底护板封装结构如图6-192所示。在布置汽车底护板时需要注意的是其覆盖范围和形状，需要事先与CFD部门工程师沟通如何保证汽车行驶过程中形成稳流而不是乱流，并在确保降低风阻和气流噪声的同时，与进气格栅及冷却风扇配合让机舱热空气能有效排出，消除机舱内的热害！底护板的范围、是否带引风口等需要进行CFD分析进行确定。动力总成与底护板之间的距离≥15mm，固定点之间距离150~200mm。

机舱前后有底护板

留有机舱排气的底护板

带有维护口和引风口的底护板

左中右三块底护板

图6-192 汽车底护板封装结构

汽车的声学包装是汽车NVH专门的一门课题，是汽车品质提升所必不可少的措施。对于整车集成工程师来说，要了解汽车声学包装的基本知识以及对布置的要求，以便在整车集成中加以综合利用，避免因为不了解导致没有预留布置空间等问题的产生，在实际工作中需要与相关工程师密切讨论各种方案，以便寻求得到合适的方案。

6.5.3 机械布置中的装配性和维修性设计

汽车关键零部件拆装是否方便，液体加注是否方便，直接影响汽车的维修保养及使用，也关系到维修维护的安全性、费用等。这体现出了汽车整车集成能力的重要一面。因此，在各系统机械布置过程中，要考虑零件的装配能满足生产线常用工具的操作要求，各种液体的加注应能满足工厂现有加注设备的特殊空间要求、售后维护的拆装和加注方便性。

表6-28、表6-29分别为维修拆装方便性与加注方便性、检查零部件预估频次及重要程度的统计表。

表 6-28 维修拆装方便性检查项

序号	项目	预估频次	重要程度
1	四轮定位调节方便性（前/后）	2 年/次	★★★☆☆
2	方向盘拆装方便性	样车返修阶段	★☆☆☆☆
3	MP5 拆装	样车返修阶段	★☆☆☆☆
4	组合仪表拆装	样车返修阶段	★☆☆☆☆
5	空调面板拆装	样车返修阶段	★☆☆☆☆
6	PTC 拆装方便性	样车返修阶段	★☆☆☆☆
7	水泵拆装方便性	样车返修阶段	★★☆☆☆
8	VCU、BMS（电池包控制器）、HMC（热管理控制器总成）、TBOX、GW（网关）、BCM、AFS（自适应前照灯）、ECU、TCU、MCU、GCU 拆装维修方便性	样车返修阶段	★★★☆☆
9	前照灯拆装方便性	样车返修阶段	★★☆☆☆
10	空气滤清器滤芯更换方便性	2 年或 4 万 km/次	★★★★☆
11	燃油滤清更换方便性	2 万 km/次	★★★★☆
12	火花塞检查与更换方便性	2 万 km/次	★★★★☆
13	机油滤清器拆装方便性	2～5 年/次	★★★★☆
14	制动主缸拆装方便性	基本不更换	★☆☆☆☆
15	车轮拆装方便性	3 年或 8 万 km/次	★★★★☆
16	备胎取放方便性	3 年/次	★★★★☆
17	蓄电池拆装方便性	样车返修阶段	★★★★☆
18	熔丝盒操作方便性	样车返修阶段	★★★★★
19	刮水器片更换	1 年 3 万 km/次	★★★★☆
20	发动机可拆装性	样车返修阶段	★☆☆☆☆
21	驱动电机可拆装性	样车返修阶段	★☆☆☆☆
22	高压二合一总成拆装性	样车返修阶段	★☆☆☆☆
23	驻车制动拉索调节方便性分析	样车返修阶段	★★☆☆☆
24	炭罐更换及检查方便性分析	4 年或 7 万 km/次	★☆☆☆☆
25	油箱检查与维修方便性分析	样车返修阶段	★☆☆☆☆
26	减振器更换方便性	底盘调教阶段	★☆☆☆☆
27	发动机悬置更换方便性	NVH 调节阶段	★☆☆☆☆
28	电池包更换方便性	样车返修阶段	★★☆☆☆
29	前后保险杠拆卸方便性		★★☆☆☆
30	灯泡更换		★★★☆☆

注：★☆☆☆☆：尽量考虑拆装方便性。
★★☆☆☆：可少量拆卸其他零部件，但不能引起其他系统重新调试。
★★★☆☆：拆卸维修频率较低，在不拆卸其他零部件情况下可使用专用工具维修。
★★★★☆：使用对应工具的情况下维修方便。
★★★★★：在无工具情况下，可方便的维修。

表 6-29 加注方便性检查项

序号	项目	预估频次	重要程度
1	洗涤液加注	2 月/次	★★★★★
2	电机冷却液加注	2 年/次	★★★★☆
3	电机冷却液排除方便性	2 年/次	★★★★☆

(续)

序号	项目	预估频次	重要程度
4	电池冷却液加注	2 年/次	★★★★☆
5	电池冷却液排除方便性	2 年/次	★★★★☆
6	空调制冷剂加注	1~2 年/次	★★★★☆
7	发动机冷却液加注	1 年/次	★★★★☆
8	发动机冷却液排出方便性	1 年/次	★★★★☆
9	制动液加注	1 年/次	★★★★☆
10	制动液排出方便性	1 年/次	★★★☆☆
11	机油尺拔插方便性	3 个月或 3000km/次	★★★★★
12	发动机机油加注方便性	6 月或 6000km/次	★★★★★
13	发动机机油排出方便性	6 月或 6000km/次	★★★★☆
14	变速器齿轮油加注方便性	6 万 km/次	★★★★☆
15	变速器齿轮油排出方便性	6 万 km/次	★★★★☆
16	燃油加注方便性	600km/次	★★★★★
17	充电方便性	100km/次	★★★★★

注：★☆☆☆☆：尽量考虑拆装方便性。
　　★★☆☆☆：可少量拆卸其他零部件，但不能引起其他系统重新调试。
　　★★★☆☆：拆卸维修频率较低，在不拆卸其他零部件情况下可使用专用工具维修。
　　★★★★☆：使用对应工具的情况下维修方便。
　　★★★★★：在无工具情况下，可方便的维修。

机械布置过程中，零部件装配维修性与加注方便性的检查原则详见表 6-30、表 6-31。

表 6-30　维修拆装方便性检查原则

序号	项目	检查原则
1	前后保险杠拆卸方便性	
2	方向盘拆装方便性	
3	MP5 拆装	
4	组合仪表拆装	
5	空调面板拆装	
6	PTC 拆装方便性	1. 扳手可旋转 60°以上
7	水泵拆装方便性	2. 固定螺栓拆卸方向无障碍
8	前照灯拆装方便性	3. 零部件取放包络与周边间隙≥20mm
9	制动主缸拆装方便性	4. 确认拆卸流程与零部件维修频率及重要等级是否匹配
10	车轮拆装方便性	
11	蓄电池拆装方便性	
12	发动机可拆装性	
13	驱动电机可拆装性	
14	高压二合一总成拆装性	

(续)

序号	项目	检查原则
15	驻车制动拉索调节方便性分析	1. 调节工具可以操作 2. 确认拆卸流程与零部件维修频率及重要等级是否匹配
16	四轮定位调节方便性（前/后）	
17	空气滤清器滤芯更换方便性	1. 手操作包络与周边不干涉 2. 工具能正常操作 3. 取出包络与周边间隙≥20mm 4. 确认拆卸流程与零部件维修频率及重要等级是否匹配
18	燃油滤清器更换方便性	
19	火花塞检查与更换方便性	
20	机油滤清器拆装方便性	
21	炭罐更换及检查方便性分析	
22	油泵更换方便性分析	
23	刮水器片更换方便性	
24	减振器更换方便性	
25	发动机悬置更换方便性	
26	电池包更换方便性	
27	前照灯灯泡更换方便性	
28	保险更换方便性	
29	备胎取放方便性	
30	VCU、BMS（电池包控制器）、HMC（热管理控制器总成）、TBOX、GW（网关）、BCM、AFS（自适应前照灯）、ECU、TCU、MCU、GCU 等控制器拆装维修方便性	1. 接插头插拔包络与插拔方向障碍物间隙≥25mm 2. 手操作空间满足要求

表 6-31 加注及排液性检查原则

序号	校核项目	位置标准	空间标准
1	洗涤液加注	1. 加注口与车身外轮廓距离≤900mm 2. 加注口标识打开机罩直接可视 3. 用量刻度直接可视，机油标尺可直接拔出	1. 加注口盖与周边间隙≥25mm 2. 与加注枪间隙≥10mm
2	冷却液加注		
3	空调制冷剂加注		
4	制动液加注		
5	发动机机油加注		加注口盖周边与手包络不干涉
6	变速器齿轮油加注	可拆卸少量零部件，不引起其他系统加注与调试	加油螺栓拆卸方向间隙≥70mm
7	后桥机油加注		
8	燃料加注	加油口/充电口离地间隙在 800～1200mm 之间	1. 加注口盖周边与手包络不干涉 2. 与加注枪间隙≥20mm
9	充电		
10	冷却液排出	可拆卸少量零部件，不引起其他系统加注与调试	1. 排液螺栓拆卸方向间隙≥70mm 2. 螺栓直径方向周边间隙≥10mm 3. 机油排出时不污染汽车其他零部件
11	发动机机油排出		
12	变速器齿轮油排出		
13	后桥齿轮油排出		

以上表格中把维修维护关注项和布置要求进行了明确，需要指出的是这仅仅是一般性要

求，在整车集成布置工作中要根据维修维护的频次加以考虑，对频次高的，一定要满足要求。如果因为借用零部件、结构空间限制等因素，造成确实无法满足维护要求，则需要设计专门的工具并在售后服务手册中予以说明。

作为整车集成工程师应该收集维修、维护使用的工具并做成 3D 数模，对维修、维护项目进行模拟拆装、液体加注和排出，以确保维修维护工作中有足够的空间，尤其是对那些不完全满足上述表格中对空间要求的项目，或本企业有专用工具的项目。

除了零部件本身的拆装空间外，还需要考虑维修维护人员的伸及性，有没有手的伸及通道？是否能够得着？维修维护的伸及性最好通过人体模型进行三维模拟，尤其是对机舱中后部的维修维护项，最好加以模拟。

第7章

汽车结构布置

7.1 汽车结构布置概述

一部汽车通常由2万~3万个零部件组成,这些零部件根据其功能的不同,与相关零部件一起组成系统,在整车中起到各自的作用。如何把这些零部件和系统有效地装配到汽车上,并满足汽车安全性、可靠性、耐久性、人性化的人机界面,包括赏心悦目的造型及汽车性能等,汽车的结构设计起到了关键的作用,作为汽车结构设计的基础,汽车结构布置就显得尤为重要!如图7-1所示,汽车白车身结构是汽车结构设计的重要部分。

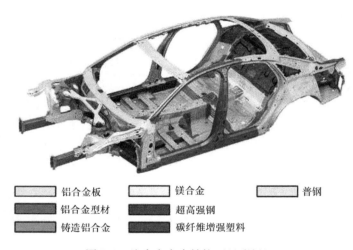

图7-1 汽车白车身结构(见彩插)

何为汽车结构布置?汽车的结构布置通常在汽车设计开发前期概念设计阶段开始导入,贯穿项目整个设计过程。通过断面布置设计,将专业内部、专业之间的子系统或系统之间的配合、装配关系体现出来,达到整车各系统需求的平衡。所以汽车的结构布置,我们也可以称为汽车断面设计。汽车断面定义为:

1)断面是反映汽车关键部位零部件搭接配合的截面,它是用来约束造型与工程化设计的重要工程语言。

2)断面设计是汽车设计中的重要环节,它贯穿于从汽车创意图制作开始,到车身结构设计完成的整个过程。

3)断面是工程化设计前对整车各专业自身或跨专业零部件搭接匹配的布置,是搭接和装配可行性分析的重要手段，用于确定零部件结构、搭接关系和安装方式，零部件之间的配合间隙、段差、运动件空间包络校核，确定整车的承载方式、空间及人机关系等，是汽车工程可行性分析的重要手段和指导整车结构设计的重要依据。

断面在汽车可行性分析中具有重要作用：

1）定义整车的结构框架及结构硬点（尺寸及公差要求、特征比例）。
2）检查和控制关键造型特征、分缝位置及间隙。
3）定义整车空间（乘员、行李区域、维修/装配、功能/性能实现、异响……）。
4）定义整车人机关系（视野、空间、操作性、进出性、通过性、遮蔽性……）。
5）定义整车体态。
6）定义整车符合与结构相关法规的要求（牌照灯、低速碰撞、前照灯……）。
7）对造型效果图/CAS/A面的结构可行性进行定量研究。
8）对项目构想方案进行图示表示，对方案结构的可行性进行初步研究。
9）定量研究局部结构的可行性（间隙、搭接关系、固定方式、密封……）。
10）定量分析功能实现的可行性（运动包络、运动协调性……）。
11）定量分析结构的刚度和强度（截面刚度计算、截面失稳……）。
12）定量分析零部件的工艺制造性（冲压、注塑、装配……）。
13）为工程化设计提供结构依据。
14）跨专业之间方便交流的语言。

总之，断面的设计与分析直接影响到整车的外观、整车制造质量、零部件的布置、车身强度、法规适应性、冲压、焊接、涂装及总装四大工艺性等。所以，断面是车身结构设计的关键依据和参考。图7-2所示为某轿车风窗上横梁中部断面。

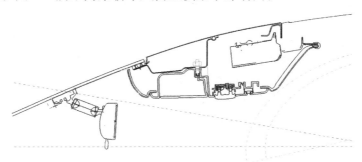

图7-2 某轿车风窗上横梁中部断面

汽车设计开发过程中结构布置断面不是一蹴而就的。通常汽车结构布置断面随着汽车开发进程的不同阶段、方案成熟度的变化、断面绘制的详细程度，以及体现的内容也各不相同，具体可分为以下三种不同的形式。

1. 概念断面

概念断面（Concept section）是在创意图（造型草图和效果图）阶段，工程师根据创意图表达的造型诉求，对关键、主要部位的零部件结构的搭接、配合关系进行可行性分析，通过断面的形式表达工程设计初步构想。这时的断面表达内容比较少，仅仅用于表达该部位自身结构或与其他零部件可实现创意图的工程设计、制造的结构及匹配构想。还没有延伸出对内部零部件的结构关系，因此，称为概念断面。由于创意图可能有多种方案，因此，概念断面对应的方案也有多种。图 7-3 所示为某仪表台对称平面概念断面。概念断面可先用手绘多种方案并进行选择，然后再转换成 CAD 数据的办法来提高断面绘制效率。

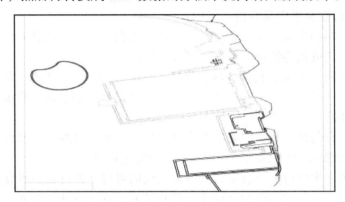

图 7-3　某仪表台对称平面概念断面

2. 主断面

随着造型工作的不断推进，为便于各工程专业与造型、评价等相关部门的对接、沟通，主断面（Critical section 或 Typical section）是大家最好的交流语言和达成共识的基础，也是产品专业能直观体现和反映设计意图、结构布置、零部件安装配合的方法。通常工程设计主断面是结构布置中主要的工作内容，所谓主断面就是控制全车结构部位的断面，如图 7-4 所示。这些断面确定了整车的基本结构框架，基于断面布置设计固化整车姿态、空间、搭接关系、部件的布置位置和装配关系，以及对关键控制尺寸和造型的约束等。主断面的设计贯穿效果图、CAS 到造型模型制作完成的整个阶段，并随造型的进展情况做适当调整，逐步成熟、固化，最终演化为设计断面。按汽车设计要求来说，应该是每个零部件安装、搭接关系和整车硬点控制部位都应绘制主断面，但随着对汽车设计认知的掌握，一般都规划、绘制关键部位和零部件匹配位置，特殊情况再增减，特别是在使用新技术、新材料、新工艺的情况下，建议增加主断面设计分析，这可有效规避或减少设计问题的出现。

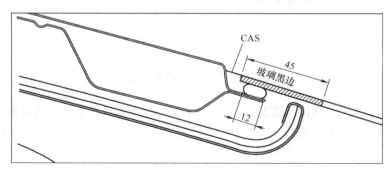

图 7-4　某轿车顶后横梁主断面

3. 设计断面

造型模型完成后，进入 A 面设计阶段，主断面也逐步地演化为设计断面（Engineering

section)，断面设计逐渐固化，如图7-5所示。所谓设计断面指的是根据前期绘制的主断面分析、约束限制要求，最终将工程方案与造型、工艺等达成共识形成统一的、可实施的断面，并体现到造型A面制作设计中，或者说A面调整过程中需要符合主断面约束要求。通过设计断面来有效指导各产品专业零部件详细结构设计，包括该断面部位的内外部详细的结构、准确的尺寸约束等，并随着A面的冻结而固化，也是对主断面设计的可行性和符合性做进一步检查。

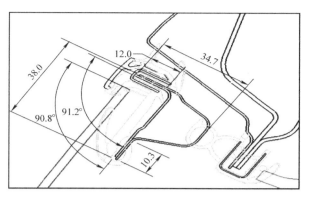

图7-5 某车门密封结构设计断面

通常一个好的断面设计，不仅要依托各产品工程师的经验，还需要有好的断面设计流程来支撑。每个汽车企业有不同的开发流程，但大同小异。这里介绍一种比较典型的断面布置设计流程，如图7-6所示。

图7-6 汽车断面设计流程

断面布置设计是汽车设计开发过程中一项重要工作内容，对后期的工程化设计起到奠基石的作用，断面设计与整车布置、人机布置、零部件布置以及造型等息息相关，因此，断面布置设计伴随汽车总布置和造型整个阶段。由于车身是整车的载体，断面布置设计分析基本也是围绕车身展开的，下面介绍断面设计各个阶段的主要工作内容。

4. 效果图阶段——概念断面

根据所开发的车型对结构的需要，首先开展车身结构的对标工作，分析对标车主断面，包含车身详细结构、搭接关系、外观间隙、面差，及该部位断面所有的零部件（含内外饰件），纳入断面库供选择。通过对对标车断面的绘制、分析，掌握标杆样车结构、外观设计等各方面的优缺点，为项目进一步开发提供参考依据。

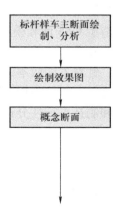

绘制效果图是由造型部门完成的一项工作，效果图本身与主断面有直接的关系，特别是关键的硬点和主要人机控制位置。

根据效果图及其分块概念，在断面库中选择合适的断面，并适当修改后作为本项目的概念断面。如果在断面库中没有适合的断面，则要根据效果图和初步的零部件布置情况，结合型面、安装、制造工艺性、空间要求等进行概念断面绘制。图7-7所示为仪表台对称平面概念断面。

概念断面绘制是汽车结构可行性分析重要的工作内容，对后续工程设计、制造有非常大的帮助和影响。因此，务必谨慎对待。

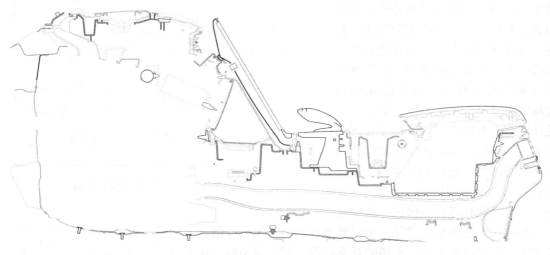

图 7-7　仪表台对称平面概念断面

根据断面所在的整车位置不同和造型及其分块的不同，概念断面应具有不同的结构。概念断面体现的是汽车局部结构形式，因此，建议在进行概念断面设计时，为了保证制造时尺寸的稳定性，优先采用所在公司擅长的结构，凡是公司以前在制造历史中没有出现过质量问题的结构优先采用，凡是在制造历史中质量总是不能保证的结构，在断面设计过程中要与工艺、制造部门讨论、沟通，采用更适合公司制造工艺能力和条件的断面形式替代。

在这个阶段，往往是把各专业讨论、绘制并达成共识的概念断面输出，由整车集成团队将整车不同位置的概念断面组合起来，作为对造型的约束边界，确保整车车身形式、主要零部件布置位置、乘员空间等反映人机界面、各类空间要求和装配关系正确。

5. CAS/模型阶段——主断面

在该阶段绘制的主断面，主要关注车身的外观间隙、面差、影响外观的圆角 R 值、关键零部件结构限制和各系统初步的布置参数，用于指导造型 CAS 面和模型的制作。

随着 CAS/模型制作的进程，主断面要根据 CAS/模型的变化而变化，针对不同版本的 CAS 数据进行可行性分析，根据模型型面的变化情况进行可行性分析。通常情况下，根据造型输出的点云和数据面进行结构和制造可行性分析，特别是造型未遵守工程输入的断面限制要求的部位，工程部门需重点关注，如果造型变动的部位在原有的解决方案下不满足要求，那么需寻找新的工程可行方案，最终与造型达成一致。

可以从图 7-4 "某轿车顶后横梁主断面"中看出，不同版本的 CAS 面在主断面中的不同位置差异。

6. A 面阶段——设计断面

随着造型的逐步完善，主断面也应不断完善，当经过造型评审、工程可行性分析评审的模型冻结之后，主断面需要进行全面更新，并对需要明确的尺寸要求或最终需修改的部位进行标注，使之成为设计断面。设计断面与主断面相比，是对 A 面调整和工程设计更加精确的约束。

在该阶段将绘制详细的设计断面,包括运动件的运动包络校核(安全间隙、距离要求)、零件搭接的详细装配层次、焊接边长度、内部结构的主要 R 值和零部件材料材质、料厚,以及影响车身性能的部分参数的确定,以便合理有效地指导项目的顺利开展和交流,如图 7-8 所示。

7. 工程化数据冻结阶段——设计断面冻结

A 面制作过程中,为了确保 A 面的质量,会不断地对型面做光顺、光影优化调整,会引起造型型面的局部变化。一般情况下,由于对型面的调整量较小,这些型面的调整不会对工程可行性造成影响,但涉及运动包络、

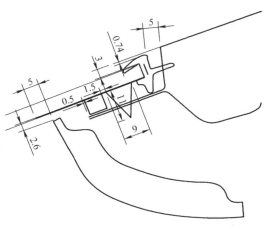

图 7-8 某前风窗玻璃 - 顶盖设计断面

DTS 相关的匹配部位需重点关注。A 面初步冻结后,通常情况下还要制作验证模型对 A 面进行实物模型验证,验证模型通过评审后,A 面冻结。冻结的 A 面将用于最终的工程化设计。

在该阶段主要修改、完善设计断面,针对前期绘制的设计断面与造型或后期结构设计有冲突部位逐步进行完善,始终保持设计断面为最新状态,避免实际结构与设计断面不相符的现象发生。

7.2 汽车结构布置外部、内部主断面典型分布

根据主断面位置设计布局的原则和各主机厂工程设计的习惯,主断面的数量和分布大致相同,只有在个别车型出现新结构、新材料、新工艺或特殊关注点时,再优化增加控制断面。所以,在进行主断面详细设计前,需事先初步定义好整车主断面的数量、相应的位置与方位。通常,整车设计中主要控制位置都必须包含在主断面设计范围内。图 7-9 所示为某 SUV 部分主断面的分布图。

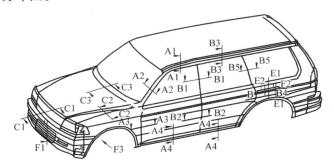

图 7-9 某 SUV 部分主断面的分布图

图 7-9 中整车总布置控制的主断面至少 23 个。其中外部有 16 个主断面,内部有 7 个主

断面。主要包括整车 Y0 位置、驾驶人 SgRP 点所在的 X、Y 平面位置、前后轮所在位置、油箱和加油盖位置等。

外部部分主断面如图 7-10 所示。这些断面的主要用途是控制整车车身形式、姿态和主要结构要求、内部乘员空间限制位置和人机关系、各主要功能区的区隔位置、法规要求，以及对造型的必要约束等。

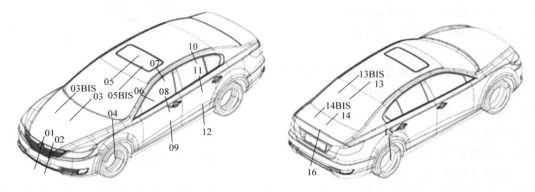

图 7-10 整车总布置控制的外部主断面

图 7-10 所示的整车总布置控制的外部主断面明细见表 7-1。

表 7-1 外部主断面明细

断面代号	选择目的/控制要求
01	控制前悬、机舱内外密封、进风面积、牌照板等法规要求
02	控制除 01 外，还有空滤器进风口等要求
03	控制 CP 点位置、视野、机舱和乘员舱的密封、月牙宽度等要求
03BIS	控制除 03 外，还有 HVAC 的进风位置及其密封要求
04	控制整车姿态、轮胎轮眉间隙等要求
05	控制整车比例、视野、空间等要求
05BIS	控制除 05 外，还有遮阳板操作方便性等要求
06	控制 A 柱大小、A 柱视野、进出性人机要求等要求
07	控制头部空间、侧窗玻璃倾角、进出性要求等
08	控制内部空间、侧向视野等要求
09	控制进出性、下车体隐蔽性等要求
10	控制头部空间、侧窗玻璃倾角、进出性要求等
11	控制内部空间、侧向视野等要求
12	控制进出性、下车体隐蔽性等要求
13	控制整车比例、视野、空间等要求
13BIS	控制整车比例、视野、空间、乘员舒适性等要求
14	控制 DP 点位置、整车比例、视野、密封和人机等要求
14BIS	控制视野、行李舱密封、行李舱人机等要求
15	控制整车姿态、轮胎轮眉间隙等要求
16	控制后悬、行李舱人机、低速碰撞、牌照板等法规要求

整车内部控制主断面如图 7-11 所示。这些断面的主要用途是控制仪表台及相关零部件

（方向盘、转向柱、仪表、HUD、风口、中控显示屏、空调控制器、换档操纵机构等）的布置关系，中控箱及相关零部件（换档操纵机构、开关、座椅、驻车制动、安全气囊控制器、空调风管、储物盒、杯托等）布置关系、人机关系要求、法规要求，座椅坐姿（SgRP 点）等的布置位置，以及人机关系要求等对造型的必要约束。

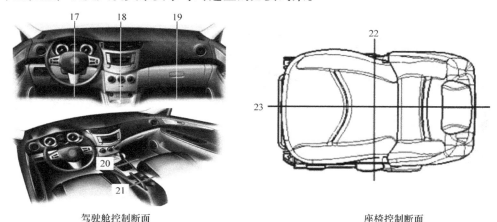

图 7-11　整车总布置控制的内部主断面

图 7-11 所示的整车总布置控制的内部主断面明细见表 7-2。

表 7-2　内部主断面明细

断面代号	选择目的/控制要求
17	控制驾驶人坐姿、方向盘位置、仪表可视性、前方视野等要求
18	控制视野、风口位置、MP5、人机、空间等要求
19	控制前排乘客坐姿、空间、杂物箱位置、PAB 布置等要求
20	控制换档位置及操作空间、中控箱宽度、风管布置等信息
21	控制驻车制动位置及操作空间、杯托布置、风管布置等信息
22	控制驾驶人或乘员的坐姿、空间等要求
23	控制驾驶人或乘员的坐姿、进出方便性及驾驶人操作方便性等要求

除了整车总布置控制的 23 个主断面外，通常对整车造型和主要部件的布置关联比较大的部位，在产品概念设计到造型 A 面冻结阶段也需要严格控制。这些断面结构或匹配关系因整车制造商和车型不同有所不同，主要目的都是为通过各相关专业达成共识的匹配关系，来指导工程化设计。如发现工程设计或制造不可行的情况应及时讨论优化。通常一个整车控制分析主断面数量在 50 个左右。

图 7-12 所示为某车型的外部主断面分析、控制位置示意图。这些主断面除了整车总布置对人机、法规控制的主断面外，还重点体现不同位置零部件的搭建、装配、工艺制造可行性、零部件运动包络、外观匹配 DTS 及性能等要求，必须做到汽车设计各属性的兼顾与平衡，最终达成产品设计目标。外部主断面位置分布点是根据结构布置的要求，对车身外部相关零部件之间的配合关系展开；按结构布置的要求和原理来说，外部零部件匹配关键点、安装点、法规限制点等，都应该有结构布置断面，但这样外部管控断面太多，断面绘制、分析

工作量大,因此通常只是针对运动件或关键控制点进行控制,常规静态安装配合部位因对可行性分析几乎没有影响,可通过零部件3D数据开展匹配工作。

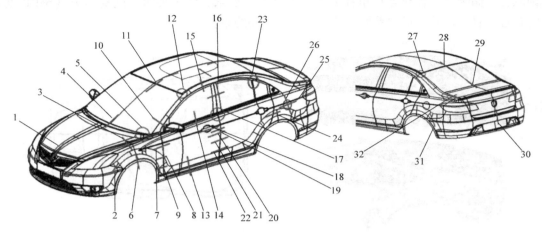

图 7-12　外部主断面位置示意图

图 7-12 所示的主断面明细见表 7-3。

表 7-3　主断面明细

断面代号	选择目的/控制要求
1	控制前罩锁布置、前罩解锁方便性、前罩与前保险杠的匹配结构、前下视距等要求
2	控制前保险杠与翼子板的间隙、面差,前保险杠与翼子板安装匹配等要求
3	控制前罩与翼子板的间隙、面差等要求
4	控制前罩与前罩装饰件、风窗玻璃的匹配关系,风窗玻璃与仪表板的匹配,及风窗玻璃黑边的设置,前下视野校核等要求
5	控制前罩与翼子板的间隙、面差等要求
6	控制轮胎、轮眉的间隙,轮眉与翼子板的匹配关系等要求
7	控制前门与翼子板的匹配间隙、面差、前门开启运动包络;前车门上铰链安装布置等要求
8	控制前门与翼子板的匹配间隙、面差、前门开启运动包络;前车门限位器安装布置等要求
9	控制前门与翼子板的匹配间隙、面差、前门开启运动包络;前车门下铰链安装布置等要求
10	控制风窗玻璃与侧围的匹配间隙和面差,后视镜与侧围的间隙、面差及后视镜与窗框、密封条、侧围等匹配关系要求
11	控制风窗玻璃与顶盖、顶盖内衬的匹配,前顶灯的布置,风窗玻璃内后视镜区域的布置等要求
12	控制风窗玻璃与侧围总成、顶盖总成和顶盖装饰条或行李架端部区域匹配等要求
13	控制前门与前门护板、前门与车门内饰、密封条、侧围总成门槛区域的匹配关系等要求
14	控制车门窗台部位内外夹条、内饰板、车门玻璃等匹配关系等要求
15	控制车门窗框与侧围总成、密封条的匹配关系及人机进出等要求
16	控制前后门B柱间隙、面差;前后门B柱盖板与窗框的匹配关系等要求
17	控制前后门外夹条与B柱盖板或窗框的匹配关系,前后门外夹条端部的匹配设计等要求

(续)

断面代号	选择目的/控制要求
18	控制外开手柄的布置、操作人机等要求
19	控制前后门外观间隙、面差；前后门布置运动校核；后门上铰链布置及运动校核等要求
20	控制前门锁总成的布置，前门锁与车体的安装布置关系，侧围和车门内板的工艺性等要求
21	控制前后门外观间隙、面差；前后门布置运动校核；后门限位器布置及运动校核等要求
22	控制前后门外观间隙、面差；前后门布置运动校核；后门下铰链布置及运动校核等要求
23	控制后门后上角与侧围三角窗的匹配等要求
24	控制后门锁总成的布置，后门锁与车体的安装布置关系，侧围和车门内板的工艺性等要求
25	控制油箱门布置和操作空间，人机及油箱门安装、密封等要求
26	控制油箱门布置和操作空间，人机及油箱门安装、密封等要求
27	控制后窗与侧围总成、顶盖总成和顶盖装饰条，或行李架端部区域匹配等要求
28	控制后窗与顶盖、顶盖内衬的布置匹配，后视野等要求
29	控制后窗与车体置物板、行李舱系统的匹配，后视野等要求
30	控制行李舱与后保险杠的匹配，行李舱锁系统的布置，行李取放人机，行李舱密封系统及内饰、车体的匹配等要求
31	控制侧围与后保险杠的匹配、安装关系等要求
32	控制行李舱与侧围总成的间隙、面差、密封和排水性等要求

汽车设计不仅仅是外部结构布置需要绘制主断面进行分析，内部结构同样也需要进行断面绘制分析，如图7-13所示为某车型的内部主断面分析位置示意图，这些主断面除了整车总布置控制的主断面的作用外，重点是对内部零部件之间的布置、搭接、间隙、面差的匹配及性能等要求进行控制，确保设计目标的达成。

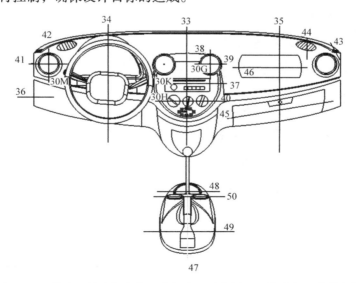

图7-13a 某车型的内部主断面分析位置示意图——仪表板、中控部位

图7-13a所示的主断面明细见表7-4。

表 7-4　图 7-13a 中主断面明细

断面代号	选择目的/控制要求
33	控制仪表板 Y0 位置零部件布置、空间等要求
34	控制方向盘安装布置结构、人机、仪表视野、仪表与仪表板安装结构、驾驶人 SgRP 点布置校核等要求
35	控制前排乘客人机空间校核、仪表与人机布置关系等要求
36	控制仪表板与车门内饰板的搭接关系，仪表板自身侧面的匹配关系，及仪表板侧面安装固定等要求
37	控制多媒体与仪表板的安装匹配关系、人机操作空间布置校核等要求
38	控制中央风口与仪表板、控制面板安装、风口有效面积校核，及风口自身结构设计可行性分析、人机操作布置校核等要求
39	同 38
40	控制中央控制面板相关按钮结构设计与安装、人机操作、面板集成分块可行性分析等要求
41	控制左右风口布置位置、有效面积、人机操作、风口与仪表板的配合搭接等关系
42	同 41
43	控制仪表板与 A 柱内饰板下部的搭接关系、尺寸控制方案等要求
44	控制仪表板上扬声器的布置结构方案、安装匹配关系等要求
45	控制仪表台板与杂物箱间隙、面差等要求
46	控制前排乘客安全气囊的布置、人机校核、气囊与仪表板的配合关系等要求
47	控制变速杆安装位置、人机、操作空间等要求
48	控制杯托结构及位置、放置空间大小、人机及配合关系等要求
49	控制中控箱布置、安装结构及周边匹配关系等要求
50	控制中控上相关功能按钮的布置空间、人机及匹配结构的要求

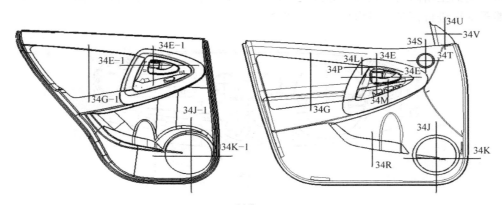

图 7-13b　某车型的内部主断面分析位置示意图——车门内饰部位

图 7-13b 所示的主断面明细见表 7-5。

表 7-5　图 7-13b 中主断面明细

断面代号	选择目的/控制要求
34U	控制后视镜三角盖板与车门内饰板本体之间的匹配结构关系、自身安装结构及空间校核等要求
34V	同 34U

(续)

断面代号	选择目的/控制要求
34S	控制车窗玻璃除霜除雾孔的位置、大小、结构设计制造可行性等要求（出风口布置在车门上时）
34T	同34S
34E	控制前门内开拉手布置位置、空间、人机、安装匹配结构关系等要求
34L	控制内开手柄装饰件与车门内饰板本体的匹配关系等要求
34P	同34L
34M	控制驾驶人操作开关布置位置、空间、人机、安装匹配结构关系等要求
34G	控制前车门内饰板扶手空间、人机以及嵌饰板与内饰本体的搭接关系等要求
34R	控制杯托布置空间、人机以及结构设计方案等要求
34J	控制前门扬声器布置空间、扬声器罩结构工艺、匹配关系等要求
34K	同34J
34E-1	控制后门内开拉手布置位置、空间、人机、安装匹配结构关系等要求
34G-1	控制后车门内饰板扶手空间、人机以及嵌饰板与内饰本体的搭接关系等要求
34J-1	控制后门扬声器布置空间、扬声器罩结构工艺、匹配关系等要求
34K-1	控制后门扬声器布置空间、扬声器罩结构工艺、匹配关系等要求

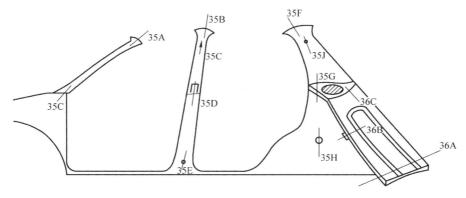

图7-13c 某车型的内部主断面分析位置示意图——内饰立柱部位

图7-13c所示的主断面明细见表7-6。

表7-6 图7-13c中主断面明细

断面代号	选择目的/控制要求
35A	控制A柱内饰板上部与顶盖内衬的匹配关系等要求
35B	控制B柱内饰板上部与顶盖内衬的匹配关系等要求
35C	控制B柱内饰板上部安装点布置结构及位置等要求
35D	控制前排安全带高调器结构位置、人机等要求
35E	控制B柱内饰板下部安装点布置结构及位置等要求
35F	控制C柱内饰板上部与顶盖内衬的匹配关系等要求
35J	控制C柱内饰板上部安装点布置结构及位置等要求

(续)

断面代号	选择目的/控制要求
35G	控制 C 柱内饰板上本体与下本体之间的搭接匹配等要求
35H	控制 C 柱下本体安装点布置结构及位置等要求
36A	控制 C 柱下本体后下部区域与地板、行李舱地毯的匹配关系
36B	控制 C 柱下本体后部行李挂钩布置位置及结构等要求
36C	控制 C 柱下本体区域的匹配结构控制等要求

当前汽车设计发展比较快,各主机厂都有自己的结构布置控制手段和方法,同一家主机厂每个车型相应零部件布置位置变化不会太大,在断面位置分布上基本上是一样的,但随着不同车型受配置变化的影响,断面位置需跟随调整。按结构布置设计要求来说,不同零部件、不同位置,都应该有断面进行设计过程控制,以便随时了解和掌握设计变化情况,避免因为没有控制而出现的结构不可行的情况,出现在工程详细设计阶段。我们在进行产品设计过程中,重点应关注与人机、操作空间、运动部件之间的匹配、装配等关系,以及首次应用的技术或结构,还有设计过程中容易出现错误的地方,需断面进行控制。

7.3　结构布置设计输出物

汽车结构布置输出物主要包含两类输出物:3D、2D 及关键点的同步分析报告。

图 7-14 所示为汽车结构布置 3D 输出物示意图。汽车结构布置 3D 输出物在主断面设计的不同阶段的输出物与概念断面、主断面(典型断面)、设计断面阶段对应。汽车结构布置 3D 输出物就是把结构布置设计的相应断面绘制成 3D 数据,并放置到正确的位置,经过相应阶段的可行性分析,并优化后的主断面组合成整车总布置 3D 约束主断面。

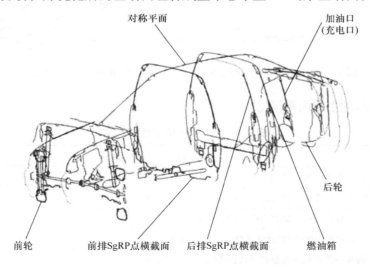

图 7-14　汽车结构布置 3D 输出物示意图

图 7-15 所示为汽车结构布置 2D 输出物示意图。汽车结构布置 2D 输出物与整车布置中断面的位置对应，每个断面位置都有一个断面 2D 图输出物，这些输出物装订成册，就成为汽车结构布置断面图册。

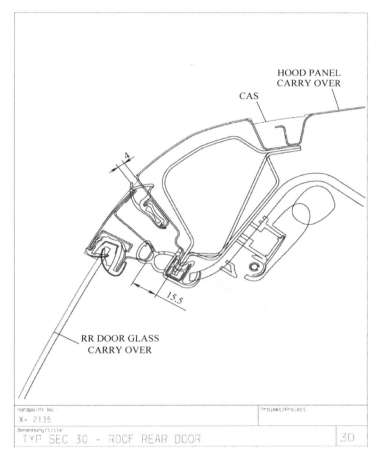

图 7-15 为汽车结构布置 2D 输出物示意图

汽车结构布置 2D、3D 断面输出物，都是涉及相关专业工程师共同讨论分析达成共识后形成的，且随着产品设计开发经验的积累，断面也逐步实现标准化和通用化。很多时候相应位置只是根据造型的不同适当地修改，针对新的结构或新材料，需全面审视结构布置断面的设计合理性和可行性。由于车身作为整车的载体，通常在保证内外部零部件结构匹配可行性采用主断面控制外，车身专业还需对自身性能分布平衡性进行评估，在产品结构和性能设计时，对车身关键结构部位的断面，还需进行断面刚度和节点刚度分析，这些后面将详述。

7.4 车身关键连接结构

白车身是整个汽车的受力载体和装配基础，基本上其他专业或系统的设计都是围绕白车身进行结构布置分析的。白车身自身结构设计的好坏直接决定整车的性能，但白车身关键连接结构设计和匹配连接,直接决定了白车身的性能及重量。

车身关键连接结构指的是为构建安全的乘员舱,白车身的 A 柱、B 柱、C 柱、D 柱关键连接点,这些连接点性能会直接影响白车身的主要性能,也是整个白车身设计的关键控制点,通常也将关键连接点称为节点,节点的设计与车身断面刚度设计和分析结合,既能确保车身性能达到最优,又能实现轻量化的效果。

7.4.1 车身典型连接结构分布

车身典型连接结构分布,主要指白车身关键结构的节点。各主机厂针对白车身节点的分布基本相同,只是各主机厂针对节点截取尺寸大小和评价标准存在差异,通常对于三厢轿车包含七个节点,分别为：J1：A 柱铰链节点,J2：A 柱上节点,J3：B 柱上节点,J4：C 柱上节点,J5：门槛后鼓包节点,J6：B 柱门槛节点,J7：A 柱门槛节点。

白车身设计基本是左右对称的,我们在进行节点设计分析的时候,只考虑一侧就可以。轿车车身节点具体位置如图 7-16 所示。

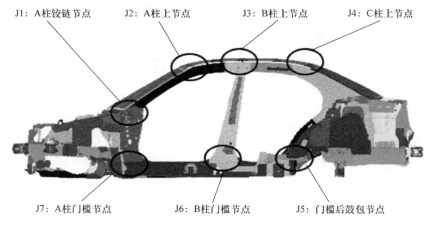

图 7-16　三厢车白车身节点分布图（见彩插）

对于两厢车而言,由于包含背门,因此通常包含八个节点,具体位置如图 7-17 所示,分别为：J1：A 柱铰链节点,J2：A 柱上节点,J3：B 柱上节点,J4：C 柱上节点,J5：门槛后鼓包节点,J6：B 柱门槛节点,J7：A 柱门槛节点,J8：D 柱上节点。

白车身刚度是评价车辆设计 NVH 性能、可靠性及整车安全性的重要指标,白车身扭转刚度及弯曲刚度分析是整车开发设计中必不可少的环节。而仅仅考察白车身全局扭转刚度及弯曲刚度达标与否,是远远不能满足 NVH 性能开发要求的,还需对白车身刚度进行匹配。白车身刚度匹配主要是靠节点刚度匹配来完成的。因此,研究车身节点刚度对合理分配白车身刚度值、提高整车 NVH 性能具有重要的实际工程意义。

白车身节点静刚度 K 的计算公式

$$K = M/\theta$$

式中　K——节点刚度,车身某个节点的刚度值（N·m/rad）；

M——施加力矩,计算节点刚度时在节点一端施加力矩（N·m）；

θ——扭转角度 θ,施加力矩后节点一端转动角度（rad）。

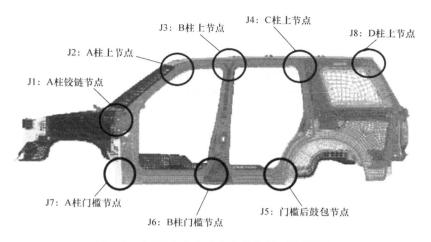

图 7-17 两厢车白车身节点分布图（见彩插）

根据此公式对节点进行静刚度分析评估，以 J2 - A 柱上节点为例，分析方法如下：

在该节点顶盖和顶盖边梁处施加全约束，在未施加任何约束的 A 柱另外一端，分别作用三个方向的单位力矩 M，计算在力矩 M 作用下 A 柱端的变形角度 θ，即可得到节点刚度 K。其中，力矩 M 作用点为未约束端断面形心；力矩 M 作用方向分别为车身坐标系 X 方向、车身坐标系 Y 方向及未约束端扭转方向，分别称之为：前后方向刚度（Fore - Aft）、内外方向刚度（In - out）及扭转刚度（Torsion），如图 7-18 所示。

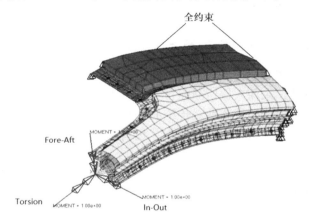

图 7-18 J2 - A 柱上节点刚度分析（见彩插）

节点刚度分析反映了当前节点在某一方向的刚度值。通常是在设计阶段通过 CAE 仿真分析，将所有节点刚度分析情况进行统计，统计表见表 7-7。

表 7-7 节点刚度统计表

节点	Fore - Aft	In - Out	Torsion
J1：A 柱铰链节点			
J2：A 柱上节点			
J3：B 柱上节点			
J4：C 柱上节点			
J5：门槛后鼓包节点			
J6：B 柱门槛节点			
J7：A 柱门槛节点			
J8：D 柱上节点			

节点刚度分析优化是对白车身刚度设计分布的有效评估手段和方法,针对车身节点设计评估应从如下几个方面进行评估。

1) 节点刚度:根据某车型仿真分析,将相关数值按表 7-7 表格进行统计分析。首先,各节点仿真的性能需与参考车或同级别、同平台基础车型数据库进行对比评价,如果达成目标范围后,再根据车型仿真分析所有节点同方向性能进行对比分析。所有节点前后方向刚度(Fore – Aft)值之间的比值关系,最大值与最小值的比值大小是优化判定的方向,倍数越小,白车身关键节点设计越好。

2) 节点重量:节点刚度在满足性能设计要求情况下,还需对各节点的重量进行对比分析。该对比分析主要是参考车或车型基础数据库进行对比分析,对同样位置节点来说重量越轻,结构设计越好。

3) 性能总体评价:基于节点刚度性能分布及节点重量达成对比评价目标后,白车身性能越好,白车身节点结构设计越好。

节点刚度为车身结构布置设计中关键部位的结构设计,提供了很好的优化方向。如果节点刚度与车身断面刚度结合应用在白车身结构布置设计上,会起到更好的效果,更能达到结构设计与性能设计同步优化的目的。

7.4.2 车身结构布置断面分析、评价

产品设计人员在可行性分析阶段绘制的概念断面、主断面和设计断面,侧重工程实现可行性,未深入探讨断面自身性能和轻量化的关系,以及断面性能与白车身关键节点刚度、白车身性能的关联性。传统的断面设计一般会用现有数据库进行设计,并随造型进行调整,具体调整后是否为最优状态,没有进行评估。这样会给后期的车身性能目标、轻量化目标达成,带来较大的困难。

车身断面的概念设计是基于造型可行性分析过程中建立的断面,选取位于车身主体结构部位的断面进行断面刚度性能分析评估、优化,对于涉及的节点部位,建议选择节点端部位置的断面,在满足车身性能目标要求下,获得轻量化结构断面的优化设计结果,往往会获得意想不到的效果。

白车身主断面数量多,不同位置的主断面对白车身刚度的影响程度不同。为了更有针对性地研究主断面几何特性与白车身刚度之间的关系,需要找出对白车身刚度影响较为显著的主断面。对于三厢轿车而言,选取白车身主要结构件上的断面 20 个,具体位置如图 7-19 所示。

图 7-19 中 A 柱铰链处节点断面 A1,A 柱上节点处断面 A2,A 柱顶盖横梁处断面 A3,B 柱上节点处前部断面 A4,B 柱上节点处后部断面 A5,C 柱上节点处前断面 A6,C 柱上节点处后断面 A7,门槛前节点处断面 R1,B 柱下节点处前断面 R2,门槛后部断面 R3,后门框轮毂包处节点断面 R4;A 立柱上铰链处断面 H1,A 立柱下铰链处断面 H2,B 柱上部断面 B1,B 柱中部断面 B2,B 柱下部断面 B3,暖风机压力室板断面 T1,顶盖前横梁断面 T2,顶盖后横梁断面 T3,后风窗下横梁 T4。

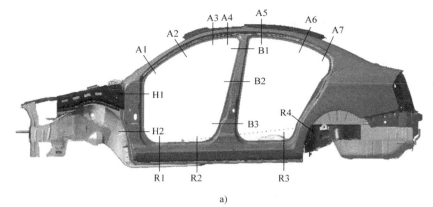

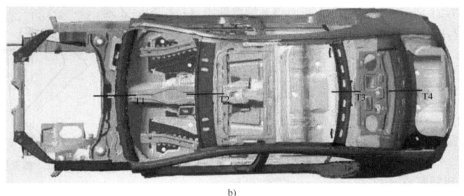

图 7-19　轿车断面刚度分布图（见彩插）
a）侧视图　b）俯视图

对于两厢轿车而言，断面选取与三厢车略有不同，增加断面 A8、C1、D1、D2，具体位置如图 7-20 所示。

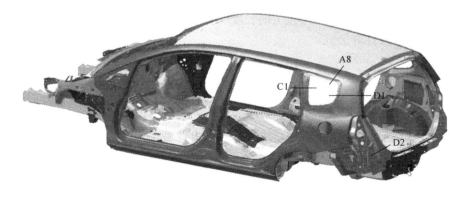

图 7-20　两厢车面刚度增加断面分布图

车身断面刚度与白车身性能密切相关，车身断面参数可分为几何参数和性能参数两大类，具体包括：

几何参数：断面面积（A），惯性矩（I_Y、I_Z），扭转常数（J）

性能参数：弯矩（M_y、M_z）和断面静压溃力（P_{max}、P_m）

下面分别加以介绍。

1. 几何参数介绍

（1）断面面积（A）

$$A = \int_A dA$$

A 是断面最基本参数，指的是有材料部分的面积，表征断面的重量，与车身结构的弯曲和扭转刚度、碰撞性能有关。通常情况下，以达成性能目标为基准，再优化断面面积 A，将获得轻量化断面。

（2）惯性矩（I_Y、I_Z）

如图7-21所示，惯性矩分为断面绕 Y 轴惯性矩（I_Y）和绕 Z 轴惯性矩（I_Z）两个参数

$$I_Y = \int Z^2 dA$$

$$I_Z = \int Y^2 dA$$

I_Y 和截面绕 Y 轴弯曲刚度成正比，I_Z 和截面绕 Z 轴弯曲刚度成正比，要保证薄壁的稳定性，优化设计时通常考虑把 I_Y 和 I_Z 最大化。

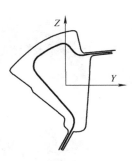

图7-21 截面惯性矩

（3）扭转常数（J）

扭转常数与断面的形式有关，通常车身断面分为开口断面和闭口断面两种形式，开口断面扭转常数计算公式

$$J_{open} = \frac{1}{3} \sum s_i^3 t_i^3$$

式中　J_{open}——开口断面扭转常数；

　　　t_i——开口断面上某一段厚度；

　　　s_i——开口断面上某一段厚度 t_i 的长度。

闭口断面扭转常数计算公式：

$$J_{close} = \frac{4A_m^2}{\int \frac{ds}{t}} = \frac{4A_m^2 t}{s}$$

式中　J_{close}——闭口断面扭转常数；

　　　A_m——外轮廓围成的面积；

　　　t——断面的厚度；

　　　s——断面中厚度 t 的长度。

J 和断面扭转刚度成正比，在保证薄壁稳定性下，结构优化设计通常考虑把 J 最大化。

2. 性能参数介绍

（1）弯矩（M_y、M_z）

$M_{MAX_y^+}$：截面正向绕 Y 轴（右手法则）最大静压溃弯矩，即考虑材料破坏和薄壁失稳

的影响。$M_{MAX_Y^+}$ 代表截面的轴向强度，是汽车前纵梁、B 柱、后纵梁碰撞安全设计中的一个主要参数。汽车结构碰撞优化设计通常考虑把 $M_{MAX_Y^+}$ 最大化。

$M_{MAX_Y^-}$：截面负向绕 Y 轴（右手法则）最大静压溃弯矩，即考虑材料破坏和薄壁失稳的影响。在汽车结构碰撞优化设计通常考虑把 $M_{MAX_Y^-}$ 最大化。

$M_{MAX_Z^+}$：截面正向绕 Z 轴（右手法则）最大静压溃弯矩，即考虑材料破坏和薄壁失稳的影响。$M_{MAX_Z^+}$ 代表截面的轴向强度，是汽车前纵梁、B 柱、后纵梁碰撞安全设计中的一个主要参数。汽车结构碰撞优化设计通常考虑把 $M_{MAX_Z^+}$ 最大化。

$M_{MAX_Z^-}$：截面负向绕 Z 轴（右手法则）最大静压溃弯矩，即考虑材料破坏和薄壁失稳的影响。在汽车结构碰撞优化设计通常考虑把 $M_{MAX_Z^-}$ 最大化。

（2）断面静压溃力（P_{max}、P_x）

断面静压溃力是评价断面轴向承载能力的指标参数，包括断面的最大静压溃力（P_{max}）和平均静压力（P_m）两个参数。最大静压溃力（P_{max}）即考虑材料破坏和薄壁板失稳的影响，代表断面的轴向强度，是汽车纵梁碰撞安全设计中的一个主要参数。断面平均静压溃力（P_m），考虑梁初始破坏后峰值力减弱的因素，代表梁的初始破坏后平均轴向强度，也是梁在轴向压溃中的吸能能力，是在汽车纵梁碰撞安全设计中的最主要的参数。

我们在进行汽车结构设计时，特别是针对正面碰撞和后面碰撞结构优化设计时，通常把 P_m 最大化，如机舱纵梁和后地板后纵梁，在侧面碰撞时需考虑把 P_{max} 最大化。在车身结构设计时既满足性能目标，又能最大限度地实现轻量化，是持续追求的方向。通常通过应用车身断面刚度分析来提前导入、进行设计优化，根据车身设计及实物验证断面参数与车身性能的关系见表 7-8。

表 7-8　断面参数与车身性能的关系

参数	优化目标	效果	推荐方案
断面面积（A）	减小	轻量化	减小材料厚度和断面尺寸，使用高强度、补丁板、热成型板
惯性矩（I_Y、I_Z）	增大	刚度提升	增大断面尺寸，将材料尽量远离形心
扭转常数（J）	增大	刚度提升	采用闭口断面形式
断面静压溃力（P_{max}、P_m）	增大	耐碰撞性提升	增加材料厚度、减小断面尺寸，增加传力"角"，增加加强件
弯矩（M_Y、M_Z）	增大	耐碰撞性提升	增加材料厚度、增加传力"角"，在弯曲部位增加加强件

在产品设计开发过程中通常根据车身结构自身特殊性，对不同部位的断面与车身性能的关系不同，结构设计优化时关注的点也存在差异，具体分析如下。

对于白车身弯曲刚度而言，侧围上边梁与侧围门槛梁起到很大的作用。对断面 A1 – A7 及 R1 – R4 进行分析，初步得出以下结论：A1 – A7、R1 – R4 断面刚度中 I_Y 对于白车身弯曲刚度影响较大，应重点关注。

对于白车身扭转刚度而言，侧围上边梁、侧围门槛梁，T1 – T4 四根横梁起到很大作用。

对其断面刚度进行分析，初步得出以下结论：A1 – A7、R1 – R4 断面刚度中扭转常数，H1、H2、B1 – B3 断面刚度中 I_Z，以及 T1 – T4 断面刚度中 I_Y 对于白车身扭转刚度影响较大，应重点关注。

7.5 整车主要受力路径设计布置

白车身是整车的受力载体，除满足自身基本性能外，还需考虑整车发生碰撞事故时对乘员和行人的保护，若白车身的受力、传力路径等设计分布不合理，将对乘员舱乘员造成致命的伤害。通常我们在进行结构布置设计时需考虑整车使用条件下的正碰、偏置碰、侧碰、顶压、柱碰、追尾等各种碰撞情况，确保在事故发生时车身对乘客起到最大保护作用。掌握碰撞各状况发生时白车身的受力、传力路径，才能保证设计最优化。

1. 正碰

整车发生正碰时，物体与前保险杠接触瞬间快速与白车身前碰撞横梁接触，前碰撞横梁通过自身变形对能量的吸收外，同时通过左右纵梁、前轮毂包上加强件传递给 A 柱、门槛梁、下地板梁，如图 7-22 所示。正碰绝大部分能量被前碰横梁、前纵梁吸收，保证乘员舱尽量不损坏和变形，确保乘员安全。

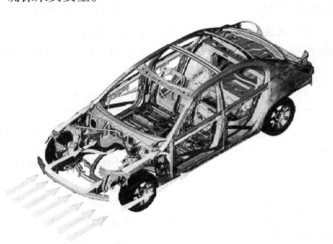

图 7-22 正碰受力、传力示意图

2. 偏置碰

偏置碰也是汽车出现碰撞事故比较多的碰撞现象，这几年法规也逐渐加严，由 40% 的偏置碰调整为 25%，碰撞速度维持 64km/h 不变，这一调整对车身结构布置设计要求难度大大增加。调整前当发生偏置碰时前碰撞横梁侧部受力，主要受力在碰撞侧吸能盒和前纵梁及前鼓包加强件，将力传递到 A 柱、门槛梁和地板梁，另前碰撞横梁同时将向非碰撞侧传递分解一部分力，并向车身后部传递。偏置碰调整后受零部件安装布置影响，前碰撞横梁与碰撞壁接触面积减少，导致前碰撞吸能盒及纵梁吸能不好，主要靠前轮包加强梁和轮胎将力传递给 A 柱、门槛梁和地板梁。目前来说，实现车身轻量化来达成偏置碰是结构布置设计的难点，具体传递路径如图 7-23 所示。

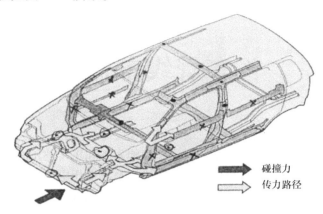

图 7-23 偏置碰传递路径示意图

3. 侧碰

侧碰力主要是通过白车身门槛梁、座椅横梁、B 柱及前门防撞梁将力分解传递到其他部位，为保证乘员舱完整性及对乘员尽量小的伤害，碰撞力尽可能分解，避免侧部局部的薄弱区。由于侧碰时侧部受力面比较大，侧碰设计主要关注白车身几个节点的结构布置设计，主要的传力、受力路径如图 7-24 所示。

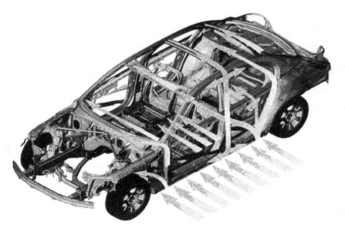

图 7-24 侧碰传递路径示意图

上面主要简单介绍了三种重要的碰撞状况下碰撞力、传力路径，其他几种碰撞也主要是关注车身的结构布置设计，从整车碰撞受力、传力路径分析及应用设计来看，主要是白车身骨架的布置设计。这也是白车身作为整车受力载体的基础。骨架布置设计的好坏不仅直接决定白车身本身的性能，而且直接关系到整车其他系统的性能。所以，结构布置设计都是以白车身为基础逐步展开，并延伸到其他各系统的，既保证白车身的性能，又能达成系统之间的匹配优化设计的目标。

随着汽车技术的发展和汽车法规的不断完善，各种碰撞工况对汽车结构设计提出更高的要求，特别是各主机厂最近正在积极应对的中保研、2021 版五星碰撞、汽车燃油双积分等要求，这不仅对结构设计是一次考验，也是对汽车轻量化设计的一次严苛的挑战。作为整车集成工程师，深入了解车身结构设计依据，对做好整成集成设计工作有很大的帮助！

第8章

汽车管线布置

汽车管路、线束是连接部件之间油、水、气、电、操作的主要方式,以及传导力的通道,对汽车来说就好比人的血管和经络,对汽车性能发挥和正常使用有着重要的作用。

低压线束连通着整车所有低压用电器,起着输送整车低压电能及传输电子网络信号的作用;冷却水管连接着整车热源及散热器,通过冷却液的热交换平衡整车热害,对整车热管理极为重要。高压线束承担着整车高压电能的传输,是新能源车型运行的"大动脉"。空调管则是高温高压或低温低压制冷剂的传输通道,管理着乘员舱的小气候。而类似前罩拉索、离合器拉索等拉索装置,能在柔性的拉索走向上实现特定的操作行程及力的传递,连接操纵机构和执行机构等。

要确保汽车有效运行,不出现失效、损害、安全等问题以及保障产品使用品质和寿命,做好汽车管线布置至关重要。产品开发过程中,总布置工作除了对整车的上车体、下车体、机舱的整体布局做整体把控外,具体到管路布置时,不能只是考虑其主要的走向及周边间隙,而是应当在整车集成工程师、产品工程师的角度上不停切换,来审视整车的管线布置和否合理、安全顺畅还是存在隐患。过去几十年,内燃机车型占据着整车市场的绝对主力,因其结构较为简单,导致大部分厂商忽视了对管路布置的重视。如今新能源车型方兴未艾,其结构、功能日益复杂,既有低压控制电路、也有高压动力电路、更有复杂的热管理管路等,管线路复杂程度不可同日而语,我们技术人员就必须站在一个更高的角度来进行设计开发,才能提出更优的整车管线路布置方案。本章意图在总结过往工作经验的基础上,系统整理总结管路布置流程、规范,为管线设计工作的规范化打下基础。

8.1 汽车管线种类

汽车管线主要可分为三类:线束、管路、拉索。根据其主要作用,可具体划分为低压线束、高压线束、油管、水管、空调管、拉索等。

1. 低压线束

如果说油管是汽车的"血管",那么低压线束就可以称作汽车的"神经系统"。低压线束是指电路中连接各用电器设备的电线,其主要功能是为汽车用电设备提供电源及连接整车电气设备,并实现对电气设备的控制。由绝缘护套、接线端子、导线及绝缘包扎材料等组成。

低压线束一般根据整车配置有所不同,但基础的低压线束可分为发动机线束、前舱线束、乘员舱线束、底盘线束等主线束及其他辅助线束,如图8-1所示。不同作用和部位的线束有自己的特性、对布置有不同的要求。

发动机线束和前舱线束：布置在前机舱内部，发动机线束与前舱线束与动力总成上各类接口（如电喷发动机、各类传感器等）、ECU、接地点等相连。前舱线束除与发动机线束、底盘线束相连外，一般还负担着机舱内除发动机外其他低压用电器的送电功能（如刮水器、前照灯等）。

乘员舱线束主要连接驾驶室内仪表台区域装配的电器件，主要有组合仪表、娱乐系统、制动踏板、离合踏板、加速踏板、12V电源、组合开关、点火开关等相关电器件。而底盘线束通常用于实现下车体的主要电气功能，主要连接发电机、压缩机、起动机、风扇、ECU整车接口、制动传感器、尾灯，以及底盘相关的开关和传感器等，可以简单理解为下车体信号、电源的传递系统。其他线束，一般功能比较简单，比如顶篷线束主要连接顶灯以及驾驶室外的示廓灯，车门线束主要连接扬声器、电动车窗、门锁等相关零部件。

图 8-1　低压主线束布置示意图

2. 高压线束

随着国家的大力支持和推动，新能源汽车的发展取得了长足的进步。图 8-2 所示为某新能源汽车高压线束的布置情况，采用动力电池（300～400VDC）作为能量来源，通过高压线束对高压负载进行能量传输。

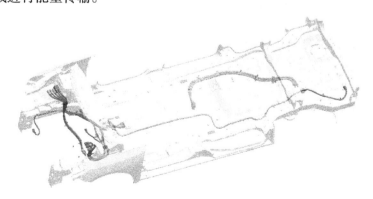

图 8-2　高压线束布置示意图

如图 8-3 所示，高压线束主要由高压线缆、高压连接器、波纹管、耐磨自卷管、热缩管、胶带等组成。高压线束防护材料主要有波纹管、耐磨自卷管、耐高温自卷管。波纹管主要材料为PP塑料或者PA66塑料，有良好的阻燃（水平燃烧达到V0等级，垂直燃烧达到HB等级）、耐磨、耐酸碱性、一定的防冲击性。耐磨自卷管主要由环保聚酯单丝与环保聚酯复丝编织而成，有良好的阻燃（水平燃烧达到V0等级，垂直燃烧达到HB等级）、耐酸碱、降噪性。耐高温自卷管采用内层玻璃纤维，外层铝箔材料复合而成，有良好的隔热、反热性，耐温为-50~200℃。

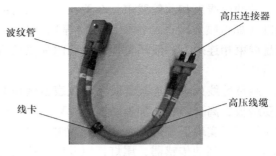

图8-3 高压线束主要组成

高压线缆主要分为屏蔽线缆与非屏蔽线缆。如图8-4所示，屏蔽线缆主要由导体、绝缘层、铝塑复合带、编制屏蔽层、护套组成；非屏蔽线缆主要由导体、绝缘层组成。因高压传输易产生电磁干扰，高压线缆常使用屏蔽线缆，能有效减弱高压线缆产生的电磁干扰。

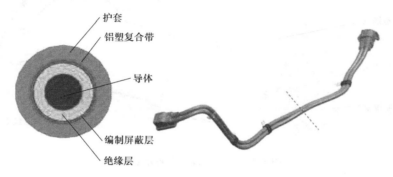

图8-4 高压屏蔽线缆结构

3. 拉索

因拉索具有成本低、简单、维护调整便利等优点，整车上远距离力的传递一般采用拉索来实现的。常见的拉索主要有选/换档拉索、前罩拉索、加速踏板拉索等。

拉索的主要材料结构有直丝管和绕丝管两种结构。直丝管有多股钢丝捻制而成，套管的强度和硬度高不易折弯，在拉索受外力作用拉扯时，变形量小，可以很好地保护中间的钢丝线在传力过程中不发生变形和位移。绕丝管采用钢丝压扁后绕制而成，类似于弹簧，套管弹性大，强度低，受外力作用时变形量大。

选/换档拉索用于连接换档机构及变速箱，同时承受着拉力与推力，结构较为复杂。如图8-5所示，选档拉索与换档拉索结构基本一致，主要由拉杆、阻尼器、封板、护板、芯体、防尘罩、蜗杆组成。

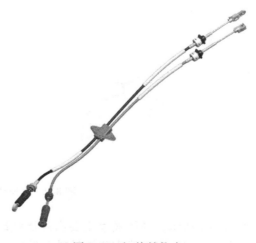

图8-5 选/换档拉索

如图 8-6 所示，拉索开发中涉及其布置的主要参数包括 $A+B$ 尺寸、拉索中段长度、拉索行程效率、拉索负载效率等，布置结果的好坏，直接影响到这些参数。

$A+B$ 尺寸：拉索两活动端 A 和 B 的尺寸总和。摇臂连接点 1 和拉索固定点 1 为拉索操纵结构总成端位置，摇臂连接点 2 和拉索固定点 2 为受控端位置。A 为摇臂连接点 1 到拉索固定点 1 的长度，B 为摇臂连接点 2 到固定点 2 的长度。

拉索中段长度 L：拉索固定点 1 和固定点 2 之间的长度为 L。

拉索行程效率：拉索推拉过程中，输入端行程和输出端行程之比。

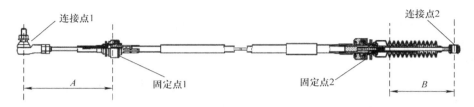

图 8-6　拉索结构示意图

4. 油管

油管之于汽车，就像血管对人类一样重要，稍有异常，就会对整车造成严重的安全问题。当前整车上的油管主要包括燃油管路以及制动油管。

如图 8-7 所示，汽车燃油系统主要包含燃油箱（含燃油泵）、燃油滤清器、炭罐、加油口等，而这些零部件主要由燃油管路连接，以实现输送燃油或燃油蒸气的功能。

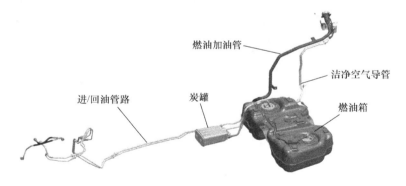

图 8-7　整车燃油系统

整车上油管除燃油系统管路外，还包括制动油管。当前乘用车制动主要是利用制动液，将制动踏板的行程转换为液压，通过制动油管传导至制动器来实现制动。为实现该功能，制动油管必须具备密封性、耐压性等相关性能。

5. 水管

整车上的水管基本以一般金属管和橡胶管为主，主要用于输送冷却液。冷却液是在水中加入一定比例的乙二醇组成的，使其具有防冻功能，因此也称防冻液，习惯上也称冷却水。因水管用途多样，使用环境复杂，一般工作环境高温高压，或者尺寸差异较大，而金属管结构简单，工作环境要求较低，此处我们着重介绍输水软管。

整车上输水软管主要包括散热器橡胶管、循环水路橡胶管等。是整车热管理、各系统热管理中重要的柔性管路。中、轻型车辆橡胶软管使用温度一般为 -30 ~ 110℃，轿车用橡胶软管使用温度一般为 -40 ~ 120℃。HG/T2491—2009《汽车用输水橡胶软管》中规定了汽车用输水橡胶软管的规格尺寸、技术

图8-8 一般输水软管结构

要求、试验方法和检验规则等。软管虽结构各有不同，但基本是由内胶层、增强层（或有）和外胶层组成，如图8-8所示。内胶层是直接接触冷却介质的工作层，主要有密封隔离介质、保护增强层的功能。增强层是软管承受压力的部分，同时决定着整个软管的刚度和强度。外胶层是软管的保护层。

6. 气管（CNG）

汽车使用的气管，主要是指传输整车能量来说的可燃性气体的传输管路。这类气体一般都是易燃易爆的高危气体。一般 CNG 车型正常行驶时，系统工作压力约为20MPa，通过减压装置将高压天然气降至常压（0.7~0.9MPa），与空气混合形成混合气体供发动机燃烧工作。一般 CNG 车型系统组成如图8-9所示。

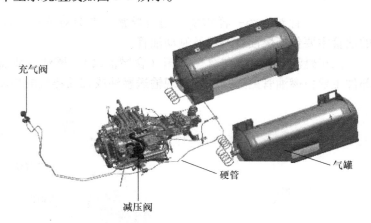

图8-9 一般 CNG 车型系统组成

7. 空调管（制冷系统）

汽车空调系统广义上讲，包含制冷，采暖、通风三个系统及相对应的功能，但各国对空调系统的定义不同，大多指的是广义空调中的"制冷系统"，此处也采纳该定义，后文所述的"空调系统"即为"制冷系统"。

制冷系统主要通过压缩机驱动制冷剂进行制冷循环，经过冷凝器、膨胀阀、蒸发器等装置与空气进行热交换，实现空气制冷。汽车空调系统组成如图8-10所示。

空调系统制冷主要有四个过程，即压缩过程、冷却过程（放热）、节流过程、蒸发过程（吸热）。压缩过程指压缩机吸入蒸发器出口处的低温低压气体，将其压缩成高温高压气体，送入冷凝器。冷却过程也是一个放热的过程，即高温高压气体进入冷凝器与空气进行热交换，冷却风扇将放出的热空气排散到大气，这个过程中制冷剂冷却成液体。节流过程指的是高温高压的液态制冷剂经膨胀阀节流降压，以雾状（细小液滴）排出膨胀装置。蒸发过程

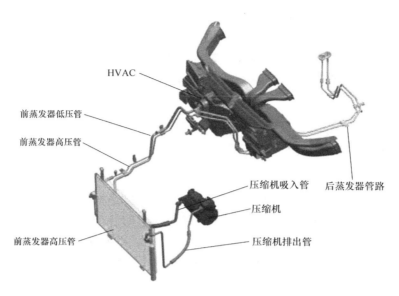

图 8-10 汽车空调系统组成

即吸热过程,经膨胀阀降温降压的雾状制冷剂液体进入蒸发器进行蒸发,形成气体,蒸发过程中吸收乘员舱空气热量,以达到降温的目的。其工作原理如图 8-11 所示。

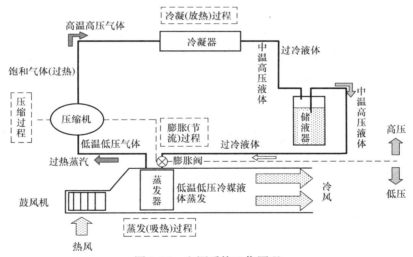

图 8-11 空调系统工作原理

而空调系统中,起着连接作用的,就是空调管路。空调管路一般由铝管、橡胶管及其他管路附件组成。一般汽车空调管路主要组成如图 8-12 所示。

图 8-12 空调管路的主要组成

空调软管一般采用带增强型的橡胶挤出管，使用过程中承受连续振动及制冷剂的化学侵蚀作用，还要同时在极限低温及高温环境下工作，对其气密性、强度、弹性及密封性有着极高的要求。如此一来除了对其材料、加工工艺有较高的要求外，管路布置方面对布置方式也有着较高的要求。而空调硬管，因整车机舱环境因素及相关加工及耐久要求的影响，对布置也有着较高的要求。

8.2 汽车管线布置

在产品开发的角度上，汽车管路、线束的布置不但受到最初的方案阶段整车低压电气原理、高压电气原理、热管理原理的极大影响，也对整车的各项性能，如安全性、可靠性、NVH、拆装方便性、美观性等有直接的影响。与此同时，随着整车配置的不断升级，车辆由传统燃油车转向管路线束更为复杂的新能源车型，系统地对整车管线布置进行归纳总结是很有必要的。下面我们将对比较典型的管路、线束的一般布置要求进行介绍。

1）管线布置应满足材料成形要求和基本的管线功能要求。

2）管线布置中应满足布局的美观性要求。如布置中应尽量将管线布置在隐藏的空间，裸露的管线则要遵守横平竖直的布置原则，颜色与周边环境协调。

3）管线布置应满足基本的间隙要求。该间隙要求一般的静态布置要求、动态布置要求、热害防护的一般间隙要求等。间隙过小，可能导致线束磨损或灼伤，产生安全隐患。

4）管线长度设计中，也应该考虑除了基本长度外，因振动或运动导致的伸缩余量。

5）管线布置需考虑其拆装方便性/工艺性要求。整车装配过程或后期的维护中，不可避免地需要对管线进行拆除/装配，应该在布置阶段充分考虑这些问题，以免造成用户不必要的抱怨，及增加额外的维护成本。

6）管线布置之中，还应充分考虑其固定点的设计及固定管/线夹的选型。这不仅关系到管线布置的可靠性，还很大程度上影响到整车方案的各个方面，如工艺可行性、成本等（如固定点需在车身上增加额外的固定支架，导致开发成本上升这一类问题）。

7）低压/高压线束布置中，应充分考虑线束的电磁兼容特性，以保证系统的可靠性。如燃油车的点火系统，新能源车型的电动机控制器等零部件，都是整车上重要的电磁干扰源，布置过程中，线束既是这些干扰源效率很高的接收天线，也是其他干扰源的放射天线，低压/高压线束与这些零部件的位置关系就是一个值得深入探讨的问题。

8）管线布置中对锋利边的规避也应该在考虑范围内，防止绝缘层被割破而产生短路过热烧车问题。

9）管线布置时，应充分考虑防水、刮擦、飞溅冲击等破坏。

主机厂在整车开发过程中，除了一般的布置要求外，都有一个针对管线的开发控制流程，以系统、规范地对整车管线布置问题进行管控。项目策划立项后，由专业部门提供初版的电气原理图、高压原理图、热管理原理图、零部件选型报告及相关的接口定义等输入，由总布置完成初步的总布置方案及数据，经由多次总布置评审、管线样车评审及相对应的方案、数据调整，完成最终管线数据的冻结。它的基本流程如表8-1所示。

表8-1 整车管线布置管控流程

1	根据初版电气原理图、高压原理图、热管理原理图等，结合输入的动力总成、三电数据等相关选型零部件（含接口定义），初步确定在整车上的布置布局
2	根据上述完成的初步布置情况，分别进行高压线、低压线、主要管路、拉索等初步布置，确定初步管线路径
3	进行一般间隙、装配维护方便性、安全、热害、EMC、NVH、美观等分析、评审是否满足要求或兼容
4	根据分析、评审结果对管线进行调整，并进行初步详细设计，发布初版布置数据
5	专业部门根据初版布置数据设计初版管线零部件数据、图纸
6	根据初版管线零部件图纸制作样件并进行实物模拟装配，通常做一个机舱杂合车或模型车，对机舱布置进行验证，包括静态美观和装配性评估、运动协调性评估和机舱热害试验等进行验证
7	根据杂合车或模型车的验证结果，完善管线布置
8	完善相关布置方案及数据后，后续各阶段均需完成相关的验证/评审/调整这个工作循环，以达到管线最优化方案

而在整个管控流程中，最初也是最重要的阶段，就是布置阶段各类管路、线束、拉索的具体布置方案，对后期的开发有着十分重要的意义。在此，我们将着重对各类管线的布置方案及相关要求一一陈述，讲解管线布置的要点。

8.2.1 低压线束布置

底盘线束目前通用的布局形式为 E 型布局及 H 型布局。如图 8-13 所示，为 E 型布局，底盘线束在前围板上仅一个过孔，适用于整车配置较低的车型。当整车配置较高，导致电气功能较为复杂时，一般采用如图 8-14 所示的 H 型线束布局。也有其他一些不太典型的线束布局，如 L 型、T 型等。

调整车零部件的布置方案

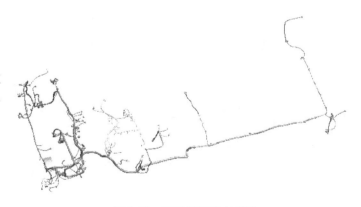

图 8-13　E 型低压线束布局

与低压线束的布置方案，是一个相互验证、相互优化的过程。当整车布置方案确定后，整车的基本线束布局就基本确定了。在低压线束布置中需要满足各类原则性的要求。

1. 一般间隙要求

1）线束与固定件的间隙应满足≥5mm 的布置要求（无热害）。

2）线束与运动件/震动件的运动包络一般间隙 d 应满足 $d≥25mm$（无热害）。

3）线束应避免布置在高温区域，必要时增加隔热措施。间距 $e>80mm$，并采取相应的保护（玻纤管、铝箔等）。

4）线束一端与振动件/运动件相连时，通常由以下三种布置方式：

① "C" 型布置。

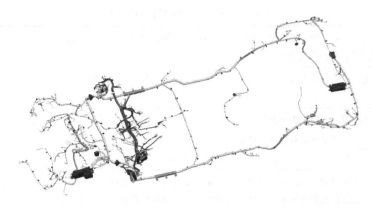

图8-14　H型低压线束布局

②"S"型布置。
③摆动型布置。

C型和S型布置应视最大的振动幅度/运动行程，预留足够的长度，避免线束承受拉力及传递振动。线束的连接长度应该是比这两个零件的最大动态距离大25mm以上的余量。如图8-15所示，红色线束段为某车型发动机线束与前舱线束分线，采用S型布置。发动机线束与ECU分线（黄色线束段）则采用C型布置。

图8-15　C型/S型线束布局

摆动型布置一般出现在门线束、电动座椅线束等有一定运动规律可循的机构中，可以根据具体情况，稍微少留一些线束的余量。如图8-16所示，随着车门摆动，对应的车门线束也以铰链轴线为中心旋转摆动。该类线束布置中，应根据车门或其他机构的摆动量来设计线束长度。

2. 拆装方便性/工艺性要求

1）线束接插件应尽量布置在身手可触及、可操作的区域，或简单拆卸一些零件后，可操作的区域。

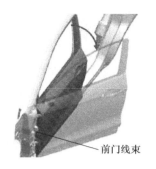

图 8-16 摆动型线束

2）不在临近位置布置型号、颜色相同的接插件，做好接插件的区分，避免误操作。
3）线束布置时，其接插件应有足够的插拔空间，满足一般的插拔要求。

3. 固定及保护

线束的固定点对线束走向、敏感间隙（太近会受热、可能摩擦、割破等）、NVH 的控制有着很重要的作用。同时，固定点的设计也受到相关安装支架及安装点的限制，因此低压线束布置中，固定点的设计及固定卡子的选型，有着十分重要的地位。除钣金卡子尽量不要布置在机舱等有水的环境外，低压线束卡子无其他特殊要求。主要的固定管夹/卡子的类型如表 8-2 所示。

表 8-2 主要管夹/卡子类型

类型	图片	类型	图片
标准扎带		可拆卸式扎带+杉树头	
胶带卡子		扎带+钣金卡	
胶带偏心卡子		箭头扎带	
连接器护套卡花		防水扎带	
扎带+杉树头		螺柱卡扎带	

根据整车边界选定相应的卡子类型后,固定点的设计应遵循以下要求:

1)根据线束走向、车身边界等合理设计固定点,一般两固定点 a、b 之间的间距应控制在 300mm 以内,如图 8-17 所示。

2)线束转弯前后均需布置固定点(钝角拐点处可新增固定点),应避免出现锐角拐点,并控制关键位置间隙。如图 8-18 所示,转弯前后线束均有固定点,因转弯中心处间隙需重点控制,新增了偏心胶带卡子固定。

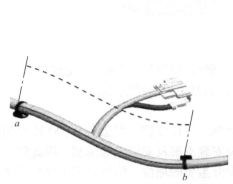

图 8-17　固定点的间距要求

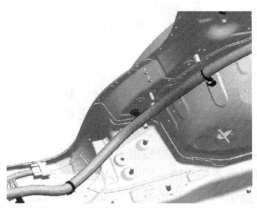

图 8-18　线束转弯处固定点的布置

3)在和其他线束、电器件连接的接插件位置,接插件前距离 $L<120\text{mm}$ 内,需新增固定点,如图 8-19 所示。

4)尺寸敏感位置,线束接插件应避免误操作导致该尺寸不受控。如运动件附近低压线卡子的安装方式,除设计状态应避免相应的问题外,还应考虑装配中由于各类原因或长期使用导致的卡接失效等可能产生的安全风险。如图 8-20 所示,绿色线束为设计状态路径,此处存在横向稳定杆、传动轴等运动部件,线束与周边零部件间隙敏感,但设计中未引起足够重视,线卡存在装反导致线束与运动件干涉的风险。此类问题应在设计中引起足够的重视。

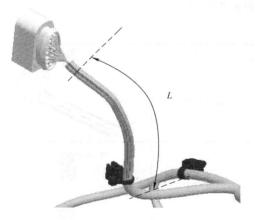

图 8-19　接插件处固定点的布置

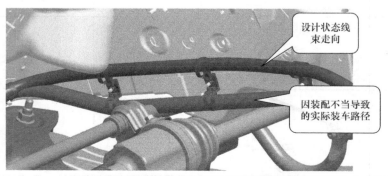

图 8-20　尺寸敏感部位设计失误导致的问题

5）线束尽量布置在隐藏的空间，直接可视部分尽量遵守横平竖直的原则，走向顺畅，尽量减少管线交叉布置，如图8-21所示。

6）原则上线束不过钣金锋利边，如无法避免，应增加相适应的耐磨/固定措施（过孔保护）如图8-22所示。

7）线束不允许与燃油管路、制动管路使用相同的固定点。

4. 低压线束的防护要求

线束包扎起到耐磨、阻燃、防腐蚀、防止干扰、降低噪声及美化的作用。一般包扎材料说明如表8-3所示。

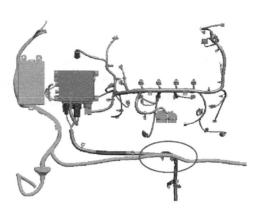

图8-21 线束布置示意图

图8-22 线束过锋利边保护措施

表8-3 一般包扎材料说明

序号	材料	使用性能	主要使用范围
1	波纹管	耐磨性、阻燃性、耐高温性能好，耐温区间在 -40 ~ 200℃之间。材质一般分为PP、PA。PP材料在抗弯曲疲劳性方面优于PA；但PA在阻燃、耐磨方面优于PP材料	发动机线束及前舱线束，以及其他有特殊防护需求的部位
2	PVC管	柔软性和抗弯曲性能较好，主要用于线束转弯的分支处，以便使导线圆滑过渡。耐温性能不高（80℃以下）	部分前舱线束、驾驶室线束及底盘线束
3	玻纤管	耐高温（200 ~ 600℃），具有良好的阻燃性	前/后氧传感器
4	PVC胶带	阻燃性较好，耐温较差（80℃左右），降噪性能差，价格便宜	底盘线束、顶棚线束
5	绒布胶带	材料PET，包裹性及降噪性能最好，耐温在105℃左右；阻燃性差，价格贵	门线束
6	布基胶带	材料为PET，具有较强的剥离力、抗拉力、耐油脂、耐高温（150℃左右）、耐老化，防水、防腐蚀，耐磨性最好，价格贵	发动机线束、前舱线束

除包扎材料外，线束过孔时一般会采用橡胶件进行穿孔保护和密封。而橡胶材质的选择，对其防水、耐油、隔热、阻燃、NVH、耐久性等有着不同的影响。

线束过孔密封件，主要出现在整车的乘员舱与外部连接处，如前壁板、车门及背门处。在这些地方设计线束胶套时，除考虑线束布置一般要求外，还应校核卡接结构及运动包络，确保线束胶套的密封性和行程要求。特别需要提出的是，背门胶套的防水设计，一是在胶套结构上进行密封，二是在车身钣金机构上合理设计，以利于排水。可以参见如图 8-23 中的胶套结构，及图 8-24 中配合的胶套四周的钣金凸台密封结构，凸台高度不小于 3mm。

图 8-23 胶套与钣金配合处的二次密封结构

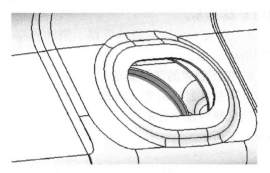

图 8-24 钣金凸台密封结构

5. 美观性及其他一般要求

针对线束美观性的要求，则要求线束布置时尽量分层次，不交叉，颜色区分明显。美观性是视觉主观感受，那么除了一般技术上做特定要求外，还要组织专业/非专业人员在设计的各阶段对线束美观性进行评审。

6. 布置对线束产品设计的一般要求

除了从总布置的角度对管路的总体布局有一系列要求外，管路布置本身，对产品的设计也有一定的要求，如低压线束的线径与转弯半径的关系、直线段长度、分支点的设计等。

如图 8-25 所示，线束线径 d 与转弯半径 R 的一般关系可以按照下面的经验方法布置。

1）当 $d \leqslant 35$mm 时，线束内圆角半径 $R > d$。

2）当 $d > 35$mm 时，线束内圆角半径 $R > 1.2d$。

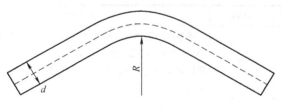

图 8-25 管路转弯半径

8.2.2 高压线束布置

新能源车型开发中，采用了大量的高压电气设备，如大容量、高电压的动力电池及高压电机和电驱动控制系统，以及其他高压附件。高压线束的布置很大程度上影响着整车的高压安全性、美观性、工艺性及整车成本等。

1. 一般空间要求

高压线束的空间的要求，包括线束走向、线束折弯、连接器插拔、周边零部件配合间隙要求等。根据总布置及高压电气设计需求，高压线束布置的一般准则是就近原则，即尽量减少高压电缆长度来布置高压线束走向。

如图 8-26、图 8-27 所示,高压线束(含波纹管)的折弯半径为 R:

$$R = 5d_2 + D_2$$

式中　d_2——高压线束的外径;

　　　D_2——波纹管波峰外径。

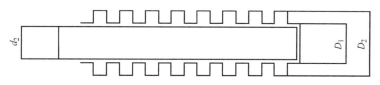

图 8-26　高压线束外径示意图

d_2、D_2—同公式　D_1—波纹管波谷外径

高压线束的折弯尺寸如图 8-27 所示,其折弯前直线长度 L 应大于 20mm,高压线布置时应预留足够的空间进行折弯。

除折弯要求外,与一般非运动件间隙应 ≥10mm;与运动件的间距则应 ≥25mm,以防止在相对运动中的摩擦干涉引发安全风险。

高电压部件的布置路径上的相关部件留有足够的缓冲空间,确保任何一个非外接高电压部件与整车外廓的最小尺寸均保持在 110mm 以上,如图 8-28 所示。

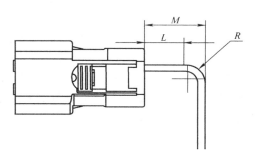

图 8-27　高压线束折弯尺寸

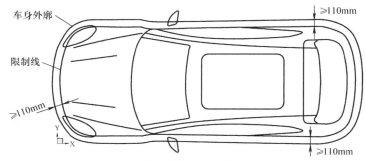

图 8-28　非外接高电压部件整车位置要求

高压线束布置时,应预留足够的振动余量,避免零部件的振动/运动时,因高压线设计长度不足而引起的线束拉断或接插件及其负载损坏,如图 8-29 所示。

高压线束布置时应远离热源,如果与热源间隙不能满足要求一般布置要求,且仿真结果亦不满足高压线的额定使用温度,则需在产品与热源之间增加隔热装置或使用耐温等级较高的高压线缆。

2. 拆装方便性要求

高压线束布置中,其拆装/插拔方便性是需着重考虑的因素。一般要求如下:

1)连接器尾端的插拔空间应大于连接器插入尺寸的两倍,如图 8-30 所示。$L_2 > 2 \times L_1$。

2)设计过程中,应采用相应的工具模拟拆装,以确保具有足够的工具操作空间。

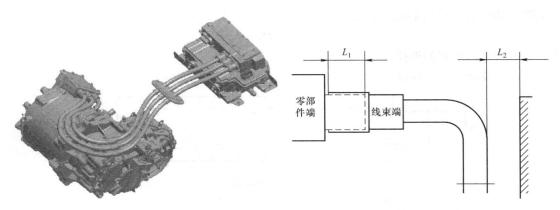

图 8-29　高压线束预留振动余量　　　　图 8-30　连接器尾端的插拔空间要求

3）高压线过孔尺寸应确保线束（含连接器及其防护套）可正常穿过。

4）线束的装配过程（连接器、固定点的装配）应可视，且单人可操作。

5）高压线束如果有穿越成员舱与下车体的情况，应在设计过程中充分考虑线上装配对总装工艺的影响问题，应尽量避免工人操作困难，新增工位等问题，更不能出现对总装工艺出现大的调整的风险。

3. 固定及保护

高压线束相较低压线束，线径更为粗大，且硬度更大难以折弯，导致对其固定要求更为严格。表 8-4 为高压线束固定常用的一些线卡。

表 8-4　高压线束常用线卡

类型	图片	备注
螺柱卡子		固定在焊接螺柱上
过孔卡子		固定 7mm×12mm 的腰型孔、7mm 的圆孔
钣金卡子		固定于钣金上
管夹卡		与其他管路固定
金属线卡		悬空状态下固定，保持并排线束的相对位置

高压线缆固定点之间距离应小于等于300mm，如果遇到弯折位置，应在转弯前后增加固定点以保证其转弯半径满足要求。

针对线束与线束之间的连接器，应选用自身带固定结构的连接器并固定，如果连接器自身不带固定结构，应在对应的出线位置增加固定点，固定点应在连接器直线距离$L<120$mm以内，如图8-31所示。

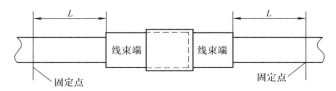

图8-31　线－线连接器的固定点设计

在线缆分支点应有固定点，且固定点应在分支点直线距离$L_1<150$mm以内，如图8-32所示。

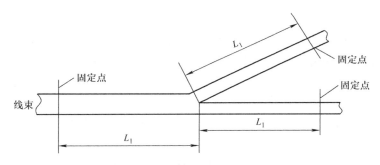

图8-32　高压线缆分支点处固定点设计

高压线束与过孔等锋利边缘应添加相应的防护装置，如图8-33所示。

图8-33　高压线束过锋利边缘的保护

高压线束布置中，还应充分考虑泥沙飞溅、刮擦、飞溅冲击等因素的影响，适当增加相应的防护措施。通常采用增加防护板、高压线护板等方式，同时，高压线布置应尽量紧贴纵梁，也能在一定程度上起到对应的防护作用。

8.2.3 拉索布置

拉索是柔性体，其布置影响着拉索的主要性能技术参数，如选换档拉索的空行程及负载效率。

1. 选换档拉索的布置要求

选换档拉索的布置一般受换档机构与变速器位置的影响，其主要布置形式一般为 S 型（横置前驱）、C 型（多见于中置后驱的商用车型），如图 8-34 所示。

S型选换档拉索　　　　　C型选换档拉索

图 8-34　选换档拉索布置形式

选换档拉索的一般布置要求曲率半径应≥120mm，且曲率半径在 120~130mm 之间的特征不能连续出现，以尽量避免空行程和操纵力的影响。同时，因为选换档拉索一端与振动源相连接，一端固定，选换档拉索布置设计时，应预留足够的振动余量，避免把振动传递给选换档操纵机构，甚至对选换档操纵机构产生破坏。

同时，选换档拉索布置时，应尽量远离热源，以避免因过热引起拉索润滑、拉索不耐温材料的老化，甚至安全隐患及。一般要求在无相应隔热措施的情况下，选换档拉索距离热源应大于 150mm，当不满足该要求是，应增加能有效隔绝热源的隔热措施。与一般固定件建议≥15mm 即可满足要求，与运动件运动包络间隙一般要求 >25mm。

布置时同时应考虑到拉索调节、拆装方便性。

拉索布置路径还应保证其张力不易导致拉索工作中脱落，产生安全隐患。

2. 前罩、油箱门等拉索布置

整车上除了选换档拉索外的拉索，如发动机罩锁拉索、油箱盖拉索、门拉索等，这些拉索的特性基本相同，布置要求基本一致，我们以发动机罩锁拉索为例，对这些拉索的基本布置要求进行介绍。

前罩锁系统通过拉索实现开启发动机罩板的装置（图 8-35），拉索的布置，对系统的稳定性、安全性有着较大的影响。

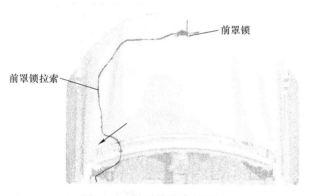

图 8-35　前罩拉索布置形式

拉索与无相对运动零件间距应≥5mm，有相对运动零部件运动包络间隙应≥10mm。

前罩锁拉索走势应平滑顺畅，最小曲率半径不应小于 100mm，且应在转弯区域设计固定点。此外，拉索在车身上固定时，管夹间距应≤300mm。

当拉索在某些锋利表面或边缘布置时,应在拉索对应的区域增加保护套或增加固定点保持距离,避免被割破。

因发动机罩相当于机舱的"门",而机舱内 ECU、蓄电池等零部件因体积小、价值高,被盗概率较大,那么这一扇"门"的安全性就至关重要。机罩拉索布置时,应充分考虑一级锁止解锁后,机罩锁拉索不应在人手可触及范围内。

8.2.4 油管布置

汽车油管主要包含燃油管路和制动油管,燃油管路承担着连接发动机和燃油箱,将清洁燃油从燃油箱输入到发动机燃烧的作用,制动管路则承担着将制动踏板力转换为制动力的转换功能,油管的布置直接影响到发动机及制动系统的性能,有着十分重要的作用。下面介绍燃油加注管、硬、软质油管(含燃油管及制动管)的一般布置原则。

1. 燃油加注管

燃油加注管因一端在加注时是裸露在外侧的,而燃油又是易燃、易爆、易挥发的物质,因此我们对燃油加注口周边环境有着严格的要求,一般要求加注口(含通气口)不得朝向排气管开口方向,避免高温气体造成安全隐患。同时,加注口(含通气口)应尽量避免与裸露的电气开关距离过近,避免因电火花产生安全问题。如图 8-36 所示,燃油加注管在设计时,应遵循从加注口开始高度逐渐降低的走势,管路设计中高度方向不能出现 U 形结构,避免管内燃油积存及后期可能产生的加油枪跳枪等问题。

图 8-36 燃油加注管走势要求

如图 8-37 所示,燃油加注管设计中,加油口端管路布置设计角度也应该满足一般加油枪加注角度的要求(加油口直线段中心线与车辆纵向中心面夹角 α 推荐值为30°±15°)。同时,应保证该段直线段长度 L 不小于 160mm,避免出现加油过程中的"跳枪问题"。

2. 硬质油管(含燃油管及制动管)

硬质油管如进/回油管路、炭罐吸附管路等,应与热源保持足够的间隙(一般与排气管间隙应不小于 100mm),当间隙不满足一般要求时,则必须增加对应的隔热措施,

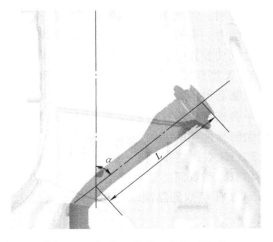

图 8-37 加注口处的一般尺寸要求

并对热害进行定量分析。其他的一般间隙要求如表 8-5 所示。

表 8-5 硬质油管与周边零部件的一般间隙要求

序号	一般间隙要求
1	燃油管路与固定件间隙应≥10mm（非电气开关、高温件、车身件）
2	燃油管路与运动件包络间隙应≥25mm（非电气开关、高温件）
3	燃油管路沿车身纵梁布置时与车身纵梁间隙≥5mm（固定点位置除外）
4	相邻两固定点距离一般为 300~400mm
5	加油口高度应满足一般加注方便性要求

20 世纪 80 年代前，制动系统多为单回路。在单回路制动系统中，制动主缸有一个输出口，向所有制动器提供制动力，虽结构简单，但只要系统中任意一处损坏发生泄漏，就会造成系统制动失效。为了确保可靠制动，各国推动立法强制推行双回路制动系统。所谓双回路制动系统也称双管路制动系统，指全车的制动由两条相互独立的回路组成，其中一路失效后，仍能利用另一路完好的回路制动。双回路制动系统主要有 5 种不同的管路布置形式，如图 8-38 所示。

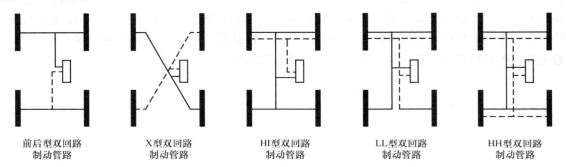

图 8-38 双回路系统管路布置形式

1）前后型：一条回路连接前制动器，另一条回路连接后制动器，即前后桥各一个制动回路。该布置形式管路最为简单，可与传统的鼓式制动器配合使用，成本较低，目前主要在货车上应用。但使用该布置形式的未配备 ABS 的车型，后制动失效时一旦前轮抱死极易丧失转弯能力，更为严重的是前轮制动失效时，汽车不仅会出现后轮抱死丧失稳定性，而且因为此时制动装置是通过后轮作用，所以即使采取了制动行为也无法弥补前轮制动力的丧失。

2）X 型双回路布置：一条回路连接左前轮和右后轮制动器，另一条回路连接右前轮和左后轮制动器，制动管路呈 X 形交叉。该系统任意一回路失效，剩余制动力都将保留 50%，并且不会丧失稳定性。但会因为同一轴无制动力一侧车轮承受侧向力，会导致车轮出现跑偏及轮胎磨损加速的问题。

3）HI 双回路布置：一个回路连接前、后桥，另外一条回路只连接前桥。

4）LL 型双回路制动管路：每条回路均连接前桥制动器和一侧后轮制动器。

5）HH 型双回路制动管路：该系统最为复杂，其制动管路相当于 2 套单独单回路制动系统。

若 HI、LL、HH 型双回路制动管路布置的某一前轮或者 HH 型的某一后轮失效，必然导致全车制动失效，因为两个回路都作用于该车轮，这是非常危险的。而且 HI、LL、HH 双回路制动系统结构布置复杂，一般这几种形式都不推荐采用。

根据以上基本的制动管路布置形式，在具体到某一款车型开发时，基于已确定其在整车上的管路总体布，具体到制动软管/硬管的布置要求时，我们一般遵循以下原则。

1）制动管路与相对静止件的间隙应满足一般的布置要求（≥5mm）。

2）制动管路应与热源保持足够的间隙，以规避热害。当布置间隙不满足一般要求时，则应该根据热害分析结果，适当增加隔热措施。

3）所有制动管路都应低于制动储液罐以避免加液排气不彻底，产生安全隐患。

4）制动管路布置应满足一般的美观性要求，管路走向与车身及其他零部件保持一致。

5）制动管路在下车体走线过程中，应充分考虑泥沙飞溅产生的安全影响，适当把管路布置在车身地板凹槽内或增加适当的防护。

6）制动管路应在适当位置设计管接头，该位置应该满足装配/维护方便性的要求。

7）制动管路采用管夹固定，一般在长度 400mm 以内应设计有固定点，防止管路路径不一致和出现异响等问题。

3. 软管（燃油软管/制动软管）

各类油管中除了硬质材料外，还有软质材料管路。汽车用软管按产品材质划分可以分为橡胶软管和塑料软管，按产品结构划分可以分为纯胶软管和增强软管。本小节以运动关系最为复杂的制动软管为例，介绍该类软管的一般布置要求。

液压制动软管（本文中主要指的是采用石油基制动液的管路）的结构、性能设计应该符合 GB/T 7127.2—2000《使用石油基制动液的道路车辆液压制动系统用制动软管组合件》。软管应由一弹性体内衬层，埋置或黏合到内衬层的两层或多层帘线增强层和一层外覆层构成。

整车制动软管基本布局如图 8-39 所示，采用 C 型布置，需要我们注意的主要是固定段的转弯曲率及运动段在悬架全运动工况下的长度。

固定段的软管两端相对静止，软管的最小曲率半径应不小于 25mm。运动段的布置，则应考虑悬架不同运动工况下（如表 8-6 所示），该段软管的长度均应满足运动要求，避免因长度不足导致软管断裂。

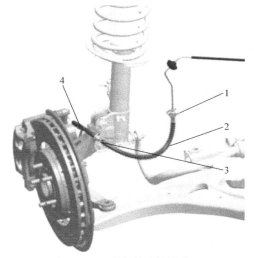

图 8-39 整车制动软管布置
1—软管接口处/固定支架　2—制动软管运动段
3—固定点　4—软管相对固定段

表 8-6 悬架运动工况

轮跳百分比	转向器内轮齿条行程百分比	转向器外轮齿条行程百分比
100% 上跳	0	0
空载	100% 转向	100% 转向
100% 下跳	100% 转向	100% 转向

制动软管其他的一般间隙要求,基本与硬管保持一致。

一般采用燃油软管的部分为燃油管与动力总成的连接段,该段燃油管路的布置与机舱线束布置类似,可以参考与动力总成连接线束的布置要求。

8.2.5 气管布置

此处的气管（CNG/H_2）,专指以可燃气体为燃料或者能量来源于气体驱动的车型上的气管,如 CNG 及 H_2 等。这类气体均为易燃、易爆、危及人身安全的气体,H_2 则还能够引起输气管路的氢脆、氢渗透现象。该类管路的一般布置要求如下。

1）管路采用耐腐蚀的金属硬管时,固定点的间距不大于 600mm,穿过钣金过孔时,应采用橡胶衬垫保护。

2）连接两个运动件之间采用柔性管路,固定点间距不大于 300mm。

3）气体管路不与管卡以外其他零部件接触,最好留出安全距离,特别是运动件周边的安全距离尤其应注意。

4）气体管路与发动机排气管路等典型热源间隙应不小于 100mm。如果管路可能受热源的影响,应考虑增加适当的隔热保护措施。

5）气罐/管路不应布置在乘员舱/行李舱内部。如果不能避免,应用密封盒、波纹管及通气接口将气瓶阀及连接的高压接头,与驾驶室或载人车厢保持安全隔离,如图 8-40 所示。

6）管路走向及安装位置应避开热源及电气、蓄电池等可能产生电弧的位置,高压管路及部件应可靠接地。

7）应避免支撑/固定管路的金属零件与管路接触（管路与固定件焊接的情况除外）。

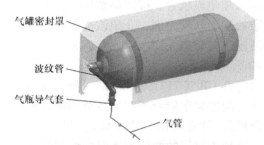

图 8-40 气罐布置在乘员舱内部时的防护

8）硬性气管应排列整齐,不与相邻零部件接触或者摩擦。

9）需额外考虑的一点是,部分车型为非承载式结构,车架与车身分离,布置管路及气罐时,应充分考虑车架与车身的相对运动,避免硬管因相对运动导致断裂而产生的安全隐患。

此外气管的管路、部件布局必须考虑车辆在各方向受到碰撞或翻车时,车身钣金件变形或者发动机、变速器等刚性件错位,如果 CNG 部件安装在这些零件上,可能引起拉断或者压断管路,造成 CNG 气体泄漏,产生安全问题。同样是泄漏问题,CNG 管路、部件不能安装在前围进气口附近,这些位置附近布置 CNG 管路,会导致挥发性气体进入驾驶室,导致乘员可能吸入有害气体损害健康。

8.2.6 空调管布置

空调管路布置时,管路可靠性应满足制冷剂密封性好、满足一般的布置间隙要求、满足 NVH 要求以及运动性要求,符合整车设计成本以及布置美观性、加注/维护方便性等要求。

一般应遵守以下原则。

1) 与周边固定件间隙（尖角、高温物体除外）应不小于5mm。

2) 前围板前方的空调管路与发动机的间隙应不小于20mm（不含高温件）。

3) 空调管路与排气管的间隙应不小于50mm，如果间隙不满足要求，则应在充分考虑热害的情形下，增加适当的隔热措施，以避免对整车热管理系统造成不良影响。

4) 低压管路从膨胀阀到压缩机之间要逐渐下降，尽量避免走势回升，如图8-41所示。

5) 低压管路的行程应该在发动机的冷区，也就是说它不能直接放在排气歧管或排气管旁边，或者散热器的后面，以避免受热害影响。

6) 充注阀的布置要方便维修时工具的操作，加注阀轴向周围及上部要预留 $\phi 80mm$ 的空间。压力开关上方要预留 $\phi 30mm \times 50mm$ 的空间。

7) 管路布置时，尽量减小布置的总长度同时也需要尽量平直，这样可以有效避免产生NVH问题，同时减少制冷剂的加注量。空调管路固定支架需避免管路与支架刚性连接，必要时增加橡胶垫，以减少振动及噪声。

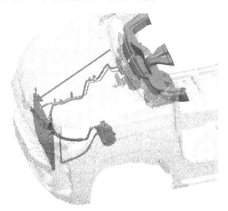

图8-41 低压管路走向

8) 空调管路布置中，应考虑整车成本因素。尽量减短空调管路，减少管路特征，适当减少软管长度。同时如同一车型搭载不同动力总成，设计开发中，应尽量实现管路的共用，减少新开发零部件。

9) 空调管路布置时，应同步考虑机舱美观性的问题。如尽量避免与其他管路交叉，特征不能与机舱整体布局显得过于突兀，好像城市里面的违章建筑一样，杂乱无章，降低消费者的观感。如图8-42所示，此车型空调吸入管几乎与翼子板高度一致，在机舱中显得突兀不美观，不建议该类布置方式。

10) 由于空调管路具有内部压力，连接固定端和运动端的空调管路，通常采用C形布置方式。

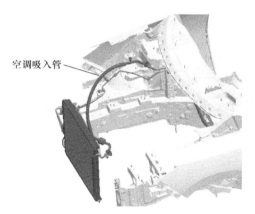

图8-42 空调管路布置不美观示例

8.2.7 线束的电磁兼容

电磁兼容（Electromagnetic Compatibility，EMC）定义为设备或系统在其电磁环境中能正常工作，且不对该环境中任何事物构成不能承载的电磁干扰能力。即同一个环境中，电器件既能保证自身不受影响，也不对周边其他电气零件产生影响。它包含两方面的含义：

1) 同环境中的其他设备存在，但设备不受影响，不会降级使用。

2) 同环境中优于该设备的存在，其他设备不受影响，不会降级使用。

但当前的电磁兼容研究也有其局限性，通常仅考虑，零部件之间、系统之间的电磁兼容影响及解决措施，而人－机之间的电磁问题相关研究及相关法规都有待完善。本文仅针对零部件之间、系统之间的影响做一些布置介绍。

在汽车设计中，随着车型由燃油车向新能源车型转换，且车上电子设备逐步增多，车辆设计使用过程中，电磁兼容问题不断出现。从正常角度出发，电磁兼容问题除了单个的设备原因外，还应确认零部件、系统的布置是否违背了电磁兼容的基本原则。而零部件中，线束的布置也是极为关键的影响因素。

按照电磁干扰发生的概率统计，线束之间的耦合在系统中是仅次于天线耦合的一种重要耦合途径，而在设备中则是居于首位的干扰原因。整车的系统线束（含高低压线束）布置要保证敏感电路和干扰电路的充分隔离。从电磁兼容角度，可以把低压线束分为5类：

1) 主电源电路。
2) 二次电源电路。
3) 控制线路，包括接继电器或含有开关及其他断续工作器件的线路。
4) 敏感线路，包括音频、数字数据、模拟控制和解调器输出信号在内的电路。
5) 隔离电路，即极度敏感或电平极高的电路，包括与无线电设备和雷达有关的发射机或接收机天线电路等。

1. 电磁兼容对低压线束的一般要求

不同类型线束捆扎，电磁不可避免地会相互影响，低压线束在前期设计阶段就应针对电磁兼容做好相应的布置设计。具体的一般布置要求如下：

1) 功能相同模块之间的走线设计一定要避免低电平信号通道与高电平信号通道之间过于靠近。低电平信号线同时也要避免和没有经过铝箔隔离的电源线布置过近，不然这些电线有可能会产生影响模块工作的瞬态电压和电流。

2) 电源线、数据线，走线设计都应尽量短，以避免线缆作为发射天线将设备内部无用信号发射出去，同时避免线缆接收无用的干扰信号。在尽量控制线束长度的同时，还应该减小干扰源和干扰敏感部件电流回路的面积，以尽量降低电磁辐射耦合造成的影响，如图8-43a所示电流回路面积明显比图8-43b所示电流回路面积小。

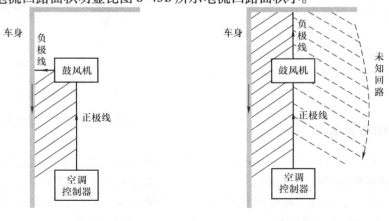

图8-43 线束长度及回路面积
a) 正确 b) 错误

3）干扰源及其连接线束，建议远离易干扰部件及其连接线束。干扰源的连接线束与干扰敏感部件的连接线距离建议应不小于10cm，如图8-44所示。

4）干扰源连接线束无法远离干扰敏感部件线束布置时，建议两者垂直交叉布置，如图8-45所示。

图8-44　布置间距要求　　　　　　　　图8-45　交叉布置线束

5）线束在布置时，应尽可能将线束布置在金属车身的夹角、凹槽内，或紧贴车身布置，如图8-46所示。

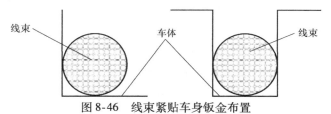

图8-46　线束紧贴车身钣金布置

6）互不造成干扰的零部件可以布置在一起。

7）建议尽量不要远离金属车身悬空布置线束。

8）小功率敏感电路要紧靠信号源，大功率干扰电路要紧靠负载。

因为金属车身与蓄电池负极相连，可以作为整车电气系统的"0V"参考地平线。靠近车身布置线束，能够利用金属车身的屏蔽和接地保护线束，减少受到的干涉，同时也减小线束自身产生的对外辐射，所以原则上线束距离车身越近越好。

2. 电磁兼容对高压线束的一般要求

高压线束由于传输的是强电，相对而言对低压线束产生的影响也比较大，一般我们低压线束与高压线束共同布置时，应采用分层布置或并列布置，以优化电磁环境。

分层布置，即高压线束与低压线束分为上下层关系，保证低压线束与高压线束间隙均布在200~300mm范围内，如图8-47所示。分层布置可以有效地对高压线来工作时产生的EMC干扰起到防护作用。

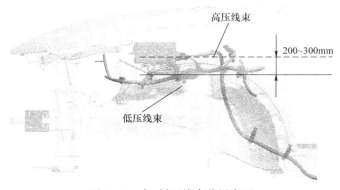

图8-47　高/低压线束分层布置

分层布置的同时，也应注意高压线束环状接线时，低压线束应尽量在该环外侧布线，避免产生不必要的电磁干扰风险，如图8-48所示。

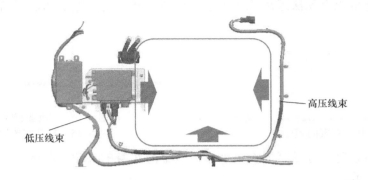

图8-48　高压线环状布置示意

并列布置，即高压线与低压线走向相同，但根据车身结构并列布置，二者之间的距离大于200mm，同时保证高低压线束不交叉。如图8-49所示，将高压线束连接单元布线区域和发动机电喷线束布置区域并列，有效避免高压线束传输供电时产生的电磁干扰。

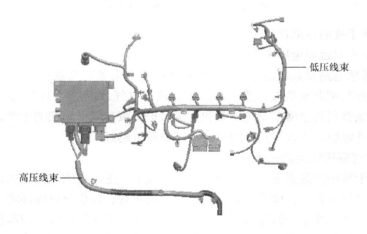

图8-49　并列布置

8.3　小结

本章主要探讨了整车上主要管路、线束的布置原则，以及具体的布置规范。从总布置的角度为读者建立了一个整车管线布置的框架。在这个基础上，分别对每个管线的分支布置做了较为详细的介绍。总布置工作的开展，是一个"从面到点，再由点到面"的反复加深工作过程，即工作开展之初，要对接下来的工作有一个全面的认识，知道自己要做什么，要关注什么，哪些地方可能会有问题，这些问题会产生哪些后果，用什么方法解决这些问题。对

整个工作有了这些认识后,我们便会开展详细地分析验证工作,到最后再站到整车的角度来审视之前开展的工作。回到管线布置的问题上,本章同样以这样的视角来阐述问题,希望能给读者一些经验的分享。

本章内容也在一定程度上有着局限性,仅仅是在一般的布置角度对管线布置进行了阐述,而结合先进理论方法、工具对管路布置进行更细致的分析,仍没有深入讲解。当然定量分析需要相应的专业来开展,作为整车集成工程师需要明白,一部汽车是由几百人的团队合作完成的,遇到问题需要与相应工程师详细沟通,共同寻找解决方案。

第9章

布置图

9.1 总布置图设计概述

汽车总布置图是整车各个系统、零件布置方案的一种简明图示,用以表示整车、系统、零件等相对关系及位置。一般采用平面的形式展现空间的布置和安排。

通常总布置图采用1:5或者1:10大小的2D图或3D图表示。

总布置图分类:总布置图分为3D硬点图和2D图两种。3D图是在绘图软件中,将整车、系统、零件等在三维空间内呈现,主要用于产品开发过程中各个专业的沟通标准,由于其主要是表达3D图像信息,信息庞杂不便于阅读;同时其依赖于计算机系统,不便于携带和随时随地查看,故通常需要将3D图转化为2D平面图,通常意义的总布置图就是指2D平面布置图。

视图是布置图中的重要内容和概念:包括主视图、俯视图和前后视图,并可根据需要增加剖视图。

如图9-1所示,总布置图从区域上讲主要包含侧视图、俯视图、前后视图、辅助视图、尺寸列表、附注和图框。总布置图表达的主要的信息及构成:

1) 车辆轮廓:如车辆形态及边界、各种质量载荷下地面位置,底盘悬架变化等。

2) 内部布置:如乘员人数、乘员位置、乘员姿势、室内及货厢尺寸的设定,动力系统位置和姿态等。

3) 法规要件的反映。

4) 关键尺寸和控制参数。

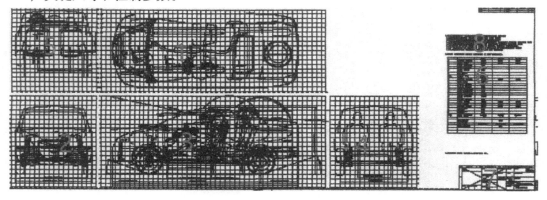

图9-1 汽车总布置图

汽车总布置图是汽车总体设计开发的重要内容，是约束整车开发、体现整车集成的技术性文件，总布置图随着整车开发进展，通常分成三个阶段。

第一版总布置图初步确定了整车的关键硬点和尺寸，主要用于指导造型体态模型设计、效果图绘制以及车身底盘等专业可行性方案设计等，也称初步总布置图。项目开发初期各专业相关方案进行初步定义，主要通过初步总布置图进行信息传递，并作为造型工作推进的主要判断标准和指导，进行关键方案、关键断面汇总评审。

第二版总布置图确定了总体布置方案、整车硬点、关键尺寸及性能参数，成为后续 A 面设计的依据。在项目开发的中期，模型 3D 数据尚未完成，随着产品的系统级以及零部件级方案的不断推进，详细总布置图得以完善。各个专业的关键方案、关键断面如何相互融合，如何判断、解决冲突，其中详细总布置图是很适用的工具，用于项目方案展示和汇总。

第三版总布置图为终版总布置图，与最终产品状态保持一致，并作为对整车开发后续工作遵循的依据，也可作为后续其他项目（尤其是同平台项目）提供参考。项目开发后期，产品 3D 数据已经完成到一定阶段，但是信息过于复杂，如何快速、条理、系统地展示各个方面的方案，以及整体的情况是一个需要回答的问题，而完善的总布置此时担当重要使命。

9.2　总布置图设计过程和内容

1. 第一版总布置图——概念草图阶段

第一版总布置图始于项目预研阶段，总布置工程师根据产品规划、市场调研、竞争车对标分析、发动机机舱初步布置、主断面分析、初步人机工程分析及目标定义，在满足法规的前提下得出初步的整车限制尺寸、关键硬点和人机工程目标，并以此绘制总布置图，如图 9-2 所示。它是在总布置图基础上用来约束造型的总布置硬点图。该阶段整车总布置图的绘制会对后期的开发设计起到依据和指导作用。第一版总布置图主要体现如下内容。

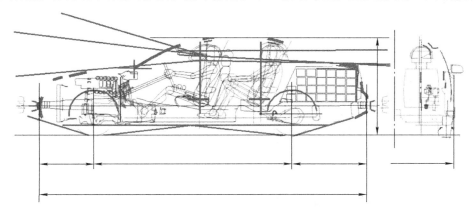

图 9-2　总布置硬点图

1）整车外轮廓线或限制点，包括车长、车宽、车高、前悬、后悬、轴距、轮距、CP 点、DP 点等。

2）视野和法规要求，包括前上视野、前下视野、后上视野、后下视野、玻璃倾角、A

柱障碍角等。

3）驾驶人及乘员人体姿态、SgRP 点坐标、人机内部空间参数、动力总成位置、三踏板和方向盘的初步位置等。

4）三种载荷（空载、设计、满载）状态下的地面线和通过性参数。

2. 第二版总布置图——CAS 冻结阶段

总体布置方案、关键硬点、重要人机参数确定和造型 CAS 面冻结后，在第一版总布置图的基础上绘制第二版总布置图：

1）更新整车外轮廓尺寸或限制点、视野和法规参数、驾驶人及乘员人体姿态、SgRP 点坐标、人机内部空间参数、方向盘的位置等。

2）更新三种载荷（空载、设计、满载）状态下的地面线和通过性参数。

3）增加进出性相关参数。

4）增加相关运动件位置和相关的人机操作图示，如发动机舱盖、背门等。

5）三踏板之间的相对关系，可用单独的小图表示。

6）增加座椅、变速档杆（应有包络）、驻车制动杆包络、护轮板、油箱、备胎、顶篷内衬、发动机、变速器、蓄电池、冷却模块、排气管等零件，标注相关的尺寸。

3. 第三版总布置图——A 面冻结阶段

A 面冻结后更新第二版总布置图为第三版总布置图，第三版总布置图体现了整车项目最终的机械、人机方案、关键硬点、重要人机和性能参数。

4. 总布置图的主要图幅内容

总布置图主要包含有 7 个板块：侧视图、俯视图、前后视图、辅助视图、总布置尺寸列表、附注和标题栏。本节着重介绍每个板块的具体内容。

总布置图各部件的位置依赖于 X、Y 和 Z 基准平面的三维坐标系，是指车辆制造厂在最初设计阶段确定的三个正交平面组成的坐标系统。坐标系的建立请参见第 4 章中的整车姿态部分相关介绍。

5. 侧视图

如图 9-3 所示，侧视图是布置图的关键视图，通常包含车辆姿态、车辆的轮廓、平台系统、车辆内部布置（动力、底盘、乘员、储物）、关键性能、法规等信息。

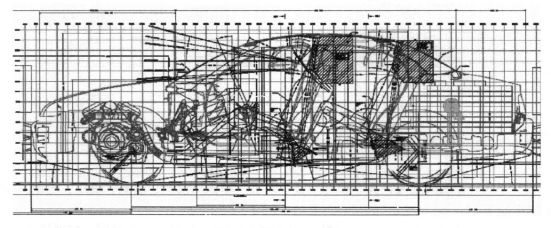

图 9-3 总布置侧视图

车辆姿态：前后轮胎曲线、空载、半载、满载情况对应的轮心位置、轮胎半径尺寸、轮胎轮眉间隙、车辆通过性（接近角、离去角、纵向通过角）等相关信息。

车辆轮廓：造型 CAS 或者 A 面的侧视图外轮廓（车长、宽、高、前悬、后悬、轴距、轮距），通常还包括后视镜、分缝线、玻璃 DLO 等；翼子板、天线、行李架等零件的外廓线；外部发动机舱盖开启包络，行李舱开启/背门开启包络、体现车辆人体进出性等。

平台系统：动力总成及周边关键零部件如散热器、制动主缸等相关零部件轮廓，驱动轴传动夹角；油箱的最大轮廓，油箱容积等；底盘悬架、制动系统和转向系统位置信息；新能源的驱动、动力电池、充电等位置信息；机舱、地板、备胎、排气管等位置信息。

内部布置包含踏板布置、人体布置、座椅布置、空间和视野布置、操控件布置，具体信息如下：

踏板装置：加速踏板、制动踏板或者离合器踏板的初始位置以及极限位置；加速踏板中心线、驾驶人和后排右面乘员的中心线以及地毯位置。

前排人体：在 SgRP 点 SAE95th 人体、脚和小腿夹角 87°时，加速踏板在初始位置时脚的位置；座椅靠背角 25°时位置及座椅的调节范围和 R 点；95th、99th 人体头部包络；眼椭圆、眼点、P 点和 V 点等。

后排人体：在 R 点位置后排座椅上的 SAE95th 人体及坐姿、95%、99% 人体头部包络及头部空间；座椅 R 点及可调范围；前后排座椅 SgRP 点位置关系。

前排座椅及相关：坐垫长度、扶手长度、座椅坐面和倾斜角；结构空间限制（脚部空间、对于后排乘客的腿部和膝部空间）；前排座椅 SgRP 点；头枕（最低和最高位置）；前排 SgRP 点位置坐垫断面；座椅、头枕的最大包络描述；座椅滑轨和座椅位置调节器的描述（座椅前后、高度、靠背及坐垫倾斜角调节）等。

后排座椅：座垫长度、扶手长度、座椅靠背和座垫倾斜角；头枕（最低和最高位置）；后排座椅 SgRP 点；后排 SgRP 点和 Y0 位置的座垫断面；座椅和头枕的最大包络等的描述。

空间：顶盖厚度、头部空间尺寸。

行李舱：通过 Y0 的断面，行李舱容积计算模型；在 Y0 断面，V210 的范围；备胎 Y0 断面投影。

直接和间接视野：前后风窗上下直接视野线；内后视镜和外后视镜的间接视野线。

操控件布置：IP、中控箱、驻车制动以及换档操纵初始位置以及运动包络；遮阳板、转向柱、方向盘、方向盘轴向中心线，以及在初始位置时方向盘外缘的轮廓；组合仪表视野以及位置；安全拉手位置；空调出风口；按键；内后视镜、遮阳板等。

6. 前视图

如图 9-4 所示，前视图通常包含车辆姿态、车辆的轮廓、平台系统、车辆内部布置（底盘、乘员、空间）等信息。

车辆姿态：前轮位置、静力半径、轮胎轮眉间隙。

车辆轮廓：整备状态下地面线在前轮心

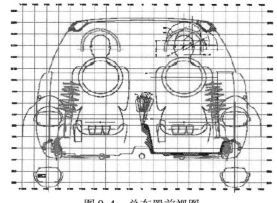

图 9-4　总布置前视图

处 X 断面、整备状态下地面线在前排乘员 SgRP 处 X 断面、前保险杠及进气格栅和前风窗玻璃投影、外后视镜等。

平台系统：动力轮廓，冷却系统，底盘前悬架、前制动系统。

内部布置包含前排人体、前排座椅、方向盘、踏板、变速杆和驻车制动杆包络、法规要求等。

前排人体：SgRP 点 SAE95th 人体、设计状态靠背角状态下的靠背；95th 人体头包络和 99th 眼椭圆；内部肩部、肘部、臀部空间。

前排座椅：前排座椅投影，头枕（最低和最高位置）。

方向盘：转向柱、方向盘、方向盘轴向中心线等。

法规：安全带位置、前牌照位置等。

7. 后视图

如图 9-5 所示，后视图通常包含车辆姿态、车辆的轮廓、平台系统、车辆内部布置（乘员、空间）等信息。

车辆姿态：后轮位置、静力半径、轮胎轮眉间隙。

车辆轮廓：整备状态下地面线在后轮心处 X 断面，以及整备状态下地面线在后排乘员 SgRP 处 X 断面、后保险杠和后风窗玻璃投影，背门分缝等。

平台系统：底盘后悬架、后制动系统。

内部布置包含后排人体、后排座椅、法规。

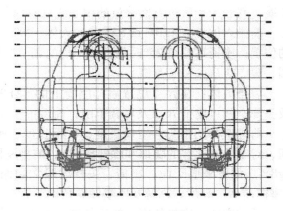

图 9-5　总布置后视图

后排人体：SgRP 点 SAE95th 人体、设计状态靠背角状态下的靠背；95th、99th 人体头包络、内部肩部肘部臀部空间。

后排座椅：后排座椅投影，头枕（最低和最高位置）。

法规：后牌照位置等。

8. 俯视图

如图 9-6 所示，俯视图通常包含车辆姿态、车辆的轮廓、平台系统、车辆内部布置（动力、底盘、乘员、储物）、法规等信息。

车辆姿态：整备状态下前后轮位置、静力半径、轮胎包络、备胎位置。

外轮廓：车辆俯视图轮廓、翼子板、外后视镜、前后风窗玻璃、顶盖玻璃分缝线、车门框等。

平台系统：动力及周边关键零部件如散热器和制动主缸等轮廓、驱动轴角度、油箱的最大轮廓和容积、底盘悬架、动力电池、地板、排气管等。

内部布置：人体、仪表板、组合仪表、屏幕、方向盘、转向柱位置、变速杆、驻车制动杆、内后视镜、前后排座椅、行李舱轮廓。

法规：A 柱障碍角、360°视野、风窗玻璃 A 区、B 区、内外视镜视野范围等。

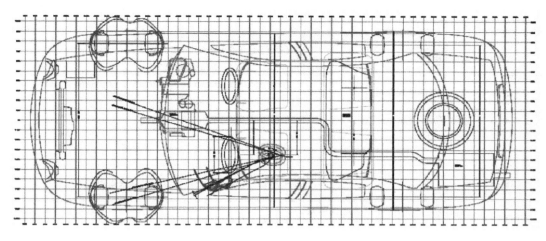

图9-6 总布置俯视图

9. 辅助视图

如图9-7所示,辅助视图没有固定展示内容,通常个各主机厂根据自身情况,以及产品开发内容的需要自行定义,通常情况下包含车门开度示意图,也可能是踏板间隙标注图,也有轮胎轮眉间隙标注图,也有前风窗玻璃 AB 区示意图等。

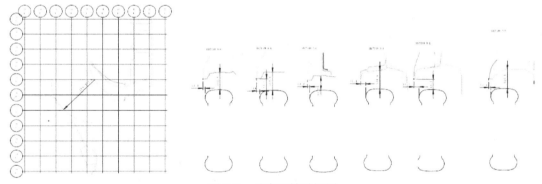

图9-7 总布置辅助视图

10. 总布置尺寸列表

汽车总布置图标注的尺寸包括内部尺寸、外部尺寸、行李舱尺寸、座椅尺寸等,原则上所有尺寸均需要标注在视图中,下面给出的表9-1~表9-11中标注★的尺寸,需要在总布置尺寸列表中进行单独列出,主要是方便查看。

表9-1 内部尺寸-长度尺寸(LENGTH DIMENSIONS)

序号	代码	名称	定义	位置
1	SgRP	SgRP点坐标	所有SgRP点坐标	★
2	L6	踏板点到方向盘中心距离	踏板参考点到方向盘中心的水平距离	
3	L13	方向盘下沿到制动踏板的距离	Y 平面内,方向盘下边沿到制动踏板面中心线的距离	★
4	L17-1	最前 H 点到最后 H 点之间的水平距离	最前 H 点到最后 H 点之间的水平距离	

（续）

序号	代码	名称	定义	位置
5	L18	前排脚部进入空间	在距门槛高度102mm的水平截面上，坐垫到前端障碍物（A柱和车门）的最小距离	★
6	L19	第二排脚部进入空间	在距门槛高度102mm的水平截面上，坐垫到前端障碍物（B柱和车门）的最小距离	★
7	L23-1	最前H点到SgRP点之间水平距离	最前H点到SgRP点之间水平距离	
8	L26	方向盘最后端到前轮中心的水平距离	方向盘最后端到前轮中心的水平距离	
9	L28-1	最前最上H点到最后最下H点之间水平距离	最前最上H点到最后最下H点之间水平距离	
10	L33-1	最前最上H点到SgRP点之间的水平距离	最前最上H点到SgRP点之间的水平距离	
11	L34	前排有效腿部空间	右脚脚踝点到H点的距离加上254mm	★
12	L48-2	第二排膝部空间	第二排假人膝部转动中心到前排靠背的距离-51mm	★
13	L50-1	SgRP点距离	第一排SgRP点到第二排SgRP点的距离	★
14	L51-2	第二排有效腿部空间	前排座椅必须调至正常最后驾驶位置，第二排乘员脚必须向前移动至与前排座椅或者座椅后背接触，且脚与小腿的夹角最大限制为130°，右脚脚踝点到H点的距离加上254mm	★
15	L52	制动踏板与加速踏板的距离	侧视图中，制动踏板与加速踏板的最小距离	
16	L53	前排SgRP点与BOF点的距离	前排SgRP点到脚跟点的水平距离	
17	L11	脚跟点到方向盘中心距离	加速踏板脚跟点到方向盘中心水平距离	
18	L63	SgRP点到方向盘距离	从前SgRP点到通过位于方向盘周缘上表面的方向盘中心的X平面的距离	

表9-2 内部尺寸-宽度尺寸（WIDTH DIMENSIONS）

序号	代码	名称	定义	位置
19	W3-1	前排肩部空间	车门内饰或指定内饰表面的间的距离。在通过SgRP点的X平面内，并在SgRP点之上254mm与带线之间区域内测量。如未安装扶手，则在SgRP点之上180mm处测量。车门吊带忽略不计	★
20	W3-2	第二排肩部空间	车门内饰或指定内饰表面的间的距离。在通过SgRP点的X平面内，并在SgRP点之上254mm与带线之间区域内测量。如未安装扶手，则在SgRP点之上180mm处测量。车门吊带忽略不计	★
21	W7	方向盘中心到Y零平面的距离	方向盘中心到Y零平面的距离	
22	W9	方向盘外直径	方向盘外直径	
23	W10-1	前排肘部空间	有扶手：扶手向上30mm处到扶手区域内 没有扶手：SgRP点向上100mm处最小	
24	W10-2	第二排肘部空间	有扶手：扶手向上30mm处到扶手区域内 没有扶手：SgRP点向上100mm处最小	
25	W14-2	第二排有效肩部空间	在与Y平面垂直的并包括躯干线平面内，R点上254mm处到带线域内最小距离	

（续）

序号	代码	名称	定义	位置
26	W20-1	前排 SgRP 点 y 坐标	前排 SgRP 点 y 坐标	
27	W20-2	第二排 SgRP 点 y 坐标	二排 SgRP 点 y 坐标	
28	W20-3	第三排 SgRP 点 y 坐标	三排 SgRP 点 y 坐标	
29	W27-1	前排驾驶人斜向头部空间	利用 SAE95th 人体的头部包络沿与头部包络底部成 30°的线移动，头部包络与内饰之间接触的最小移动距离。如果头部包络本身已经与内饰干涉，则相反方向移动，此尺寸为负值	
30	W27-1SR	前排斜向头部空间-带天窗	横向斜 30°头部空间（天窗），定义同 W27-1	
31	W27-2	第二排斜向头部空间	利用 SAE95th 人体的头部包络沿与头部包络底部成 30°的线移动，头部包络与内饰之间接触的最小移动距离。如果头部包络本身已经与内饰干涉，则相反方向移动，此尺寸为负值	
32	W27-2SR	第二排斜向头部空间-带天窗	横向斜 30°头部空间（天窗），定义同 W27-2	

表 9-3　内部尺寸-高度尺寸（HEIGHT DIMENSIONS）

序号	代码	名称	定义	位置
33	H5-1	前排 R 点到地面的距离	前排 SgRP 点到地面的距离	★
34	H5-2	第二排 R 点到地面的距离	第二排 SgRP 点到地面的距离	★
35	H21-1	座椅调整曲线的垂直高度	在通过 SgRP 的调整曲线上，调整曲线上下端点的垂直距离	
36	H22-1	座椅适应线最上点到 SgRP 点之间的垂直距离	在通过 SgRP 的调整曲线上，SgRP 点到调整曲线上端点的垂直距离	
37	H23-1	最前最上 H 点到最后最下 H 点之间的垂直距离	最前最上 H 点到最后最下 H 点之间的垂直距离	
38	H24-1	SgRP 点到最前最上 H 点之间的垂直距离	SgRP 点到最前最上 H 点之间的垂直距离	
39	H25-1	前排侧窗下进光线到 SgRP 点的垂直距离	SgRP 点平面内，侧窗下进光线到 SgRP 点的垂直距离	★
40	H25-2	第二排侧窗下进光线到 SgRP 点的垂直距离	SgRP 点平面内，侧窗下进光线到 R 点的垂直距离	★
41	H30-1	前排 SgRP 点与踵点的距离	SgRP 点到加速踏板踵点的垂直距离，如果地板安装地毯，则测量时需考虑在内	★
42	H30-2	第二排 SgRP 点离地毯高	SgRP 点到地板参考点的垂直距离，如果地板安装地毯，则测量时需考虑在内	★
43	H35-1	前排后视垂直头部空间	在后视图中 SAE95th 人体的头部包络的中心截取断面并将其垂直移动，与内饰或其他部件接触时的最小移动距离，如果头部包络已经与部件或内饰干涉，则相反方向移动，此尺寸为负值	
44	H35-1SR	前排后视垂直头部空间-带天窗	前后视垂直头部空间（天窗），定义同 H35-1C	
45	H35-2	第二排后视垂直头部空间	在后视图中 SAE95th 人体的头部包络的中心截取断面并将其垂直移动，与内饰或其他部件接触时的最小移动距离，如果头部包络已经与部件或内饰干涉，则相反方向移动，此尺寸为负值	

（续）

序号	代码	名称	定义	位置
46	H35-2SR	第二排后视垂直头部空间-带天窗	前后视图垂直头部空间（天窗），定义同 H35-2C	
47	H41-1	前排驾驶员最小头部空间	在侧视图中 SAE95th 人体的头部包络，与内饰或其他部件接触时的最小距离，如果头部包络已经与部件或内饰干涉，此尺寸为负值	
48	H41-1SR	前排最小头部空间-带天窗	在侧视图中 SAE95th 人体的头部包络，与内饰或其他部件接触时的最小距离，如果头部包络已经与部件或内饰干涉，此尺寸为负值	
49	H41-2	第二排最小头部空间	在侧视图中 SAE95th 人体的头部包络，与内饰或其他部件接触时的最小距离，如果头部包络已经与部件或内饰干涉，此尺寸为负值	
50	H41-2SR	第二排最小头部空间-带天窗	在侧视图中 SAE95th 人体的头部包络，与内饰或其他部件接触时的最小距离，如果头部包络已经与部件或内饰干涉，此尺寸为负值	
51	H50-1	前门门框上沿离地高	SgRP 点平面内，前车门框上缘到设计载荷地面高度	
52	H50-2	后门门框上沿离地高	SgRP 点前 300mm 的 X 平面内，前车门框上缘到设计载荷地面高度	
53	H50-1C	前门门框上沿离地高	SgRP 点平面内，前车门框上缘到空载地面高度	
54	H50-2C	后门门框上沿离地高	SgRP 点前 300mm 的 X 平面内，前车门框上缘到空载地面高度	
55	H58-1	最后 H 点到最前 H 点之间的垂直距离	最后 H 点到最前 H 点之间的垂直距离	
56	H59-1	最前 H 点到 SgRP 点之间垂直距离	最前 H 点到 SgRP 点之间垂直距离	
57	H61-1	前排有效头部空间	SgRP 点沿向后 8°线到顶盖的距离加上 102mm	
58	H61-1SR	前排有效头部空间-带天窗	SgRP 点沿向后 8°线到顶盖的距离加上 102mm	
59	H61-2	第二排有效头部空间	SgRP 点沿向后 8°线到顶盖的距离加上 102mm	
60	H61-2SR	二排有效头部空间-带天窗	SgRP 点沿向后 8°线到顶盖的距离加上 102mm	
61	H74	方向盘下沿到座椅的距离	方向盘下沿到座椅的距离	★
62	H49	眼椭圆到方向盘最高点的垂直距离	眼椭圆下边沿相切的水平面与方向盘最高点的垂直距离，如果方向盘的最高点高于此水平面，则此尺寸为负值	
63	H11-1	前排进入高度	前车门框上缘水平段到前排 SgRP 点高度	
64	H11-2	第二排进入高度	后车门框上缘水平段到二排 SgRP 点高度	
65	H67-1	前排地毯厚	在前排脚跟点，没有压缩的地毯的厚度	
66	H67-2	后排地毯厚	在第二排脚跟点，没有压缩的地毯的厚度	

表 9-4 内部尺寸 – 角度尺寸 (ANGLES DIMENSIONS)

序号	代码	名称	定义	位置
67	A17	转向柱水平倾角	在 Z 平面内，方向盘正常位置下（由制造商确定），方向盘中心线与 Y 平面的夹角，同时也应标出方向盘极限位置。如果夹角为负值则说明方向盘朝内倾斜	
68	A18	方向盘垂直倾角	在 Y 平面内，方向盘正常位置下（由制造商确定），与方向盘表面相切的平面与垂直方向的夹角，同时应标出其极限位置	
69	A19	座椅滑轨升角	座椅滑轨升角	
70	A40-1	前排躯干角	躯干线与 X 平面的角度	★
71	A40-2	第二排躯干角	躯干线与 X 平面的角度	★

表 9-5 外部尺寸 – 长度尺寸 (LENGTH DIMENSIONS)

序号	代码	名称	定义	位置
72	L101	轴距	前后轮轮心水平距离，如果左右两侧轴距不等，以左侧为准	★
73	L103	车辆长度	车辆长度（不包括牌照板支架）	★
74	L105	车辆后悬	车辆的最后端到后轮轮心的水平距离，如果左右两侧不同，以左侧为准	
75	L109	车身长度	车身长度，除去保险杠、格栅等，如果保险杠、格栅等部件与车身为一体，则将其计算在内	★
76	L111	车身后悬	车身后悬，除去保险杠等，如果保险杠与车身为一体，则将其计算在内，如果左右两侧不等，以左侧为准	
77	L114	前排 SgRP 点到前轮轮心的距离	前 SgRP 到前轮轮心的水平距离	

表 9-6 外部尺寸 – 宽度尺寸 (WIDTH DIMENSIONS)

序号	代码	中文名称	翻译定义	位置
78	W101-1	前轮轮距	前车轮与地面接触后，车轮中心线的距离	★
79	W102-1	后轮轮距	后车轮与地面接触后，车轮中心线的距离	★
80	W103	车辆宽	车辆上最宽两点的横向距离，其中不包括外后视镜、挡泥板、示宽灯、外门槛踏板、门锁、轮胎与地面接触形变部分以及防滑链等	★
81	W107	翼子板车宽	过后轮中心的 X 平面内的车宽	
82	W114	驾驶人侧后视镜最外点到 Y0 平面的距离	驾驶人侧后视镜最外点到 Y0 平面的距离	
83	W115	乘员侧后视镜最外点到 Y0 平面的距离	乘员侧后视镜最外点到 Y0 平面的距离	
84	W116	白车身宽度	白车身横向的最大宽度，其中不包括后视镜、门把手、各种信号灯、注塑部件、贴纸、覆盖件。裙边及轮眉装饰板如果不超过外后视镜，则不考虑	

（续）

序号	代码	中文名称	翻译定义	位置
85	W117	SgRP 点处车宽	前排 SgRP 点处车身的最大宽度，不包括门把手，注塑件或外装饰件	
86	W120-1	前门开启车宽	前排车门最大开度时，车门最宽点之间的距离，包括内饰板等，但不包括后视镜	
87	W120-2	后门开启车宽	后排车门最大开度时，车门最宽点之间的距离，包括内饰板等，但不包括后视镜	
88	W124-1	侧窗玻璃半径	过 SgRP 点的 X 面内侧窗玻璃半径	

表 9-7 外部尺寸 – 高度尺寸（HEIGHT DIMENSIONS）

序号	代码	名称	定义	位置
89	H100-B	车身高	白车身在地面上的垂直最大高度（不包括行李架和固定天线等）	
90	H100	车辆高	设计状态下车辆高	
91	H101-M	车辆高	车身在地面上的垂直最大高度（包括可折叠的顶篷、行李架、以及天线等）	★
92	H103-1	前保险杠离地高	前保险杠最低点离地的垂直距离	
93	H103-2	后保险杠离地高	后保险杠最低点离地的垂直距离	
94	H110	行李舱开启高度	背门打开时，与背门外表面相切的 Z 平面与地面的距离	★
95	H115-1	前排门槛到地面高	前排 SgRP 点向前 330mm 的 X 平面内，车门开启后，门槛与地面的垂直距离	
96	H115-2	二排门槛到地面高	二排 SgRP 点向前 330mm 的 X 平面内，车门开启后，门槛与地面的垂直距离	
97	H120	CP 点离地高	CP 点到地面的垂直距离	★
98	H157	最小离地间隙	在设计满载状态下，车辆与地面的最小垂直距离	

表 9-8 外部尺寸 – 角度尺寸（ANGLE DIMENSIONS）

序号	代码	名称	定义	位置
99	A106-1	满载状态接近角	满载状态与前轴和前轴前部低点相切的直线与地面的夹角	★
100	A106-2	满载状态离去角	满载状态与后轴和后轴后部低点相切的直线与地面的夹角	★
101	H106	设计状态接近角	设计状态与前轴和前轴前部低点相切的直线与地面的夹角	
102	H107	设计状态离去角	设计状态与后轴和后轴后部低点相切的直线与地面的夹角	
103	A122-1	侧窗玻璃倾角	在前 SgRP 点平面内，上下进光线的连线与 Z 向的夹角	★
104	A123-1U	前上视角	在车辆中平面处，前风窗玻璃上进光线与眼椭圆最高点水平切线的角度	★
105	A123-1L	前下视角	在车辆中平面处，前风窗玻璃下进光线与眼椭圆最低点水平切线的角度	★

(续)

序号	代码	名称	定义	位置
106	A123-2U	后上视角	在车辆中平面处,后风窗玻璃上进光线与眼椭圆最高点水平切线的角度	★
107	A123-2L	后下视角	在车辆中平面处,后风窗玻璃下进光线与眼椭圆最低点水平切线的角度	★
108	A124	前风窗玻璃进光线上视角	在驾驶人中心平面处,前风窗玻璃上进光线与眼椭圆最高点水平切线的夹角	
109	A125-1	前门最大开度	前门最大开度	
110	A125-2	后门最大开度	后门最大开度	
111	A130-1	前风窗玻璃倾角	在车辆对称平面上从下进光线作475mm长的线段与玻璃外表面的相交,该线段与Z向的夹角	★
112	A130-2	后风窗玻璃倾角	在车辆对称平面上从下进光线作475mm长的线段与玻璃外表面的相交,该线段与Z向的夹角	★
113	A147	纵向通过角	满载状态下与前后轮相切的两条相交直线的夹角,两条直线的交点在下车体下表面上能够表征测量通过性的地方	★

表9-9 行李舱尺寸

序号	代码	名称	定义	位置
114	V1	行李舱容积	行李舱容积	★
115	L206	行李舱开口距离	Y0平面行李舱开口最小距离	★
116	L212-1	前排底部装载长度	在Y0平面内,将前排座椅调至SgRP点,前排靠背后部,或第二排折叠坐垫到行李舱内饰最后点的水平距离	
117	L212-2	第二排底部装载长度	在Y0平面内,第二排座椅的后部,或其他负载限制,在地毯未压缩得情况下,到行李舱最后点的水平距离	
118	L214-1	前排靠背高度装载长度	在Y0平面内,前排座椅上部后表面到背门内饰表面的最小水平距离,其中不包括前头枕	
119	L214-2	第二排靠背高度装载长度	在Y0平面内,第二排座椅上部后表面到背门内饰表面的最小水平距离,其中不包括第二排头枕	
120	W200	行李舱最大宽度	后排座椅没有收折时,在没有压缩的行李箱地毯上沿Y向测量行李舱的最大宽度	
121	W202	行李舱轮毂包处宽度	行李舱的最小宽度,如果测量处地板和侧边相交处的半径小于70mm则不被考虑	
122	W205	行李舱上部开口宽度	行李舱开口最上端过渡区域以下最多70mm的区域内沿Y向测量开口的宽度	
123	W206	行李舱最大开口宽度	沿Y向的行李舱最大开口宽度	
124	W207	行李舱下部开口宽度	行李舱开口最下端过渡区域以上最多70mm的区域内沿Y向测量开口的宽度	

(续)

序号	代码	名称	定义	位置
125	H196	举升高度	Y0 平面内行李舱最低开口到地面的垂直距离	
126	H202	开口高度差	Y0 平面内,后背门上端开口最下点到没有压缩的地板,或者后背门下端开口最上点之间的垂直距离(最小)	
127	H212	行李舱有效高度	在 Y0 平面内,行李舱地板或者覆盖物到行李舱顶最低点之间的垂直距离(测量区域在最后排靠背和开口之间),即使极限状态下,行李舱能够装下的高度最小的物品的尺寸	
128	H251	背门内饰离地高	在 Y0 平面内保险杠后面的区域内,掀背式车门打开后的最低点到地面的距离,不包括能够活动的扶手	
129	H253	行李舱地板离地高	Y0 平面内行李舱地板到地面的垂直距离(可以不是行李舱地板和行李舱门槛相交处)	
130	H201	货物高	在后轮中心的 X 平面内,行李舱地板或其他限制面到行李舱头顶的高度(座椅拆掉情况下)(微车专有)	
131	A212-1	行李舱地板角度	行李舱地板的角度,如果座椅能够收折,则测量过行李舱与放倒后的座椅的切线的角度	

表 9-10 座椅尺寸(SEAT DIMENSIONS)

序号	代码	名称	定义	位置
132	SW16	座椅宽度		
133	SL9-1	前排坐垫深度	前 SgRP 点到未变形的前坐垫前边缘的水平距离	
134	SL9-2	第二排坐垫深度	后 SgRP 点到未变形的前坐垫前边缘的水平距离	
135	SL10-1	前排有效坐垫深度	前排座椅最前点到 SgRP 点之间的水平距离	
136	SL10-2	二排有效坐垫深度	第二排座椅最前点到 SgRP 点之间的水平距离	

表 9-11 踏板尺寸(PEDAL DIMENSIONS)

序号	代码	名称	定义	位置
137	PL1	加速踏板至制动踏板距离	侧视图上加速踏板表面的切线和没有被踩下的制动踏板表面切线之间的距离	
138	PL2	制动踏板至离合器距离	侧视图上制动踏板表面与加速踏板平行的切线和没有被踩下的制动踏板表面与加速踏板平行的切线之间的距离,如果离合器在前方则记负数	

11. 附注

附注通常位于总布置图的右上部分,可用于注释相关信息。

12. 标题栏

如图 9-8 所示,标题栏位于总布置图右下区域,主要包含图标编号、人员信息、图标名称、比例、图样标记等信息以及更改信息。

标记	处数	通知书号	签字	日期		总布置图 Package drawing		图 样 标 记		质 量	比 例
设计			工艺					S	Z		1:5
校对			标准					共 1 张/SHEET		第 1 张/PAGE	
审核			审定								
批准											

图 9-8　标题栏

第10章

整车集成验证及新技术新方法

智者千虑必有一失,整车集成布置的各种方案终归需要到实际中进行验证,但是如果等样车完成后再进行验证,显然为时已晚。整车集成布置的这些方案必须在项目初期就开展验证,以实现追求"一次设计对"的目标。在项目开展过程中尤其是项目的初期,如何进行整车集成布置方案验证,有哪些手段,有哪些前沿的新技术,就是本章节需要讨论的内容。

10.1 整车集成验证的定义和工作目标

整车集成验证是指在整车集成开发过程中,对各个系统技术方案进行是否满足设计目标的验证手段、方法等,包括评审、DMU、检查清单核查、CAE 分析、实物评价和测试等方法。它有如下几个特点:

1) 整车集成验证的广泛性、完整性。即包含产品各个系统级方案,如底盘悬架系统、制动系统、转向系统、车身系统、闭合件系统、空调系统、电子电器系统、三电系统、动力总成系统等,还包含工艺装配性、生产线适应性、售后维护维修性等。甚至 NVH 性能、刚度、强度等方面也会涉及。

2) 整车集成验证的系统性。即产品各系统之间、零部件之间在几何静态和动态功能、界面关系(如搭接、间隙、相对位置等)是否和谐、有序、平衡,运动是否顺畅,干涉是否可能发生,异响是否可能产生,空间在乘坐上是否舒适,操作上是否方便和安全(如是否易于误操作),是否存在视认不清和困难,是否存在语音接收不良,是否存在驾驶人视野不良和眩目,是否存在于生产线设施不兼容,是否存在装配困难以致无法装配等。

3) 整车集成验证的计划性。即在整车集成开发过程中的不同阶段需要验证什么,应根据项目的特点事前进行计划,避免验证不完整而造成重大损失。例如,项目开发过程必须要进行至少 4 轮 DMU 检查,必须进行发动机舱维护维修性、热管理和管线的规整性验证,必须进行人机模型验证等。

4) 整车集成验证方法的多样性。按照验证手段对象可分为虚拟验证和实物验证。虚拟验证主要是指通过虚拟手段通过数据、3D 数据、算法等进行验证分析,如通常的 DMU 检查、OPTIS 光学分析验证、RAMSIS 人机性能分析等。实物验证主要是通过实物、设备对方案进行检测试验,如人机台架、机舱模型等。按照对象可分为机械布置验证和人机布置验证;按照方案的完成程度可分为方案过程验证和验收验证;按照手段可分为 DMU 检查、软件仿真、模型验证、台架验证、物理样车验证和工装样车验证等。

整车集成验证工作的目标如下。

1) 对各个系统方案进行几何可行性确认。整车集成布置解决的是整车各系统零部件之间的几何关系,性能和功能主要由相关专业工程师解决,系统及零部件本身的几何尺寸形状、性能和功能必须高度统一,缺一不可,整车集成布置除了要将各系统零部件恰当定位于整车范围内,还要协调各系统零部件本身的几何尺寸形状与整车的协调性。

2) 对各个系统方案进行几何集成兼容性验证。几何集成兼容性指的是各系统零部件的几何形状及位置,不会造成功能性障碍、相互对性能有干扰,以及对寿命有影响等,如运动空间及协调性对性能及寿命的影响、电磁干扰对信号影响、热害对性能和功能及寿命的影响等。

图10-1所示为项目开发过程中整车集成验证随开发进程的主要内容。整车开发过程中有三个阶段分别是方案设计阶段、工程设计/验证阶段和投产阶段。工程设计/验证阶段主要进行下车体杂合车方案验证,人机方案台架验证;在方案设计阶段主要进行DMU检查、OPTIS和RAMSIS等软件仿真、人机模型验证、机舱模型验证和下车体杂合车验证等。投产阶段主要包含工装车测量,检查与设计的符合性。

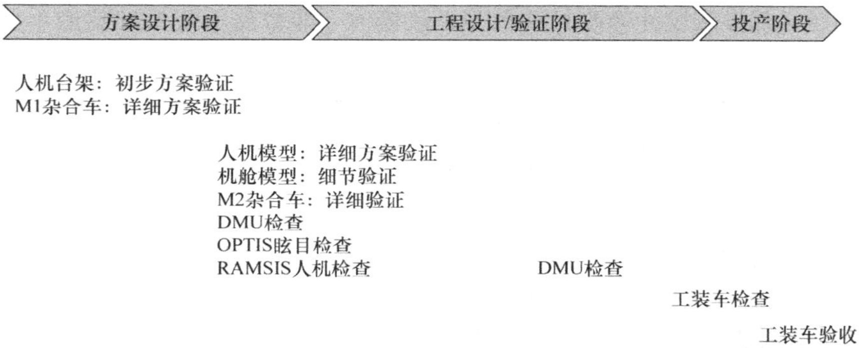

```
┌─方案设计阶段─┐ ┌─工程设计/验证阶段─┐ ┌─投产阶段─┐

人机台架:初步方案验证
M1杂合车:详细方案验证

              人机模型:详细方案验证
              机舱模型:细节验证
              M2杂合车:详细验证
              DMU检查
              OPTIS眩目检查
              RAMSIS人机检查                DMU检查
                                           工装车检查
                                           工装车验收
```

图10-1 开发进程和整车集成验证主要内容

10.2 虚拟验证手段

传统总布置方案进行验证,主要通过加工油泥模型或者制作样车的方式,进行乘坐或者装配进行方案可行性验证,这些方法统称为实物验证。实物验证的优点在于实物能够更加直观和可靠地进行验证。但它同时也存在诸多缺点。实物验证成本相对较高,往往加工一个油泥模型需要上百万元的费用,进行一个样件的试制可能也需要上万元的费用,实物验证存在验证周期较长的问题,由于零件需要加工,需要等待几天到几个月不等的时间,对于日益快速迭代的汽车开发周期需求而言验证周期是有必要缩短的。实物验证还存在验证时间晚,由于总布置设计处于整车设计的初始阶段,相关方案和参数的设定会对产品方案产生几乎颠覆性的影响,而实物验证需要产品方案初步确定并加工后才能进行验证,这往往需要相对较长的周期,而一旦验证结果显示方案需要优化,则可能导致产品方案进行较大的设计变更且设计变更成本较高。虚拟验证手段主要是相对实物验证而言,更多是通过数字、软件对总布置方案进行方案可行性验证,虚拟验证的优缺点则基本与实物验证方法相反,二者刚好形成良性的互补。虚拟验证方法快捷、成本低、项目初期即可进行验证,缺点则是无法让用户直观的体验。

虚拟验证的手段主要有 DMU 检查、RAMSIS 软件人机验证、CAPIG 软件设计验证、OP-TIS 软件光学验证、AR 等方法。

10.2.1　DMU 检查

DMU：它是 Digital Muck – up 的缩写，指电子数字模拟装配，也称为电子样机/样车，就是把当下的整车零部件在设计软件（CATIA、UG 等）中按照断面、零部件设计正确位置进行虚拟装配，然后在软件运行环境中检查各种界面关系是否满足设计意图的方法。它主要涉及设计/验证阶段和投产初期进行 DMU 检查，DMU 问题采用分级管理方式。

DMU 检查分析标准：通常将检查结构分级为四个等级，分别为高风险（或 A 类）、中风险（或 B 类）、低风险（或 C 类）、合格（或 D 类），不同等级的结果所代表的含义如下：

A 类：设计不满足法规要求、有重大方案性错误且整改成本巨大、已冻结的造型需要大改，将导致造型风格的较大改变，通常用红色标记。

B 类：问题必然导致设计修改且模具等工装修改、非数据不规范导致的干涉或间距不足，但不会导致方案的重大修改，通常用橙色标记。

C 类：数据制作不规范导致的干涉或间距不足问题，其他应优化的，但不影响模具修改或仅进行小的修改的问题，通常用黄色标记。

D 类：符合设计意图的方案，通常用绿色标记。

不同的主机厂对 DMU 检查结果分类有些差异，以上分类只是通常的分类方法。

DMU 检查计划：根据项目计划制定 DMU 检查计划，并明确每个阶段检查的内容。

DMU 检查内容：主要通过项目设计方案负责人或者总布置人员牵头，对特定满足数据完整性的整车 3D 数据进行检查，主要对模型总体参数检查、法规检查、间距和运动等安全性检查、乘员舱人机及结构可行性检查、下车体人机及结构可行性检查、后端模块人机及结构可行性检查、维修性和装配方便性进行检查。

DMU 检查问题记录：记录的信息主要包括检查数据的版本、问题零件、问题描述、截图、检查人员、检查日期。

整改计划制定：完成 DMU 检查后需要对检查的问题记录进行跨部门跨专业的沟通和交叉评审，针对问题制定相关的整改方案（方向），落实责任部门、责任人、整改完成时间等。

DMU 检查整改及跟踪：所有问题通过专业团队进行整改后，需要通过虚拟验证或者实物验证进行方案确认后，更新 3D 数据、签字确认后方可关闭。

只有严格的流程和严格的 DMU 检查控制，方可保证项目后续实物阶段问题的大幅度减少，将设计问题尽早地暴露出来。这是一个简单重复而需要高度负责、高度仔细的工作，通过严格的 DMU 检查确保"一次设计对"！

DMU 检查重点：项目设计阶段不同 DMU 检查的重点会有不同，设计阶段主要需要确认设计方案的完整性、与产品定义的符合性，设计疏漏等环节；项目方案完全锁定阶段则主要关注点在于产品结构设计检查、方案一致性、方案可优化点等方面。投产阶段 DMU 检查则主要是对产品的一致性进行检查和控制。

另外，对 DMU 检查暴露出的新的问题，尤其是通过严格检查没有及时暴露而后期又出现的问题，需要及时进行问题分析、制定措施、实施验证，并将结果写出 DMU 检查清单中，避免在新的项目中重复出现，做好 PDCA 工作。

DMU 检查各个设计阶段的主要内容如下。

1. 方案初步确定阶段

主要检查的内容包括：模型总体参数检查、法规检查、乘员舱人机及结构可行性检查、下车体人机及结构可行性检查、后端模块人机及结构可行性检查、维修性和装配方便性。

（1）模型总体参数检查

① 总体尺寸：总长、总宽、总高、轴距、轮距、前悬、后悬、前门开启总宽、后门开启总宽。

② 通过性尺寸：接近角、离去角、纵向通过角、最小离地间隙，最小离地间隙边界符合性。

③ 其他：CP 点高、DP 点高、窗台线高、玻璃倾角、轮胎型号等。

（2）法规检查

① 前视野 GB 11562—2014。

② 后视野 GB 15084—2013。

③ 刮水器面积 GB 15085—2013。

④ 灯光信号位置 GB 4785—2019。

⑤ 前后端保护 GB 17354—1998。

⑥ 护轮板 GB/T 7064—2017。

⑦ 安全带固定点 GB 14167—2013。

⑧ 牌照板位置及后牌照灯 GB 15741—1995、GB 18408——2015。

⑨ 拖钩 77/389/EEC。

⑩ 外廓尺寸 GB 1589—2016。

（3）乘员舱人机及结构可行性检查

① 乘员乘坐舒适性基础尺寸（SAE）：H30、L6、L11、H17、H13、A18、L50。

② 乘员坐姿角度（SAE）：A40、A27、A42、A44、A46、A47、A48、A57。

③ 乘员乘坐空间：头部、肩部、肘部、臀部、膝部、腿部、脚部空间。

④ 乘员视野：360°视野、仪表视野、中控显示屏视野等。

⑤ 进出性。

⑥ 储物空间分布及使用合理性。

⑦ 货物空间容积及使用有效性。

⑧ 车内防眩。

⑨ 收折座椅的运动空间。

⑩ 天窗开闭运动空间。

⑪ 置物板、网兜、置物帘运动及固定。

⑫ 灭火器、三角警示牌、千斤顶、急救包等的快速取放位置及空间。

（4）下车体人机及结构可行性检查

① 布局合理性和间距：换档及驻车制动机构、消声器、油箱及加油管、加油口盒、汽油滤清器。

② 前桥前悬、后桥后悬、备胎。

③ 前悬架、转向、传动系统运动包络及间距。
④ 后悬架、传动系统运动包络及间距。
⑤ 中置/后置发动机舱布置合理性。
⑥ 护轮板及挡泥板布置。

（5）后端模块人机及结构可行性检查
① 行李舱容积及使用有效性。
② 行李舱开闭操作方便性。
③ 灭火器、三角警示牌、急救包等的快速取放位置及空间。
④ 备胎及工具备件取放方便性。
⑤ 货物提升高度。
⑥ 货物进入空间尺寸（SAE）（W205、W206、W207、L206 等）。
⑦ 后保险杠、尾灯、高位制动灯、后牌照灯、蓄电池、气瓶、熔丝盒、混合动力系统构件等布置合理性。

（6）维修性和装配方便性包括：
① 机油滤清器更换方便性。
② 发动机机油、变速器油更换方便性。
③ 制动液、转向助力油、空调制冷剂、冷却液加注方便性。
④ 熔丝、继电器更换方便性。
⑤ 发动机 V 带更换方便性。
⑥ 电喷 ECU 更换方便性。
⑦ 火花塞、点火线圈更换方便性。
⑧ 机油滤清器更换方便性。
⑨ 暖通水管拆装方便性。
⑩ 离合器拉索、节气门拉索调节方便性。
⑪ 换档拉索拆装方便性。
⑫ 各灯灯泡更换方便性。
⑬ 其他维修性问题；

2. 产品方案完全锁定阶段

DMU 需要检查的内容包括：总体参数检查、法规检查、乘员舱人机及结构可行性检查、下车体人机及结构可行性检查、后端模块人机及结构可行性检查、维修性和装配方便性。

（1）模型总体参数检查
① 总体尺寸：总长、总宽、总高、轴距、轮距、前悬、后悬、前门开启总宽、后门开启总宽。
② 通过性尺寸：接近角、离去角、纵向通过角、最小离地间隙，最小离地间隙边界符合性。
③ A 面与模型数据一致性。
④ A 面与整车内外部件表面符合性。

（2）法规检查
① 前视野 GB 11562—2014。

② 后视野 GB 15084—2013。

③ 刮水器面积 GB 15085—2013。

④ 灯光信号位置 GB 4785—2019。

⑤ 前后端保护 GB 17354—1998。

⑥ 护轮板 GB/T 7064—2017。

⑦ 安全带固定点 GB 14167—2013。

⑧ 牌照板位置及后牌照灯 GB 15741—1995、GB 18408—2015。

⑨ 拖钩 77/389/EEC。

⑩ 踏板 ECE R35。

⑪ 外廓尺寸 GB 1589—2016。

⑫ 内部凸出物 GB 11552—2009。

⑬ 外部凸出物 GB 11566—2009。

⑭ 标牌、车架号等位置及面积 GB 7258—2017、GB/T 18411—2018。

（3）乘员舱人机及结构可行性检查

- 乘员基础乘坐舒适性尺寸（SAE）：H30、L6、L11、H17、H13、A18、L50。
- 乘员坐姿角度（SAE）：A40、A27、A42、A44、A46、A47、A48、A57。
- 乘员乘坐空间：头部、肩部、肘部、臀部、膝部、腿部、脚部空间。
- 乘员视野：360°视野、仪表视野、中控显示屏视野等。

① 乘员舱内操作空间：

——变速杆操作区

——驻车制动杆操作区

——最大和最小手伸及范围与中控面板及两侧风口等操作点的匹配性

——除霜、除雾风口及吹面风口风向

——点火开关操作空间

——组合开关操作空间

——中扶手、杂物箱操作空间

——安全拉手位置及操作空间

——踏板操作空间

——歇脚板空间

——安全带操作空间

——遮阳板操作人机及遮阳能力

——座椅调节操作空间

——油箱门、行李舱门解锁手柄位置及操作空间

——前罩解锁手柄位置及操作空间

——内后视镜操作位置及空间

——其他开关按钮操作位置及空间

② 进出性。

③ 前后门框尺寸。

④ 车门开启角度及通过宽度。

⑤ 乘员舱内进出关键尺寸。

⑥ 储物空间分布及使用合理性。
⑦ 货物空间容积及使用有效性。
⑧ 车内防眩。
⑨ 座椅收折运动空间。
⑩ 天窗开闭运动空间。
⑪ 置物板、网兜、遮物帘收折及固定。
⑫ 灭火器、三角警示牌、千斤顶、急救包等的快速取放位置及空间。

（4）下车体人机及结构可行性检查包括：
① 布局合理性和间距：换档及驻车制动机构、消声器、油箱及加油管、加油口盒、汽油滤清器、前桥前悬、后桥后悬、备胎。
② 前悬、转向、传动系统运动包络及间距。
③ 后悬、传动系统运动包络及间距。
④ 中置/后置发动机舱布置合理性。
⑤ 护轮板及挡泥板布置。

（5）后端模块人机及结构可行性检查包括：
① 行李舱容积及使用有效性。
② 行李舱开闭操作方便性。
③ 灭火器、三角警示牌、急救包等的快速取放位置及空间。
④ 备胎及工具备件取放方便性。
⑤ 货物提升高度。
⑥ 货物进入空间尺寸（SAE）（W205、W206、W207、L206 等）。
⑦ 后保险杠、尾灯、高位制动灯、后牌照灯、蓄电池、气瓶、熔丝盒、混合动力系统构件等的布置合理性。

（6）维修性和装配方便性包括：
① 机油滤清器更换方便性。
② 发动机机油、变速器油更换方便性。
③ 制动液、转向助力油、空调制冷剂、冷却液加注方便性。
④ 熔丝、继电器更换方便性。
⑤ 发动机 V 带更换方便性。
⑥ 电喷 ECU 更换方便性。
⑦ 火花塞、点火线圈更换方便性。
⑧ 机油滤清器更换方便性。
⑨ 暖通水管拆装方便性。
⑩ 离合器拉索、节气门拉索调节方便性。
⑪ 换档拉索拆装方便性。
⑫ 各灯灯泡更换方便性。
⑬ 其他维修性问题。

3. 投产阶段 DMU

需要检查的内容包括：总体参数检查、法规检查、乘员舱人机及结构可行性检查、下车体人机及结构可行性检查、后端模块人机及结构可行性检查、维修性和装配方便性。

① 总体参数检查（同产品方案完全锁定阶段内容）。
② 法规检查（同产品方案完全锁定阶段内容）。
③ 前端模块人机及结构可行性检查（同产品方案完全锁定阶段内容）。
④ 乘员舱人机及结构可行性检查（同产品方案完全锁定阶段内容）。
⑤ 下车体人机及结构可行性检查（同产品方案完全锁定阶段内容）。
⑥ 后端模块人机及结构可行性检查（同产品方案完全锁定阶段内容）。
⑦ 维修性和装配方便性（同产品方案完全锁定阶段内容）。

DMU 检查结果可以按照以下格式记录。

1）统计表。表格形式如下。

XXX项目DMU检查报告				检查节点			
DMU问题管控表				数据版本号			
模块	检查项目	高风险问题	中度风险问题	低风险问题	合格	合格率	备注
总布置	57	4	4	1	48	0.842105263	
车身	58	1	1	1	55	0.948275862	
内外饰	50	1	1	1	47	0.94	
动力总成	50	3	2	1	44	0.88	
底盘模块	50	1	2	1	46	0.92	
电气模块	50	1	2	1	46	0.92	
NVH模块	50	2	0	0	48	0.96	
整车DMU检查汇总	365	13	12	6	334	0.915068493	

严重度等级	颜色标识	定义
高风险问题		1. 设计不满足法规要求； 2. 重大方案性错误，整改成本巨大； 3. 已冻结的造型需要大改，将导致造型风格的较大改变。
中度风险问题		1. 问题必然导致设计修改； 2. 非数据不规范导致的干涉或间距不足，但不会导致方案的重大修改。
低风险问题		1. 数据制作不规范导致的干涉或间距不足问题； 2. 其他应优化的，但不影响模具修改的问题。
合格		1. 符合DMU检查标准。

2）问题汇总表。表格形式如下。

问题编号	检查项目	风险等级	建议修改方向	责任部门	责任人	完成时间	整改情况
	总体布置问题1	高风险					
	总体布置问题2	高风险					
	总体布置问题3	合格					
	总体布置问题4	合格					
	总体布置问题5	中度风险					
	总体布置问题6	合格					
	总体布置问题7	合格					
	总体布置问题8	合格					
	总体布置问题9	合格					
	总体布置问题10	中度风险					
	总体布置问题11	合格					
	总体布置问题12						
	总体布置问题13	合格					
	总体布置问题14						
	总体布置问题15	低风险					
	总体布置问题16	合格					
	总体布置问题17	合格					
	总体布置问题18	合格					

3）单个问题检查记录表。表格形式如下。

总体布置DMU检查报告					建议原因Proposal Reason ①规范性 normative ②宣法性 standard ③完备性 complete ④制造性 manufacturabl ⑤空间尺寸 space DIM ⑥可维修性 repairable ⑦功能性 function ⑧其他 other	问题属性Issue attribute 专业 specialty 责任部门 respons	(建议)
车型 MODEL	系统 SYSTEM	零部件 PART		问题名称 ISSUE		编号 NO	xx-PKG-001
问题&建议 ISSUE&PROPOSAL				对策 COUNTERMEASUREMENT			
问题描述issue discription: 1、 2、				整改措施countermeasure discription: 1、 2、			
(图片说明/Picture and Remark)							
建议措施proposal discription: 1、 2、							
(图片说明/Picture and Remark)				(图片说明/Picture and Remark) 设计designer 校核checker 整改确认criticty:		日期date 日期date	
提出人author		日期date		检查checker		日期date	

10.2.2 RAMSIS 软件人机验证

RAMSIS 是 Rechnergestütztes Anthropologisch – Mathematisches System zur Insassen – Simulation 的缩写,它是由德国人开发的人机工程分析的电子仿真分析软件。RAMSIS 是由德国慕尼黑工业大学的开发团队于 1980 开发完成的,该项目是由德国自动化工业部门发起和资助的,整个团队的目标是为了弥补已有的人机工程工具的许多不足之处(例如,广泛应用的 SAEJ826 人体模板)。世界上超过 65% 的汽车制造企业使用 RAMSIS 作为工程标准,包括奥迪、宝马、大宇、福特、通用、本田、马自达、欧宝、萨博、保时捷、戴姆勒、克莱斯勒等公司。同时,许多主要的汽车部件供应企业也在使用,包括 EDAG、Delphi、江森座椅、德尔福等。

RAMSIS 是一个高效的车辆人机工程分析用 CAD 工具。它能够让开发人员在开发初期进行全面的人机工程分析和设计。与传统的电脑模板相比较,RAMSIS 一个强大的优点是:不用在设计时主观确定人体姿态,它是通过电脑自动根据相关约束进行分析计算完成的。2002 年 RAMSIS 有了进一步发展。通过与达索公司合作,它们成功将 RAMSIS 软件集成到 CATIA V5 系统中,一个新的用户界面诞生了。

RAMSIS 主要在项目开发初期对设计方案进行人机校核,包括坐姿舒适性、视野、伸及性、视认性等方面。图 10-2 所示为 RAMSIS 在 CATIA 中的界面。

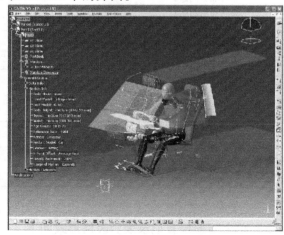

图 10-2　RAMSIS 界面

10.2.3　CAPIG 软件设计验证

CAPIG 软件是集成网页数据库和 CATIA 二次开发于一体的软件，为总布置工作提供全面的数据库服务。该软件包含网页端和 CATIA 端。网页端主要集成了规范库、图片库、验证支持库、常用模块存储库、静态参数库；CATIA 端包含整车集成开发常用模块，网页数据导入工具，常用零件通用布置设计工具、空间布置相关工具、法规校核工具等内容。图 10-3 所示为 CAPIG 软件界面。

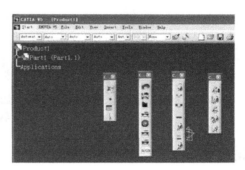

图 10-3　CAPIG 软件界面

图 10-4 所示为静态参数数据库的用户界面，主要包含尺寸参数列表、尺寸定义、车型选择，以及参数展示。

图 10-4　CAPIG 尺寸参数界面

图 10-5 所示为 A 柱障碍角法规检查工具；相关参数可以在 CATIA 中选取、读取，也可以保存为文件，在后续设计中直接打开，还可以同步到 CAPIG 系统中，直接从静态参数数据库中调取。

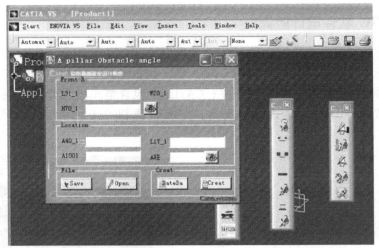

图 10-5　CAPIG 软件 A 柱障碍角法规检查工具

10.2.4　OPTIS 软件光学验证

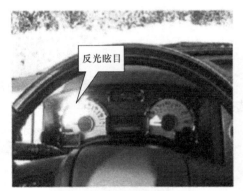

图 10-6　屏幕类反光眩目

眩目指所有可能会引起驾驶人在驾驶中对外界环境和车辆运动属性视认、判断困难的光学现象。眩目可分为外界光眩目和自发光眩目。

外界光眩目：即白天光线经车内零部件反射进入人眼导致的直接眩目。它指从各个透光区进入的光线，经过各零部件反射进入驾驶人眼睛，导致驾驶人对零部件的视认性和舒适度变差，严重时将导致驾驶人短暂致盲从而影响驾驶安全。常见的有屏幕类反光眩目，如图 10-6 所示，高亮零件、仪表台板或驾驶人衣服在视野区形成倒影，内饰件或者衣物在屏幕上的倒影，如图 10-7 和图 10-8 所示。

图 10-7　前风窗玻璃倒影

图 10-8　仪表玻璃倒影

自发光眩目：即夜间车内自发光零部件在视野观察区形成倒影，进而影响驾驶人观察周边环境，严重时将影响驾驶安全。图 10-9 所示为常见的自发光眩目情况。

a)   b)

图 10-9　自发光炫目

a）前风窗玻璃夜间高亮件倒影　b）前风窗玻璃氛围灯倒影

OPTIS CAA V5 是法国 OPTIS 公司自主开发的视觉仿真软件，用于模拟分析项目设计中潜在的视觉人机工效风险。

视觉分析的目的主要是找出仪表、中控屏幕、前风窗玻璃和外后视镜可视区，是否存在潜在的有害眩目光。用不同环境场景来模拟基本光照情况下的潜在有害眩目光，然后在此环境场景的基础上，加入几个特定典型的太阳直射光，以此来模拟恶劣光照情况下的潜在有害眩目光，定性地评判并定量分析组合仪表、中控屏幕的可读、可视性。分析工作内容包括：

1）白天工况下中控屏幕是否存在潜在的反光，以及反光是否影响驾驶人可读、可视性。

2）白天工况下仪表上是否有内饰部件的反光，以致影响驾驶人对仪表内信息的读取。

3）白天工况下内饰白色、银色漆件、高反光部件，是否在前风窗玻璃上造成反光，以致影响驾驶员驾驶。

4）夜间工况下仪表光源或中控屏幕是否在前风窗上造成眩光。

5）白天工况下出风口金属件是否在外后视镜观察区域造成反光。

6）夜间工况下仪表光源是否在外后视镜观察区域造成眩光。

OPTIS CAA V5 分析主要步骤如下：

1）CAS 或 A 面数据简化、缝合：内饰数据简化：将 NVH 件、门内饰板、内后视镜片、内后视镜壳、IP、方向盘和座椅等，分别分类到一个图形集，具有同样材质和属性的数据使用结合或多重提取命令，使之在结构树中简化为一个单元。

2）参考坐标系建立。建立感应器坐标：对于单个车型的眩目分析，一般需要按照驾驶人的几个视角建立感应器。这些视角的位置和方向是后续模拟时建立视觉感应器的基础。

建立整车坐标系：为了确定车辆在环境中的位置和方向，还需设置表征地面的平面和在这个平面上相互垂直的三维坐标线如图 10-10 所示，这是用来确定外界的场景和阳光的上下左右方向，即地面上的二维加上正上方的一维，三维坐标线在空间中的位置和角度可以根据需求来设置，但要保证是在地面上且一条直线指向车辆上方。指向方向没有特殊要求，与 Z 向垂直即可。

建立屏幕坐标系：如果在多媒体屏幕的画面显示面位置设置一个坐标系，要求坐标系面与仪表玻璃屏和液晶屏都不能接触，一般需要 0.5mm 间隙，方便后面设置光源时根据此坐标位置设置一个 LCD 光源，如图 10-11 所示。

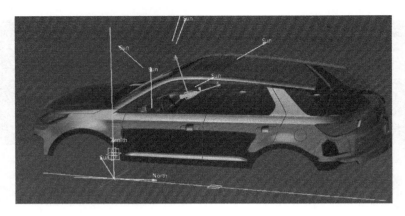

图 10-10　整车坐标系

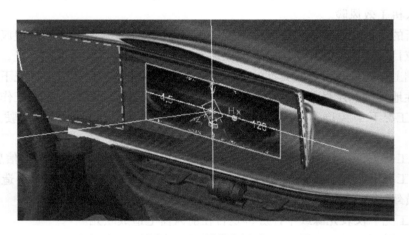

图 10-11　屏幕坐标系

光线坐标系：建立从侧窗、前风窗玻璃、天窗等方向的阳光照射方向线，箭头表示光线方向。

3）材料属性定义。材料属性定义分两步：第一步定义 CATIA 材料库，第二步定义 OPTIS 光学属性，其中光学属性包含 VOP 体属性（如玻璃的透光率折射率）和 SOP 表面属性（如塑料的表面反射散射特性）。OPTIS 材料定义说明：

① 开发者在做整车项目的时候，要求每个项目按整车的 CMF 方案单独创建 CATIA 材料库。建立材料库的方式，与 CATIA 类似，要求材料库尽量使用英文命名，按光学体、塑料、金属、玻璃等进行分类。

② 光学属性实例：OPTIS 材料库里面选择的材料，属性都比较全，不需要再赋予光学属性，但如果是在 CATIA 自带的材料库里添加的材料，复制材料到新建的材料库后，则必须要赋予光学属性，否则只能在 CATIA 看到材料属性，无法在 OPTIS 中展示出来。

③ 调整光学属性：点击材料右键属性，出现如图 10-12 所示可调整项。

赋予材料属性：材质属性的赋予与 CATIA 方法类似。选中要赋予属性的面，如果一个图形集里相同材质属性的面较多，可以直接选中图形集。

4）建立模拟。在模拟仿真之前，需先在产品里设置如下几项：

① 透光面：即外界光能够穿透而进入车内的面，一般为所有车身玻璃。

② 前风窗玻璃网格划分，这是为了提高模拟后前方视野画面显示的精度。

③ 光源：包括面光源，LCD 光源，外界光源。

④ 感应器：几个视角则建立几个感应器，模拟后图像显示的位置。

⑤ 建立仿真。

⑥ 模拟结果：点击仿真得到的结果，鼠标右键选择 Open with virtual Human Vision Lab 查看。

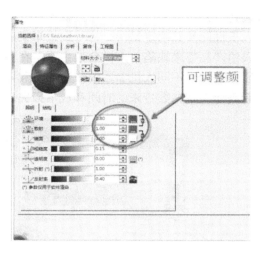

图 10-12　调整 OPTIS 光学属性

5）眩目分析。

方式一：点击 Measures 图标，弹出图 10-13 所示的对话框，这是个计算部分区域平均亮度的工具。

图 10-13　眩目分析方式一

方式二：点击 Tools – Legibility/Visibility，这个图标一直是灰色无法使用（需要调取浮动 licence），这是分析眩目时确定可视性和辨识性很重要的工具，如图 10-14 所示。

图 10-14　眩目分析方式二

10.3　实物验证手段

实物验证主要是通过实物对方案进行验证，主要包含有人机台架验证、物理样车（包括模型和设计样车）验证和工装车验证三种。因工装车即是产品完成零件全工装件装配的样车，此时整车零部件的工装已经开发出来，验证出现的集成问题将会导致改动困难、改动代价高，甚至是无法修改的问题，故整车集成验证设计在实物验证方面，主要通过人机台架验证和物理样车验证进行的。它的主要目的就是要提前发现问题，避免重大设计隐患在工装样车阶段才被发现！

10.3.1　人机台架验证方法和内容

人机台架是通过多关节、多自由度手动或电动调节人机功能部件，以模拟人机方案的物理设备，如图 10-15 所示。在全新项目设计的早期，由于没有进行其他实物验证的基础，一旦人机性能参数确定错误，将导致整车集成最基础的工作出现差错，则必须重新设计或保留错误给产品带来缺陷。人机台架主要是在项目设计的早期用来确定全新项目主要人机性能的手段，通过对不同人机参数的快速调节和评审，来初步确定主要的人机参数，从而避免完全重新确定人机参数带来的时间和成本损失。

图 10-15 人机台架设备
a）人机台架 b）调节控制柜

人机台架验证通常针对乘员乘坐位置、方向盘、踏板、仪表板之间的匹配等少数参数进行验证，一般不具有验证内饰设计的功能，即使有内饰验证功能，通常只适合安装某种车型的内饰。人机台架的设计和制作通常是主机厂提出要求，由专门的人机研究机构或大学进行设计制作，根据人机台架评价内容范围和调节方式，有几种人机台架，如图 10-16 所示。

图 10-16 几种人机台架功能对比

人机台架根据评价内容不同，基本结构可包括：

1）底架及底架升降系统：调节乘员舱地板高度，评价地面线是否适合。

2）立柱/顶盖：根据乘员舱高度，调节顶盖位置，根据立柱倾斜情况，调节立柱位置，评价乘坐高度空间、立柱的影响。

3）发动机罩/后舱盖/遮阳板和后视镜：根据前后视野，调节发动机罩等位置，评价直接和间接视野。

4）踏板/仪表板/方向盘/座椅和换档机构等：根据乘员直接人机参数，调节坐高及踏板等位置，评价乘坐性及驾驶操作性。

5）车门和门槛等：根据进出性参数，调节车门和门槛位置和大小，评价进出性。

6）安全带固定点/门饰板/立柱饰板/中控箱等：根据人机参数，调节其位置，评价乘坐空间和操作性。

通常前地板左右和高度方向不可调节，但其位置能够随着前座椅位置的改变而改变长度。后地板能够改变高度和前后位置。

人机台架验证方法。人机系统是由操作者、机器、显示装置、操纵装置、作业环境等子系统组成的，各子系统协调一致才能实现良好的人机系统效能。人机系统的分析与评价是依据一定的标准，采用系统工程的方法，对系统和子系统的设计方案进行定性和定量的分析和评价，目的在于全面了解系统设计的优、缺点，分析存在的问题，为改进设计提供依据。人机系统的评价标准包含两方面，即系统作业标准和人的工效标准。汽车作为一种典型的人机系统，其评价标准更适于采用人的工效标准。人的工效标准通常考虑人的生理和心理反应、工作效能、适应度等。汽车人机工效常常借助主观评价试验来进行分析和评价。

主观评价法是系统分析评价的一种常见方法，属于一种定性和定量相结合的综合评价方法，是人机工程学领域广泛使用的一种综合评价法。这种方法不仅能够获得定性的评价，通过对定性评价的量化处理还能得到量化的评价结果。主观评价法实施过程中一般可按照如下步骤进行。

1. 准备工作

（1）评价问卷准备

根据人机台架要评价的内容设计评价问卷，如图10-17所示的人机台架工效评价问卷。

驾驶人人机工效评价问卷示例

评价内容	考虑因素	备选(在方括号内划√)
踏板	高度	□太高 □稍高 □合适 □稍低 □太低
	表面角度	□合适 □不合适
	行程	□太小 □稍小 □合适 □稍大 □太大
	操纵力	□太小 □稍小 □合适 □稍大 □太大
	操纵力	□太小 □稍小 □合适 □稍大 □太大
踏板横向空间	加速-右侧	□太小 □稍小 □合适 □稍大 □太大
	加速-制动	□太小 □稍小 □合适 □稍大 □太大
	制动-左侧	□太小 □稍小 □合适 □稍大 □太大
视野	后视镜可见性	□看不见 □部分看见 □能看见
	仪表观察距离	□太远 □稍远 □合适 □稍近 □太近
	仪表板盲区	□不好 □勉强 □合适 □较好 □很好
	立柱盲区	□不好 □勉强 □合适 □较好 □很好

驾驶人人机工效评价问卷示例

座椅	前后	□前极限不够 □后极限不够 □合适
	上下	□上极限不够 □下极限不够 □合适
	座垫角	□太小 □稍小 □合适 □稍大 □太大
	靠背角	□太小 □稍小 □合适 □稍大 □太大
	进出和入座	□很方便 □较方便 □一般 □稍不便 □很不方便
转向盘	前后	□太远 □稍远 □合适 □稍近 □太近
	上下	□太高 □稍高 □合适 □稍低 □太近
	角度	□太小 □稍小 □合适 □稍大 □太大
	操纵力	□太小 □稍小 □合适 □稍大 □太大
乘坐空间	腿部与方向盘	□太小 □稍小 □合适 □稍大 □太大
	腿部仪表板	□太小 □稍小 □合适 □稍大 □太大
	躯干与转向盘	□太小 □稍小 □合适 □稍大 □太大

图 10-17　人机台架工效评价问卷

(2) 评价团队准备

评价团队的组成人员都要根据人群来组织，通常按照5th～95th的人群，每隔10%身高差异、各身高段胖瘦各挑选2～3人员组成。最好不要邀请专业人员参加，以免掺杂非正常使用人员的意见。

在评价前需要对参与评价的人员进行培训，培训的内容主要是人机台架安全注意事项、人机台架可调节和不可调节事项，以及对应调节的方法，人机台架哪些可以受力和不可受力，评价的内容和顺序，个人评价结果如何填写等。需要强调评价团队评价的出发点是站在用户的立场进行评价，不能以专业人员的眼光和方式进行评价，评价人要独立填写评价意见，不能受到其他评价人员意见的影响。

培训完成后，对参与评价的人员进行分组，以便有序地同时进行不同项目的评价又不相互影响。如分成三个组，一组进行驾驶人位置的评价、二组进行前排乘客座位置评价、三组进行后排座位置的评价，三个小组轮流评价，直至完成全部评价内容。

(3) 设备准备

三坐标测量机（图10-18）和H点测量装置（图10-19）设备准备。这些设备用于确保人机台架调节过程中的参数符合设计值。

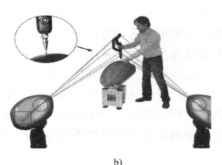

a)   b)

图10-18　三坐标测量机
a) 移动式关节臂式　b) 手持式

2. 人机台架调节

人机台架的调节与台架本身的调节方式有关，这里就不具体讨论。需要强调的是有些人机台架由于是手工调节，每个参数仅仅通过调节并不能使调节对象符合设计参数。因此，需要使用三坐标或H点装置进行复核，确保供评价的台架整体符合整车设计参数。对于一次测量可能不准的H点装置，需要进行不少于3次的重复测量，来消除较大的偏差。

3. 评价

进行人机台架评价时，按照准备号的评价团队组织进行，需要强调的是如有初定参评人员不能参加的，尤其是造成某个身高段缺失时，需要事后进行补评，以确保目标市场适合驾驶的所有身高段人群都囊括在

图10-19　H点测量装置

评价人员中，避免项目人机评价的不广泛可能造成设计出现缺陷。

评价过程中，如参评人员有疑问要及时予以解答和帮助。同时，要提醒评价人员不要进行过多的交流，以免相互影响评价结果。评价过程中可以适当看看评价人员是否进行了适时记录。

评价人员评价完成后，将评价记录收集。由于评价人员记录的文字可能五花八门，如同样的结果采用了不同的语言、不同的评价结果采用相同或近似的语言记录，等等。为了便于进行统计分析，需要对记录有疑问的进行当面沟通并做记录。需要说明的是，人机台架评价的目的是为了收集潜在用户的真实感受，通常不会在评价前对参评人员进行如何记录用语的引导，避免造成记录的失真。

参评者的性别、身高、体重等信息应记录在评价问卷上。以下是部分评价内容举例。

(1) 座椅评价

评价者进入模型的驾驶空间处，调节座椅的前后位置和高度，以及座垫和靠背角度，直至乘坐最舒适为止。然后身系安全带，体会座椅的角度和位置，并填写问卷。

(2) 踏板评价

评价者右脚放于加速踏板上，感受自由状态下加速踏板中心高度和踏板表面角度对于操作的舒适性，以及整个踩踏行程的舒适性，填写问卷。

评价者右脚移至制动踏板上，感受自由状态下制动踏板中心高度和踏板表面角度对于操作的舒适性，以及整个踩踏行程的舒适性，填写问卷。

驾驶人右脚在制动和加速踏板之间来回切换，感受踏板横向空间的布置情况，填写问卷。

(3) 方向盘评价

评价者对方向盘高度和前后位置进行调节，直至找到最满意的位置，然后如同正常驾车一样手握方向盘，感受方向盘位置和角度设计状况，填写问卷。

(4) 乘坐空间

评价者此时已经处于正常驾车的乘坐状态，感受大腿与方向盘（尤其是大腿从加速踏板上切换至制动踏板进行踩踏时）、小腿和膝盖与仪表板，以及躯干与方向盘之间的空间，填写问卷。

(5) 后视镜视野评价

评价者处于正常驾驶状态下，在后视镜标准位置下，观察后视镜结构的视野情况，填写问卷。

(6) 仪表观察距离评价

评价者处于正常驾驶状态下，体验仪表的距离，填写问卷。

(7) 仪表板盲区评价

评价者处于正常驾驶状态下，体会方向盘对仪表的阻挡和仪表观察的方便性，填写问卷。

(8) 立柱盲区评价

评价者处于正常驾驶状态下，体会左右侧立柱结构对人眼的阻挡，填写问卷。

4. 评价结果分析

所有评价内容都体会完毕之后，对评价结果进行统计分析，根据分析结果对设计方案做出综合评价与改进建议。

评价结果统计方法通常按照单个评价项进行统计，对于同一评价项统计评价好坏的比例、评价好的具体意见是什么，评价不良的具体意见是什么，哪些人群评价偏好，哪些人群评价偏不良等。对于评价中坏的意见，还可以与评价者进行沟通，弄清楚具体的原因，并询问希望改进的方向。

将评价意见尤其是评价不良的意见汇总，作为整车集成工程师应该对这些评价意见在人机台架上进行重复体验，尤其是对那些有相互影响的，期望改进的项目要反复体验，然后制定完善方案，避免因改进某个评价项造成对其他相互关联项的不良影响！整车集成是复杂的系统工程，整车集成工程师应根据目标市场对评价意见进行对照，当因为尺寸限制等原因限制不能做到所有评价项都满意的时候，就需要进行取舍，取舍的原则就是尽量满足目标市场的目标人群！

10.3.2 物理样车检查方法和内容

物理样车是指无实际行驶功能、通过一定的材料加工成各种零件形状，并按照零件实际位置、方式进行组装成的样车。该车可以是完整的车体，也可以是车辆的一部分。物理样车在整车集成设计体系中主要有两种形式，人机验证模型和机舱验证模型；人机验证模型主要是模拟乘员舱内部空间、操控、乘坐舒适性等内容的物理模型。它通常在产品开发的概念阶段后期，整车集成方案初步确定时进行。机舱验证模型主要是验证车辆机舱内部各种零件的形状、位置、安装方式、相对关系、装配性、美观、维修性等，一般是在整车集成方案确定时进行。

人机验证模型是在人机台架评价后做出的人机方案的实物验证模型，很多主机厂不单独做人机验证模型，而是与内部造型模型结合。采用内部造型模型做的人机验证模型具有与产品接近的特点，可以进行更加详细的人机评价，参评人的感受也更加直观，评价结果也就更加贴合实际。同时，此时进行人机评价也是产品由方案阶段，进入产品工程设计阶段的最后可以进行较大调整的机会。因此，组织好此时的人机验证评价也就尤其重要。人机验证模型参评人员与人机台架参评人员类似，但评价的内容更加齐全。通常，人机验证模型的主要验证内容如下。

1. 驾驶人区域评价内容

视野：前视野、后视野、刮水面积、遮阳板（前/侧）、内外后视镜、仪表等。

视认：仪表、多媒体影像、中控功能件（多媒体屏、空调控制、按键等）、HUD。

伸及性及操作性：方向盘、方向盘调节、组合开关、三踏板及歇脚板、变速杆和驻车制动杆、储物动作、空调开关、安全带调节及佩戴、内外后视镜、遮阳板、座椅调节（开关或拉杆）、门窗开关及储物、扶手（门及中控）、前罩盖开启拉手、灯光调节开关、杂物箱、顶灯及眼镜盒、天窗开关等。

眩目：仪表和多媒体屏及台板区域亮条反射、内外后视镜强光反射、仪表台板在风窗玻璃上的影像（强光和自发光）、风口和仪表等在后视镜上的影像（强光和自发光）。

乘坐舒适性：座椅包裹性和软硬程度、座椅坐垫及靠背的调节、手操作的影像（方向盘、换档及各类开关）腿部支撑及活动、头枕、风口可能的吹拂范围、氛围灯。

头部空间：头部、肩部、肘部、臀部、膝部、腿部、脚部空间、前风窗玻璃上边界及遮阳板。

进出性：坐垫离地高度、门槛和立柱等腿部通道，方向盘对进出性的影响，门框对头和臀部的磕碰。

2. 前排乘客区域评价内容

视认：多媒体影像、中控功能件（多媒体屏、空调控制、按键等）。

伸及性及操作性：中控储物、空调开关、安全带调节及佩戴、遮阳板、座椅调节（开关或拉杆）、门窗开关及储物动作、扶手（门及中控）、杂物箱、安全拉手、顶灯及眼镜盒、天窗开关等。

乘坐舒适性：座椅包裹性和软硬程度、座椅坐垫及靠背的调节腿部支撑、头枕、风口可能的吹拂范围等。

进出性：坐垫离地高度、门槛和立柱等的脚部通道、门框对头和臀部的磕碰。

3. 后排（二排）乘坐区域评价内容

视野：前排人员对二排乘坐视野的遮挡、侧窗视野。

视认：多媒体影像、中控尾部功能件（二排空调控制、电源等接口）。

伸及性及操作性：前座靠背背袋、多媒体、中控尾部功能件（二排空调控制、电源等接口）、安全拉手、顶灯及眼镜盒、衣帽钩、中间扶手上按键和杯托、门扶手及开关和拉手、安全带调节及佩戴等。

头部空间：头部、肩部、肘部、臀部、膝部、腿部、脚部空间。

乘坐舒适性：左中右位置座椅包裹性和软硬程度、座椅坐垫及靠背的调节、腿部支撑、头枕、扶手及杯托位置、风口可能的吹拂范围等、脚部空间等。

进出性：坐垫离地高度、门槛和立柱等的脚部通道、门框对头和臀部的磕碰。

4. 三排区域评价内容

视野：前排人员对三排乘坐视野的遮挡、侧窗视野。

视认：多媒体影像。

伸及性及操作性：前座靠背背袋、多媒体、安全拉手、顶灯、衣帽钩、中间扶手上按键和杯托、侧扶手及杯托、安全带调节及佩戴等。

头部空间：头部、肩部、肘部、臀部、膝部、腿部、脚部空间。

乘坐舒适性：左中右位置座椅包裹性和软硬程度、座椅坐垫及靠背的调节、腿部支撑、头枕、扶手及杯托位置、风口可能的吹拂范围等、脚部空间等。

进出性：地板离地高度、进出通道、座椅翻转或移动方便性、门框对头和臀部的磕碰等。

5. 行李舱区域评价内容

置物板和网兜收折及固定、行李取放、行李舱灯光、灭火器、三角警示牌、千斤顶、急救包等的快速取放位置及空间等。

6. 机舱验证

物理样车另外一种常用验证模型是机舱验证模型。由于机舱布置的零部件多，空间有限，以及存在热害和振动性能要求，以及对美观的追求，尤其是管线的走位存在与布置数据相差较大的情况，需要做出实物模型进行热害试验、管线实际走向及空间检查，避免产品出来后无法达到设计意图而进行较大改动的情况出现。机舱验证模型主要的验证内容如下。

(1) 可制造性和维护性

各类零件设计间隙检查

维修性和装配方便性

机油滤清器更换方便性

发动机油、变速器油更换方便性

制动液、转向助力油、空调制冷剂、冷却液加注方便性

熔丝、继电器更换方便性

发动机 V 带更换方便性

电喷 ECU 更换方便性

火花塞、点火线圈更换方便性

汽油滤更换方便性

暖通水管拆装方便性

离合器拉索、节气门拉索调节方便性

换档拉索拆装方便性

各灯灯泡更换方便性

(2) 热害试验

在机舱各部位布置温度测点，尤其是可能出现高温热害的部位布置温度测点，进行试验室实际运行高温环境下的温度测量，并根据测量结果优化，直到满足要求为止。

(3) 布置美观性检查

进行机舱布局美观性评价及优化

(4) 线束（高压和低压）设计的优化

对线束装配后的实际走向进行评价、优化，结合美观性、对振动的隔离等要求，确保线束产品装出来后与设计相符。

第11章

基于架构与模块的汽车平台开发简介

前几章中我们介绍了汽车发展的历史、整车集成基本概念和流程、整车产品的定义，以及实现整车集成的总布置方法等。这些知识为我们了解整车集成发展的历程和趋势，进而开发出高品质的汽车产品提供了方法支撑。在整车集成发展的历程中，为了实现最大通用化，从而降低开发成本和零部件制造成本、降低售后服务成本、缩短开发时间、提升产品质量的稳定性，或者说产品品质的一致性，到目前为止，平台化、模块化和架构方法是我们绕不过去的整车集成技术，学习和了解这些方法对提升整车集成技术有很大的帮助。

11.1 平台、架构、模块与产品的关系

平台是一个广泛的概念，汽车领域的平台是一种系统化的思维和解决方案，由相同的系统、子系统及零部件组成，构成汽车产品的基础组成部分。在汽车平台基础上，通过针对市场的个性化设计，可形成多个形式不同的产品，例如通常的轿车、SUV、MPV等车型。而市场用户对于产品的性能、尺寸、用途等多样性需求，平台中的共用件限制了这种需求的实现，单一平台不足以应对市场上的全方位竞争，开发多个平台变得势在必行。

架构是相同的工程解决方案和模块化制造工艺的综合。汽车架构是在汽车平台概念基础上的扩展和向上延伸。平台数量过多会导致投入过大和产品技术过于复杂，所以需要梳理平台与平台之间的关系，而架构就是平台概念的扩展。虽然不同平台上的零部件是有差异的，但解决问题的工程方案是一致的，零部件的制造方式是相同或者可以互换的，这样就在不同平台间实现了开发资源（周期和成本）的节约，同时也保持了平台概念上的优点。如图11-1所示，同一架构的车型应具有如下特征。

1）一组共用的零部件（模块）。在保证工程方案相同的前提下尽可能最大化地实现关键零部件共用；也就是说在平台化过程中能保留下来的优点一定要尽可能保留。

2）共同的功能和性能限制。共用的工程解决方案决定了架构内所有车型具有一定的性能共性，并且建立起工程解决方案的"最优性"。

3）一组共用的界面。用以保证关键架构零件的共用性。

4）相同的制造体系。统一架构车型相同的制造体系确保企业整体制造规划的灵活性，以便企业能发挥自己的技术专长，将零部件质量维持在较高的稳定且可靠水平。

5）一定的尺寸带宽。用共同的工程方案解决关键尺寸在一定范围内的浮动，进一步满足用户个性化的需求。

汽车架构也有另外的定义，即汽车架构是主机厂对自己产品的一整套从市场机会的产生、产品开发、产品制造、产品销售到产品售后服务等的规则的总和。体现在产品开发上为

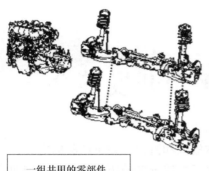

一组共用的零部件

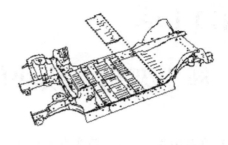

一组共用的界面

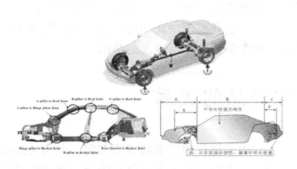

共同的功能和性能限制

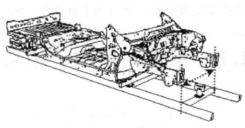

一定的尺寸带宽

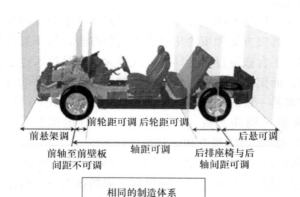

相同的制造体系

图 11-1 架构特征

一整套汽车产品开发流程、方法、工具、产品策略等规则，用这套规则开发的平台成为架构平台。不管怎么定义，架构在实物体现上往往为平台的拓展。

架构、平台与产品的关系如图 11-2 所示。

模块化是一种处理复杂系统将其分解为更好的可管理模块的方式，也是实施同步工程开发的需要。每个模块完成一个特定的子功能，所有的模块按照某种方法组装起来，成为一个整体，完成整个系统所要求的功能。模块化有四种基本属性：功能、接口、状态、逻辑。功

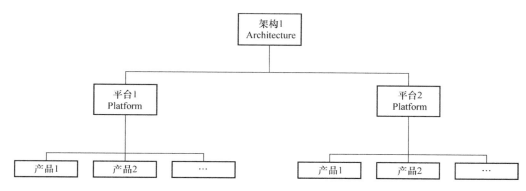

图 11-2 架构、平台和产品的关系

能、状态与接口反映模块的外部特性，逻辑反映它的内部特性。模块化分为三个过程，如图 11-3 所示。

图 11-3 模块化过程

1）拆分，将整个系统按照功能、格式、加载顺序、继承关系分割为一个一个单独的部分。需注意拆分的颗粒度、可复用性及效率。

2）归纳，将功能或特征相似的部分组合在一起，组成一个资源块。

3）总结，将每个资源块按照需求、功能场景以及目录约束放到固定的地方以供调用。

通过模块化方式，开发具有一定尺寸和性能带宽的模块，并通过模块的组合来为市场提供多样化产品。架构是模块的边界，架构是有带宽的，架构带宽决定模块特征。模块化是架构战略的手段，架构带宽通过模块化开发来实现。项目是工程开发的目标，是终端客户看到的一个个整车产品，架构、模块和整车产品的关系如图 11-4 所示。

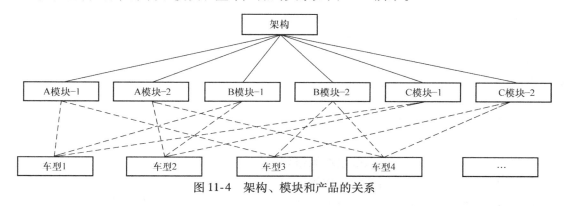

图 11-4 架构、模块和产品的关系

11.2 典型汽车架构平台简介

部分整车企业产品的平台、架构开发历程如图 11-5 所示。

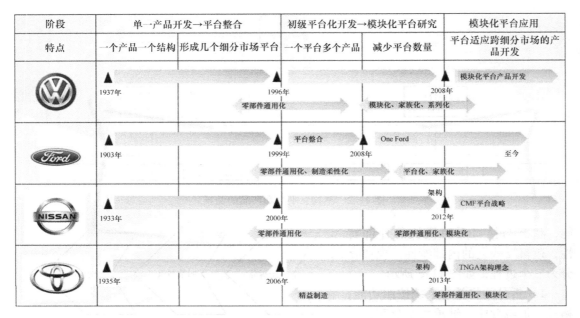

图 11-5　平台、架构开发历程

1. 大众 MQB 模块化平台

大众汽车从 1937 年建厂起，历经 37 载，到 1974 年左右开始推行第一阶段的平台战略，到了 1995 年底才建立起较为成熟的 PQ 系列平台战略体系。在 1996 年至 2008 年 12 年间，大众实行模块化战略的过渡期，到 2008 年形成了四大基准平台的模块化战略。2008 年，前后历经 71 年诞生的高度衍生性、高度设计兼容性的 MQB 平台模块开始应用。MQB 将大量的汽车零部件实现标准化，令它们可以在不同品牌和不同级别的车型中实现共享。所以，这一技术的应用极大地降低了车型的开发费用、开发周期，以及生产环节的制造成本。另一方面，MQB 平台模块的应用也改变了传统的汽车生产线概念。在新平台的帮助下，大众和奥迪只需要区分 MQB（模块化发动机横置平台）和 MLB（模块化发动机纵置平台）两个不同产品线即可，这极大地增强了大众在整车生产方面的灵活性和生产线柔性。根据公开的信息，下面简要介绍 MQB 模块化平台。

大众 MQB 模块化平台概念如图 11-6 所示。

大众 MQB 模块化平台的品牌车型规划如图 11-7 所示。

大众 MQB 模块化平台产品的市场定位如图 11-8 所示。

大众 MQB 模块化平台驱动系统模块策略如图 11-9 所示。

大众 MQB 模块化平台底盘系统模块策略如图 11-10 所示。

大众 MQB 模块化平台被视为提高生产效率、降低制造成本、缩短开发周期的典范，MQB 平台推广后发动机和变速器的型号最多甚至可以减少 90%，大众称采用该平台能够削减生产成本 20%，最多减少 30% 制造时间，降低 20% 一次性开支。但另一方面，模块化平台虽可提高不同车型乃至跨品牌车型之间的零部件通用性，然而也存在风险，倘若同一款零部件存在缺陷，则受到影响的车辆数量将非常惊人；对于生产运行效率也存在挑战，同一生产线制造源自同一个平台的多款车型时，容易对工人造成困扰，生产线上的机器人需要根据

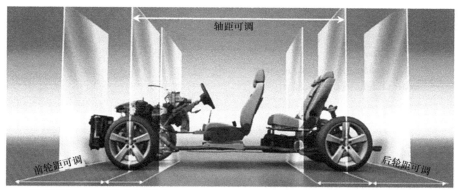

图 11-6　大众 MQB 模块化平台概念

	VW	Audi	SEAT	ŠKODA
Hatch back	√	√	√	√
Sedan	√	√	√	√
Coupe	√	√		
Wagon	√	√	√	
Roadster	√	√		
MPV	√	√		√
SUV	√	√		
Pick up	√	√		

图 11-7　大众 MQB 模块化平台的品牌车型规划

不同的产品车身进行各类操作，倘若编程发生错误，也会妨碍生产。

2. 丰田 TNGA 架构

　　TNGA（Toyota New Global Architecture）架构是一个涉及汽车研发、设计、生产、采购等全产业链价值在内的创新体系，是丰田开创的全新的"造车理念"，如图 11-11 ~ 图 11-15

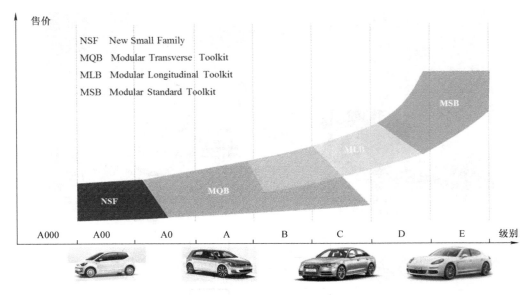

图 11-8　大众 MQB 模块化平台产品的市场定位

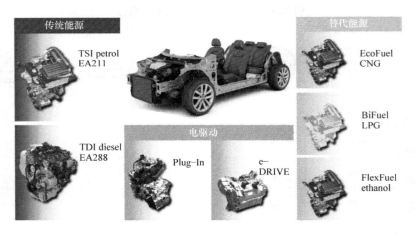

图 11-9　MQB 驱动系统模块策略

所示。下面根据公开的信息,对 TNGA 架构进行简要介绍。TNGA 架构总体上有四大目标:

1) 实现更高效的研发。
2) 实现更精益化生产。
3) 更多车型通用的平台。
4) 更具竞争力、性能更好的车型。

图 11-10　MQB 底盘系统模块策略

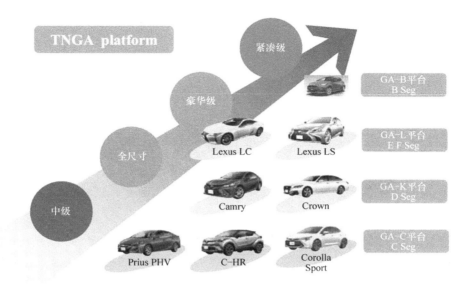

图 11-11　TNGA 架构产品规划

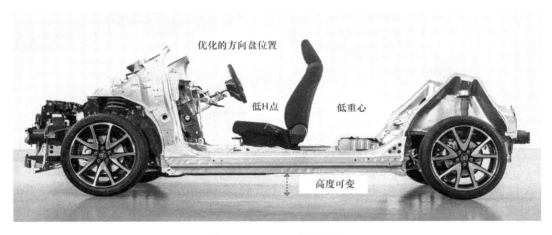

图 11-12　TNGA 架构概念

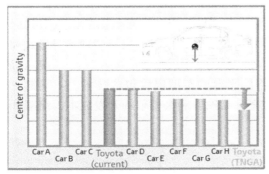
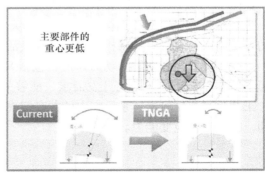

图 11-13　TNGA 架构产品重心控制策略

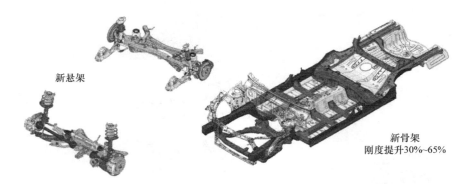

图 11-14　TNGA 架构底盘策略

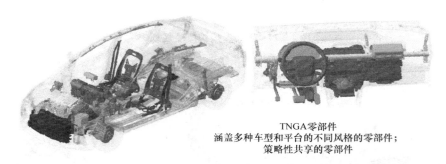

图 11-15　TNGA 架构共用策略

丰田将 TNGA 架构视为全新的造车理念和方法，以更高效的方式制造更好的汽车，从零起步改善进化每一个决定汽车基本性能的部件，从根本上实现汽车生产机制的全面革新。TNGA 使得零部件通用化程度将由原来的 20% 上升到 30%，最终达到 70% 甚至 80%，TNGA 架构体系将使资源最终减少 20% 以上。但另一方面，TNGA 架构下的产品和前代车型相比，空间没有改善，车身重量上也没有比上一代车型更轻。

3. 吉利 CMA 架构

如图 11-16、图 11-17 所示，CMA 是 Compact Modular Architecture platform 的首字母缩写，中文意为"紧凑型车架构平台"，是由沃尔沃汽车主导、吉利汽车与沃尔沃汽车共同研发的首个中级车基础模块架构，具有高度灵活性和可扩展性，可以适用于多种车身形式和尺寸；支持传统能源和新能源动力系统，包括 HEV（混动）、PHEV（插电混动）系统。CMA 覆盖了从小型车到中型车的开发需求，能够为不同平台的车型提供包含技术、工具链、标准、工艺流程与供应链体系等在内的共享解决方案，帮助吉利大幅节约开发成本，缩减开发周期，提高市场应变能力。

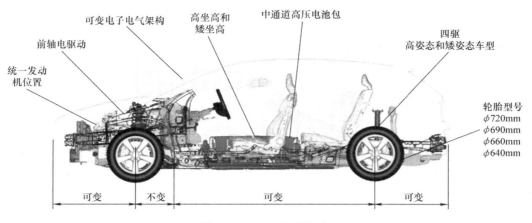

图 11-16　CMA 架构概念

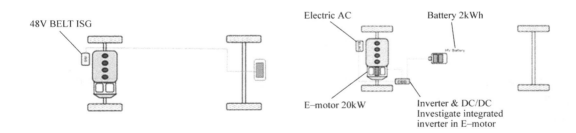

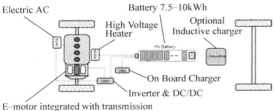

图 11-17　CMA 架构动力策略

CMA 架构由于采用了 FlexRay 总线技术，跟采用传统的 CAN 网络的 MQB 相比，速度提高了 20 倍。而除了 FlexRay 总线技术，CMA 架构还有 TCP/IP 以太网技术、AUTOSAR 软件技术、整车模式管理系统 VMM 等，在智能化程度上，比丰田更胜一筹。

11.3 整车架构平台开发探讨

架构与平台的开发是为产品开发服务的，产品开发可以是单产品开发也可以是多产品（可称为产品族）开发，架构与平台开发都是为企业产品谱系内的产品开发做支撑的，属于产品族的开发。正是因为这样，架构与平台的开发比单产品开发要复杂得多，作为实施架构与平台开发的主机厂，要根据自身的产品产量规模、生产技术条件等情况，制定不同的开发策略。

1. 整车架构平台开发流程

由于整车架构涉及面广，本书将主要讲述与整车集成强相关的架构本身的开发，不涉及生产制造等方面。整车架构开发可分为三个阶段，包含架构输入、架构规则制定和工程执行，如图 11-18 所示。通常将这三个阶段进一步细分成不同的开发节点来加以控制，形成主机厂自己的开发流程。

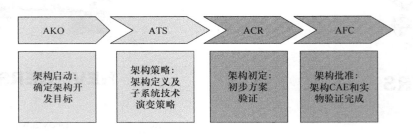

图 11-18 架构平台开发流程

1）根据主机厂产品规划，确定架构开发的目标，包括架构所涉及区域的法规、性能和物理尺寸等产品基本要求，并得到管理层的立项批准，通过 AKO（Architecture Kick Off）节点。

2）进行架构定义及各子系统技术演变策略制定，将策略要求集成到架构的解决方案中，得到初步架构设计方案，签批后通过 ATS（Architecture Technology Strategy）节点。

3）对初步设计方案进行实物验证，并在此基础上进行完善，得到架构设计方案，签批后通过 ACR（Architecture Concept Ready）节点。

4）按照架构设计方案进行工程设计，通过 CAE 分析和实物验证后，架构设计基本完成，通过 AFC（Architecture Final Check）节点。

当然，每个主机厂对架构开发有不同的控制节点设置，但目的都是为了确保架构开发的有序进行和确保架构的开发质量。另外，架构与整车产品开发通常不是完全的前后关系，而是采用并行工程，在架构上开发的首车一般在 ATS 节点后就开始介入，并将整车开发的要求反馈到架构开发中。

整车架构通常围绕动力系统为核心来开发，架构型谱策略以架构的四个最重要特质来划分：

1）动力总成位置及驱动形式：对传统内燃动力来讲有横置前驱（TFWD）、纵置后驱（LRWD）、纵置前驱（LFWD）、后置后驱（RRWD），以及四轮驱动（4WD）。对电驱来讲有横置前驱（TFWD）、后置后驱（RRWD）和两种组合起来的四轮驱动（4WD）。

2）轴距及轮距等关键尺寸带宽。

3）车身形式：承载式车身（BOF）、非承载式车身（BFI）、两厢、三厢等。

4）地板高度：低地板（Low Floor）、高地板（High Floor）。

需要注意，一般情况下市场规划提出的主要是尺寸（尤其是轴距）、动力要求（如发动机排量、功率和转矩；驱动电机功率和转矩）、车型（轿车、SUV、MPV等）、品牌等车辆级别方面的需求，而车型开发所选择的架构应来自于架构的特性组合。

2. 整车架构启动与架构策略定义

整车架构开发理念是架构开发一启动就要确定的准则。由于开发一个架构对于一个主机厂来说，投入非常大，过多的投入，如果没有大销量的支撑，并非是最优路径。另外，过高的零部件通用化率要求对产品的限制也会非常大，同一个架构对某些尺寸规格的产品比较好，但对其余产品的各项属性并非最佳。因此，主机厂要根据自身的情况，提出适合自己的架构平台开发指导思想。一般情况下，规模巨大并且具有经济实力的主机厂，如大众、丰田等，会选择将架构下的平台划分得细一些，对于不同平台之间的零部件不再强调零部件的通用化，而是更专注于产品本身的属性表现，但关注制造的通用性。市面上一些常见的架构开发理念表述如下：

1）车型研发时间缩短到24个月，每个车型投入的研发人员减少20%。

2）采用两种生产线适应架构上所有车型的生产。

3）实现更精益化生产。

4）更具竞争力、性能更好的车型。

整车架构开发的主要目标有：明确架构范围（目标细分市场、品牌、销售区域、销量初步预测）、初始的工程策略及目标、动力总成策略、工程开发资源。

在进行架构工程策略开发前，应先做好如下工作：

1）安全、排放法规梳理：根据销售区域梳理架构所需涵盖的安全法规范围、梳理架构需满足的排放法规，并具有前瞻性。

2）动力总成策略梳理：动力总成配置规划策略、总成尺寸竞争性分析报告，以及匹配矩阵、动力总成布局策略。

3）竞品信息收集：收集或解析架构竞品车信息（操控、NVH、驾驶质量、乘坐舒适性等），支持架构性能、成本等目标确定。

整车架构策略包含的主要内容有：各区域的车型策略（车身形式、制造基地等）、架构相关技术、架构物理尺寸带宽、架构性能带宽、动力总成计划、造型方向、架构的竞争优势、架构物料成本状态等方面。初步的架构策略需要确定架构开发的主要方向，进而确定初步的架构工程方案。架构策略主要包括：

1）架构尺寸带宽，包含架构尺寸带宽和架构断面。

2）模块集成状态，包括模块关键参数初步定义、架构关键子系统策略。

3) 关键架构特征策略,包括关键特征的实现需求、关键特征的系统策略。

4) 初步的性能带宽,包括车身架构带宽的设定、各子系统的目标定义。

整车架构尺寸带宽的制定是架构策略最基础的内容。基于整车架构产品规划确定架构车型矩阵,基于架构车型矩阵和市场定位确定架构内外部尺寸目标,基于车型的定位确定架构尺寸的带宽,支持后续架构车型开发,如图11-19所示。

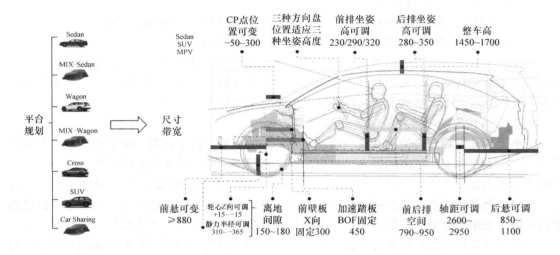

图11-19 架构产品规划与架构尺寸带宽

关于架构断面,这里做进一步的说明。汽车断面是一种包含了车身结构形式、内外饰搭接关系、间隙设定、主要控制尺寸公差、装配、人机工程、法规等信息的平面草图或工程图样。通过整车断面的分析,可以确定车身及其架构零件的主体结构。而架构断面包括的约束或信息有:架构关键尺寸目标及子系统布置方案、架构模块间接口设计及子系统概念化设计、架构相关的性能要求及对子系统的设计要求、前期造型输入及前期造型对架构的要求等,如图11-20所示。

集成状态即模块状态。汽车行业的模块化工作包含了四个层面:产品设计模块化、生产与制造模块化、供应形式模块化(价值链的分解与外包)和生产网络模块化。而在架构策略开发中的架构模块划分,是整个模块化工作的起点。不同布局的架构的不同区域集成的模块不尽相同,不同能源架构的不同区域集成的模块也不尽相同。因此,每个区域集成的模块要根据整车布局的要求进行布置。通常可根据区域将架构集成状态划分为三个部分:前端模块、中端模块、后端模块,如图11-21所示,当然也可根据实际工作增加更多的细分模块区域。

架构性能带宽是支撑架构目标的重要内容,应包括架构车身结构目标、主要架构系统的性能分析路径、整车架构的安全策略、整车架构的安全配置策略、载荷和能量管理,如图11-22、图11-23所示。

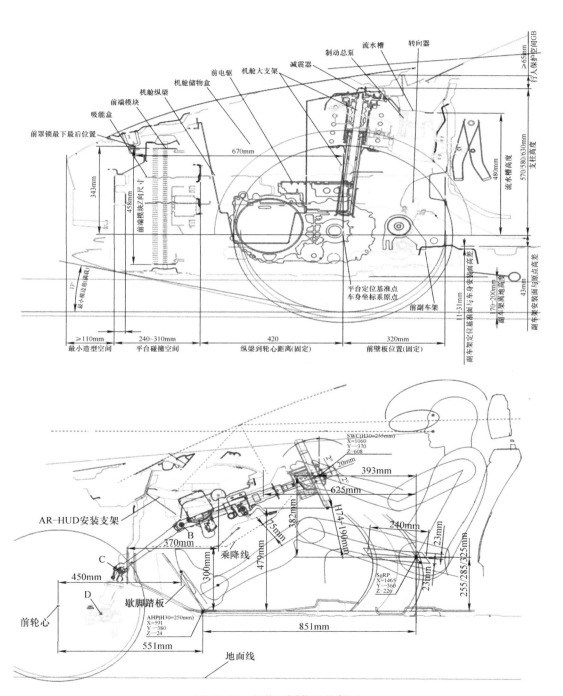

图 11-20 架构不同位置的断面

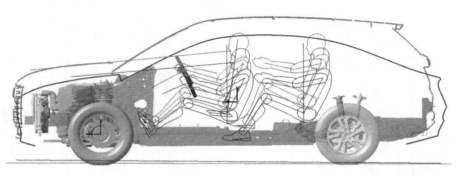
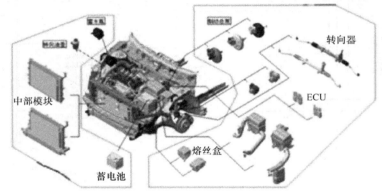

前端模块

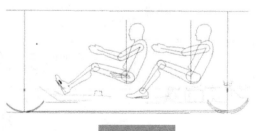

中端模块

后端模块

图 11-21　模块集成

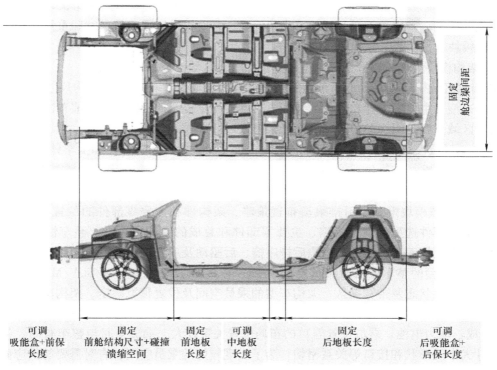

图 11-22 车身结构目标

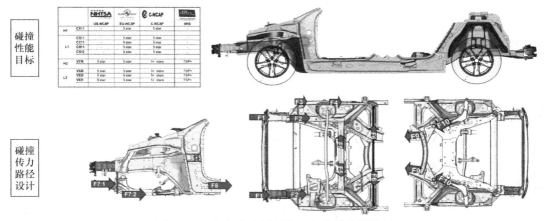

图 11-23 架构安全目标策略和载荷路径管理

3. 架构策略初定

整车架构策略开发需进一步细化架构策略内容,包含 7 个方面的内容。

1)关于安全、排放法规等准入要求,尽量将可预测的法规都放进法规检查清单,确定未来可能影响架构开发的安全、排放法规要求。

2)动力总成策略开发。确保架构上规划搭载的动力总成有一定的前瞻性,并有升级计划。细化动力总成接口策略,基于架构断面尺寸需求确定动力总成约束,基于整车布局策略输入进行动力总成可行性分析,基于性能要求确认动力总成集成状态。

3）架构性能策略开发。细化架构车型的性能目标、更新架构车型性能状态评估、优化架构性能的带宽。其中的重量分析，可为架构零件开发提供极限重量带宽和重量目标，也为其他功能模块初始仿真计算提供输入。

4）架构模块集成策略开发。这里还是按照三大区域模块进行阐述：

① 前端区域模块策略：不同布局的架构件和主要零部件的位置和结构尺寸、主要系统的零部件选型、主要零部件和总成的装配可行性、整车姿态的确定。对于前置前驱燃油车来讲，前端区域主要是围绕动力总成、前悬架模块展开工作。

② 中端区域模块策略：架构零件的选型、尺寸和位置、架构零件和上车体的接口、架构零件的变化策略、乘员位置的确定。对于纯电架构而言，通常中端区域是围绕动力电池、座椅模块等开展工作。

③ 后端区域模块策略：后排乘员布置策略、架构件和主要零部件的位置和结构尺寸、主要系统的零部件选型及演变策略、主要零部件和总成的装配可行性、整车性能带宽的实现。对于纯电架构而言，通常是围绕后排座椅、后驱动及后悬架模块及行李舱开展工作。

5）架构车型的整车姿态及乘员空间状态。包含架构车型（Sedan/SUV/MPV 等）的离地间隙等通过性状态及带宽确认、架构车型的乘员空间及位置带宽确定、架构车型的整车尺寸带宽确定（外廓尺寸）。整车姿态涉及整车质心位置，与整车布局尤其是与大质量的模块（动力总成、动力电池、乘员位置等）的布局位置关系较大。乘员空间与整车布局、各模块几何尺寸大小及形状和接口等关系密切，为了实现较好的乘员空间，有时需要与供应商一起对模块进行必要的改进。

6）架构零部件的选型。零部件的选型与架构的性能目标、成本目标、质量目标、重量目标，以及与容许形状大小等相关，需要综合考虑选取合适的零部件。另外，在零部件选型过程中需要平衡架构上不同车型间的解决方案，并且平衡不同车型的综合性能（包括相互矛盾的性能）。图 11-24 所示为架构零部件选型策略。

踏板系零部件策略表	AP H1	AP L1				AP H2	AP L2		
	X01	S01	C01	H01	S01	V01	V02	V03	V04
制动踏板									
低坐姿，左舵车	–	X C New	P C S01	P C S01	P C S01	–	P C S01	P C S01	
低坐姿，右舵车	–	X D New	P D S01	P D S01	P D S01	–	P D S01	P D S01	
低坐姿，左舵，主动解耦						X G New	P G V02		
低坐姿，右舵，主动解耦						X H New	P H V02		
高坐姿，左舵车	X A New					P A X01			
高坐姿，右舵车	X B New					P B X01			
高坐姿，左舵，主动解耦	–	–	–	–	–	X E New	–		
高坐姿，右舵，主动解耦	–	–	–	–	–	X F New	–		
离合器踏板									
低坐姿，左舵车		X C New	P C S01	P C S01	P C S01		P C S01	P C S01	
低坐姿，右舵车		X D New	P D S01	P D S01	P D S01		P D S01	P D S01	
高坐姿，左舵车	X A New					P A X01			
高坐姿，右舵车	X B New					P B X01			
加速踏板									
低坐姿，左舵车	–	X C New	P C S01	P C S01	P C S01	–	P C S01	P C S01	
低坐姿，右舵车	–	X D New	P D S01	P D S01	P D S01	–	P D S01	P D S01	
高坐姿，左舵车	X A New	–				P A X01	–		
高坐姿，右舵车	X B New	–				P B X01	–		

P：完全借用件　　M：准通用件(70%以上借用)　　X：新开通用件　　U：新开专用件

图 11-24　架构零部件选型策略

7）关于架构评审。架构设计初步完成后，要对架构进行全面的评审，评审内容涵盖架构车型数据完整性、架构车型性能模拟结果达标情况、架构成本评估结果达标情况、架构重量虚拟计算结果达标情况、架构车型的制造和维护性评估等。

4. 整车架构批准

整车架构策略初步完成并通过评审后，需要得到管理层的批准，以便开展下一步的工作。架构批准至少包括以下确认：

1）架构符合安全、排放等法规的要求。
2）架构性能状态。
3）架构模块集成状态。
4）架构子系统组合和演变策略。
5）架构与上车体的接口。
6）架构的 CAE 性能仿真验证状态。
7）架构成本。
8）架构质量/品质状态。

架构性能状态的确认包括确认整车架构的性能带宽、确认架构车型的性能目标、确认架构车型的性能实现工程方案、确认架构车型的初步 VTS 目标。

架构模块集成状态的确认包括架构关键尺寸和带宽确定，车身结构路径、尺寸和演变策略的确定，架构件和主要零部件的位置和演变策略确定，主要系统和零部件的选型、主要零部件和总成的装配可行性确认，整车离地间隙和通过性策略的确定，生产线的适应性确认等。

5. 车型项目和架构平台项目的关系

整车架构平台开发过程中，架构平台先于项目进行，项目团队要紧密协助，为开发具有市场竞争力的产品共同努力。由于要在架构上开发多款车型，并且架构有较长的生命周期，因此架构是需要不断维护的。架构与车型项目的关系如图 11-25 所示。

另外，整车架构和车型项目在开发时序上也存在先后关系。通常整车架构需要线性开发，车型项目在整车架构项目完成架构策略后开始介入，并且在具体技术方案上与整车架构项目互相影响，以达到整车架构为车型开发服务的宗旨。整车架构和车型项目开发时序管理如图 11-26 所示。

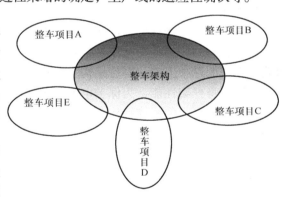

图 11-25 架构和车型项目的关系

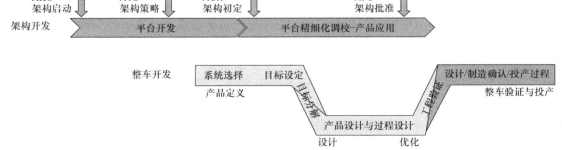

图 11-26 架构和车型的项目时序管理

11.4 纯电动车架构平台技术探讨

与燃油车架构平台开发相比，纯电动车架构平台的开发流程基本一致（图 11-27），区别在于纯电架构平台增加了电池包的模块化开发，且目前纯电动架构平台的电子电器架构（EEA）目标更加领先，自动驾驶技术规划更加激进。

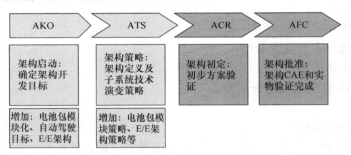

图 11-27 纯电架构平台开发流程

本节不再从头阐述纯电动架构平台开发流程的细节，而重点论述纯电动架构平台的专有技术难点。

与燃油车相比，电动车最大的不同在于动力电池体积大、占用的空间也比较大，进而对底盘悬架结构、车身框架，以及乘员舱都产生了特定的影响。

对于悬架结构，电动汽车在传统车基础上增加了电池包的重量，悬架负荷增大，需采用承载力更强的悬架形式和零件结构。

对于车身框架性能，为保护电池和其他高压电气件，电动车的车体结构应比燃油车刚性更强。而刚性更强的车体结构会导致正面碰撞时加速度大于燃油车，对约束系统提出了更高的要求。

对于 NVH 性能，由于电机工作静谧特性，电子机械噪声更易被用户感知，需要更加细致地控制振动、噪声的传递路径。

下面重点从驱动布局、悬架构型、电池布置、车身构型变化等方面，探讨纯电平台的技术选型。

1. 驱动布局选择

建议正向开发的纯电动车型以后驱为主要驱动方式。主要有三方面的原因：

1）纯电动车采用后驱或以后驱为主的驱动方式更容易发挥出自身载荷分布的性能优势（图 11-28）。这些需要从电池包的布置说起。由于电池包重量较重，且一些车辆会利用后排座椅下的空间布置更多电池，导致整车质心相对传统燃油车偏后，前后轴荷比例相对更均衡些，比如一般会在 45%：55% 左右。通常在整备质量状态下前驱车辆前轴荷占比要求约 60%，满载质量状态下前驱车辆前轴荷占比不低于 50%，否则会对爬坡、操控等能力造成不良影响。这可以从市场上的车型观察出来，市面上主流的原生纯电车型，如荣威 Marvel X、特斯拉 Model 3、大众 ID3 等偏向于后驱形式，反而前驱的纯电车型更多的是油改电而来的。

2）对于轮胎打滑的优化。为提升续驶里程，大部分纯电动汽车都采用了抓地力差的低滚阻轮胎，在急加速时极易出现轮胎打滑，如果选用后驱或者四驱形式，该问题可得到有效缓解。

3）市场上常见后驱布置在中高端车型上，有豪华性能标签的因素在里面，消费者对后驱车的感知成本大于实际成本。

图 11-28　纯电后驱车型

2. 悬架构型选择

纯电动车的前悬架一般在麦弗逊和双叉臂之间进行选择，如图 11-29 所示。由于电动车整体质心高度降低，纯电动车的侧向支撑力要求并不高于传统乘用车，单从底盘性能方面来讲，麦佛逊和双叉臂均可以满足要求。另一方面，悬架形式是大部分消费者重点关注项目，消费者对双叉臂悬架间的感知成本是大于实际成本的，采用双叉臂悬架可以提高整车溢价或者在同级车中更有吸引力。

1）麦弗逊悬架形式。麦弗逊悬架较为常见，由于结构紧凑，在燃油车中应用最为广泛。这种悬架结构形式在宽度方向占用空间较小，在一定车宽情况下可以留出更多的机舱空间，有利于平台的宽度尺寸的演变，结构简单，成本较低。但由于麦弗逊悬架减振器在轮胎上部安装，对加大轮胎直径存在限制，相应地也会对前舱罩造型产生制约。另外，麦弗逊悬架的轮辋内部尺寸也存在限制，增大制动盘或者卡钳较为困难。

2）双叉臂悬架形式。作为对比，双叉臂悬架的轮胎上部只安装了上摆臂，这种结构形式对增大轮胎或控制前支柱高度较为有利，有利于前舱罩的低矮造型。双叉臂悬架或者其衍生的多连杆悬架，由于存在上摆臂，有利于提高前悬架的侧向支撑能力和转向性能。另外，双叉臂结构也有利于转向叉形臂尺寸的拓展，即增加制动盘尺寸。另一方面，双叉臂结构主销内倾较多，占用较多的宽度尺寸（比麦弗逊悬架单边结构尺寸增加 30～50mm），不利于平台宽度尺寸的控制。因此，宽度较小的车型不适合采用双叉臂悬架。由于双叉臂增加了零件数量，一般情况下成本比麦弗逊要高。

麦弗逊式

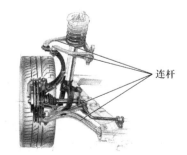
双叉臂式

图 11-29　前悬架形式

纯电动车型的后悬架也存多种形式的选择，如图 11-30、图 11-31 所示。

1）扭力梁式悬架。扭力梁式悬架中间无法布置驱动电机，不适合后驱车型。这种悬架无法对轮胎跳动有任何主动控制，并带有过度转向倾向。虽然有的扭力梁悬架会用瓦特连杆

扭力梁式

麦弗逊式

拖曳臂多连杆式

图 11-30　后悬架形式（一）

H 臂式

五连杆式

图 11-31　后悬架形式（二）

来增加车轮侧向支撑力，但仍无法主动控制车轮前束和内倾。扭力梁的存在会对电池长度和宽度有较多限制，不利于电池包的模块化，现在很多采用这种悬架的电动车一般是继承燃油车原型而来。

2）麦弗逊式后悬架，也叫双连杆或三连杆或连杆支柱式后悬架。由两根横杆和一根拖曳臂组成。其中一根横杆与拖曳臂一起起到下摆臂作用，与滑柱一起控制车轮外倾，另一根横杆控制车轮前束，拖曳臂还能控制车轮 X 方向位置。这种悬架对车轮外倾角的控制有先天不足，侧向支撑也差一些，为提高侧倾中心，下连杆一般比较长，无法布置驱动电机，对动力电池的宽度限制也较多。

3）拖曳臂多连杆式后悬架，一般也叫四连杆悬架。这种悬架性能比麦弗逊式悬架好，但是由于拖曳臂的存在，车轮跳动过程中 X 方向位移比较大，对车轮控制仍然有瑕疵。拖曳臂后悬架经过调整后，可以布置电驱动总成，但因为拖曳臂的存在，动力电池宽度受到很大限制。

4）H 臂式悬架。H 臂式悬架是双叉臂悬架的变种，将下叉臂变形为 H 臂。H 臂悬架对电池宽度方向没有限制，而且 H 臂悬架在宽度方向占用尺寸较小，有利于布置较大尺寸的后驱总成。H 臂悬架通过下 H 臂结构本体内侧两个点就完全限制住车轮 X 方向的运动，通过 H 臂上的小连杆限制翻转运动，H 臂式悬架各连杆的功能解耦要更好一些，开发难度低一些。由于 H 臂的刚度很好，能调校出良好的底盘性能，可得到更干脆的路感。

5）五连杆式悬架，也是双叉臂悬架的变种，将上下叉臂均改为连杆。五连杆式悬架对电池宽度方向没有限制，但在电池长度方向上的限制要比 H 臂式后悬架大。五连杆式悬架在宽度方向占用的尺寸通常也比 H 臂略大，使后桥驱动电机布置难度增加。五连杆则通过各个连杆的配合来限制转向节运动，需要至少两根杆件的硬点在 X 方向延伸较多，才能保证后转向节前后方向与翻转方向的限制刚度，以实现对后车轮较好的力学控制。它的解耦难度大，开发要求高，但能调校出良好的底盘性能，并且五连杆式悬架的舒适性也更好。

3. 电池布置

续驶里程是纯电动汽车的关键性能指标之一。纯电动汽车架构平台设计应尽量考虑增加动力电池布置空间，而纯电动汽车因动力总成一般尺寸较小，总布置一般应围绕电池空间进行。

1）油改电车初期的电池布置。初期很多油改电车型将动力电池安装在行李舱位置，但这种布置影响行李舱空间，导致车辆重心靠后，影响操控性能。另外，在碰撞时候比较危险，后面碰撞时电池容易起火爆炸。

2）油电兼容的电池布置。现在主流的动力电池布置位置是在地板下方，前座椅下方布置、后座椅下方布置、中通道位置布置以及脚踏位置布置，如图11-32所示。例如沃尔沃 XC90 混合动力汽车的动力电池布置在中通道位置，但这个位置只适合混动车型。另外很多油改电车型会充分利用前后排座椅下部的空间来布置动力电池，而且后排座椅下部布置两层电芯。例如，日产 Leaf 就是同时利用了前后排座椅下方位置来布置电池，前排一层电芯，后排两层电芯。也可以前排座椅下方、中通道、脚踏下方、二排座椅下方等位置，以获取更大的电池空间，如大众 e – Golf 的土字形电池包布置。

图 11-32　油电兼容的电池布置

3）平板型电池布置，电池覆盖了大部分地板下方空间。这种布置方式是将电芯模组平铺到地板下方，能够最大限度地获得可用面积。目前国际上发布的几大电动汽车架构平台均采用了单层电芯的平板型电池布置方式。平板型电池的壳体结构更加简洁，工艺容易实现，液冷系统也容易布置。平板电池更容易实现通用化和平台化，用一种设计可以给用户提供多种规格的电池包容量。平板型电池采用法兰边与下车身稳固连接，电池包结构能明显提升车身刚强度，整车结构也可对电池包形成有效防护，如图 11-33 所示。

图 11-33　平板型电池布置

4. 车身构型的变化

由于巨大的电池包及悬架结构的变化，纯电动架构平台或车型车身结构发生了较大变化。

（1）车身高度的变化

如图 11-34 所示，地板之下，采用标准模组的平板型电池包厚度通常约 140mm，外加上离地间隙的要求；地板之上，前排坐高按照280mm的一般轿车水平，后排乘员的坐高要比前排人高20～40mm，保证后排乘员的头部空间（按照95th人体，940mm以上的头部空间），整车高度最小需要1490mm。若有布置天窗，再给造型预留优化空间，整车高度还会再增加30～40mm，达到1530mm左右，这个高度已经达到了一些跨界SUV的高度水平。采用平板型电池，电动汽车的高度很难控制到一般轿车的水平。因此，一般而言纯电动汽车的趋势是SUV或者MPV形式。

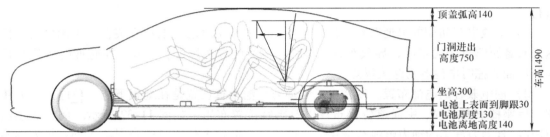

图11-34 车身高度尺寸

（2）车身高度比例的变化

如图11-35所示，对于使用平板电池的全新纯电动架构平台车型而言，整车高度增加不可避免。同时，由于电池是一块规则的结构，处于整车最下部，电动汽车如果毫无修饰，侧面会显得臃肿。若要削弱侧面臃肿感，一方面可以选择增加轮胎尺寸（注意大轮胎对悬架的影响），另外也可以压低侧窗水切位置（连带会压低前罩位置），或者增加侧围下装饰件。

图11-35 车身高度比例的优化

（3）CP点位置变化

如图11-36所示，纯电动汽车造型变化中最明显的一点就是因电驱动总成尺寸较小，CP点可以大幅前移。CP点是前风窗玻璃与前机罩延长线在侧视图上的交点，决定整车侧面造型比例。在以宝马、奔驰等豪华车引领的燃油车汽车造型美学中，CP点是偏后的，而蔚来ES8、荣威MarvelX，则选择了与前横置前驱燃油车相似的CP点配置，造型偏传统。但宝马i3、捷豹i-Pace、法拉第未来FF91等车型，则将CP点大幅前移，造型上与传统车型有明显不同。

图11-36 不同类型车型的CP点位置变化

纯电动汽车 CP 点前移存在如下几方面的优势：

1）电动车由于维修、维护较少，不需要留出发动机点火线圈的维修空间，且电驱动上部空间充裕，整体水路高度降低，补水壶高度也可以降低，因此 CP 点前移具有可行性。

2）地板下需要布置动力电池，导致地板抬高，驾驶人的头部空间减少，面部更接近风窗玻璃，若将 CP 点前移，增加前风窗玻璃角度，可以减少驾驶人和前排乘客的视觉压迫感。

3）CP 点前移使前罩和风窗的过渡更为顺滑，有助于降低风阻、减少能耗，提升续驶里程。

纯电平台的策略应考虑电池包布置带来的车体结构的变化，在架构断面设计上对极限带宽的影响。

（1）车身正碰拓扑结构变化

对于电动车来说，正面碰撞时的传力路径被电池包打断，正常的传力路径（前端吸能盒→前纵梁→门槛梁），由于前纵梁和门槛梁较大 Y 向和 Z 向间距的存在，而实现起来难度很大（图 11-37）。电动车的车身拓扑结构设计，应该至少在一个方向上解决前纵梁和门槛梁间距过大问题。

方案一是减小前纵梁和门槛梁 Y 向间距，Y 向平滑过渡，保留了地板纵梁，即地板纵梁方案，如图 11-38 所示。为布置电池包，地板纵梁向外侧偏移，前纵梁根部向外弯曲，与地板纵梁搭接。例如捷豹 i-Pace，用一个类似短斜梁的结构来代替贯穿前后的地板纵梁，短斜梁前端连接机舱纵梁末端，后端搭接到门槛梁，动力电池的中后部可以做得很宽，但前端必须收窄以适应短斜梁，所以动力电池呈滑板形状。地板纵梁方案的明显缺点是电池包前部宽度受限。

燃油车传力路径

纯电动车传力路径

图 11-37　正碰传力路径

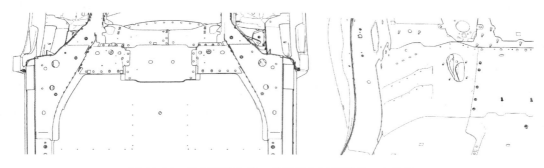

图 11-38　地板纵梁方案—前纵梁与门槛梁的 Y 向搭接

方案二是减少 Z 向间距，前纵梁向下加大截面高度，即前纵梁加深方案，如图 11-39 所示。前纵梁横截面 Z 向尺寸相比传统车大约增加 50~80mm 后，吸能能力有明显提升；纵梁截面受前碰合力点下移，缩短了前纵梁根部力矩的力臂；前纵梁和门槛梁在 Z 向将产生一定重叠量。前纵梁加深后，偏置碰时的前壁板侵入会有明显改善。前纵梁加深方案最大的好处是无须地板纵梁，电池可以充分利用左右门槛梁之间的空间，但这种方案导致的一个问题是加深的前纵梁与驱动半轴干涉，需要在前纵梁上开孔或者开豁口来避让半轴运动包络。

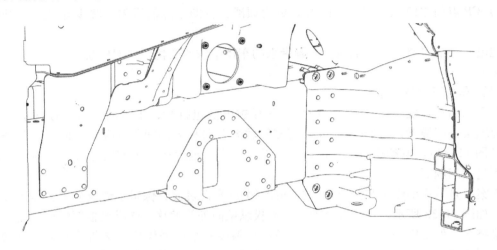

图 11-39 前纵梁加深方案—前纵梁与门槛梁的 Z 向搭接

无论是采用地板纵梁方案还是前纵梁加深方案，都需要在电池前部（前壁板和地板搭接处）布置一根粗壮横梁，使正面碰撞时的载荷能够从前纵梁向两侧门槛梁有效传递。

（2）车身侧碰拓扑结构变化

纯电平台的动力电池一般比较宽，车身两侧保留的碰撞变形区域较窄，车身侧碰拓扑结构设计较为重要。要保证在 50km/h 侧碰和 32km/h 柱碰状况下，车身结构的变形区域控制在电池模组之外的侧向空间内，模组不能受到撞击和挤压。通常侧碰时的车体变形比较好控制，柱碰则是难点。

对于保留地板纵梁的车型，如图 11-40 所示，可将门槛梁做得比较粗壮（宽度大于 160mm），为了提升空间使用率，将地板纵梁与门槛梁之间的缓冲区减少，将电池框边梁与模组之间保留一定间隙作为碰撞缓冲区，要求二者之和大于 50mm，使得应对侧碰和柱碰工况时电池包宽度尽可能做大。

对于没有地板纵梁的车型，门槛梁宽度应大于 160mm，并做到外侧弱内侧强，同样也要求电池框边梁两侧间隙之和大于 50mm。另外，电池框侧边梁可通过增加料厚或者提升材料牌号来加强，但侧边梁宽度应尽可能减少，以增加两侧碰撞缓冲区，这样侧碰和柱碰时电池框架受力更小，而且有更多的变形空间。

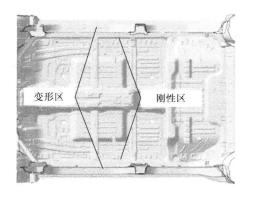 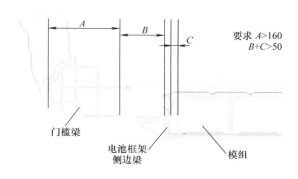

图 11-40 车身侧碰解决方案

11.5 平台化开发的技术路径与挑战

平台的开发不仅是产品研发部门的事情,更应该是全业务、全要素共同参与完成的战略任务。需要车企充分研究技术发展路径,做好技术储备,充分考虑架构模块扩展性,同时技术开发要充分考虑尺寸和性能带宽。

平台化开发的标准远高于单车型开发,所投入的财力、人力巨大。例如,吉利与沃尔沃共同开发的 CMA 平台耗资超百亿元,大众 MQB 平台研发费用也超过百亿英镑,持续投入超过千亿美元,这对于一般企业来说是天文数字。随着平台模块化的推进,主机厂会把越来越多的车型放置在同一生产线和研发平台上,一旦某个部分或零部件存在设计缺陷,将对企业产生巨大影响。虽然平台模块化方便生产,并可以最大限度控制成本,但也将风险集中了起来,一旦出现问题将会是大规模爆发,对车企而言不仅是巨大的财务负担,对品牌的影响甚至对企业的生存都非常不利。

平台一旦开发,其寿命不像单一车型那么短,企业对其使用通常会至少持续 2~3 代车型。因此,平台的技术前瞻性非常重要!软件在平台中扮演着越来越重要的角色,硬件角色定义汽车的时代已经渐行渐近,APP、大屏、ADAS 等功能性的需求满足了消费者差异化的需求,越来越成为影响消费者购车的重要影响因素,以特斯拉为代表的软件定义汽车新时代正在来临。平台开发中的电子电器架构、软件和硬件迭代开发并不断升级也必须考虑进去。

参 考 文 献

[1] 彭岳华,高卫民,徐康聪. 轿车发动机舱关键零部件的布置研究 [J]. 汽车技术,2010（5）：27-30.
[2] 严嘉伟. 车辆电子设备布局及走线设计方法研究 [D]. 成都：电子科技大学：2013.
[3] 王朋波. 纯电动汽车架构设计系列 [OL]. 模态空间,（2021-12-05）[2022-3-30]. https：//mp. weixin. qq. com/s/WWUhVML0iBxgCOXXfNC5sA.
[4] VONDRUSKA J. Volkswagen's All – New MQB Component Architecture [Z]. 2012, https：//www.vwvortex.com/d3/artman/publish/vortex_news/article_3038.shtml.